利辛年鉴

（2022）

中共利辛县委党史和地方志研究室　编

方志出版社
Publishing House of Local Records

图书在版编目（CIP）数据

利辛年鉴. 2022 / 中共利辛县委党史和地方志研究室编.—北京: 方志出版社, 2022.10
ISBN 978-7-5144-5282-2

Ⅰ.①利… Ⅱ.①中… Ⅲ.①利辛县 -2022- 年鉴
Ⅳ.①Z525.44

中国版本图书馆 CIP 数据核字（2022）第 233805 号

责任编辑：张　颢
责任校对：刘玉霞
责任印制：梅中英
出 版 者：方志出版社
地　　址：北京市朝阳区潘家园东里 9 号（国家方志馆 4 层）
邮　　编：100021
网　　址：http://www.zgfzcb.cn
发　　行：方志出版社图书营销中心（010-67110500）
印　　刷：合肥华苑印刷包装有限公司
开　　本：889 毫米×1194 毫米　1/16
印　　张：22.75
字　　数：538千字
版　　次：2022 年 10 月第 1 版
印　　次：2022 年 10 月第 1 次印刷
定　　价：260.00 元

《利辛年鉴（2022）》编委会名单

武子江　县科技局局长

孙　新　县经济和信息化局局长

闫　林　县民政局局长

宋　健　县司法局局长

方　帅　县审计局局长

刘长城　县财政局局长

杨士军　县人力资源和社会保障局局长

马连清　县生态环境分局局长

唐　锋　县住房和城乡建设局局长

李子全　县自然资源和规划局局长

陈　峰　县交通运输局局长

陈　华　县农业农村局局长

马中飞　县水利局局长

闫晓丹　县商务局局长

郑　辉　县市场监督管理局局长

刘　凯　县统计局局长

雷　鸣　县税务局局长

马怀忠　县供销社理事会主任

邵　鹏　县广播电视台台长

苏　梅　县总工会主席

孙长江　团县委书记

田　莉　县妇联主席

徐春林　县委党校副校长

张念龙　县人民武装部政工科负责人

杨　帆　武警利辛县中队政治指导员

张　魁　人民银行利辛县支行行长

张晓玉　县委党史和地方志研究室副主任

《利辛年鉴（2022）》编辑部

主　任：王　智

副主任：张晓玉

主　编：孙福爱

编　辑：李　月　高东丽　武春迪　李　艳　季　蕊

《利辛年鉴（2022）》撰稿人名单

专　记

张　冰　刘凯章　徐　军

利辛概览

孙福爱

中国共产党利辛县委员会

陈庆辉　谢家富　刘　斌　王立义
汝雪枫　康友政　袁自才　盛成东
李文学　高玉龙　王　智

利辛县人民代表大会

黄孟彪

利辛县人民政府

王志浩　李　洪　王艳丽　孙家政
杨宏伟　付春燕　杜韦博　林　萌

中国人民政治协商会议利辛县委员会

孔亚运

纪检监察

汪　伟

群众团体

王　宁　张玉丽　乔丹丹　闫阿赛
许明亮　司　明

法　治

徐振震　刘　坤　李　超　纪小雨
汪东峰

军　事
张念龙　杨　帆

经济综合管理
陈　帅　王贺昌　李夫文　王志鸿
冯　伟　孙文纪

农　业
孙　杰　郭武峰

工　业
查君义

商　贸
张　立　杨　扬

财政　税务
李长江　张　健

金　融
刘　刚　李海波　王如兵　王　磊
施　展　宋克志　管晓倩　武子乐
李晓刚　朱少明　刘少磊　张　浩
张晶晶　贾　涛　李　波　张瑞婷

交　通
邹继星

邮政　通信
杨锦涛　董利利　魏晨雪　张婷婷
胡倡松

城乡建设与管理
于　峰　袁春虎　陈传轮　刘玉南
冯　伟　张　宏　侯　明　褚梦丽
高　飞　蒋艳梅

教　育
徐　磊

科学技术
陆　涛　郑　浩　吴明龙

文化　旅游　体育
张　驰　贾　莉　陈国倩　牛国权
马西雷　王绍刚

卫生医疗
刘凯章

社会生活
李　峰　王　爽　孙家政　杨　康
汝卫国

乡　镇
武晓飞　高靖宇　武光明　孙圣峰
朱云诚　刘　杰　刘家旺　陆新宇
李家辉　刘怀影　伊　晨　李　正
张　海　李　震　王　康　沈继虎
席　晋　卢云山　翟国国　张佳亮
赵理想　赵令臣　张　磊　赵春雨

荣　誉
梁昌兵　朱小亮　张玉丽　乔丹丹

编辑说明

一、《利辛年鉴（2022）》以马克思列宁主义、毛泽东思想、邓小平理论、“三个代表”重要思想、科学发展观、习近平新时代中国特色社会主义思想为指导，坚持辩证唯物主义和历史唯物主义的立场、观点和方法，全面、翔实地记载2021年利辛县经济社会发展情况。

二、《利辛年鉴（2022）》由中共利辛县委、利辛县人民政府主办，中共利辛县委党史和地方志研究室编纂，是对外集中展示利辛县年度发展状况的权威性资料文献。《利辛年鉴》创办于1998年；2009年后，每年出版一卷，2022年卷为第14卷。

三、《利辛年鉴（2022）》记述内容上限为2021年1月1日，下限为2021年12月31日。除特载、专记、大事记、附录外，设24个类目、151个分目、518个条目，约60万字。内容记述上，突出产业转型升级、努力补齐民生社会事业短板、坚持高质量发展落实赶超工作，对社会关心的热点问题专目记述。

四、《利辛年鉴（2022）》彩页和插图除署名者外，均由利辛县政府网、县委宣传部和其他条目撰稿单位提供。

五、《利辛年鉴（2022）》所引用的统计数字，凡国家有规定范围、口径和计算方法的，均按国家统一规定统计，并经县统计局审核。凡与县统计局统计数据不一致的，在条目后括注数据提供单位和出处，供读者参考。其他没有列入国家统计范围的统计资料，由有关主管部门审核入鉴。有关保密审查，由县保密局负责。

六、《利辛年鉴（2022）》使用的计量单位，按国家及有关部门规定执行。

七、《利辛年鉴（2022）》中出现的单位名称首次出现时用全称，再次出现用简称。

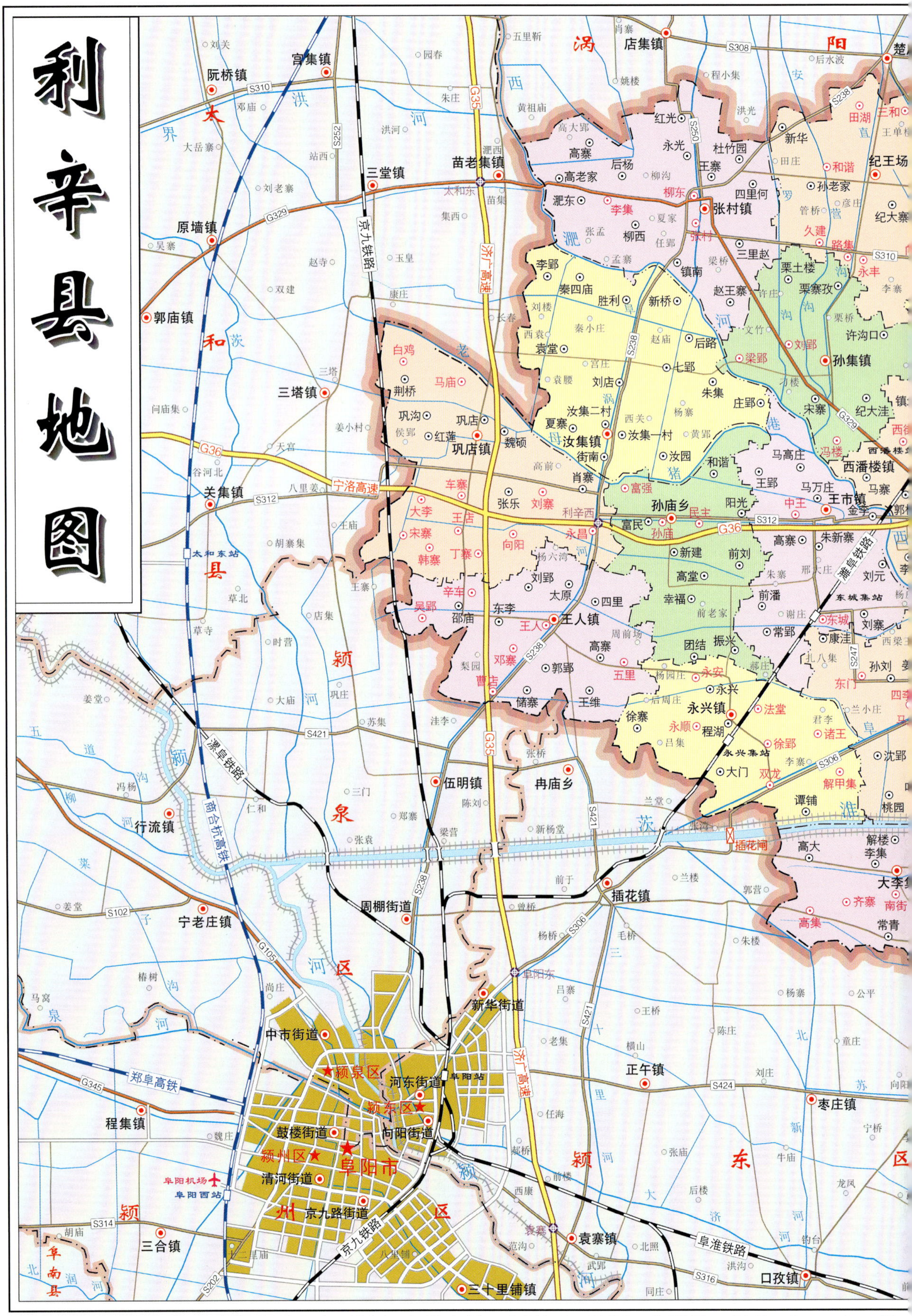

中共利辛县委党史和地方志研究室 策划 安徽省第四测绘院 编制 审图号：皖毫S（2022）01号

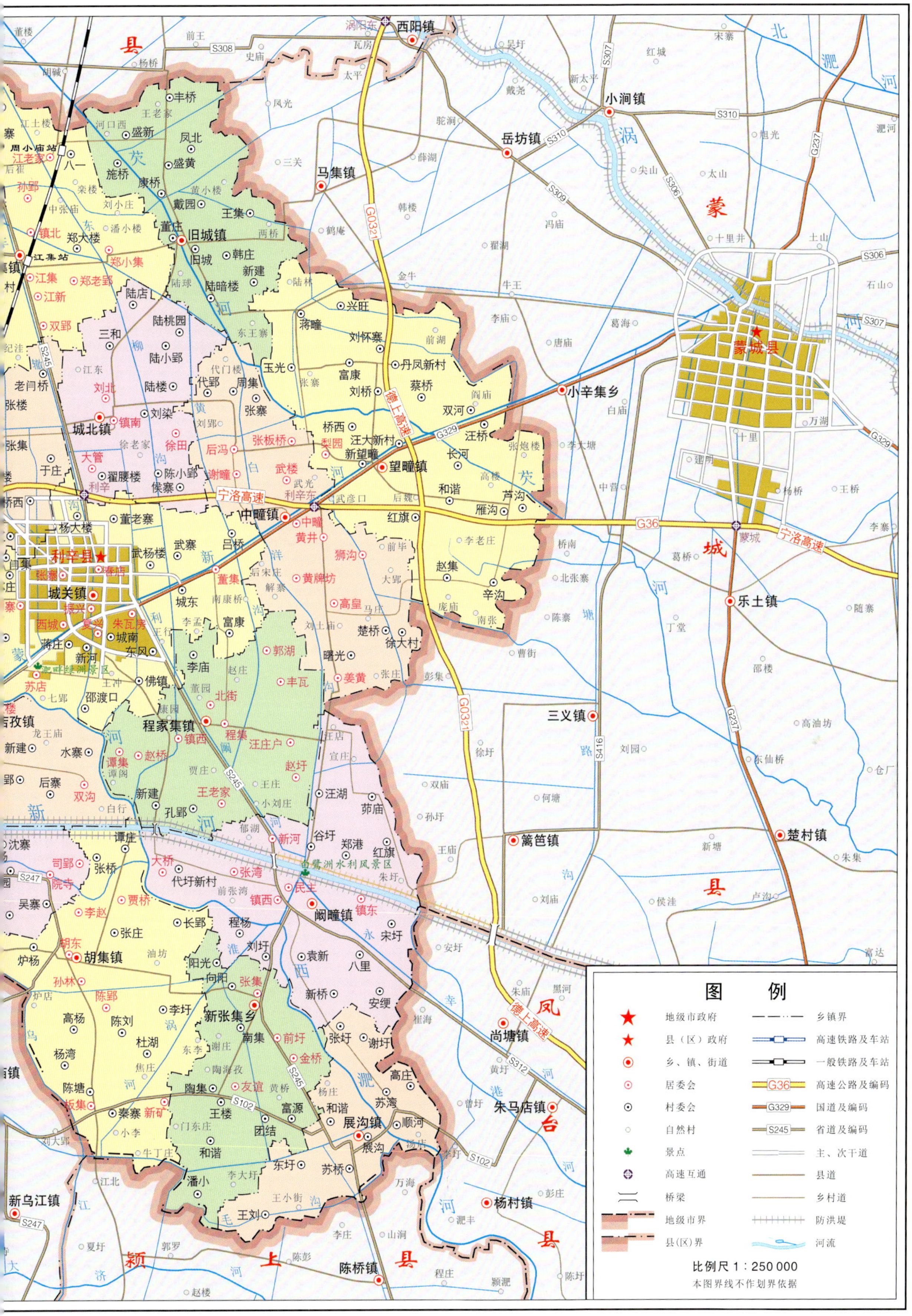
图 例
地级市政府
县（区）政府
乡、镇、街道
居委会
村委会
自然村
景点
高速互通
桥梁
地级市界
县(区)界
乡镇界
高速铁路及车站
一般铁路及车站
高速公路及编码
国道及编码
省道及编码
主、次干道
县道
乡村道
防洪堤
河流
G36
G329
S245
比例尺 1∶250 000
本图界线不作划界依据
蒙城县
利辛县
西阳镇
小涧镇
岳坊镇
马集镇
旧城镇
城北镇
望疃镇
中疃镇
小辛集乡
乐土镇
三义镇
篱笆镇
楚村镇
阚疃镇
胡集镇
新张集乡
展沟镇
尚塘镇
朱马店镇
杨村镇
陈桥镇
新乌江镇
城关镇
程家集镇
孙集镇
汝集镇
江集站
周小庙站
宁洛高速
德上高速
G0321
S308
S310
S309
S306
S307
G237
S416
S247
S102
S312
北淝河
涡河
茨河
西淝河
芡河
济河
颍上县
凤台县
蒙城
县
蒙
城
大桥
江集
江新
双郢
刘北
镇南
徐田
大管
后冯
张板桥
谢疃
武楼
梨园
利辛东
春店
张寨
城东
西城
朱瓦房
董集
黄井
中疃
黄牌坊
狮沟
高皇
郭湖
丰瓦
北街
姜黄
程集
汪庄户
赵圩
王老家
赵桥
谭集
镇西
新河
张湾
镇东
民主
司郢
院寺
李赵
贾桥
胡东
孙林
陈郢
张集
前圩
金桥
友谊
板集
新矿
白鹭洲水利风景区
泥河湾湿地

二〇二二年五月

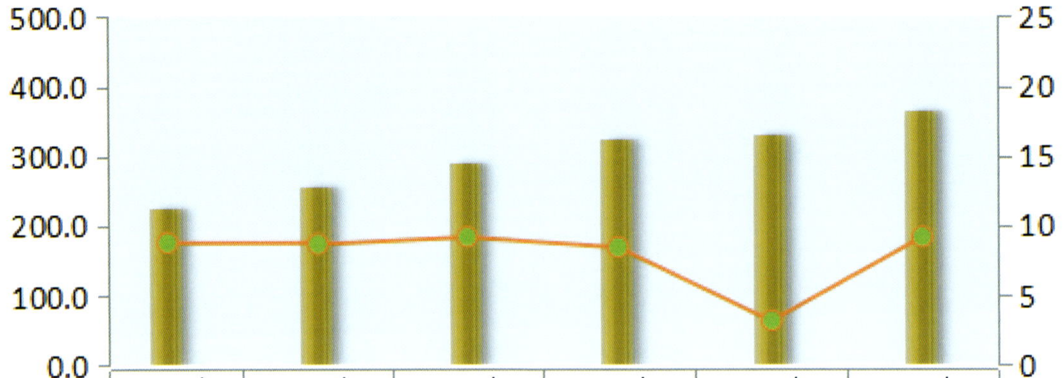

	2016年	2017年	2018年	2019年	2020年	2021年
总值(亿元)	228.0	256.6	292.2	324.6	331.6	366.8
增速(%)	8.8	8.7	9.2	8.5	3.2	9.2

地区生产总值（GDP）及增长

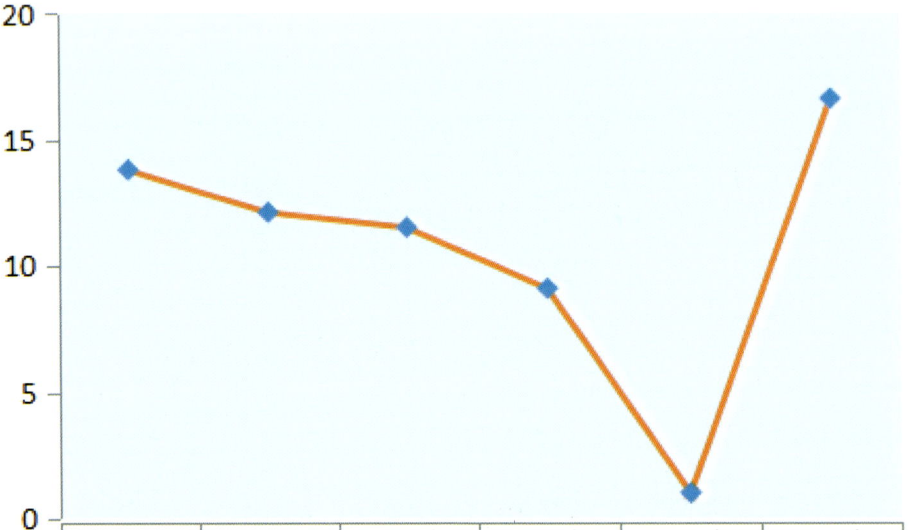

	2016年	2017年	2018年	2019年	2020年	2021年
增速（%）	13.8	12.1	11.5	9.1	1.0	16.6

规模以上工业增加值增长情况

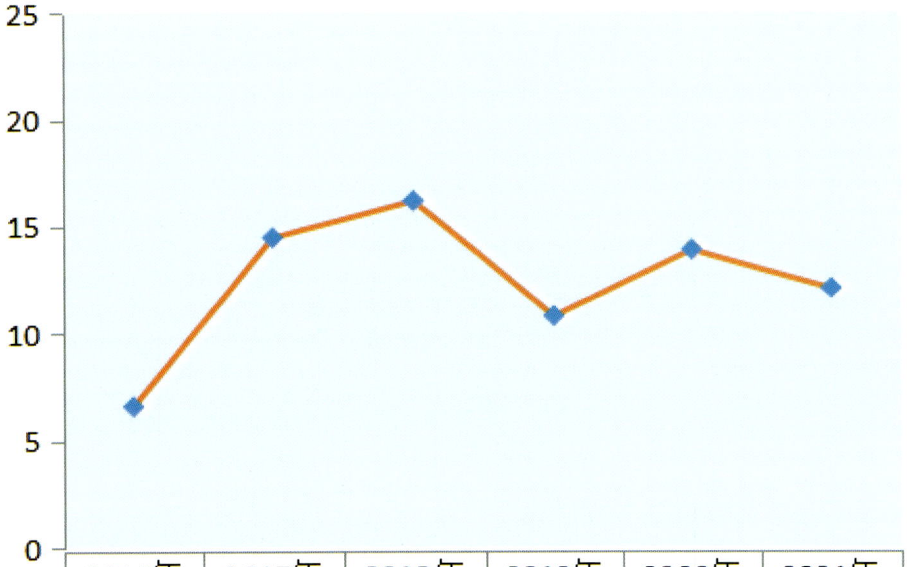

	2016年	2017年	2018年	2019年	2020年	2021年
增速（%）	6.6	14.5	16.2	10.8	13.9	12.1

高新技术产业增加值增长情况

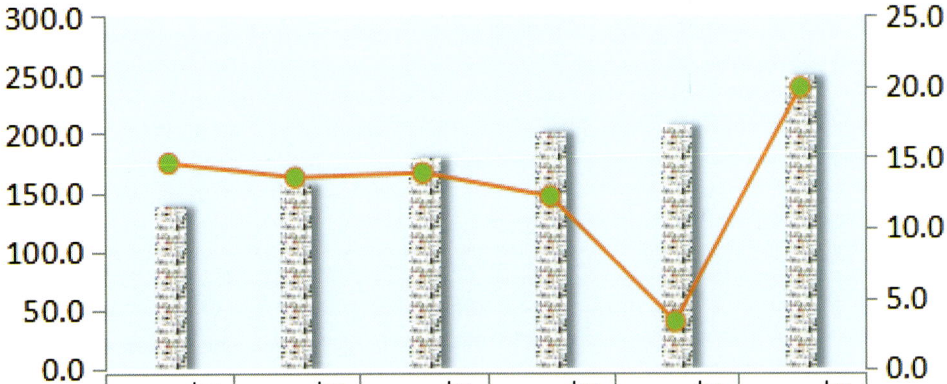

	2016年	2017年	2018年	2019年	2020年	2021年
总量（亿元）	138.6	157.4	179.2	201.0	207.7	249.0
增速（%）	14.6	13.6	13.9	12.2	3.3	19.9

社会消费品零售总额及增长

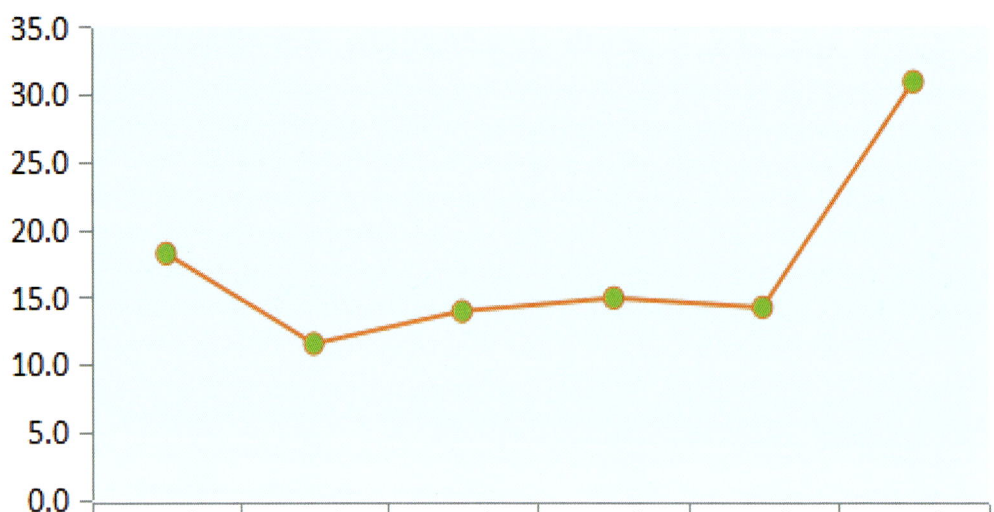

	2016年	2017年	2018年	2019年	2020年	2021年
增速（%）	18.2	11.5	13.9	14.9	14.2	30.9

固定资产投资增长情况

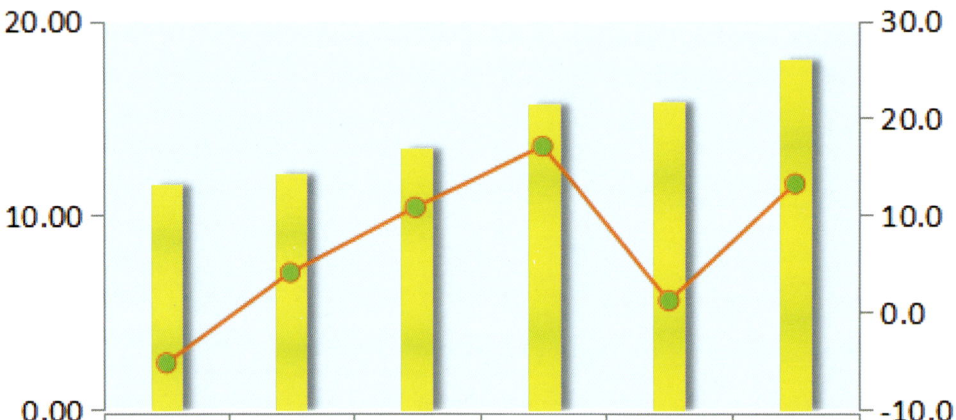

	2016年	2017年	2018年	2019年	2020年	2021年
总量（亿元）	11.65	12.13	13.43	15.72	15.91	18.00
增速（%）	-5.2	4.1	10.8	17.0	1.2	13.2

一般公共预算收入及增长

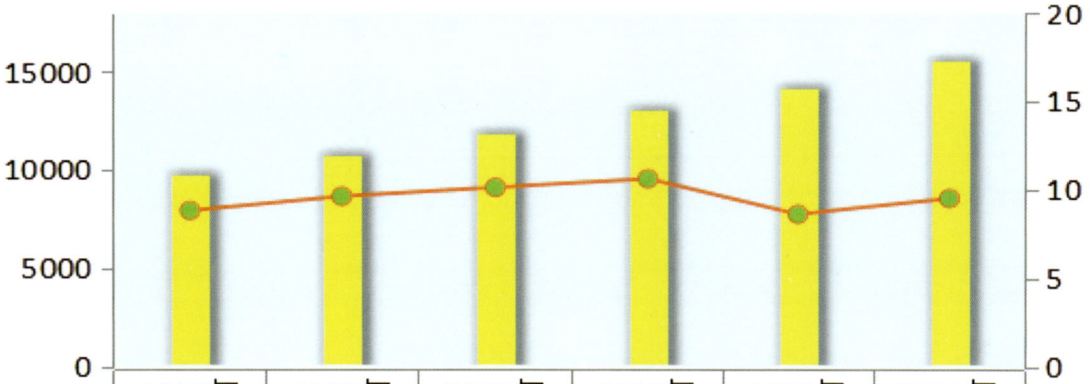

	2016年	2017年	2018年	2019年	2020年	2021年
收入(元)	9799	10740	11828	13082	14207	15549
增速(%)	8.8	9.6	10.1	10.6	8.6	9.5

农村常住居民人均可支配收入

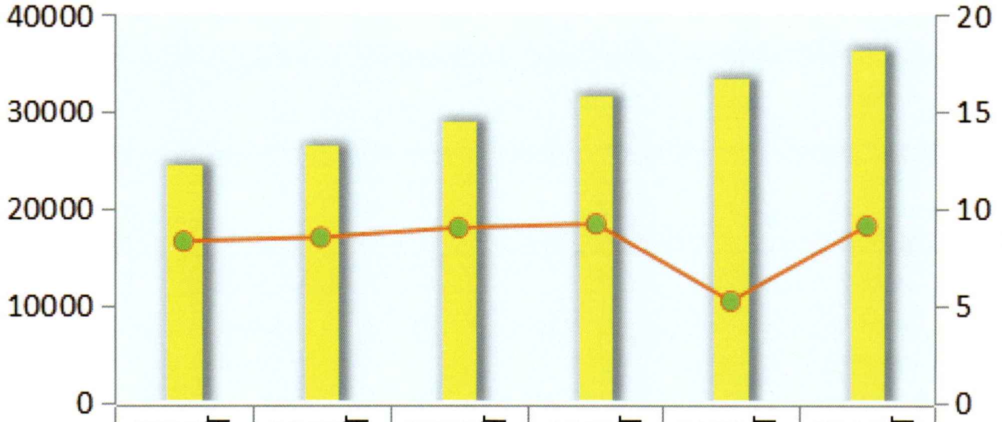

	2016年	2017年	2018年	2019年	2020年	2021年
收入（元）	24589	26679	29080	31756	33414	36438
增速（%）	8.3	8.5	9	9.2	5.2	9.1

城镇常住居民人均可支配收入

	2016年	2017年	2018年	2019年	2020年	2021年
总量（亿元）	155.5	190.3	237.8	285.0	350.9	427.5

金融机构各项贷款余额

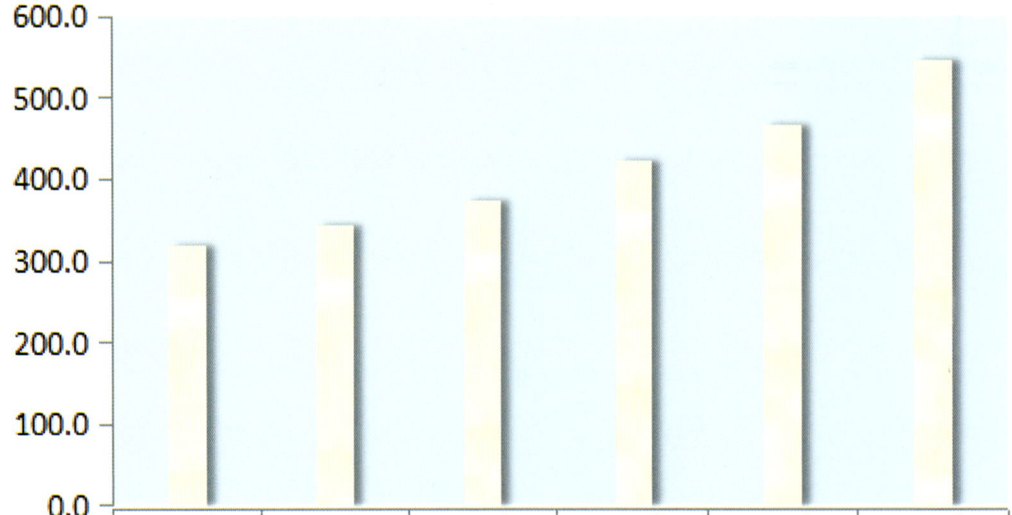

	2016年	2017年	2018年	2019年	2020年	2021年
总量（亿元）	319.0	344.4	374.0	423.8	467.0	545.0

金融机构各项存款余额

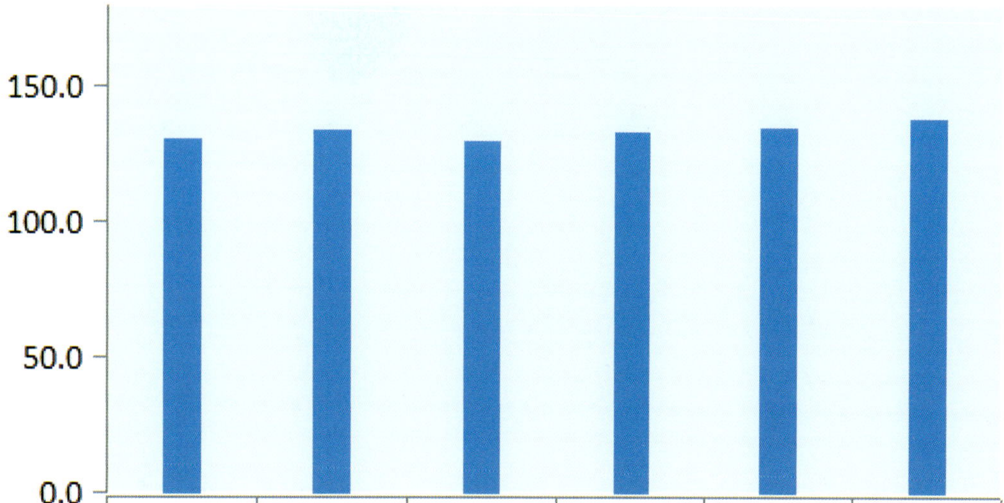

	2016年	2017年	2018年	2019年	2020年	2021年
总量（万吨）	131.4	134.1	130.1	133.6	135.4	138.6

粮食总产量

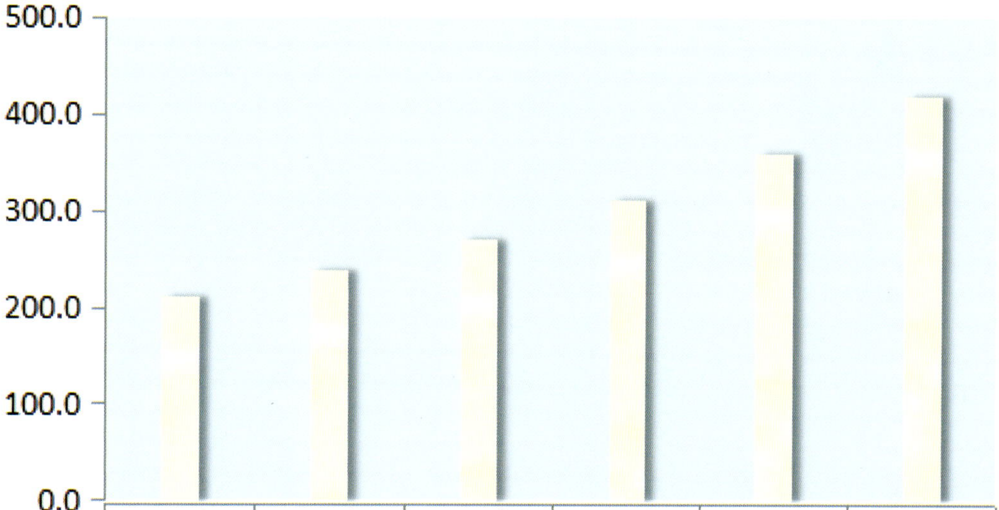

	2016年	2017年	2018年	2019年	2020年	2021年
总量（亿元）	212.2	239.5	269.7	311.2	359.2	419.3

城乡居民储蓄存款余额

2016年至2021年，利辛县积极实施国家“精准扶贫”政策，落实“两不愁三保障”措施，全县在医疗、教育、住房、饮水、就业、环境治理等方面出台政策措施，有效地解决了绝对贫困问题，取得了户脱贫、贫困村出列、贫困县摘帽的脱贫攻坚胜利成果，涌现了一大批先进个人和集体。

2021年2月，利辛县永兴镇永兴村党总支荣获“全国脱贫攻坚先进集体”称号
（永兴镇 /供）

2021年9月，县民政局荣获“全国农村留守儿童关爱保护和困境儿童保障工作先进集体”称号
（县民政局/供）

2021年1月，利辛县城关镇向阳社区荣获“全国民主法治示范村（社区）”称号 （城关镇/供）

2021年4月9日，国务院办公厅职能转变办副处长冯勇一行5人到利辛县城关镇和谐社区实地调研网上办事大厅为民服务情况

（城关镇/供）

2021年2月5日，省委常委、省委政法委书记张韵声（中间）到利辛县调研，并走访了生活困难群众

（县委宣传部/供）

2021年1月17日，加快建设特色产业集群暨全省贯彻“六稳”重大项目集中开工现场推进会在利辛举行
（县委宣传部/供）

2021年2月20日，人民网安徽地区负责人董祥玉（左二）到利辛县调研经济社会发展情况　（县委宣传部/供）

2021年，建设中的青阜铁路线利辛火车站　（西潘楼镇/供）

2021年3月，利辛县西淝河郃渡口大桥项目跨堤桥大箱梁首次混凝土浇筑完成　（县交通运输局/供）

基础设施建设

2021年，总投资近5亿元的利辛县农林生物质热电联产项目主体工程全部完工　（县发展和改革委/供）

2021年7月，亳州利辛港区一期工程开工建设。项目总投资1.28亿元，港区主要用于利辛县矿建材料进口　（县交通运输局/供）

10月17日，电力施工人员在组立220千伏蒙茨2752线83号耐张角钢塔塔顶　　(刘喆/摄)

利辛县阚疃截污导流水质保护（安徽段）工程　　（县发展和改革委/供）

2021年3月29日，板集煤矿试开采　　（板集煤矿/供）

2021年3月16日，利辛县S247马胡桥改建工程主桥拱肋顺利合拢　　图片来自于利辛发布

2021年5月19日，省委党史学习教育第三巡回指导组在组长魏建华（右二）带领下到利辛县督察检查活动开展情况

（县委宣传部/供）

9月1日，利辛县委、县人大、县政府、县政协等主要领导参观利辛县党史学习教育主题馆，重温中国共产党成立100周年以来的历史

（县委宣传部/供）

2021年6月29日，中共利辛县委在利辛县烈士陵园举行祭拜先烈活动　　（县委宣传部/供）

2021年4月2日，团县委开展缅怀革命先烈、筑牢跟党信念——"学党史、强信念、跟党走"主题教育活动（团县委/供）

时任利辛县委常委、宣传部部长王林兵为“光荣在党50年”纪念章获得者颁发奖章　　（县委宣传部/供）

2021年6月29日，利辛县举办“七一”表彰大会，对全县中共党员和基层党组织杰出代表进行表彰
（县委宣传部/供）

2021年6月28日，中共利辛县委、利辛县人民政府举行“庆祝中国共产党成立100周年文艺汇演”

（县委宣传部/供）

2021年6月19日，利辛县举办党史学习教育活动演唱会　（县委宣传部/供）

2021年7月23日，利辛县举办党史学习教育艺术党课活动　　（县委宣传部/供）

2021年6月4日，利辛县党史学习教育领导小组举办全县党史知识竞赛　　（县委宣传部/供）

9月23日，2021年亳州·利辛“中国农民丰收节”在利辛市民健身广场举行，具有浓郁地方特色的各种农产品亮相丰收节。2021年，利辛县粮食综合产量138.58万吨，蔬菜种植面积34万亩，瓜果种植面积4万亩，中药材种植面积10.7万亩；家禽出栏600万只，水产品上市1.1万吨以上；生猪年出栏90万头，生猪“稳产保供”经验被农业农村部向全国推荐。农村“水电路房、文教卫网”发生巨大改变，村容村貌焕然一新。

（图片来自利辛发布）

农民丰收节利辛农产品展示 （县委宣传部/供）

农民丰收节利辛农产品展示 （县委宣传部/供）

利辛县永兴镇电商农产品直播间　　（永兴镇/供）

利辛县孙集镇的果树种植　　（县委宣传部/供）

利辛县孙庙乡种植的温室花卉　　（县委宣传部/供）

利辛县纪王场乡田湖村种植的金丝皇菊　　（县委宣传部/供）

利辛县巩店镇大棚蔬菜　　（县委宣传部/供）

利辛县大李集镇大力发展中草药种植及加工　　（县委宣传部/供）

利辛县种植特色小镇——城北镇种植的栝楼采摘现场　（县委宣传部/供）

利辛县展沟镇利用地势低洼的优势大力发展禽类、鱼类养殖　（县委宣传部/供）

9月22日，程家集镇谭集社区稻田里养殖大闸蟹上了央视新闻　（县委宣传部/供）

2021年1月，利辛县郁湖水厂正式投入使用。该项目是利辛县饮水型氟超标地方病防治工程的其中一个。地表水厂建成后，地下水源变成备用水源，供水区域内实现地表、地下双水源互为备用，降低了氟化物含量

（县开源水厂/供）

马店孜镇新农村文化广场 （马店孜镇/供）

利辛县境内茨淮新河风光 （县委宣传部/供）

目　录

利辛概览

中国共产党利辛县委员会

利辛县人民政府

中国人民政治协商会议利辛县委员会

纪检　监察

群众团体

商 贸

财政 税务

金 融

交　通

邮政　通信

城乡建设与管理

教 育

卫生医疗

社会生活

乡　镇

荣　誉

附　录

索　引

特　载

在中国共产党利辛县第十次代表大会上的报告

2021年6月26日

中共利辛县委书记　吴斌

各位代表、同志们：

现在，我代表中国共产党利辛县第九届委员会向大会作报告，请予审议。

中国共产党利辛县第十次代表大会，是在庆祝中国共产党成立100周年的重要时刻，在“两个一百年”奋斗目标历史交汇的关键节点，召开的一次十分重要的大会。大会的主题是：坚持以习近平新时代中国特色社会主义思想为指导，全面总结县第九次党代会以来的工作，明确未来五年的主要任务，动员全县各级党组织、广大党员和干部群众，抢抓机遇，振奋精神，主动作为，加快发展，为全面开启新阶段现代化美好利辛建设新征程而努力奋斗。

一、砥砺奋进铸辉煌

县第九次党代会以来的五年，是县委团结带领全县广大干部群众牢记嘱托、不辱使命、真抓实干、砥砺奋进的五年，是经济转型、城乡融合、生态优化、民生改善的五年，是践行“两个维护”、全面从严治党、营造清风正气的五年。在省委、市委的坚强领导下，县委深入学习贯彻习近平新时代中国特色社会主义思想及党的十九大和十九届二中、三中、四中、五中全会精神，深刻学习领会习近平总书记考察安徽重要讲话指示精神，高质量推进五大发展、着力打赢三大攻坚战，决战决胜全面小康，解决了一批群众“急难愁盼”的突出问题，实施了一批打基础利长远的重大项目，谱写了利辛发展史上的又一精彩篇章。

五年来，我们坚定看齐、紧跟紧随，政治立场始终保持不偏不移。深入学习贯彻习近平新时代中国特色社会主义思想，坚决忠诚核心、拥戴核心、维护核心、捍卫核心，不断增强“四个意识”、坚定“四个自信”、做到“两个维护”，在思想上、政治上、行动上同以习近平同志为核心的党中央保持高度一致。坚持“四个第一”，严格落实县委常委班子决策前学习习近平总书记重要讲话和有关重要论述制度，认真执行《关于贯彻落实习近平总书记重要指示批示若干规定》，各项工作的科学性、前瞻性、系统性、战略性不断增强。先后召开县委常委会会议198次、县委理论学习中心组理论学习会议74次，组织各级各类理论宣讲9万余场（次），举办各类主体班次84期、培训9030人次，推动党的创新理论深入基层、全面覆盖，以利辛改革创新发展的生动实践，充分彰显习近平新时代中国特色社会主义思想的强大真理力量、思想力量、实践力量。

五年来，我们火力全开、攻城拔寨，全面小康取得决定性胜利。县委始终把打赢脱贫攻坚战作为最大的政治任务和第一民生工程，坚持精准扶贫精准脱贫基本方略，按照“满足扶贫工作一切需要，火力全开、适当宽裕，分级负责、各方协同，工作到户、责任到人”的工作要求，举全县之力集中攻坚，先后投入资金50.83亿元，实施扶贫项目5666个，累计实现90个贫困村出列，88855户、217206名贫困人口脱贫，2019年4月29日正式退出贫困县序列。紧盯“两不愁三保障”核心指标，全面落实教育扶贫“两免一补”政策，严格执行健康脱贫“351”“180”政策，加快实施危房改造和易地扶贫搬迁，创新推进城乡供水一体化，积极推动光伏扶贫、特色种养业扶贫，脱贫攻坚取得显著成效，各项举措得到省市充分认可，“控辍保学”工作经验在教育部新闻发布会上交流推广，教育扶贫联络员工作举措入选“全国脱贫攻坚典型案例”，获评全省健康脱贫工程示范县。成功摘掉戴了近30年的贫困帽子，这一成就在利辛发展史上留下了浓墨重彩的一笔，标志着我们已经站在了一个全新的起点上，必将迎来更加美好的明天。

五年来，我们埋头苦干、蓄势聚能，综合实力得到大幅度提升。县委牢牢把握稳中求进工作总基调，千方百计推动经济平稳健康发展。全县地区生产总值由2015年的200.9亿元增加到2020年的331.6亿元，年均增长7.7%；全部财政收入由15.3亿元增加到26亿元，年均增长11.2%；社会消费品零售总额由120.9亿元增加到207.7亿元，年均增长11.4%；累计完成固定资产投资516.3亿元，年均增长14.5%，城镇和农村常住居民人均可支配收入分别较“十二五”末增加10710元和5200元，年均分别增长8.0%和9.5%。地区生产总值跃居全省县（市）第21位，财政收入第31位，分别较2015年底上升5个、3个位次。

五年来，我们抢抓机遇、精准发力，转型升级实现历史性突破。按照“做精做特一产、做大做强二产、做优做活三产”的思路，加快构建新型现代产业体系，三次产业结构由“十二五”末的26.2∶27.4∶46.4优化为16.1∶29.6∶54.3。工业经济提质扩能。县经开区投产企业260余家，产值亿元以上企业21家，轻纺服饰、食品加工、能源与新型建材、汽车装备制造等特色产业集群初步形成。获批工信部制造业单项冠军企业、专精特新“小巨人”企业、国家级绿色工厂各1家；实施国家和省级科技项目20余项，拥有国家级“星创天地”1家，获批高新技术企业31家，累计申请专利4999项，授权1604件。现代农业稳产增效。实施高标准农田改造103.55万亩，新增耕地面积9380亩，先后荣获全省农田水利基本建设“江淮杯”金奖、银奖。粮食单产、总产均居全省前列，产量稳定在12亿千克以上，实现“十八连丰”。培育农民专业合作社4384家、农业产业化龙头企业92家，“三品一标”有效认证62家、127个，规模养殖比重达86%，秸秆综合利用率达93%以上，获批中央财政农作物秸秆综合利用试点县、省级现代生态农业产业化示范县。城北镇被农业农村部评为2020年度产业强镇。第三产业活力迸发。商贸、物流、旅游等发展较快，第三产业增加值达到180.1亿元，年均增长9.1%。县、乡、村三级电商公共服务体系不断完善，成功创建国家级电子商务进农村综合示范县。累计接待游客1129.73万人次，实现旅游总收入111.26亿元，获评全国十佳生态休闲旅游城市、全国最美乡村旅游目的地、全省休闲农业与乡村旅游示范县、安徽旅游品牌“十大新兴旅游县域”。

五年来，我们因地制宜、全

域统筹，城乡面貌呈现全方位变化。坚持以人为核心的新型城镇化发展不动摇，注重规划引领，完善基础设施，提升功能品质，城区建成区面积拓展至31.3平方千米，城镇化率达到37.46%。规划体系不断完善。启动实施土地利用总体规划、县城总体规划、县域空间规划、集镇建成区建设规划、美丽乡村建设规划等120余项规划编制和调整完善工作，确保国土空间布局更加优化。城市建设日新月异。新建改建长春东路、子胥大道等道路66条（段）80千米，治理城区水系17.3千米，“三横八纵”水系初步形成；建成市民健身广场、港口公园等12个公园游园，新建绿道20千米，城市绿地率达36.94%，初步实现300米见绿、500米见园的目标。新建、续建住宅小区70个，完成棚户区改造7754套（户），实施老旧小区改造8个。农村面貌大幅改观。建设省级美丽中心村94个，实施无害化改厕69137户，25座乡镇污水处理厂全部正常运营；城乡环卫一体化全面推行，实施生活垃圾分类和资源化利用试点，生活垃圾焚烧发电项目正式运营。改造农村危桥269座，建设生命安全防护工程1654千米、乡村道路2325.4千米，10个国省干线公路项目顺利实施，成功创建“四好农村路”全国示范县。

五年来，我们破立并举、扩大开放，发展活力得到充分性释放。县级党政机构改革圆满完成，机构编制管理体系不断完善。全面启动八大领域改革任务，基层儿童福利服务体系建设等8个国家级改革试点持续深化，重点改革事项成效显著。简政放权持续发力。“互联网＋政务服务”提标扩面，行政许可类事项办理时间比法定时限压缩1/3以上，公共服务事项全部实现一日办结，全程网办事项比例达99.9%。农村改革稳妥推进。全面落实农村集体资产清产核资，321个村开展“三变”改革试点，通过“联合体·组合投资·优先股”模式推动扶优扶强村68个，村均集体经济收入由2015年底的4506元增至2020年底的54.79万元。开放步伐全面提速。五年来，累计引进项目566个，总投资742亿元，培育自营进出口实绩企业48家，完成进出口总额2.35亿美元，实施省重点项目327个，市重点项目711个，总投资1005.1亿元，农林生物质热电联产、引江济淮、邵渡口大桥、利辛火车站、西潘楼货运场站等一批重大项目有序推进。板集煤矿投产出煤，板集电厂二期项目获得核准，全国大宗固废综合利用基地启动建设。连续两年荣获“全国投资潜力百强县”。今天，开放包容、生机勃发的利辛已经成为投资兴业的一片热土，全县人民加快发展的信心更强、底气更足、干劲更大！

五年来，我们坚守底线、绿色发展，生态环境实现持续性改善。坚持“绿水青山就是金山银山”，以各级环保督察交办问题为抓手，不断加大生态环境保护力度。设立23个乡镇环保工作站，推动环保监管触角向基层末端延伸。PM2.5均值逐年下降，由101微克/立方米下降至44微克/立方米，空气优良率由61.2%上升至78.3%。严格落实河长巡河巡查制度，开展河湖“清四乱”专项行动，茨淮新河示范河湖建设通过省级验收。坚持一河一策，推动茨淮新河、西淝河流域水环境治理，整治规范入河排污口78个，城区污水集中处理率、城市生活垃圾无害化处理率分别达95.1%和99.76%。推深做实林长制改革，完成人工造林12.2万亩，创建省级森林长廊示范段150.2千米。西淝河国家湿地公园顺利通过验收，阚泽省级湿地公园试点获批，成功创建全国绿化模范县、国家园林县城、全国水生态文明城市。稳步推进土壤污染防治行动，圆满完成第二次污染源普查工作，工业固体废物综合利用率100%，单位GDP能耗进一步下降。

五年来，我们补齐短板、增进福祉，社会事业呈现多元化发展。始终坚持以人民为中心的发展思想，大力实施民生工程，办好民生大事，全县财政民生工程支出达178亿元。城镇新增就业5.67万人，城镇登记失业率控制在4%以下，城乡居民基本医疗保险、养老保险参保率分别达99.5%、95%。教育水平显著提高。新建学校29所，新增学位9.6万个，普惠性幼儿园占比80%以上，义务教育阶段适龄人口入学率达100%，农村义务教育学生营养改善计划惠及学生65万余人次，高考本科达线率由45.39%提高到60.87%。义务教育发展基本均衡县创建工作通过国家评估认定。健康利辛有序推进。先后实施县第二人民医院综合楼、宝璋医院等项目，新建改扩建乡镇卫生院5所、新建修缮村卫生室84所，新增公立医院床位3089张。建成核酸检测实验室5家，日检测能力达5000人次，全面启动疫苗接种工作，建立多层次新冠肺炎应急防护网络，疫情防控取得阶段性成果。建成运营集养老、护理、医疗、康复等功能于一体的医养中心20家。基本公共卫生“两卡制”试点持续深化，成功创建国家级妇幼健康优质服务示范县、全国基层中医药工作先进单位。文体事业繁荣发展。扎实推进文化惠民工程，广泛开展全民健身运动，县青少年活动中心、应急广播系统、融媒体中心投入运行，村级综合文化服务中心覆盖率达95%以上。

五年来，我们发扬民主、厉行法治，治理能力取得显著性增强。坚持党的领导、人民当家作主、依法治国有机统一，坚定不移走中国特色社会主义政治发展道路。人民民主更加广泛。加强和改进党对人大、政协工作的领导，人大代表小组工作室、政协工作联络委实现乡镇全覆盖。压实“宗教工作三级网络两级责任制”，促进非公有制经济“两个健康”，爱国统一战线巩固发展。坚持党管武装原则，支持深化国防和军队改革，大力开展双拥共建活动，退役军人服务保障体系不断完善；健全党委统一领导群团工作制度，大力支持工会、妇联、共青团、工商联组织开展工作，群团组织吸引力凝聚力不断增强。法治建设深入推进。统筹推进依法执政、依法行政、公正司法、全民守法，“七五”普法终期验收顺利通过，深入开展“法律七进”，初步形成办事依法、遇事找法、解决问题用法、化解矛盾靠法的良好氛围。社会治理创新有力。认真落实国家安全责任制，推深做实防范化解重大风险“1+9+14”方案体系，牢牢守住不发生系统性风险的底线。深入开展“1+2+22”安全生产专项整治三年行动，加强食品药品安全监管，全力保障群众身体健康和生命安全。扎实推进邻长制基层组织体系建设，“三长”履职能力逐步提升。落实“三到位一处理”要求，开展信访“四下基层”和“四最”试点工作，获评全省信访工作责任目标考核先进单位。推进县乡村三级综治中心规范化建设，成立全省首家金融纠纷多元调解委员会。纵深推进扫黑除恶专项斗争，打掉涉黑恶犯罪团伙24个，群众安全感满意度大幅提升，连续6届获评“全省平安县”称号。

五年来，我们保持定力、从严治党，政治生态得到根本性好转。认真贯彻落实新时代党的建设总要求，切实扛起管党治党政治责任，着力把“全面”“从严”贯穿抓班子、带队伍、打基础、强基层、正风气、反腐败的全过程，真正做到真管真严、敢管敢严、长管长严。坚持以党的政治建设为统领，持续深化党章学习，严肃党内政治纪律和政治规矩，深入开展“两学一做”“讲重作”“讲严立”“不忘初心、牢记使命”“三个以案”和党史学习教育等系列党内教育活动，制定全面从严治党主体责任清单、政治建设监督检查参考指标、县管领导干部政治表现考察办法等系列制度文件，扎紧从严治党制度笼子。完成九届县委巡察全覆盖任务，各级巡视巡察反馈问题整改基本完成。严格落实党委（党组）意识形态和网络意识形态主体责任，研究制定意识形态工作“两清单三办法”，推动意识形态工作“四个纳入”，建立网络舆情风险防控分析研判机制、应急预案、考核办法，坚决防范意识形态领域各类风险。深入推进精神文明建设，荣获“中国好人”称号13人、“安徽好人”称号22人，成功创建“安徽省文明城市提名城市”。认真贯彻落实新时代党的组织路线，推深做实“一抓双促”和“三抓一增强”工程，出台提升村级干部队伍能力素质20条举措，推进基层党组织标准化规范化建设，获评亳州市“五星基层党组织”147个，整顿软弱涣散村党组织126个，村干部年均报酬翻了一番，57名村党组织书记享受乡镇领导班子副职待遇。坚持好干部“二十字”标准，提拔重用扶贫、信访、疫情防控等基层一线吃劲岗位干部358人，占比62.37%。评选“文州英才”50名、“淝畔乡才”299名。创新开设“初心小课堂”“干部专业能力提升班”，不断提升干部素养。持之以恒纠治“四风”，突出抓好违反中央八项规定精神问题整治，落实基层减负工作举措，制定精文简会二十条、统筹规范督查检查考核实施办法，严格计划管理，加强动态监测，着力为基层松绑减压。保持反腐败高压态势，查处违纪案件2482件，给予党纪政务处分2391人，精准运用“四种形态”处理5452人次，其中第一、二种形态占比91.2%。一体推进“三不”体制机制建设，扎实做好政治监督谈话、主体责任谈话，加强小微权力监管，形成145条责任清单和110条监督清单，打通监督“最后一公里”。健全基层纪检组织，推动乡镇纪检监察工作协作区建设，实现对全县各级党组织、党员和监察对象的监督全覆盖，全县各级党组织和党员干部的先进性、纯洁性不断增强。

各位代表、同志们，五年来，我们筚路蓝缕、倍道兼程，取得了累累硕果，书写了完美答卷。这些成绩得益于中央和省委、市委的正确领导，得益于历届县委、县政府打下的良好基础，得益于县人大、县政协的鼎力支持，得益于各位老领导、老同志的倾心关怀，得益于全县各级党组织和广大党员干部带领全县人民的齐心奋进，得益于社会各界人士的热心相助。在此，我代表九届县委，向为利辛改革发展稳定事业做出贡献的同志们、朋友们，表示衷心的感谢，并致以崇高的敬意！

五年砥砺奋进，积累的发展经验弥足珍贵，创造的精神财富影响深远。我们深切地体会到：

——站位决定方位，绝对忠诚才能步调一致。越是身处一线，越要坚定看齐。做好各项工作，最根本的就是坚定向以习近平同志为核心的党中央看齐、向党的理论和路线方针政策看齐，把忠诚和看齐写在岗位上、融入事业中。我们要始终坚持在思想上拥护核心、政治上维护核心、行动上紧跟核心，做到中央有要求、利辛见行动，确保党中央的大政方针和决策部署在利辛落地生根、开花结果。

——思路决定出路，创新理念才能引领未来。越是居于后位，越要应势而谋。对于利辛这样一个欠发达地区来说，只有坚决打破一切阻碍发展的僵化思维，改变一切束缚发展的陈规陋习，革除一切影响发展的体制弊端，以思想大解放开创高质量发展新境界，才能在激烈的区域竞争中下好先手棋、打好主动仗。今后五年，我们务必要全面融入长三角一体化发展战略、中部地区高质量发展战略，借势发力，借机发展，借道赶超，加快补齐发展短板，全面提升县域经济综合实力。

——心态决定状态，保持定力才能掌握主动。越是形势复杂，越要专注发展。这几年我们之所以顶住了经济下行的巨大压力，实现了多项指标的增速靠前，靠的就是聚焦发展、狠抓发展的战略定力，靠的就是敢于争先、勇于进位的进取意识。今后五年，面对艰巨繁重的改革发展稳定任务，我们必须始终保持坚如磐石的发展定力，敢与强的比、敢跟快的赛、敢向高的攀，心往一处想，劲往一处使，才能抢占战略高地、赢得最后胜利。

——作风决定作为，敢于担当才能攻坚克难。越是困难当头，越要冲在前头。无论是一个地区一个部门，还是一个干部一个党员，有多大的担当，才能成就多大的事业。今后五年，多重任务聚集，多种困难叠加，多条战线作战，只有培养干部的担当尽责精神，才能锤炼敢下深水、敢涉险滩、敢闯新路的过硬作风，形成跨越发展、高质量崛起的强大合力。

——实干决定实绩，脚踏实地才能行稳致远。越是任务繁重，越要蹄疾步稳。实践证明，发展机遇，只有在实干中才能把握；发展难题，只有在实干中才能破解；发展蓝图，只有在实干中才能实现。今后五年，我们必须坚持“干”字当头，“实”字为先，不仅要有“志不求易、事不避难”的决心，还要有“逢山开路、遇水架桥”的能力，不仅要有“扎根一线、冲在前沿”的状态，还要有“雷厉风行、驰而不息”的韧劲，不含糊、不动摇、不懈怠、不推责，一步一步扎实走，一张蓝图绘到底。

各位代表、同志们，在看到成绩的同时，我们也要清醒地看到，我县人口多、底子薄、基础差、发展不平衡的基本县情没有根本改变，发展不足、发展不快、发展不优仍然是当前的突出矛盾。特别是：面对高质量发展新形势，我们的发展方式还不适应，经济总量小、产业层次低、创新能力弱，营商环境还需进一步优化；面对人民群众新期待，民生保障有短板，基础设施有差距，公共服务有弱项，治理效能待提高；面对全面从严治党新要求，少数党员干部担当能力不强，个别基层党组织软弱涣散，党风廉政建设和反腐败斗争形势依然严峻复杂。我们必须高度重视这些问题，采取有效措施认真加以解决。

二、乘势而上开新局

未来五年，是全面建成小康社会之后，开启社会主义现代化建设新征程的第一个五年，立足新发展阶段，贯彻新发展理念，构建新发展格局，要求我们必须科学研判形势、牢牢把握机遇，务实重行、奋勇争先，开拓利辛高质量发展的崭新局面。

放眼全局，我们正处在重要战略机遇期。国家宏观政策保持连续性、稳定性、可持续性，有利于我们更好抢抓长三角一体化、中部地区高质量发展等重大战略机遇，用好用足皖北承接产业转移集聚区各项政策，加快培育优势主导产业，提升县域经济整体效能；乡村振兴战略、扩大内需战略纵深推进，有利于我们积极争取项目支持、扩大有效投资，释放叠加效应。立足自身，我们正处在潜力释放关键期。历经多年发展，轻纺服饰、食品加工、能源与新型建材、汽车装备制造四大主导产业集聚效应不断凸显，市场定位逐步明晰，产业链条持续完善，成为助力县域经济崛起的中坚力量。交通区位、自然资源、人口红利、生态环境等优势集聚释放，已成为带动全县经济发展新的动力。展望未来，我们正处在跨越发展黄金期。具有敢为人先、艰苦奋斗精神的广大利辛干部群众，思进求变的愿望比以往任何时候都更加强烈，奋力赶超的氛围比以往任何时候都更加浓厚，跨越发展的信心比以往任何时候都更加坚定，这是利辛发展最为深厚的根基和宝贵的力量。只要我们始终保持爬坡过坎、向上攀登的精神状态，坚定信心，矢志奋斗，我们的任务就一定能完成，我们的目标就一定能实现，一个富裕美丽幸福的利辛就一定会在皖北大地崛起。

今后五年，全县工作的指导思想是：高举中国特色社会主义伟大旗帜，深入贯彻落实党的十九大和十九届二中、三中、四中、五中全会精神，坚持以马克思列宁主义、毛泽东思想、邓小平理论、“三个代表”重要思想、科学发展观、习近平新时代中国特色社会主义思想为指导，认真贯彻落实习近平总书记考察安徽重要讲话指示精神，全面贯彻党的基本理论、基本路线、基本方略，统筹推进“五位一体”总体布局，协调推进“四个全面”战略布局，科学把握新发展阶段，坚决贯彻新发展理念，服务构建新发展格局，坚持稳中求进工作总基调，以推动高质量发展为主题，以深化供给侧结构性改革为主线，以改革创新为根本动力，以满足人民日益增长的美好生活需要为根本目的，统筹发展和安全，持续实施五大发展行动，聚焦“经济强、百姓富、生态美”发展目标，着力打造承接转移集聚区、乡村振兴样板区、绿色循环先行区、和谐善治示范区，加快建设现代化经济体系，推进治理体系和治理能力现代化，纵深推进全面从严治党，不断强化“两个坚持”，努力实现“两个更大”，全面开启新阶段现代化美好利辛建设新征程。

围绕这一指导思想，未来五年的主要目标任务：

一是综合实力跃上新台阶。到“十四五”末，全县经济总量、一般公共预算收入大幅提高，增速位居皖北前列。“两新一重”加速推进，城区建成区面积进一步拓展，城镇化水平大幅提升，城乡居民收入保持较快增长，中等收入群体持续扩大。

二是产业发展迈上新水平。三次产业结构更趋优化，主导产业集聚优势进一步凸显，科技创新能力不断增强，全社会研发投入占比、科技进步贡献率显著提升，具有较强竞争力的利辛特色现代化产业体系基本形成。

三是改革开放实现新突破。社会主义市场经济体制更加完善，重要领域和关键环节改革延伸扩面，发展活力和动力持续增强。全面融入长三角高质量一体化发展扎实推进，更大范围、更高层次对外开放和区域合作不断深入。

四是生态文明取得新成效。生产、生活、生态空间格局不断优化，蓝天、碧水、净土保卫战取得重大阶段性成果，优良空气天数比例、森林覆盖率、生活垃圾无害化处理率、污水处理率、资源利用效率显著提高，生态文明制度深入落实，全社会生态文明意识不断增强。

五是民生福祉获得新提升。民生投入持续增长，社会保障更加充分，教育、医疗、养老、体育、文化、优抚安置、残疾人服务、住房保障等基本公共服务均等化水平稳步提高，城乡区域间基本公共服务差距明显缩小，脱贫成果巩固拓展、乡村振兴全面发力。

六是社会治理取得新进步。总体国家安全观深入人心，平安利辛建设不断深化，法治政府、法治社会建设取得积极进展；国家安全保障体系、应急管理体系、防灾减灾救灾体系、社会治安防控体系、基层治理体系不断完善。

七是党的建设取得新成果。党的建设全面加强，执政能力和领导水平显著提升，各级党组织创造力、凝聚力、战斗力不断提高，广大党员干部责任担当和素质能力明显增强，党内政治生活更加严肃规范，党同人民群众的血肉联系更加紧密，风清气正的优良政治生态持续巩固提升。

围绕以上目标任务，我们要突出抓好七个方面工作。

（一）坚持转型升级、集聚发展，打造高层次产业体系

继续强力推动工业强县不动摇，坚持做大总量和调优结构并重，全面提升工业经济发展能级。

一是强化创新驱动。抓住国家、省大力发展战略性新兴产业机遇，深入推进“三重一创”建设，积极发展带动作用强、与利辛现有产业链关联度高的智能装备制造、节能环保产业，打造新的经济增长极。加大对小微企业

扶持力度，推动“两化”融合，大力实施品牌战略，打造自主创新能力强、主业突出、市场前景好的专精特新企业和专业化“小巨人”企业。围绕构建科技投入多元化机制，从创新平台、产学研合作、人才培养等多方面入手，鼓励企业积极创办制造业创新中心、企业技术中心、工业设计中心，着力构建有利于工业产业发展的创新体系。

二是培育产业集群。以培育壮大轻纺服饰、食品加工、能源与新型建材、汽车装备制造四大产业集群为目标，实施产业链补链、固链、强链行动。推动轻纺服饰产业“品牌化、集群化、生态化”发展，做精产品、提高档次、延伸链条，着力建设现代新型轻纺服饰产业集群和产品研发基地。按照“差异化、高端化、集聚化”的发展方针，升级打造食品产业园区，鼓励本土企业与国内外知名食品企业开展品牌合作，开发生产中高端产品。以煤电产业一体化为主导，以生物质能、太阳能、风能等新能源为补充，着力建设区域性能源供应基地。以技术改造和节能减排为主要抓手，加快推进汽车装备制造产业向新产品、新技术、新应用领域转型升级。

三是做优平台载体。大力实施县经开区“增速、增量、增效”行动，探索“管委会＋公司”管理模式，进一步健全和创新管理体制机制，提升承载力和吸引力。加快集中供热、水、电、路、5G通信等基础设施建设，推进标准化厂房、蓝领公寓建设，积极创建省级产城融合示范区。坚持节约集约用地，实行“标准地”制度和“亩均效益”评价，推进“腾笼换鸟”，依法清理闲置低效利用土地。积极推进“飞地经济”，加强与沪苏浙等先进地区合作，开展结对共建，实现优势互补、互利共赢。

（二）坚持解放思想、开拓创新，促进高起点改革开放

充分发挥改革的突破性和先导性作用，持续推进全面深化改革，释放改革红利，以改革促开放，以开放增活力。

一是精准发力抓改革、提效能。以简政放权为核心，进一步深化“放管服”改革，动态调整权责清单、收费清单，加强事中事后监管，持续抓好商事制度改革，全面推行“双随机、一公开”监管工作。坚持“依法合规、应放尽放、权责一致、承接有序”的原则，深入开展经开区赋权工作，扩大赋权范围，明晰赋权方式，确保“放得下、接得住、管得好”。深化“一网一门一次”改革，完善联审联批工作机制，推进县、乡、村政务服务标准化、规范化、便利化，让数据多跑路，让群众少跑腿。统筹推进国有企业改革、财税金融改革，加大公共服务和民生领域改革，着力在教育、医药卫生、文化、就业保障、统筹城乡等五大方面取得突破性进展，持续推进社会领域改革创新。

二是全力以赴抓招商、攻项目。深度融入长三角一体化发展战略，用好皖北承接产业转移集聚区各项政策，大力实施招商引资提质增效工程。建立长三角、珠三角等重点招商区域产业图谱和招商地图，坚持“一把手”招商、产业链招商、以商招商、驻点招商，定期开展已签约项目“回头看”，提高项目落地率和达产率。牢牢把握中央、省、市政策导向，聚焦“两新一重”，加快实施新基建项目，谋划实施城市停车场、物流园区、老旧小区改造、地下综合管廊等一批新型城镇化建设项目，积极推进基层医疗卫生能力提升、义务教育均衡发展提质等公共服务项目，着力扩大有效投资、厚植发展根基。

三是坚定不移优环境、促发展。深化“四督四保”、领导包保、“双调度”等机制，常态化推进“四送一服”，强化土地、资金、用工等要素保障。推行“容缺受理+承诺”，全面推行项目审批代办服务，推进工程建设项目审批精细化管理，推

广“拿地即开工”模式，加快土地报批速度。积极争取中央预算内投资、地方政府债券、政策性银行贷款等资金支持，加强专项资金绩效评审，提高资金使用效益。积极构建“亲”“清”新型政商关系，深化政企互动，落实省市支持民营经济发展各项政策举措，大力弘扬企业家精神，全面扫清实体经济发展障碍，支持企业家以恒心办恒业。

（三）坚持规划先行、精细管理，塑造高品位城市形象

坚持人民城市人民建、人民城市为人民，努力满足人民群众对宜居生活的新期待，着力打造精致城市。

一是以组团式开发提升城市能级。坚持“多规合一”理念，深化细化各类专项规划，推动城市空间、规模、产业有序布局，生产、生活、生态和谐共处。按照“一体化规划、组团式发展、协同性建设”的思路，实施片区开发、产城融合、联动发展。继续推进滨河新区建设，重点推动文体教育、市政工程、绿化景观等项目实施，打造以滨水景观和优良生态要素为特色，集居住、休闲、游憩于一体的高品质生活区；重点推动城南片区建设，统筹人口规模和土地空间，合理布局幼儿园、学校、医疗、商超、公园绿地等生产生活服务设施，打通“断头路”、疏通水循环，打造配套完善、功能齐全的城市副中心；一体推进老城区建设，重点实施棚户区改造、老旧小区改造，坚持做减法、去存量，增加停车场、菜市场、幼儿园等便民设施，逐步缓解人口密集带来的压力，提高群众生活舒适度；统筹推进高铁片区建设，增强商务服务功能，同步规划高铁片区辐射区域内的道路、管网等基础设施，实现同滨河新区、城南片区、老城区、经开区的顺畅联通。坚持“房住不炒”定位，合理安排土地出让，促进房地产市场平稳健康发展。

二是以精细化管理改善城市面貌。启动城市更新行动，加快推动城市生态水网、污水管网、交通运输网等循环畅通，及时补建小公厕、小游园，开展道路路面修缮、景观绿化补植、亮化工程维护等工作，注重“精修细补”，提升群众幸福感。以打造智慧城市为目标，加快构建以智能交通、智能管网、智能城管、智能安全保障等为一体的智能化城市基础设施运行和管理体系，探索建立“小网格、微治理、大城管”城市管理新路径。加强和改进城区主次干道、小街背巷、公共场所的日常保洁及设施维护，加大“四大秩序”整治力度，全力营造更加安全畅通的出行环境、整洁有序的市容环境和便民利民的生活环境。

三是以内涵化发展提升城市魅力。注重自然景观和人文景观相和谐、建筑格调与文化元素相协调，进一步丰富城市内涵，增强城市活力。以创建文明城市为抓手，广泛开展群众性精神文明创建活动，用道德模范、时代先锋、最美人物、身边好人的嘉言懿行教育人、感染人、激励人，在全社会形成崇德向善、见贤思齐的浓厚氛围。建设商贸流通体系，打造特色休闲街区，培育电子商务、物流配送、连锁经营、信息咨询等商业业态，加快发展休闲、康养、文旅、物流等现代服务业，推动文化、体育与旅游融合发展，大力发展文化创意产业，提高城市的产业支撑、人口吸纳和持续发展能力。

（四）坚持精准发力、循序渐进，推动高标准乡村振兴

坚持农业农村优先发展，做好巩固拓展脱贫攻坚成果同乡村振兴有效衔接，促进农业高质高效、乡村宜居宜业、农民富裕富足，努力走出一条利辛特色的乡村振兴之路。

一是围绕“强”字狠抓产业发展。坚决扛稳粮食安全责任，严守耕地红线，坚决遏制农村新增乱占耕地建房行为。统筹推进“田、土、水、路、林、电、

技、管”综合整治，加快高标准农田建设，持续改善农业生产条件和耕地质量，大力推广良种良法，稳步提高粮食生产能力，真正实现旱涝保收、稳产高产。坚定不移推进农业供给侧结构性改革，高标准建设长三角绿色农产品生产加工供应基地，扶持发展农产品精深加工，补齐仓储保鲜、冷链物流方面的短板，不断健全“产供销”体系，增加农产品附加值。围绕猪、牛、羊、肉鸽、食用菌、山核桃、果蔬、稻渔八大优势特色产业，按照“一镇一业”“一村一品”产业布局，建设富有特色、带动能力强的乡村产业集聚区，培育“利辛良果”品牌，积极争创“一村一品”示范村镇和农业产业强镇。

二是围绕“美”字狠抓乡村建设。大力实施乡村建设行动，推进以“三大革命”“三大行动”为重点的农村人居环境整治，全面完成“十四五”期间农村改厕任务，健全以群众为主体的村庄清洁长效机制和户厕管护工作机制，持续推动美丽乡村建设。加大农村基础设施建设投入力度，推进“水电路气网”互联互通、共建共享，继续改善农村教育办学条件，提高基层医疗服务水平，补齐社会养老、文体健身、休闲娱乐等设施，让农民群众享受到更多更好的均等化公共服务。强化乡风文明建设，推进移风易俗，遏制农村陋习，培育文明新风。

三是围绕“活”字狠抓农村改革。激活农村资源要素，破除制约农业农村发展的制度障碍，持续完善农村基本经营制度，落实第二轮土地承包到期后再延长三十年政策，健全土地流转托管机制，培育新型经营主体，完善利益联结机制。深入推进农村产权制度改革，探索赋予农民集体资产股份权能，提高农村“三变”改革质量，实施“百千万”工程，管好用好扶持壮大村级集体经济资金，深化“联合体·组合投资·优先股”模式，激发村集体经济发展活力。

四是围绕“富”字狠抓农民增收。坚决落实“四个不摘”要求，科学编制“十四五”巩固拓展脱贫攻坚成果同乡村振兴有效衔接规划，稳妥有序做好政策衔接、工作衔接、机制衔接、组织衔接，确保工作不留空档、政策不留空白。落实好兜底保障政策，加大对低保对象、特困供养人员、困难退役军人、残疾人等困难群体帮扶力度。健全防止返贫动态监测和帮扶机制，持续实行激励性产业扶贫，增强相对贫困群体发展内生动力。加强扶贫资金、项目、资产管理和监督，确保持续发挥效益。

（五）坚持生态优先、绿色发展，营造高质量生态环境

深入学习贯彻习近平生态文明思想，坚持尊重自然、顺应自然、保护自然，把生态文明融入经济社会发展全过程，让绿色成为美丽利辛的“底色”。

一是突出生态治理。以大气、水、土壤污染防治为重点，多措并举补齐生态环境短板。落实大气污染防治条例，严格执行“五控”措施，建立联防、联控、联治长效机制，加强重点地区、重点领域、重点行业的排放和污染治理，提高科技治污能力。推进水污染防治和地表水、地下水统筹治理，推动上下游、干支流联合治污，扎实开展“清河”行动，加强流域断面水质监测，抓好乡镇污水处理厂、中心村污水处理站运维管理，加大畜禽养殖场污染整治力度，深化黑臭水体整治，提高主要流域水质优良比例。严格控制工业污染物排放和农业面源污染，促进土壤资源永续利用。

二是突出生态保护。坚持“共抓大保护、不搞大开发”，用最严格的标准、最坚决的态度、最有力的举措抓环境保护，编制实施县级国土空间生态修复规划，严守生态保护红线，多为生态“留白”、多给自然“添彩”。深入推进护绿、增绿、管

绿、用绿、活绿，打造南水北调泵站水利风景区、茨淮新河沿岸森林公园、县级生态廊道。因地制宜推进农田林网建设，构筑点、线、面相结合的生态防护林体系。加快西淝河国家湿地公园、阚泽省级湿地公园建设。健全河长巡河制度，推广主要河道视频监控和水质监测系统，严格河湖水域岸线空间管护，坚决遏制沿河各类无序开发活动。坚决落实环境保护政策措施，大力整治突出环境问题，推动环保工作法治化，完善环保执法与刑事司法的联动机制，对各类违法违规行为坚持零容忍，让良好生态环境成为人民幸福生活的增长点。

三是突出生态经济。以碳中和、碳达峰为引领，加强资源节约利用，严控“两高”项目，积极推行清洁低碳、安全高效的现代生产方式，推进重点行业能效提升工程，采用节能低碳环保技术改造提升传统产业，构建环境友好的绿色工业体系。深入开展节能低碳宣传活动，进一步增强全民节约意识、环保意识、生态意识，不断提高资源利用水平，让人民群众畅享“生态福利”。

（六）坚持共建共享、普惠均衡，增进高水平民生福祉

人民群众对美好生活的向往，就是我们的奋斗目标。牢固树立以人民为中心的发展思想，扎实做好保障和改善民生工作，让人民群众有更多获得感、更高满意度。

一是大力促进就业创业。健全就业服务体系，深入实施就业促进工程、大学生创业计划、农民工职业技能提升计划，推动实现零就业家庭动态清零，支持农民工返乡就业创业，助力“平台型就业”新模式，努力实现更加充分、更高质量的就业。坚持居民收入增长与经济发展基本同步，扩大中等收入群体，增加低收入者收入。构建和谐劳动关系，确保农民工工资支付和农民财产性权益。

二是努力办好人民满意的教育。全面贯彻党的教育方针，落实立德树人根本任务，加强思政课建设，培养德、智、体、美、劳全面发展的社会主义建设者和接班人。深入推进“县管校聘”改革，完善教师激励机制，加强师资队伍建设，促进义务教育优质均衡和普通高中优质特色发展。继续加大教育投入，优化义务教育阶段学校布局，大力发展普惠性幼儿园，推动现代职业教育，支持发展特殊教育，规范发展民办教育，实现各类教育协调发展。

三是深入推进健康利辛建设。完善常态化科学精准防控和局部应急处置相结合的工作机制，落实落细常态监测、“人物同防”等防控举措，确保防控不松懈、疫情不反弹。加强疾控中心标准化建设，健全完善重大传染病监测预警体系、传染病防控队伍和联动机制。深化医药卫生体制改革，健全基本医疗卫生制度和现代医院管理运行机制，加快紧密型医共体建设，促进优质医疗资源上下贯通。积极发展大健康产业，深入实施爱国卫生运动，推进中医药传承创新，广泛开展群众性体育活动，满足人民群众健康需求。

四是健全社会保障体系。加大财政支持民生力度，坚持每年办一批民生实事，让群众得到更多实惠。开展全民参保巩固提升行动，健全城乡居民养老保险待遇、低保救助标准正常调整机制，强化基本医疗保险、大病保险和医疗救助保障。加快养老机构标准化建设，实施公共服务和老年人家庭适老化改造提升，健全特殊群体社会救助体系，提高兜底保障能力。提升妇女儿童、公益慈善、社会福利等各项事业发展水平，让人民生活得更加幸福、更有尊严。

（七）坚持统揽全局、协调各方，健全高效率治理体系

积极发展最广泛的人民民主，深化法治利辛建设，完善社会治理体系，不断巩固发展民主

团结、政通人和的政治局面。

一是大力发展社会主义民主。坚持和完善人民代表大会制度，支持和保证人大及其常委会依法行使职权、人大代表依法履职尽责，充分发挥人大代表的依法监督职能。支持和保障政协围绕团结和民主两大主题，履行政治协商、民主监督、参政议政职能，进一步推动协商民主广泛、多层、制度化发展。突出政治引领，扎实做好统一战线工作，画大同心圆，凝聚向心力。深化群团组织改革，不断增强政治性、先进性和群众性。落实退役军人优抚优待政策，加强全民国防宣传教育。

二是全面推进依法治县工作。深入贯彻习近平法治思想，以规范权力运行、提高治理能力、维护群众权益为着力点，严格、规范、公正、文明执法，加快建设法治政府。加大司法体制改革力度，支持法院、检察院依法独立公正行使审判权和检察权，加大法律援助、司法救助力度，让人民群众在每一个司法案件中都感受到公平正义。深入开展法治宣传教育，扎实推进“八五”普法，大力弘扬法治精神，树立法治权威，坚定法治信仰，使尊法、学法、守法、用法成为全体人民的共同追求。

三是加强和创新社会治理。全面贯彻总体国家安全观，有效防范化解各类风险挑战，加强网络安全保障体系和能力建设，推动经济安全风险预警、防控机制和能力建设，增强产业体系抗冲击能力，开展打击非法集资等专项行动，坚决维护政治、意识形态、经济等各领域安全。持续推进“铸安”行动常态化实效化，提高食品药品安全监管水平，健全防灾、减灾、抗灾、救灾体系，保障人民生命财产安全。坚持重大决策社会稳定风险评估制度，完善社会矛盾排查调处化解综合机制，及时妥善处理各类信访问题。持续巩固政法队伍教育整顿成果，健全立体化、信息化社会治安防控体系，打好禁毒人民战争，推动扫黑除恶长效长治，建设更高水平的平安利辛，让社会更安宁、群众更安乐！

三、管党治党担使命

党的领导是中国特色社会主义事业胜利的根本保证。坚持党要管党、从严治党，严守信念不动摇，严抓纪律不放松，严管队伍不懈怠，严惩腐败不手软，以严管严治促标本兼治，不断增强全面从严治党的系统性、创造性、实效性。

一要坚定不移做到“两个维护”。坚持旗帜鲜明讲政治，不断增强“四个意识”、坚定“四个自信”、做到“两个维护”，始终在思想上、政治上、行动上同以习近平同志为核心的党中央保持高度一致，做到党中央提倡的坚决响应、党中央决定的坚决执行、党中央禁止的坚决不做。坚持以国家政治安全为大、以人民为重、以坚持和发展中国特色社会主义为本，始终对“国之大者”心中有数，不断增强政治判断力、政治领悟力、政治执行力；健全完善习近平总书记重要指示批示和党中央决策部署贯彻落实情况“回头看”和报告通报制度，确保党中央各项决策部署在利辛落地见效。自觉遵循党章，严肃党内政治生活，严明政治纪律和政治规矩，牢牢抓好领导干部这个“关键少数”，坚持首当其责、以身作则、以上率下，增强自律意识、标杆意识、表率意识，为各级党组织和党员干部作出示范。

二要坚定不移强化理想信念。严格落实党委中心组理论学习制度，持续深入学习宣传贯彻习近平新时代中国特色社会主义思想，引导广大党员干部切实领会思想精髓、掌握核心要义、真正入脑入心。深入推进党史学习教育，切实做到学史明理、学史增信、学史崇德、学史力行。以庆祝建党100周年宣传教育活动为主抓手，创新活动形式，丰富活动内容，奏响高昂旋律。全面建立常态化、全覆盖、高质量的党员干部学习教育机制，用好“学习强国”、干部教育在线、县融媒体中心、新时代文明实践站所等各类平台，推动习近平新时代中国特色社会主义思想贯彻到基层、落实到一线。坚持党管宣传、党管意识形态、党管媒体，持续抓好《中国共产党宣传工作条例》的学习宣传贯彻，牢牢掌握意识形态工作领导权管理权主动权，加强网络意识形态管理，推动意识形态工作责任落细落实。

三要坚定不移筑牢基层基础。全面贯彻新时代党的组织路线，把抓基层打基础作为长远之计和固本之举，围绕强化政治功能、突出服务功能，统筹推进各领域基层党建工作，重点加强和改进新形势下农村、城市社区、机关、学校、国有企业、非公企业等基层党组织建设，选优配强基层党组织带头人，持续整顿“软弱涣散”基层党组织，不断提升基层党建工作标准化规范化水平。持续推进邻长制基层组织体系建设，建立上下贯通、执行有力的“乡镇—村（社区）—片—组—邻”组织体系。树立正确用人导向，突出政治标准选用干部，出于公心评价干部，切实把德才兼备的好干部选出来用起来。拓宽专业干部人才来源，深化干部教育培训改革，大力开展党的基本理论教育、党性教育、专业化能力培训和知识培训，完善培训内容体系，着力增强新时代干部教育培训的时代性、针对性、有效性。坚持严管和厚爱结合，激励和约束并重，完善正向激励、澄清保护、容错纠错机制，旗帜鲜明保护改革者，鼓励探索者，宽容失误者，支持干事者，用干部的铁肩膀撑起利辛高质量发展一片天。

四要坚定不移深化正风反腐。严格执行党章党规党纪，高标准落实中央八项规定精神，对“四风”问题紧盯不放、寸步不让，坚决防范和查处各种隐性变异的“四风”问题，严防反弹回潮。持续整治形式主义官僚主义，深化新一轮“三个以案”警示教育，完善党员干部直接联系群众制度，始终保持党同人民群众的血肉联系，切实减轻基层负担。深化机关效能建设，大力治庸、治懒、治散，切实转变作风、提高效率。用好监督执纪“四种形态”，严肃查处重点领域腐败问题和群众身边的“微腐败”，重拳打击黑恶势力“保护伞”，巩固发展反腐败斗争压倒性胜利。持续深化纪检监察体制改革，着力推动纪律监督、监察监督、派驻监督、巡察监督统筹衔接、贯通融合。深化政治巡察，持续开展“巡审联动”“巡纪联动”，推动全面从严治党向基层一线、向群众身边延伸。

推进全面从严治党，关键在责任落实。县委将切实发挥好把方向、管大局、作决策、保落实的重大责任，驰而不息加强自身建设，带头践行“两个维护”，带头履行管党治党责任，带头落实中央八项规定精神，带头坚持民主集中制，带头严守纪律规矩，带头务实重行、以上率下，不断提高执政能力和领导水平，更好地发挥总揽全局、协调各方的领导作用，始终干在实处、走在前列，用实际行动诠释信仰的力量，为人民谋利、为党旗添彩、为时代增辉！

各位代表、同志们，百舸争流，破浪者领航；千帆共进，奋勇者当先。让我们更加紧密地团结在以习近平同志为核心的党中央周围，在省委、市委的坚强领导下，不忘初心、牢记使命，埋头苦干、顽强拼搏，在新起点上奋力谱写利辛高质量发展的崭新篇章，以更加优异的成绩向建党100周年献礼！

政府工作报告

——2021年12月31日在利辛县第十三届人民代表大会第一次会议上

利辛县人民政府县长　怀颖

各位代表：

现在，我代表县人民政府，向大会报告工作，请予审议，并请县政协委员和其他列席人员提出意见。

一、过去五年工作回顾

过去五年，是利辛发展史上极不平凡、极具挑战的五年，是利辛发展积蓄势能、砥砺奋进的关键五年。全县人民在市委、市政府和县委的坚强领导下，在县人大、县政协的监督支持下，坚持以习近平新时代中国特色社会主义思想为指导，围绕庆祝改革开放40周年、中华人民共和国成立70周年、中国共产党成立100周年等重大主题，全面贯彻党的十九大和十九届历次全会精神，深入落实习近平总书记对安徽作出的系列重要讲话指示批示，沉着应对复杂多变的宏观环境和新冠肺炎疫情的严重冲击，坚持稳中求进工作总基调，扎实推进县第九次、第十次党代会各项部署，“十三五”圆满收官，“十四五”开局良好，开创了利辛高质量发展新局面。

——最鼓舞人心的是，在苦干实干中跑出了“利辛速度”。我们始终坚持以经济建设为中心，一心一意谋发展，综合实力显著增强。预计，2021年地区生产总值是2016年末的1.67倍，年均增长8.1%；一般公共预算收入是2016年末的1.54倍，年均增长9.1%；社会消费品零售总额是2016年末的1.8倍，年均增长12.5%；固定资产投资年均增长14.9%，其中工业投资年均增长12.4%；规模工业增加值年均增长9.8%。县域经济呈现总量壮大、速度加快、效益提高的良好态势，先后获得“四好农村路”全国示范县、全国水生态文明城市、全国基层中医药工作先进单位、国家园林县城、国家级妇幼健康优质服务示范县、国家级电子商务进农村综合示范县、中央财政农作物秸秆综合利用试点县、全国农村留守儿童关爱保护和困境儿童保障工作先进集体等荣誉称号，连续两年荣获“全国投资潜力百强县”，全县人民加快发展的信心更强、底气更足、干劲更大！

——最提振士气的是，在聚焦聚力中彰显了“利辛优势”。我们始终突出高质量发展，大力实施创新驱动发展战略，全面厚植新优势、激发新动能，产业质效明显提升。三次产业结构由2016年末的26.2∶27.4∶46.4优化为16.1∶29.6∶54.3。高新技术企业达45家，较2016年末增加39家；入库建筑业企业达43家，较2016年末增加30家。经开区入驻企业由198家增至360家，其中产值亿元以上企业21家。轻纺服饰、食品加工、能源与新型建材、机械装备制造等特色产业集群初步形成，四大产业产值占工业总产值比重稳定在70%以上。利辛高铁站、亳州港利辛港区、利辛火车站、西潘楼货运场站等一批重大项目加快推进，即将实现全县人民期盼多年的“高铁梦”“快速出行梦”，进一步提振了全县人民的精气神，为我们战胜一切困难注入了一往无前的强大力量！

——最值得点赞的是，在大战大考中凝聚了“利辛力量”。“决战决胜脱贫攻坚”一声令下，全县上下闻令而动、听令而行，用脚步丈量大地、把心血洒入泥土，举全县之力，集全县之智，先后投入资金53.39亿元，实施扶贫项目3611个，累计实现90个贫困村出列，88855户、217206名贫困人口脱贫，连续5年获得全省脱贫攻坚成效考核“较好”以上等次，2019年4月29日正式退出贫困县序列，成功摘掉戴了近30年的贫困县帽子。面对突如其来的新冠肺炎疫情，我们坚持人民至上、生命至上，迅速打响疫情防控的人民战争、总体战、阻击战，用不到1个月时间控制住疫情蔓延，是全市第二个被列入低风险地区的县，取得了41天病例清零的优异成绩，常态化疫情防控取得阶段性胜利。特别是，为构筑全民免疫屏障，全县广大群众积极配合、自觉参与，广大医务工作者白衣为甲、坚守一线，广大党员干部不畏艰险、不辞辛苦，汇聚成万众一心、抗击疫情的磅礴力量，展示了利辛干部群众的扎实作风和责任担当。在战贫困、治污染、防风险、抗疫情“四场硬仗”中，虽然没有战火硝烟、枪林弹雨，却同样气壮山河、感天动地，每一步都不容易、每个人都了不起！

过去的五年，是利辛发展史上综合实力提升最快、城乡面貌变化最大、人民群众受益最多的五年，我们解决了许多长期想解决而没能解决的难题，办成了许多过去想办而没能办成的大事，在利辛发展史上具有里程碑意义。

五年来，我们聚焦产业稳增长，综合实力实现历史性突破。工业经济提质扩量。获批工信部制造业单项冠军企业1家、专精特新“小巨人”企业和国家级绿色工厂各2家，省级“专精特新”企业18家，开展“企业登云”认定32家，通过国家“两化”融合管理体系标准评定企业22家。获批安徽省制造业创新中心1家、省级企业技术中心14家、技术创新示范企业4家、智能工厂3家、数字化车间5家。轻纺服饰产业集群被评为省级县域特色产业集群（基地）。实施国家和省级科技项目20余项，创建国家级“星创天地”1家，累计申请专利4999项，授权1604件。现代农业提速增效。实施高标准农田建设86.09万亩，新增耕地9380亩。粮食单产、总产均居全省前列，产量稳定在12亿千克以上，实现“十八连丰”。扎实开展粮食购销领域腐败问题专项整治，粮食储备管理全面加强。推进“一镇一业”“一村一品”示范镇村创建，莲藕龙虾共作、肉牛和山羊养殖、皖鸽良种选育、食用菌种植等特色产业初具规模，规模以上农产品加工企业达31家。培育农民专业合作社4836家、农业产业化龙头企业103家，“三品一标”有效认证产品161个，秸秆综合利用率达93%以上，获批省级现代生态农业产业化示范县。城北镇被农业农村部评为2020年度产业强镇。巩固拓展脱贫攻坚成果，全面优化“一户一方案、一人一措施”，为6594户监测对象制定帮扶措施49895条，新识别监测对象63户208人。商贸旅游提档升级。商贸、物流、旅游等产业快速发展，培育限额以上商贸企业152家、进出口实绩企业48家、货运物流企业219家，较2016年末分别增加23家、12家、69家。万峯汇、皖新文化广场等一批商业综合体、大型专业市场建成投用，消费商圈更加完善。新建、改建加油站点93个，新建、改造城区农贸市场5个、乡镇商贸中心37家、商品配送中心5家、便利店368家；建设到村物流站点279个，行政村快递服务通达率达80%；培育电商示范镇7个、电商示范村20个，电商经营主体突破700家，实现电商交易额30亿元，是2016年末的2.5倍。创建AAA级旅游景区4个、四星级“农家乐”4家、三星级“农家乐”4家、优秀旅游乡镇3个、特色旅游名村1个、省级旅游示范村10个，累计接待游客1129.7万人次，实现旅游总收入111.2亿元，获评全省休闲农业与乡村旅游示范县、安徽旅游品牌“十大新兴旅游县域”。

五年来，我们聚焦协调抓建管，城乡面貌发生全方位变化。城乡布局更加科学。启动实施土地利用总体规划、县城总体规划、县域空间规划、集镇建成区建设规划、美丽乡村建设专项规划等120余项规划编制和修编工作，6个成片开发方案完成编制报批工作，城区面积拓展至31.3平方千米，常住人口城镇化率达到37.46%。城乡功能更加完善。新建、改建长春东路、子胥大道等城市道路66条（段）80千米，治理城区水系17.3千米。建成市民健身广场、港口公园等公园游园12个，新建绿道20千米。大力实施学校、医院、市场、住宅小区等项目建设，完成棚户区改造11828套（户）、老旧小区改造17个，建设5G基站448座。改造农村危桥269座，建设生命安全防护工程1654千米、乡村道路2325.4千米，实现建制村公交全覆盖，马胡桥、S338等交通工程竣工通行，亳州港利辛港区一期工程、邵渡口大桥等重点交通工程加快推进，成功创建全省第一批城乡道路客运一体化示范县。城乡管理更加精细。纵深推进环境卫生综合整治，全面推行城乡环卫一体化，实施城区污水管网检测修复工程，开展生活垃圾分类和资源化利用试点，皖能生活垃圾焚烧发电项目正式运营，25座乡镇污水处理厂全部投入运行。建设省级美丽中心村104个、农村巷道226.3千米，实施无害化改厕83521户。城市管理行政执法向乡镇延伸工作稳步推进。获评全省文明城市提名城市。城北镇刘染村被认定为全国第二批乡村治理示范村。

五年来，我们聚焦绿色优环境，生态保护取得突破性进展。坚持“绿水青山就是金山银山”，以生态环保督察交办问题整改为抓手，生态环境保护力度不断加大。23个乡镇环保工作站挂牌运行，生态环境保护专项监督长制全面推行，新设专项监督长381名，实现环保监管触角向基层末端延伸。坚决打赢蓝天保卫战，深入落实“五控”措施，精准开展秋冬季大气污染防治，PM2.5均值逐年下降，空气质量优良天数比率持续上升。坚决打好碧水保卫战，全面落实“河长制”，开展河湖“清四乱”整治、“幸福河湖”创建，茨淮新河示范河湖、西淝河幸福河湖建设通过省级验收，整治规范入河排污口78个，城区污水集中处理率、城市生活垃圾无害化处理率分别达95.1%和99.76%。农村到户污水处理“户小三格→污水管网→大三格→湿地塘”模式得到省生态环境厅认可。坚决打好净土保卫战，完成土壤污染重点监管单位土壤和地下水污染状况调查工作，工业固体废物综合利用率达100%。大力开展生态保护，推深做实“林长制、田长制”工作，完成植树造林9.8万亩，创建省级森林城镇7个、森林村庄41个、森林长廊示范段150.2千米。西淝河国家湿地公园顺利通过验收，阚泽省级湿地公园试点获批。

五年来，我们聚焦开放促改革，内生动力得到持续性增强。重点改革持续深化。政府机构改革圆满完成，机构编制管理体系不断完善。全面启动八大领域改革，基层儿童福利服务体系建设等8个国家级改革试点持续深化。动态完善政府权责清单，及时梳理公共服务清单、政府权力中介服务清单。全面开展农村集体资产清产核资，321个村开展“三变”改革试点，通过“联合体·组合投资·优先股”模式新增扶优扶强村68个，村均集体经济收入由2016年末的1.66万元增至54.79万元。营商环境持续优化。“互联网+政务服务”提标扩面，行政许可类事项办理时间比法定时限压缩1/3以上，公共服务事项全部实现一日办结，全程网办事项比例达99.9%。深入落实纾困惠企政策，累计减免税费16.37亿元，“四送一服”双千工程推进有力，“免申即享”“拿地即开工”等措施直达市场主体，企业获得感明显增强。有效投资持续扩大。累计引进项目566个，总投资742亿元；实施省重点项目327个、市重点项目711个，总投资1005.1亿元。按照“标准地”出让工业用地14宗547.6亩。板集电厂等一批重大项目投产运营，引江济淮等一批重点工程项目加快推进。板集煤矿实现联合试运转，板集电厂二期项目获得核准，全国大宗固体废弃物综合利用基地项目获批省级绿色发展示范点。

五年来，我们聚焦民生办实事，社会事业实现整体性提升。民生保障坚定有力。大力实施民生工程，财政民生工程累计支出达178亿元。城镇新增就业5.67万人，城乡居民基本医疗保险、养老保险参保率分别达99.5%、95%。教育事业长足进步。新建学校29所，新增学位9.3万个，普惠性幼儿园占比80%以上，义务教育阶段适龄人口入学率达100%，农村义务教育学生营养改善计划惠及学生65万余人次。义务教育发展基本均衡县创建工作通过国家评估认定。健康利辛成效明显。成立两大医疗健康集团，实现紧密型医共体全覆盖。新建、改扩建乡镇卫生院15家，新建和修缮村卫生室84所，为195所村卫生室配备中医诊疗设备，实现基层中医药适宜技术全覆盖。县人民医院成功创建三级医院，县中医院通过三级中医院设置许可，县二院门诊住院综合楼建成使用。建立多层次新冠肺炎应急防护网络，建成核酸检测实验室7家，日检测能力达10万人次。积极探索“医护养康”新模式，建成运营融养老、护理、医疗、康复等功能于一体的乡镇卫生院分院20家。获评首批安徽省健康脱贫工程示范县，成功创建省级健康促进县。文化事业蓬勃发展。扎实推进文化惠民工程，广泛开展全民健身运动，县青少年活动中心、应急广播系统、融媒体中心、广播电视发射塔投入运行，村级综合文化服务中心覆盖率达98%以上，60余件文艺作品在国展获奖或入展。社会治理深入推进。认真落实国家安全责任制，推深做实防范化解重大风险“1+9+14”方案体系，“难安置”专项治理扎实推进，“难办证”实现“四个清零”，牢牢守住不发生系统性风险的底线。深入开展“1+2+22”安全生产专项整治三年行动，加强食品药品安全监管，群众身体健康和生命安全得到有效保障。第七次全国人口普查工作荣获全省先进集体称号。扎实推进邻长制基层组织体系建设，“三长”履职能力逐步提升。创建全国示范性退役军人服务中心（站）34个，全省新一轮双拥模范县顺利通过考评验收，连续三年获评全省退役军人服务管理工作一类县。落实“三到位一处理”要求，开展信访“四下基层”“四最”试点和信访事项“大起底、大化解、大督办”专项行动，两次获评全省信访工作责任目标考核先进单位。实施县乡村三级综治中心规范化建设，成立全省首家金融纠纷多元调解委员会。严厉打击电信网络诈骗，纵深推进扫黑除恶专项斗争，打掉涉黑恶犯罪团伙26个，连续六届获评“全省平安县”称号。

五年来，我们聚焦作风提效能，自身建设得到系统性加强。深入贯彻落实习近平总书记重要讲话和指示批示精神，扎实开展“讲重作”“讲严立”“三个以案”等专题警示教育，巩固拓展“不忘初心、牢记使命”主题教育成果，纵深推进党史学习教育，全面落实意识形态工作责任制，进一步锤炼了对党绝对忠诚的政治品格。自觉接受人大法律监督、政协民主监督及社会各界监督，办理人大代表议案、建议和政协委员提案1471件，办结率100%，满意率97%以上。全力推进法治政府建设，落实重大事项合法性审查和行政机关负责人出庭应诉制度，“七五”普法工作全面完成，行政权力规范运行，行政决策更加科学。严格落实中央八项规定精神及实施细则，加强审计监督、行政监察，全面落实“基层减负”各项措施，力戒形式主义、官僚主义，文件会议进一步精简、“三公”经费持续下降，机关效能建设取得新成效。

五年来，国防动员、后备力量、退役军人、人民防空、消防救援、双拥和武装工作扎实开展。老龄、妇女儿童、残疾人、工会、共青团、红十字、慈善、关心下一代等事业取得新进步，外事、侨务、供销、统计、对台、气象、地震、档案、公积金管理和机关事务管理等工作迈上新台阶。

即将过去的2021年，我们统筹推进常态化疫情防控和经济社会发展，全面落实“六稳”“六保”任务，预计全年实现地区生产总值380亿元，较上年增长11%；一般公共预算收入18亿元，增长13.1%；社会消费品零售总额249亿元，增长20%；固定资产投资增长20%；规模工业增加值增长16%；高新技术产业增加值增长20%；战略性新兴产业产值增长11%；进出口总额4600万美元；金融机构存款余额532亿元、贷款余额429亿元，分别增长13.9%、22.2%；居民人均可支配收入22765元，增长8.8%；城镇常住居民人均可支配收入36254元，农村常住居民人均可支配收入15486元，分别增长8.5%和9%。较好完成了县十二届人民代表大会第五次会议确定的主要目标任务，实现了本届政府工作圆满收官。

各位代表！五年来的春风化雨、春华秋实，奠定了转型升级、加速振兴的坚实基础，开启了奋力赶超、加快发展的崭新局面，这是多年发展积累的释放，也是多年心血汗水的结晶。五年的奋斗历程，让我们更加深刻认识到，办好利辛的事情：必须始终把党的全面领导作为首要原则。坚持以党的政治建设为统领，牢固树立“四个意识”、坚定“四个自信”、做到“两个维护”，全力推动党中央、国务院及省、市决策部署在利辛落地生根、开花结果。必须始终把高质量发展作为根本要求。只有坚持以新发展理念为引领，坚定不移谋发展、精准发力补短板，才能增强自信、凝聚力量、跨越赶超，“现代化美好利辛”蓝图愿景才能变为生动现实。必须始终把人民群众作为力量源泉。只有聚焦人民群众对美好生活的向往，任何时候都坚持把人民群众放在心中最高位置，才能推动利辛各项事业繁荣进步。必须始终把改革创新作为核心动力。只有在机制创新、管理创新方面下功夫、求突破，破除制约发展的藩篱桎梏，才能持续为高质量发展注入新的动能与活力。必须始终把真抓实干作为重要基因。只有时刻保持“等不起”的紧迫感、“慢不得”的危机感、“坐不住”的责任感，敢于担责担险、勇于攻坚克难，一往无前不懈怠，一招不让抓落实，才能持续推动经济社会更好更快发展。

各位代表，五年披荆斩棘，五年成就辉煌。五年来取得的成绩，是县委统揽全局、坚强领导的结果，是县人大、县政协有力监督、大力支持的结果，是全县人民勠力同心、顽强拼搏的结果。在此，我代表县人民政府，向全体人大代表、政协委员、人民团体，向驻利部队、政法干警，向所有关心支持利辛发展的各位老领导、老同志和社会各界朋友，表示衷心的感谢并致以崇高的敬意！

各位代表！稳不忘忧，好中知难。纵观五年发展，在前进中还存在一些不容忽视的困难和问题。主要是：经济体量偏小、产业结构不优、创新能力较弱，发展不平衡不充分问题仍然突出；乡村振兴任务艰巨，生态环境保护任重道远，城乡基础设施欠账较多，民生保障、社会治理领域还有短板弱项，营商环境还需进一步优化；政府系统少数部门和个别干部担当精神、争先意识不强，个别领域不正之风时有发生，根除形式主义、官僚主义仍需加力，等等。对此，我们将采取有力举措，切实加以解决，决不辜负全县人民的信任和重托！

二、今后五年的奋斗目标和主要任务

未来五年，是开启全面建设社会主义现代化国家新征程、向第二个百年奋斗目标进军的第一个五年，也是我县推进高质量发展的重要时期。从发展机遇看，利辛正处于重大战略的交汇叠加期。长三角一体化发展、中部地区高质量发展、淮河生态经济带、皖北“四化同步”、促进皖北承接产业转移集聚区建设等一系列发展战略深入实施，历史机遇、优惠政策前所未有，催生了经济发展新动能，有利于我们在新一轮高质量发展中拓展更大空间，赢得更好发展。从发展阶段看，利辛正处于争先进位的历史关键期。当前区域竞争日益加剧，不进则退、慢进亦是退。我县面临着加快发展与提升质量的双重挑战、促进增长与维护安全的双重压力、发展经济与改善民生的双重任务，必须保持定力、乘势而上，强化现有优势，发掘潜在优势，着力提升产业链现代化水平。从发展态势看，利辛正处于加快发展的红利释放期。城市能级逐步提升，新型城镇化加快推进，现代产业体系初步形成，交通区位、自然资源、人口红利、生态环境等优势加快释放，特别是全县上下历经脱贫攻坚、抗疫防疫的洗礼锤炼，干事创业的热情越发高涨，团结奋进的力量更加集聚。只要我们一棒接着一棒跑，一张蓝图绘到底，定能开创现代化美好利辛建设新辉煌！

今后五年政府工作的总体要求是：高举中国特色社会主义伟大旗帜，坚持以习近平新时代中国特色社会主义思想为指导，认真贯彻落实习近平总书记对安徽作出的系列重要讲话指示批示，弘扬伟大建党精神，统筹推进“五位一体”总体布局，协调推进“四个全面”战略布局，坚持稳中求进工作总基调，以推动高质量发展为主题，以深化供给侧结构性改革为主线，以改革创新为根本动力，以满足人民日益增长的美好生活需要为根本目的，以统筹推进“四化同步”为路径，深度融入长三角一体化发展，着力打造承接转移集聚区、乡村振兴样板区、绿色循环先行区、和谐善治示范区，奋力建设“中原纺织城”“绿色能源县”，全面开启现代化美好利辛建设新征程。

未来五年经济社会发展的主要预期目标是：到2026年，全县地区生产总值实现540亿元，年均增长8%以上；一般公共预算收入实现26.5亿元，年均增长8%以上；社会消费品零售总额实现390亿元，年均增长10%以上；固定资产投资年均增长12%以上；规模工业增加值年均增长14%以上；进出口总额年均增长8%以上。

实现上述目标，必须坚持党的全面领导，坚持稳字当头、稳中求进，立足当下登高望远，远谋近施开创未来，着力打造增强高质量发展新动能的强劲增长极。具体来说，重点抓好以下工作

——坚持产业升级，加快建设经济强的创新利辛。持续实施创新驱动发展战略，完善支持科技创新的政策体系建设，积极培育智能装备制造、生物医药、节能环保等战略新兴产业，力争高新

技术企业突破70家，全社会研发经费投入年均增长20%以上，争创省级创新型县。聚力建设“皖北承接产业转移集聚区”，实施补链、固链、强链行动，培育壮大轻纺服饰、能源与新型建材、食品加工、机械装备制造四大优势产业，将轻纺服饰、能源与新型建材打造为“百亿”产业。深化经开区改革创新，抓好“标准地”改革和“亩均效益”评价，推进低效闲置用地再开发。聚力建设“长三角绿色农产品生产加工供应基地”，培育壮大蔬菜、畜禽、优质粮食等绿色农产品生产加工产业，发展优质生猪养殖，实施黄牛产业振兴计划，推进产业化肉羊养殖双百万工程，建成长三角地区优质“菜园子”，打造全省乃至全国重要的设施蔬菜种植基地，推动利辛从农业大县向农业强县转变。积极实施扩大内需战略，充分激发消费市场潜力和居民消费能力，大力发展现代物流、金融服务、电子商务、生态旅游等现代服务业，完善现代商贸流通体系，着力打造区域性物流商贸基地。

——坚持城乡统筹，加快建设格局新的共进利辛。坚定不移推进以人为核心的新型城镇化建设，全力打造城乡区域协调发展试验区，力争主城区面积拓展到42平方千米，常住人口城镇化率达到全市平均水平。实施城市更新行动，立体化布局实施补短板工程，统筹新城区建设和老城区改造，推进高铁片区、滨河新区、城南新区等片区建设，加快建成50万人口规模中等城市。实施城市生命线安全工程，争创安全发展示范县。加快建设城区快速通道等一批主干道路，升级改造普通国省干线公路、县乡公路，积极推进“县县通一级公路、乡镇通二级公路”，进一步完善内连外通的交通骨架网络。继续推进巩固拓展脱贫攻坚成果同乡村振兴有效衔接，推动一二三产融合发展，加快打造乡村全面振兴样板区，建成省级美丽乡村中心村50个。全面实施城市精细化管理提升工程，积极推进智慧交通、智慧城管、智慧消防、智慧停车等项目建设，不断提升城市智能化、信息化水平。

——坚持绿色转型，加快建设环境优的美丽利辛。深入践行“绿水青山就是金山银山”理念，实施大气、水、土壤污染防治升级版，加快打造绿色循环先行区，森林覆盖率、城区绿地率分别达20%和37%。深化大气污染防治精细化管控，继续落实“五控”措施，不断提升空气质量优良天数比率。开展城镇污水处理提质增效行动，推进幸福河湖示范创建，健全城乡入河排污口、黑臭水体治理、河流断面水质监测长效机制。保护耕地土壤环境，开展化肥农药减量化和土壤污染治理，加强秸秆和畜禽粪污资源化利用。推进碳达峰、碳中和，完成能耗“双控”任务。实施节约型机关、绿色家庭等绿色生活创建行动。深化生态保护补偿制度建设，落实生态环境公益诉讼和损害赔偿、责任终身追究制度。

——坚持互利共赢，加快建设活力足的开放利辛。坚持用市场的逻辑谋事、资本的力量干事、平台的思维成事，深度融入国家重大战略，拓展对外开放的领域、空间和层次。深化与沪苏浙园区对接合作，实现经开区入驻企业500家以上，争创国家级开发区。加快转变政府职能，深化行业协会、商会和中介机构改革，推进财政税收、公共资源交易、教育、医疗卫生等重点领域改革。健全政府举债融资机制，防范发生系统性债务风险。强化“双招双引”，聚焦产业链、供应链、创新链、资本链，推动招商引资、项目建设提质增效。实施外贸主体培育壮大工程，完善外贸企业孵化培育机制。开展招才引智，健全“引得进、留得住、用得好”的人才工作机制。实施数字赋能升级工程，统筹数字政府、数字经济、数字社会建设，推进数字场景应用。

——坚持共同富裕，加快建设百姓富的幸福利辛。牢固树立以人民为中心的发展思想，加快推进民生工程，扎实做好高校毕业生等重点群体就业，确保零就业家庭动态清零。健全促进共同富裕的政策体系和具体举措，实施中等收入群体倍增工程，确保城乡居民人均可支配收入持续稳定增长。完善社会制度保障体系，健全最低生活保障、特困人员供养、临时救助等制度。实施“喝上引调水”工程，基本实现城乡供水一体化。落实“双减”政策，加快提升学前教育、义务教育、普通高中教育、职业教育办学水平和教学质量。大力实施医疗卫生健康事业“三年提升、两年巩固”行动，提升医疗服务能力。落实三孩生育政策及配套措施，积极推进托幼一体化建设。深入实施文化惠民，积极发展体育事业，基本建成覆盖城乡、资源共享的公共文化服务体系。加强和创新社会治理，常态化机制化开展扫黑除恶斗争，强化安全生产、应急管理，坚决保障人民安居乐业、社会安定有序。

三、2022年重点工作

2022年，是新一届人民政府施政的第一年，也是实施“十四五”规划的重要一年。综合考虑各种因素，明年全县经济社会发展的主要预期目标是：地区生产总值增长10%以上，一般公共预算收入增长9%以上，固定资产投资增长12%以上，规模工业增加值增长14%以上，社会消费品零售总额增长10%以上，进出口总额增长8%以上，城镇和农村常住居民人均可支配收入增速超过全市平均水平，碳排放、能耗及生态环境质量指标完成下达年度目标任务。

围绕实现上述目标，重点做好以下八个方面的工作。

（一）突出工业强县、产业承接，坚定不移推进新型工业化。坚持数字化、智能化、绿色化，大力实施二产“提质扩量增效”行动计划，精准激发工业经济发展新动能。

培育产业集群。全力壮大轻纺服饰、能源与新型建材、食品加工、机械装备制造四大优势产业，构建“头部企业+中小企业”生态圈。围绕打造“中原纺织城”，推动轻纺服饰产业品牌化，做精产品、提高档次、延伸链条，着力建设现代新型轻纺服饰产业集群和产品研发基地，纺织服装、丝网产业总产值达70亿元。推动煤电循环产业发展，大力发展生物质能、太阳能、风能等新能源，推进煤电副产品综合利用，着力建设区域性能源供应基地和绿色新型建材基地。推动食品加工集群化，落实省“158”行动计划，实施农产品加工业“五个一批”工程，鼓励本土企业与国内外知名食品企业开展品牌合作，着力打造农产品生产加工供应基地。引进亿元以上农产品加工企业3家，农产品加工产值增长8%以上。推动机械装备制造智能化，加快推进机械装备制造产业向新产品、新技术、新应用领域转型升级，着力打造机械装备制造基地。开展“个转企、小升规”专项行动，实施“专精特新”中小企业培育工程，培育一批国内细分市场领域的“单打冠军”“配套专家”和“行业小巨人”。新建科技创新平台2家，完成科技成果登记120件；新进规上工业企业20家，新增高新技术企业10家、“两化”融合贯标企业3家，技改投资增长12%以上，高新技术产业增加值增长20%以上，战略性新兴产业产值增长12%以上；培育省级专精特新企业3家、安徽工业精品3个。

提升承载能力。创新经开区管理体制、投入机制和要素保障机制，完善园区供电、供水、供热、给排水、污水处理等基础设施，全面提升产业配套和公共服务水平。经开区新开工、新投产工业项目分别不少于30个、25

个，启动建设承接产业转移示范园、双创园，建成科创园，新增标准化厂房30万平方米。积极融入长三角一体化发展，对接“五个区块链接”，深化与沪、苏、浙城市间结对帮扶，采取“园中园”、委托管理、投资合作等模式，探索发展“飞地经济”。发挥“亩均论英雄”改革牵引作用，深化“标准地”改革和“亩均效益”评价，推进低效闲置用地再开发，所有新出让工业用地按“标准地”出让。推进“一区多园”协同联动发展，启动板集煤电产业园、阚疃港区二期、西潘楼货运中心等基础设施建设，巩固提升城北、孙集、王人、永兴、张村、程家集等乡镇特色创业园区，支持其他有条件的乡镇做大做强镇域工业经济，努力培育一批各具特色的产业集群专业镇。

强化要素保障。抓好资金保障，探索与行业龙头企业、知名金融机构合作设立产业投资基金，综合运用产业基金、供应链金融等手段，实现“资本＋产业”的同频共振。鼓励县内银行增设网点，推动更多发展要素直达市场主体，新增金融网点2家以上，中小微企业新增贷款占比50%以上。抓好用地保障，加强土地资源清理整合，推动土地征收成片开发，报批土地4000亩以上，征收土地2600亩以上。实施城乡建设用地增减挂钩项目5000亩、新增耕地1000亩左右。坚持从存量挖空间、向规划要空间，开展闲置建设用地、工业低效土地“全域治理”，盘活闲置和低效用地不少于400亩。抓好用工保障，坚持外引内招、定向培养并举，提高人才政策吸引力，大力引进高技能实用人才，切实解决“用工荒”和“就业难”结构性问题，力争新招工8000人以上。

（二）突出乡村振兴、有效衔接，坚定不移推进农业现代化。强化“三农”工作重中之重地位，大力实施一产“两强一增”行动计划，全面推进乡村产业、人才、文化、生态、组织振兴。

促进农业高质高效。坚决扛起粮食安全政治责任，深入实施“藏粮于地、藏粮于技”战略，坚决遏制耕地“非农化”，防止“非粮化”。建设高质高效小麦单品种万亩示范片、百亩高产示范方各23个，发展优质专用小麦117万亩，建设高标准农田12万亩，粮食总产稳定在13亿千克以上。开展乡村特色产业发展提升行动，聚焦畜禽、果蔬等优势特色产业，新增“三品一标”农产品20个，创建省级农业科技园区、“一村一品”示范村镇各1个，发展蔬菜25万亩、中药材10.5万亩、设施农业12万亩、食用菌500亩。坚持科技强农、机械强农，主要农作物耕种收综合机械化水平、农机作业托管服务面积分别达96%、95%以上。抓好防汛抗旱提升三年行动治理，实施产业配套设施水利提升工程，完成北凤沟和北乌江治理项目，大中型水闸、三级以上堤防工程标准化管理全部达标。

促进乡村宜居宜业。加快实施乡村建设行动，接续推进农村环境“三大革命”“三大行动”，启动“百村千塘”示范整治行动、“清洁村庄、文明家园”攻坚行动，建成王市镇王营村、永兴镇谭铺村等美丽乡村省级中心村10个，完成农村改厕任务，农村生活垃圾无害化处理率达99.8%以上，乡镇政府驻地生活污水处理率提高到60%。加强农村基础设施建设，推进水、电、路、气和物流等基础设施往村覆盖、往户延伸。继续抓好农村巷道建设，动态清零农村危房。推进城乡供水一体化，开工建设新张集地表水厂。强化农村宅基地审批管理，坚决遏制违法占用耕地建房行为。支持能人下乡、人才兴乡，培育新型职业农民800人。拓展发挥新时代文明实践中心（所、站）作用，广泛开展移风易俗和文明镇村、文明家庭创建等活动，积极培育文明乡风、淳朴民风、良好家风。

促进农民富裕富足。坚持“四个不摘”，加快实现巩固拓展脱贫攻坚成果同乡村振兴有效衔接，土地出让收入用于农业农村比例不低于上一年度。调整优化产业扶持政策，健全农村低收入人口常态化帮扶机制，继续加大基础设施、公共服务投入力度，带动更多脱贫人口和低收入人口就业增收。常态化监测脱贫不稳定户、边缘易致贫户、突发严重困难户，重点监测收入支出情况、“两不愁三保障”和饮水安全状况，统筹发挥基本医保、大病保险、医疗救助三重保障制度综合梯次减负功能，定期核查，动态清零。衔接落实好第二轮土地承包到期后再延长30年政策，健全土地经营权流转服务体系，新增土地流转面积2万亩。加大家庭农场、农民专业合作社培育力度，新建、改建为农服务中心2家，新增家庭农场400家、农民专业合作社200家。巩固农村集体产权制度改革成果，实施“三变”改革的村达到93%以上，村集体经营性收入15万元以上、30万元以上、50万元以上的村占比分别达到35%、25%和12%。

（三）突出项目攻坚、投资拉动，坚定不移推进“双招双引”。坚持“项目为王、招商为要、环境为本”，继续实施“招商引资、项目建设推进年”活动，不断增添新动力、培育新动能。

打好招商引资攻坚战。坚持顶格推进，领导干部要成为招商引资、招才引智的行家里手，把主要时间和精力用在项目工作上。加强驻点招商，选优配强产业促进组、驻外招商组、招商顾问等专业力量，实行“揭榜挂帅”。加强产业链招商，瞄准产业链头部企业、上市公司、“500强”企业，开展精准招商、敲门招商。深入对接中央、省属企业，与皖能集团、海螺集团、中煤新集、中咨公司等开展全方位合作，着力招引一批核心配套项目、延链补链项目。强化以商招商，深入开展“利辛老乡、请您回家”活动，积极开展招商推介会、展会等活动，掀起回乡创业热潮。强化资本招商，探索与行业龙头企业、知名金融机构合作设立产业投资基金。定期开展已签约项目“回头看”，持续跟进项目投资转化。新签约亿元以上工业项目50个以上，其中5亿元以上的5个以上、10亿元以上的2个以上。引进亿元以上省外资金项目45个，实际利用省外资金185亿元以上。

打好项目建设攻坚战。深化“四督四保”、领导包保、“双调度”等项目工作机制，推行“容缺受理＋承诺”和政府投资项目代建制，常态化开展“招商项目落地和项目建设进度集中攻坚”行动，继续实施新开工项目“季度滚动计划”、重大项目集中开工，积极推进规划、立项、设计、招标、投资、施工“六分开”，精准扩大有效投资。新开工列入省、市考核的重点项目204个，完成投资187.5亿元。开工建设板集电厂二期等63个重大投资项目，加快推进传旗重科等141个在建项目，皖能生物质电厂等57个重点项目投产运营。发挥政府投资撬动作用，“吃干榨尽”地方政府专项债券等各类政策，聚焦“两新一重”、节能减排、先进制造业、乡村振兴、民生保障等领域谋划项目，深化完善在库项目，递补扩充新增项目，形成“储备一批、开工一批、建设一批、投产一批”的梯次推进格局。全年谋划储备重点项目320个，总投资800亿元以上。

打好营商环境攻坚战。牢固树立“民营企业和民营企业家是我们自己人”“为自己人办事就是办自己的事”理念，推行顶格服务企业机制，常态化开展“四送一服”专项行动，依法依规、穷尽办法、竭尽所能帮助企业解决问题，构建亲清政商关系，对企业做到“好时不扰、难时出手”。持续抓好“互联网＋政务服务”，加大“皖事通”APP推广使用和“跨省通办”工作力度，全面推行证明事项和涉企经营许可事项告知承诺制。实施民营经济上台阶行动，打造减税降费等惠企政策直通车。加强市场主体诚信体系建设，坚决向破坏营商环境行为亮剑。持续推进大众创业、万众创新，深入开展助力青年学子创业活动。实施“文州英才”“淝畔乡才”计划，用好人才新政和招才引智奖励办法，完善人才“育、引、用、评”工作链条，充分发挥职教园区优势，引进急需紧缺及高层次人才600人。新增私营企业5000家、个体工商户10000户。

（四）突出业态培育、畅通循环，坚定不移推进三产繁荣发展。大力实施三产“锻长补短”行动计划，推进生活性服务业和生产性服务业协同发展，着力释放多层次消费潜力。

加快发展商贸物流业。推动各类专业市场、城市综合体、农贸市场提高运营水平、提升商业业态，加快万达广场、万峯汇二期等商业综合体和特色休闲街建设，建成城区农贸市场3个、乡镇商贸中心2家。激励支持企业积极拓展国际市场，发展对外贸易，新增限额以上商贸流通企业30家、进出口实绩企业7家。推广“电商＋”模式，支持轻纺、农产品等电商企业发展，完善村级电商网点综合服务配套功能，实现电子商务上线交易额达32亿元以上。新建、改建村级新型基层供销社5家，新建、改造农村综合服务社10家。完善商贸、电商、快递、冷链等物流体系，加快交通物流园、农产品冷链物流园、电商物流园等物流园区建设，着力打造皖北区域性物流基地。

加快发展金融服务业。完善金融机构支持县域经济发展机制，扩大实体经济信贷投放，拓展“4321”新型政银担、“税融通”等业务，加大对制造业、民营小微企业的支持力度。新增信贷投放70亿元以上，直接融资15亿元。发挥转贷资金作用，全年周转不少于16次。加大金融服务“三农”力度，完善涉农贴息贷款政策，“劝耕贷”“两权”抵押贷款达3亿元以上。加强上市后备资源培育，新增“新三板”挂牌企业1家、省股权托管交易中心挂牌企业20家。推动城投集团对接资本市场，发行债券不少于10亿元。加大非法集资和非法互联网金融整治力度，压降金融机构不良资产规模，消除金融风险隐患。

加快发展生态旅游业。围绕全域旅游发展规划，加快西淝河游览观光带、西淝河休闲旅游度假区、茨淮光谷旅游度假区“一带两区”建设，提升印象江南、阳光四季花海、治未病养心园、西淝河国家湿地公园等景区品质，努力将利辛打造为皖北著名的乡村生态休闲旅游度假目的地。依托西淝河、茨淮新河等生态资源，持续开展文化旅游年活动，培育“旅游+”等多元化新兴业态。打造精品旅游路线、研学游路线各1条，新增A级旅游景区1个、三星级以上“农家乐”1家，旅游总收入、接待旅游人数分别增长15.2%、14.6%以上。

（五）突出城市更新、产城融合，坚定不移推进新型城镇化。坚持建设与管理并重、整治与创建齐抓、功能与生态相融，统筹提升城市建设管理水平，系统打造充满活力的魅力利辛。

坚持规划“一张图”。编制实施《利辛县国土空间总体规划（2020—2035年）》，严格画定生态保护红线、永久基本农田、城镇开发边界三条控制线，构建“布局合理、功能完善、生态宜居”的空间发展格局，实现重大基础设施和基本公共服务有效衔接。完成城北镇、西潘楼镇国土空间规划编制工作，全面启动其余乡镇国土空间规划和“多规合一”实用性村庄规划编制工作。加快高铁片区规划编制，统筹布局教育、医疗、文化等公共服务设施和基础设施，不断完善城市服务功能，拓展城市发展空间。

坚持建管“一张网”。按照“一体化规划、组团式发展、协同性建设”的思路，推进城市有机更新。实施水系贯通工程，启动截阳沟—驻马沟水系连通工程建设，加快推进城区生态水网一期工程，完成揽翠河治理主体工程建设。实施基础设施提升工程，建成使用锦绣公园，启动淝河南路游园建设，新增城区绿化16万平方米，改造提升城区绿化5万平方米；新建、续建住宅小区35个，开工棚改房4600套，改造文苑新村等老旧小区17个，收储商住用地2500亩。加快智慧城市建设，完善应急指挥、社会治理、便民服务系统功能。做好城市生命线工程前期风险评估，推进地下管网地理信息系统建设。继续抓好城区停车场建设，新增公共停车泊位1000个以上。围绕创建省级文明城市目标，加强背街小巷、城乡接合部等重点区域环境整治，开展交通秩序、环境保洁、道路绿化、公园广场管护及城区电动三轮车、四轮车等专项整治行动，让交通更畅、街面更净、市容更靓。积极推进生活垃圾源头减量、分类投放、分类收运、分类处理，提升生活垃圾减量化、资源化、无害化水平。坚持“房住不炒”定位，合理安排土地出让，保持供给平衡，促进房地产市场平稳健康发展。健全社区党组织、居委会、业主委员会、物业服务企业“四位一体”工作协调机制，着力提升物业服务水平。

坚持交通“一盘棋”。组织交通会战，打通主动脉、畅通微循环、消除断头路，推动形成城市主干道、绕城快速通道、高速公路“组团快联”的路网格局。打通对外通道，加快推进淮宿阜高铁、利辛港区等项目建设，积极推进利辛通用机场前期工作，完成利辛火车客运站改造，G329、S250等交通项目建设。完善城乡路网，新建政通路等道路9条，升级改造人民南路、锦绣路，邵渡口大桥通车运行，启动实施马店大桥、王市大桥建设。推进城乡客运一体化，优化城乡公交客运路线，改造提升农村公路98.48千米、村道安全生命防护工程228.25千米。

（六）突出绿色低碳、和谐共生，坚定不移推进生态保护。牢固树立尊重自然、顺应自然、保护自然的理念，深入打好污染防治攻坚战。

以更严举措“治污”。认真做好中央和省生态环保督察交办问题及市、县检查发现问题整改，持续开展“大起底、回头看”行动，确保突出生态环境问题见底清零不反弹。深入打好蓝天保卫战，推进扬尘污染、柴油货车污染治理专项治理行动，加强细颗粒物和臭氧协同控制，狠抓大气面源和噪声污染治理，空气质量优良率完成市下达目标任务。深入打好碧水保卫战，落实水生态补偿机制，深化入河排污口、黑臭水体和畜禽养殖场污染整治，强化陆域水域污染协同治理，突出水土保持和水资源管理，实施生活垃圾填埋场生态修复工程，西淝河、茨淮新河水质保持在Ⅲ类以上。深入打好净土保卫战，强化土壤污染风险防控和治理修复，加强白色污染、新污染物等农业面源污染治理，常态化推行化肥农药施用量负增长行动，大力推进农作物秸秆综合利用和畜禽养殖废弃物资源化利用，秸秆和畜禽粪污资源化利用率分别达到94%、96.5%以上。

以更高标准“增绿”。统筹推进河长制、林长制、田长制、生态环境保护专项监督长制，充分发挥乡镇生态环境环保工作站监管作用，增强基层环保监管处置能力。深入实施国土绿化提升行动，完成植树造林3000亩、森林质量提升2.3万亩，创建省级森林城镇1个、森林村庄8个，森林覆盖率达到18%以上。深化河湖“清四乱”专项治理行动，加强西淝河、茨淮新河清水廊道保护，增加生态水、改善水生态，实现水清岸绿河畅景美。加大湿地公园、饮用水水源地等重点生态功能区生态系统保护修复力度，推进自然保护地勘界立标、规划编制和建设保护工作。完善环境污染问题发现处理、风险预警和应急处置机制，依法依规、重拳打击环境违法行为。

以更大力度“降碳”。制定落实碳达峰、碳中和行动方案，严格落实能源消耗总量和强度“双控”。围绕打造“绿色能源县”，培育壮大节能环保、循环经济、清洁生产、清洁能源、绿色建筑等新业态，支持引导重点行业企业开展节能化改造，加快形成以宝业装配式建筑为龙头的绿色建筑产业集群，以板集煤电产业园为引领的节能环保产业集群。加大清洁能源开发利用，开工建设皖能风电等新能源产业项目，加快推进建筑垃圾等循环再利用项目，坚决遏制“两高”项目盲目发展。倡导绿色生产生活方式，持续开展绿色生活创建行动，推动实现“全民减碳”。

（七）突出职能转变、要素集聚，坚定不移推进改革创新。坚持全面深化改革不停步，努力在重点领域体制机制创新上下好先手棋、打好主动仗，强力释放市场主体活力。

全面深化“放管服”改革。推动“放管服”改革迭代升级、“一网一门一次”延伸扩面。推广沪、苏、浙地区经验做法，精准承接中国（安徽）自由贸易试验区创新联动区首批赋权事项，推深做实“一照通用”“免申即享”“拿地即开工”和告知承诺制等改革，持续深化“证照分离”改革，提升7×24小时不打烊“随时办”服务质效，实现企业和群众办事线上“一网通办、一次办成”，线下90%事项“最多跑一次”。加快数字利辛建设，完善政府数据资源库和共享目录，打破“信息壁垒”，破除“信息孤岛”，实现政府类数据汇集率100%、社会类数据汇集率60%、5G网络覆盖率达60%以上。

全面深化财税体制改革。深入推进财政领域改革，全面实施财政零基预算改革，推进重点领域财政事权和支出责任划分改革，严格专项资金设立程序。认真化解政府隐性债务，着力防范政府债务风险。深化税收征管改革，推进智慧税务建设，建立涉税数据资源共享平台。落实国企改革三年行动实施方案，持续开展“三清三集中”专项行动，做大、做强、做优城投集团、开源水务等县属国有企业。深化政府采购制度改革，组建公共资源交易市场执法队伍，维护公平有序的市场竞争环境。

全面深化重点领域改革。深化农村承包地“三权分置”改革，完善县乡两级农村产权交易平台，有序推进农村集体经营性建设用地入市。深化乡镇管理体制改革，积极推进西潘楼镇综合管理体制改革，有序推进城关镇行政区划调整。推进“三医”联动改革，巩固提升紧密型医共体建设成果；持续抓好医保支付方式改革，坚决打击欺诈骗保行为。深入推进高考综合改革、中小学教师“县管校聘”管理改革，持续深化新时代教育评价改革。深化司法体制改革，巩固政法队伍教育整顿成果，维护司法公平正义。统筹推进公共基础设施管护等重点领域改革，加快形成权责明确、主体多元、保障有力的长效管护机制。

（八）突出普惠均等、共建共享，坚定不移推进民生改善。牢记“江山就是人民，人民就是江山”，坚决办好人民群众牵肠挂肚的民生大事、天天有感的关键小事。

推动民生保障普惠化。投入48亿元，实施好33项民生工程。坚持就业优先，扎实做好高校毕业生、农民工、退役军人等群体就业，开展创业培训550人次、技能培训8700人次，新增城镇就业7750人，创建农民工返乡创业园1个，城镇登记失业率控制在4.5%以内。全面落实长三角医保“一体化”服务体系建设，实现门诊、住院医药费用即时结报、医保系统互联互通。开展全民参保巩固提升行动，健全城乡居民养老保险待遇、低保救助标准正常调整机制。构建城乡社会救助体系，完善最低生活保障、特困人员供养、临时救助等制度，统筹推进扶老、助残、救孤、济困、关爱留守妇女儿童等社会福利和慈善、志愿服务事业发展。

推动公共服务均等化。办好人民满意教育，落实教育优质均衡发展，加快推进学前教育提质创优、义务教育薄弱环节改善与能力提升、普通高中办学条件改善等项目建设，新建、改建城区幼儿园、小学、初中5所，改善和提升农村薄弱学校40所，知行学校、逸夫小学东校区等4所学校投入使用；实施现代职业教育质量提升计划，机电科技学校新校区建成使用。抓好“健康利辛”建设，加快推进县疾控中心、县第三人民医院等重点项目建设，阚疃、永兴、西潘楼、纪王场4家乡镇卫生院整体搬迁项目投入使用，重点建设王人、张村、胡集3家卫生院作为县域医疗卫生副中心。完善三孩生育配套支持措施，创建托育服务示范机构2家。毫不松懈抓好常态化疫情防控，有力有序推进疫苗接种。推进养老服务体系建设，新增社会化养老床位150张，完成农村困难老年人家庭适老化改造100户。严格落实殡葬改革工作考核办法，持续开展违建墓地整治行动，加快推进县级公益性墓地建设。实施文化惠民活动，免费开放“三馆一站”，完成“送戏进万村”346场、农村电影放映4152场。加快发展体育事业，完善县、乡（镇）、村三级公共健身设施和社区“15分钟健身圈”，广泛开展全民健身运动，利辛体育中心投入使用。全面繁荣广播电视、档案、老年等社会事业，不断丰富公共文化产品和服务供给。

推动社会治理现代化。全面贯彻总体国家安全观，深入落实防范化解重大风险“1+9+14”方案体系，有效防范化解房地产、互联网金融、粮食安全等领域风险。加强平安利辛建设，深化视频数据平台应用，常态化机制化开展扫黑除恶斗争，维护社会大局和谐稳定。持续深化“邻长制”改革，实施社区治理和服务能力提升工程，加快智慧社区建设，打造“网络+网格”基层社会治理升级版。坚持和发展新时代“枫桥经验”，完善“警民联调”机制，继续推行开门接访、带案下访、重点约访和包案回访制度，加强综治中心标准化规范化建设，完善社会矛盾纠纷多元预防调处化解综合机制。扎实推进“八五”普法规划实施，开展法治政府建设示范创建活动。强化退役军人服务保障，落实优抚安置政策。深入开展安全生产专项整治三年行动，持续提升防灾、减灾、抗灾能力。加快构建“一镇一委一站”基层火灾防控体系，建设乡镇消防工作站8个。强化食品药品安全监管，积极争创省食品安全示范县。全力抓好国防动员、双拥共建、民族宗教、全民科学素质、外事、侨务、对台、气象、地震、公积金管理和机关事务管理等工作，充分发挥工会、共青团、妇联、文联、残联、科协、工商联等人民团体作用，推动社会全面进步。

各位代表！民心所望，执政所向。站在新的历史起点，我们将更加振奋精神、昂扬斗志，始终坚持“忠诚、干净、担当”“为民、务实、清廉”，加快提升政府治理能力现代化水平，着力打造人民信赖和满意的服务型政府。

旗帜鲜明讲政治，打造忠诚政府。坚持用习近平新时代中国特色社会主义思想武装头脑、指导实践，衷心拥护“两个确立”，忠诚践行“两个维护”，不断提高政治判断力、政治领悟力、政治执行力，自觉在思想上、政治上、行动上同以习近平同志为核心的党中央保持高度一致。加强政府系统党的建设，严格落实意识形态工作责任制和网络意识形态工作责任制，巩固深化党史学习教育成果，扎实抓好各类巡视巡察反馈问题整改，不折不扣推动上级决策部署和县委工作要求落地落细，确保政令畅通、令行禁止。

依法行政守规矩，打造法治政府。全面落实法治政府建设实施纲要，用法治思维、法治方式化解矛盾、维护稳定、推动发展。坚持重大行政决策公众参与、专家论证、风险评估、合法性审查和集体讨论决定，提高政府决策科学化、民主化、法治化水平。自觉接受人大及其常委会法律监督和政协民主监督，广泛接受社会舆论监督，高质量办理人大代表议案建议和政协委员提案。全面推进政务公开，加强行政规范性文件监督管理，落实合法性审核和备案审查机制，做好行政复议和行政应诉工作，让行政权力在法治轨道上公开透明运行。

勤勉务实勇担当，打造实干政府。按照“好、快、高”的要求，坚持知责于心、担责于身、履责于行，始终把抓落实作为政府工作的生命线。提高改革攻坚能力，对标学习沪、苏、浙，以开放创新改革的作风推动工作，做到该办的事坚决办、能办的事马上办、难办的事想法办。提高为民服务能力，常态化开展“我为群众办实事”实践活动，做到目光所至看到问题、耳听范围想到问题、所思所想直面问题、所作所为解决问题。提高应急处突能力，精准识别现象本质，清醒明辨行为是非，有效防范化解风险挑战。提高抓落实能力，贯彻《政府督查工作条例》，以任务化、台账式管理推进重大工程、重点工作，持续提升管理的精度、推进的速度、落实的力度。

清正清廉作表率，打造廉洁政府。坚决落实全面从严治党主体责任，认真履行“一岗双责”，深化金融、国企、粮食购销等领域反腐败工作。强化过“紧日子”思想，厉行勤俭节约，反对铺张浪费，提高财政预算精准性，进一步压缩“三公”经费、降低行政成本、提升行政效率。充分发挥审计监督、财政监督、统计监督作用，持续深化政府采购、公共资源交易和工程建设等领域突出问题治理。深入落实中央八项规定精神及其实施细则，扎实开展“三严三实”“马上就办、真抓实干”作风建设专项行动，继续推进基层减负，力戒形式主义、官僚主义，着力营造风清气正的政治生态。

各位代表！接过历史的接力棒，我们激情满怀；踏上新的赶考路，我们信心满满。让我们更加紧密地团结在以习近平同志为核心的党中央周围，在县委的坚强领导下，以坚定不移的初心、坚如磐石的决心、坚持不懈的恒心，加快建设现代化美好利辛，以优异成绩迎接党的二十大胜利召开！

专 记

■ 乡村振兴

【概况】 2021年，利辛县认真贯彻执行党中央提出的乡村振兴战略，加快实现巩固拓展脱贫攻坚成果同乡村振兴有效衔接。调整优化产业扶持政策，健全农村低收入人口常态化帮扶机制，继续加大基础设施、公共服务投入力度，带动更多脱贫人口和低收入人口就业增收。建设高质高效小麦单品种万亩示范片、百亩高产示范片各23个，发展优质专用小麦117万亩，建设高标准农田12万亩，粮食总产稳定在13亿千克以上。开展乡村特色产业发展提升行动，聚焦畜禽、果蔬等优势特色产业，新增“三品一标”农产品20个，创建省级农业科技园区、“一村一品”示范村镇各1个，发展蔬菜25万亩、中药材10.5万亩、设施农业12万亩、食用菌500亩。坚持科技强农、机械强农，主要农作物耕种收综合机械化水平、农机作业托管服务面积分别达96%、95%以上。加快实施乡村建设行动，接续推进农村环境“三大革命”“三大行动”，启动“百村千塘”示范整治行动、“清洁村庄、文明家园”攻坚行动，建成王市镇王营村、永兴镇谭铺村等美丽乡村省级中心村10个，农村生活垃圾无害化处理率达99.8%以上，乡镇政府驻地生活污水处理率提高到60%。加强农村基础设施建设，推进水电路气和物流等基础设施往村覆盖、往户延伸。继续抓好农村巷道建设，动态清零农村危房。支持能人下乡、人才兴乡，培育新型职业农民800人。拓展发挥新时代文明实践中心（所、站）作用，广泛开展移风易俗和文明镇村、文明家庭创建等活动，积极培育文明乡风、淳朴民风、良好家风。2021年，安排巩固拓展脱贫攻坚成果与乡村振兴有效衔接补助资金6.37亿元，其中，中央财政1.39亿元、省级1.09亿元、市级2.19亿元、县级1.7亿元。

【巩固拓展脱贫攻坚成果】 2021年，是利辛县打赢脱贫攻坚战后的第一年，是巩固脱贫成果同乡村振兴有效衔接开局起步之年。在“十四五”开局之年，利辛县坚持以习近平新时代中国特色社会主义思想为指导，抢抓机遇、攻坚克难，加快推进两大战

5月20日，全市推进五大发展2021年第一次督查调度会议在利辛召开。市委书记汪一光，市委副书记、市长杜延安出席会议并讲话，市人大常委会主任王玉玺出席会议。县委书记吴斌汇报工作，县委副书记、县长怀颖参加会议

（县委宣传部/供）

2021年，利辛县聚焦群众期盼，以乡村建设行动为突破口，在“优环境”强基础上下功夫，全面提升群众建设美好家园热情 （县委宣传部/供）

略有效衔接。将巩固拓展脱贫攻坚成果作为首要政治任务，严格落实“四个不摘”，坚决守住不发生规模性返贫底线。

强化动态监测。2021年，利辛县制定出台《利辛县易返贫致贫人口快速发现和响应工作机制》，坚持“月监测、月排查、月整改”，畅通“自上而下部门信息比对反馈、自下而上镇村排查上报”渠道。县直相关部门每月开展一次数据比对，并不定期开展暗访督查；进一步完善县乡村组四级网格管理机制，全县共划分12644个村组网格，每月组织网格员开展一次常态化全覆盖排查，实现问题早发现、快响应、全解决。2021年，按照应纳尽纳的原则，通过“户申请、村评议、镇审核、县公告”的程序，新识别监测对象63户208人，切实筑牢防范返贫的“防火墙”。

强化精准帮扶。2021年，利辛县根据家庭实际，落实分类管理，全面优化“一户一方案、一人一措施”，为73243户脱贫户制定帮扶措施726138条、户均9.91条，为6594户监测对象制定帮扶措施49895条、户均7.56条，实现帮扶工作不断档。优化《利辛县“四带一自”特色种养业提升工程实施方案》，进一步健全利益联结机制，自种自养奖补8740户、资金2292.76万元，充分调动脱贫户发展产业积极性。落实稳岗就业政策措施，按照“按需设岗、人岗相适”的原则，结合人居环境整治、疫情防控等工作需要，积极开发公益性岗位，安排公益性岗位就业8466人，较2020年增加298人；通过“信息系统月监测、电话抽查周通报”的方式进行动态监测，确保“应务尽务”，全县脱贫劳动力务工人数62809人（其中省外务工28344人，省内县外务工5533人，县内务工28932人），较2020年增加688人。

强化资产管理。2021年，利辛县整合各级衔接推进乡村振兴补助资金63736万元，共批复5大

永兴镇永兴村新建的乡村大舞台、健身小广场丰富了村民的精神文化生活，村民生活幸福指数明显提高 （永兴镇政府/供）

类17项1001个项目（其中产业类项目898个，涉及资金35830.71万元，资金占比达56.22%），采取周调度方式，扎实推进项目实施。建立扶贫资产管理县乡村三级联动工作机制，同步开展清产核资、登记入账、确权管理等工作，2013—2020年扶贫资产42.88亿元、项目3611个，已全部登记管理。将资金资产监管权下放至镇村，实行三级公示、乡（镇）级统管、村账统审管理，确保扶贫资产管住不流失、管活提效益。

利辛县绿色优质农产品——程家集镇莲藕种植　　（县农业农村局/供）

【加快推进乡村产业振兴】 2021年，利辛县把巩固脱贫攻坚成果同乡村振兴有效衔接作为最紧迫任务，坚持以产业发展带动产业振兴，以产业振兴推动全面振兴，围绕长三角一体化发展战略，推动现代农业高质量发展。

扎实开展“绿色高质高效行动”。坚决扛起粮食安全主体责任，在“保供给”上下功夫，深入实施“藏粮于地、藏粮于技”战略，进一步提高粮食产能。投资27214.7万元，实施12万亩高标准农田改造提升工程；整合资金2237万元，实施63.76万亩土地深翻。2021年，全县粮食生产面积332万亩，同比增加0.83万亩；落实优质粮生产面积115万亩，总产139.44万吨，同比增加4.01万吨，实现“十八连丰”。突出“优粮优产”，引导粮食绿色化、优质化、特色化、品牌化发展；突出“优粮优购”，使优质粮食既产得出、又卖得好；突出“优粮优加”，以“粮头食尾”“农头工尾”为抓手，培育壮大农产品加工业，积极争创农产品加工强县和农产品加工强园。全县培育国家级农业龙头企业1家、省级农业龙头企业6家、市级农业龙头企业63家、农产品加工企业共121家。

积极推进乡村产业提升行动。以“111582”产业发展规划为抓手，在“兴产业”上下功夫，依托资源优势，聚焦特色产业发展，大力推进长三角绿色农产品生产加工供应基地建设，按照“一县一特”“一镇一业”“一村一品”产业布局，积极发展猪、牛、羊、肉鸽、食用菌、山核桃、果蔬、稻渔八大优势特色产业，农业产业新业态、新模式、新产业不断丰富，形成王市食用菌、巩店中药材、永兴稻蟹共养、城北冬枣、程家集莲藕、张村小青菜、马店孜万亩山核桃等一批乡村产业基地。紧扣绿色化、优质化、品牌化、数字化发展方向，按照“三产融合”“三品联动”“三加递进”的全产业链发展要求，科学制定“十四五”农业产业发展规划，深入实施农产品加工业“五个一批”工程，积极打造以生猪生产基地建设为重点的全产业链建设，全县规模以上农产品加工企业30家，完成农产品加工总产值在34.41亿元。实施绿色优质农产品品牌塑造工程，大力培育“皖”字号、“亳”字号、“利”字号知名品牌，唱响“亳利优”“利辛良果”等公用品牌，推动我县农业产业“接二连三”发展。

稳妥实施农村综合改革。在“富百姓”上下功夫，完善承包地“三权分置”制度，深化要素保障机制改革，支持发展土地流转、股份合作等多种形式的适度规模经营。全年共培育农民专业合作社4282家，家庭农场4335家。巩固农村集体产权制度改革成果，提高农村“三变”改革质量，盘活各类农村资源，发展壮大村级集体经济，增加农民收入。通过联合体、组合投资、优先股等模式新增经济强村58个，新增土地流转4万亩，2021年农村常住居民人均可支配收入15486元，增速达9%。2021年脱贫户和监测对象人均可支配收入11358元，较2020年增长13%；90个出列村村均集体经济收入6699.96万元，较2020年增长17.16%。

【深入开展乡村建设行动】 2021年，利辛县聚焦群众期盼，以乡村建设行动为突破口，在“优环境”上下功夫，全面提升群众建设美好家园热情。

加快美丽乡村示范点建设。坚持规划引领，将发展需求与村民意愿相结合，统筹集镇和村庄空间规划，分类推进村庄建设。采取“三抓、五做、四看、四达到”的方式（即“前期抓规划、中期抓调度、后期抓提升”；“做美环境、做优生态、做大产业、做暖民生、做强治理”；“点上看品位、面上看规模、沿途看环境、整体看效果”；“环村有林带、村中有游园、庭院有特色、整村像公园”），整合项目资金5000万元，建设10个美丽乡村省级中心村。

2021年，利辛县聚焦群众期盼，对全县105个村1098条沟塘河渠进行分类施治，逐步消灭农村黑臭水体和脏乱差现象，有效改善了农村生态、生活环境

（县委宣传部/供）

健全人居环境整治长效机制。全面推行城乡环卫一体化，以“五清一改”村庄清洁行动和“五净一规范”环境整治活动为抓手，开展“清洁村庄、美丽家园”攻坚行动，通过“党员干部示范、农户创建、群众监督”方式，进一步完善环境保洁自治制度。按照“挖大塘、垫小塘，整治景观塘、填埋废弃塘”的原则，开展农村“百村千塘”示范整治活动，对全县105个村1098条沟渠进行分类施治，逐步消灭农村黑臭水体和脏乱差现象，有效改善了农村生态、生活环境。

着力补齐基础设施短板。充分发扬群众主人翁意识，动员群众建设美丽家园，出台《利辛县农村巷道建设资金奖补暂行办法》，采取群众自愿、政府适度补贴的方式，启动农村巷道建设试点工作，建成巷道3283条、226.34千米。牢固树立“小厕所、大革命”的思想，全面完成2021年23000个农村改厕任务，研究出台《利辛县农村改厕后续管护工作实施方案》《利辛县农村改厕管护工作考核办法》，探索建立农村改厕“一站两体系”的后续管护服务体系，按照平均每年每户20元的补助标准，每5个自然庄或1000~1500户统一配备1辆小型吸粪车，村配备自吸泵，从根本上解决农村改厕后的管理、维修及尾水处理问题，达到“坏了有人修、脏了有人扫、满了有人掏、粪水有处理”的总体目标。

■ 新冠肺炎疫情防控

【概况】 2021年，利辛县积极主动防控新冠肺炎疫情，全年未发生感染和传播事件。根据疫情防控需要，调整指挥部下设工作机构，完善应急指挥体系，抽调县政办、县委宣传部、县疾控中心、县数据资源局等单位人员到县指挥部办公室集中办公，充实指挥部办公室力量。设立乡镇疫情防控应急指挥部，配备常务副指挥，组建乡镇流调队伍、采样队伍、送检队伍和数据核查组，抽调骨干力量负责指挥部办公室日常工作，坚持24小时值班值守，确保指挥顺畅，反应迅速。纪委监委主动靠前，压实行业主管部门和属地责任，开展不间断的监督检查，坚持一周三调度、一通报，及时发现问题、督促整改，确保各项防控措施落实落到位。

【强化返乡人员摸排管理】 2021年，利辛县严格落实常态化疫情防控措施，坚持“外防输入、内防反弹、人物同防”的防控策略，压实四方责任，规范社区网格化管理。加强省市大数据推送人员排查管理，成立区域协查专班，提高数据核查效率。加大返乡人员摸排力度，建立重点人员排查、通报、调度机制，压紧压实单位和镇村（社区）责任。在长途客运站、千福鑫、老供电公司、民兵训练基地设置4个临时核酸采样点，为省外返利人员提供免费核酸检测服务。

【加强流行病学调查】 2021年，利辛县强化部门协作，按照“平战结合”的原则，抽调经信、公安、数据资源、社区等部门力量，会同卫健部门组成20支流调队伍，综合运用公共卫生、大数据技术和智能化手段，进行轨迹追踪、溯源分析和多维循证，做到传统流行病学和现代信息技术、现场流调与临床诊治、数据分析与实验室比对、查人与查物有机结合，提升流调工作质量。市疾控中心通过邮箱发送协查函，进行密接、次密接协查，县疾控部门接收后及时进行流行病学调查，及时回复调查结果，对在外地的本县居民通过向属地疾控中心发送协查函进行跟踪管理。全年共收到协查函242份，处置数242份，集中隔离观察密接4人、次密接325人，核酸检测均为阴性。外地管理186人，发送外地协查函178份，回复外地反馈函242份。

【开展重点人员监测】 2021年，利辛县积极开展常态化重点人群核酸监测，发热门诊检测10824人次，医疗机构工作人员检测124773人次，新住院患者及陪护人员检测188266人次，监所工作人员检测3106人次，羁押人员检

冷冻食品检测 （县生态环境分局/供）

测3112人次，社会福利养老机构人员检测6561人次，隔离点工作人员检测124人次，密接关联重点人群检测5198人次。

【强化冷链食品监测】 2021年，利辛县积极开展进口冷链食品运输、储存、生产加工、经营环节风险排查，落实“件件检测”和全面消毒措施，组织市场监管部门对冷链食品从业人员进行新冠防控业务培训300余人次，主要针对新冠防控知识及冷链食品消杀处置进行操作培训，现场指导冷链食品消杀120人次。对全县冷链食品集中监管仓进行指导和验收4次，针对存在问题及时提出整改意见，严格落实冷链食品新冠肺炎防控要求。全年共检测肉类7039个，水产95个，内外包装13857个，环境177个，冷链食品接触人员2195人次。

【规范隔离点运营】 2021年，利辛县共储备隔离房间2505个，并按照要求建立36支隔离点管理队伍，每支队伍配备5名工作人员（1名负责人、1名医生、2名护士和1名保安）。根据疫情防控形势发展需要，将利辛中心医院、千福鑫防疫检测点改造成隔离方仓，设置隔离床位424张，其中中心医院200张，千福鑫224张。全年对集中隔离点指导35次，严格按照新冠防控第八版防控方案要求落实集中隔离点设置要求，针对隔离点设置和疫情防控要求摸排问题30余条，对查出的问题逐项进行整改，跟踪落实到位。严格落实隔离点人员业务培训和个人防护要求，定期进行督导检查。加强隔离点的管理，规范落实集中隔离措施。强化集中隔离点公共区域的通风和消毒设施管理，对隔离场所产生的垃圾以及工作人员使用过的防护用品等做好收集和无害化处理。对于集中隔离点工作人员，严格落实登记造册、培训上岗、集中居住、闭环管理和高频次的核酸检测等各项措施，督促做好个人防护。

【做好医疗机构院感工作】 2021年，利辛县对所有医疗机构均实行预检分诊措施，筛查发热或可疑病人。县直三家医院按照“三区两通道”要求设置发热门诊，实现发热患者与普通患者分区分疗，落实闭环管理要求。加强人员培训。组织相关医务人员参加国家第八版诊疗方案、第八版防控方案、第二版院感防控技术指南、咽拭子采集等培训，组织基层临床医生和院感人员到县级医院学习，提高发热患者甄别诊疗和院感管理能力。强化院感管理。不间断开展院感督查，督导医疗机构做好预检分诊、门急诊医疗区、发热门诊和住院病区管理，约谈后进，跟踪整改，落地见效，严防院感事件发生。

【制定核酸检测应急预案】 制定《利辛县全员新冠病毒核酸检测应急预案》。《预案》规划在全县设置858个网格，按照主城区采样点1:3、乡镇采样点1:1的

2021年1月10日，县中医院新冠疫苗接种现场　　（县委宣传部/供）

比例，共抽调核酸采样人员1204人，对分医共体单位及涉及的工作人员均按照要求配备并培训到位。按照方案要求，全员核酸检测物资分包储存到位，与第三方签订物资供应保障协议。县疾控中心、各医疗机构建立物资储备清单，实行物资设备动态储备，严格按照满足30天满负荷运转需要的要求，做好各类疫防物资的储备。

【推进疫苗接种工作】 截至2021年6月30日21时，利辛县新冠疫苗累计接种820243剂次，其中第一针442782剂次，第二针370223剂次，第三针7238剂次；第二针到期可接种393567人，到期接种率94.07%；各接种门诊库存合计69516剂次，其中灭活（VERO细胞）43142剂次，重组（CHO细胞）26374剂次；第二针逾期超42天未接种人数4852人，超56天未接种人数458人，脱漏比0.12%。

2021年利辛县人民政府防控新冠肺炎病毒疫情专题会议一览表

表1

序号	会议名称	日期
1	县疫情防控专题会议	1月7日
2	县新冠肺炎疫情防控工作会议	1月9日
3	县新冠肺炎疫情防控电视电话会议	1月11日
4	迎接全省春节期间疫情防控专项督导工作任务部署会	1月17日
5	全县疫情防控推进会	1月24日
6	全县疫苗接种工作推进会	2月9日
7	全县新冠疫苗接种工作视频会议	5月27日
8	全县疫苗接种工作推进会	7月8日
9	全县疫情防控工作会议	7月25日
10	疫情防控紧急会议	7月28日
11	全县疫情防控工作会议	8月2日
12	县疫情防控领导小组扩大会议	8月9日
13	全县疫苗接种工作会议	8月21日
14	全县疫苗接种工作会议	9月12日
15	全县“十一”期间暨秋冬季疫情防控工作会议	9月29日

■ 生态环境保护

【概况】 2021年，利辛县生态环境部门坚持以习近平生态文明思想为指导，紧紧围绕水、大气和土壤污染防治三项重点工作目标任务，以落实各级环保督察反馈（交办）问题整改为抓手，着眼环境质量的改善和提升，加大生态环境保护力度，强化环境综合整治，扎实推进各项工作，生态环境质量持续改善。2019年、2020年，利辛县生态环境分局被省、市环保部门评为执法大练兵表现突出集体，刘辉被安徽省生态环境厅评为执法大练兵表现突出个人。

【中央和省环保督察反馈、交办问题整改】 截至2021年底，2017年中央环保督察反馈18类突出环境问题、交办群众信访件39件，2018年中央环保督察“回头看”交办信访件36件、反馈3个共性问题，2018年省第二环保督察组交办信访件138件，均完成整改。2020年11月省环保督察组交办信访件121件，其中完成整改109件，未完成整改2件（系共性重复件，地下水超采问题）。2021年中央第三生态环境保护督察组转办利辛群众信访件53件，已完成整改46件。中央第三督察组反馈问题涉及全县畜禽养殖场使用燃煤锅炉供热问题（涉及390家养殖场600个燃煤热风炉），全部完成整改。

【严格环评审批】 2021年，利辛县严格项目环评审批，对于符合政策、节能环保的产业或者民生工程等项目，经初审初勘后及时出具环评预审意见，方便同步办理规划等其他手续，提高工作效率。全年出具环评同意的预审意见16份。对于“两高”项目，坚决不予审批。2021年，共否决涉及化工、铸造、轮胎裂解、印染、玻璃拉丝等“两高”项目5个。贯彻绿色发展理念，大力推进节能环保、清洁能源项目建设，农林生物质能热电联产项目获得市发展改革委核准，板集煤矿10蒸吨燃煤锅炉直接拆除使用板集电厂余热，垃圾发电厂于2020年9月底并网运行，按日进炉焚烧处理垃圾500吨×400千瓦时/吨计算，年发电6432万千瓦时。县经开区2×30吨/时天然气锅炉集中供热项目一期工程于2020年10月建成投运，供热管道建成4千米，基本覆盖用热企业。强化节能和水资源消耗，推进资源节约和循环利用。板集电厂燃煤发电机组是全国技术领先的超低排放燃煤机组，并完成超净排放改造。

日常水质检测 （县生态环境分局/供）

【污染防治攻坚战】 2021年，利辛县委、县政府高度重视污染防治工作，县委常委会会议、县政府常务会多次听取污染防治工作情况汇报，加大投入，强力推动污染防治工作向纵深发展。

蓝天保卫战。以“五控”为抓手，明确相关单位职责，落实常态化城区大气环境整治。投入1100余万元招标采购科创中光公司激光雷达和VOC走航服务，对城区开展精细化管理，城区空气质量稳步改善。2020年，全县省控空气质量监测站PM2.5均值为44.1微克/立方米，同比下降23.4%。2021年1月1日至10月13日，全县PM2.5平均浓度35.5微克/立方米，较上年同期下降11.3%（上年同期40.0微克/立方米）。

碧水保卫战。利辛县地势西北高、东南低，西淝河在境内83千米、支流66条，茨淮新河在境内31千米、支流10条。作为引江济淮、引淮济亳的清水廊道，2021年，利辛县为保障群众饮水安全，县委县政府主要领导多次组织人员实地调研，研究制定西淝河沿线水污染防治方案，推进境内水生态环境质量提升。

加强对污水处理厂和涉水企业日常监管。2021年，利辛县城污水处理厂日进水5万～6万立方米，经开区污水处理厂日进水约1.2万立方米，22个乡镇政府驻地25座污水处理厂日进水共约1万立方米，全部交由第三方运维。对经开区强英鸭业、恒盛牛肉、凯利达食品等涉水企业，落实重点企业“三个全覆盖”。

大力开展流域水环境治理。2021年，利辛县以支流流经的集市、村庄和水质较差的沟河为重点，大力开展西淝河、茨淮新河支流污染防治工作。防治养殖污染。对西淝河流域畜禽养殖场全面摸底排查，分类施策，根据粪污产生量，通过建设有机肥厂、沼气厂等方式，促进综合利用。控制农业面源污染。实施秸秆全部打捆离田，严防秸秆污染水体。同时，积极推进化肥农药减量化。加强排污口监管。组织乡镇环保工作站、镇村河长、环境监督长等，对入河排污口常态化监管。开展农村黑臭水体治理。制定“两镇两沟”治理试点工作方案，采取清淤疏浚、封堵排污口、改厕、建设人工湿地、氧化塘等相结合方式，对王市、纪王场两乡镇水系及旱阳沟、潘沟开展水生态环境治理，逐步在全县推广实施。

生态环境分局工作人员疫情期间在隔离点进行废水监测取样
（县生态环境分局/供）

对各乡镇开展地表水断面生态补偿考核。2021年，利辛县政府依据《利辛县地表水断面生态补偿暂行办法》，每月对全县各乡镇列入地表水断面考核的31条支流49个断面进行取样监测，结合上下游水质变化情况，进行生态补偿考核，并纳入乡镇绩效考核内容。

落实河长巡河巡查制度。2021年，利辛县河长办牵头，组织县、乡、村三级河长使用“河长通”手机APP巡河，及时通过APP上报巡河轨迹、发现问题、组织整改问题。加强对茨淮新河、西淝河等7条主要河道（长224千米）的水面杂草、漂浮物打捞，以及岸坡垃圾的清理工作。发现“四乱”问题及时清理整治，河道面貌明显改善。

加强水环境问题督查检查。2021年，利辛县环委办牵头，组织水利、住建、城管等相关部门对西淝河、茨淮新河主要支流开展水环境问题全覆盖检查，重点检查沿沟河排污口、旱厕、垃圾、散养户、堆放秸秆杂物等问题。2020年第一轮共排查问题1606个，第二轮共排查问题631个，2021年第一轮共排查问题351个，均完成整改。2021年，利辛县人大发挥监督职能，单月份组织人大常委明察水环境治理，双月份暗访水环境问题，推进水污染防治工作深入开展。

土壤污染防治。2021年，利辛县完成重点行业企业地块调查工作。对汝集皮革厂、华康新材料有限公司进行土壤及地下水采样调查，结果均符合要求。对全县清理取缔的1286个非正规垃圾填埋点抽样开展土壤监测比对，结果均符合标准。加强危险废物

县生态环境分局监测人员对样品进行化验分析　　（县生态环境分局/供）

监督管理，对全县涉及危险废物企业落实“双随机一公开”检查和日常检查，要求危废物暂存间必须符合《危险废物存储控制标准》，按照规范如实登记台账，委托有相应经营许可资质的单位集中转运处理。

【环境监测】 2021年，利辛县认真开展地表水环境质量、集中式饮用水水源地水质监测工作。全年对西淝河马店国控断面进行12次24项因子监测；对县境内15条重点河流15个断面进行3次5因子监测、1次24项因子监测。对城区集中式饮用水水源地水质进行1次39项因子分析、1次93项因子分析，对53处乡镇集中式饮用水水源地水质进行4次39项因子（地表饮用水水源28项因子）分析。对全县重点监控企业进行了32家次监督性监测，监测结果及时在网站进行公开。做好22座乡镇空气质量自动监测站运行维护及数据统计工作。依据乡镇空气质量监测站数据编发日报，每日对各乡镇PM2.5平均浓度排名通报。对全县3家放射源使用单位（丽人木业——料位仪，达顺不锈钢——测厚仪、板集煤矿——灰分仪）按要求开展安全检查。

【环境执法监管】 2021年，利辛县开展“双随机、一公开”检查，对重点排污企业、饮用水水源地和医疗卫生机构等每季度抽查25%，实现全年全覆盖。开展突出环境问题大排查。由县环委办牵头，组织县生态环境分局、各乡镇环保工作站和国土中心所，对全县23个乡镇逐个地毯式清查，共摸排问题点位573个，分别列出问题清单，向行业主管部门和属地乡镇交办，均完成整改。严厉打击污染环境违法行为。2019年、2020年行政处罚案件数均位居全市第一。2021年1—9月，对61件环境违法案件进行处罚，罚款372.08万元（其中涉大气污染处罚案件32件，罚款234.02万元），较上年同期案件数量增长1.67%，罚款数额增长206.15%。

【乡镇环保工作站和环境监督长效机制建设】 2021年，利辛县认真贯彻落实“7·13”全省环境监督长暨大气污染防治现场会精神，按照省、市关于环境监督长工作部署，以行政村、社区为基础，形成村级、乡镇、县级生态环境保护监督网格体系，设置县、乡、村三级环境监督长。县、乡镇两级环境监督长分别由同级党委和政府主要负责人担任，县经开区由党工委和管委会主要负责人担任环境监督长。以行政村、社区为单位，设立“村级环境监督长”，由村“两委”主要负责人担任。每村设环境监督员1~2名，由乡镇指定村、社区干部或者相关人员担任。出台科学考核评估办法，村级环境监督长、监督员考核结果分为四个等次：优秀（90分及以上）、良好（80~89分）、称职（60~79分）、不称职（59分及以下），工作站事业单位人员与村级环境监督长捆绑考核，与绩效工资、评先评优、职称聘用等相挂钩。监督员和网格员，参照秸秆禁烧实行责任金制，原则上每人每年缴纳2000元押金，优秀的给予等额奖励，良好的给予60%奖励，称职的不奖不罚，不称职的扣除全部责任金。县级设立环境专项监督长办公室，同县生态环境保护委员会办公室合署办公，负责做好辖区内环境监督长制运行的统筹协调、指导、监督管理、考核等日常工作。各乡镇设立环境监督长办公室，与乡镇环保工作站合署办公，负责辖区内环境监督长制度的运行、调度、考核等工作。

县生态环境分局工作人员对建筑物垃圾进行检查　（县生态环境分局/供）

【环境保护宣传教育】 2021年，利辛县根据省市环境保护宣传教育工作要点，结合“4·22”世界地球日、“5·12”全国防灾减灾日、“6·5”世界环境日和日常开展的重点工作，组织开展生态环境保护及法律宣传活动，收到良好的效果。“6·5”世界环境日，发布制作利辛环境日主题歌《让中国更美丽》影音视频。深入机关、学校、社区、企业、社团，广泛发动社会各界参与环境日主题曲传唱活动，获得全县各单位的积极响应。组织以垃圾分类为主题的儿童舞《我们也有家》参加亳州环保世纪行暨环境日主题活动，取得良好效果。环境日活动期间，共发放宣传资料1000余册、环保袋700个。成立利辛县生态环境志愿者服务队，定期组织志愿者进校园宣传环保知识，开设环保小课堂，向学生普及环保知识，树立学生们生态环境保护的意识。全年共开展环境宣传志愿活动10余场次，参与人员4000余人次。

大事记

1月

4日　中国共产党利辛县第九届委员会第十二次全体会议召开。全会听取和讨论县委书记吴斌代表县委常委会向全委会所作的工作报告，审议通过《中共利辛县委关于制定国民经济和社会发展第十四个五年规划和二〇三五年远景目标的建议》《中国共产党利辛县第九届委员会第十二次全体会议决议》。县委副书记、县长怀颖就《建议（讨论稿）》向全会作了说明。

同日　县教育局联合县交管大队、县交通运输局等多家单位，在全县范围内开展“新年校车守护行动”，及时消除校车交通安全隐患，保障广大师生出行安全。此次校车整治行动，共检查校车30余辆，发现校车不按标牌线路行驶1辆。

7日　全省“决胜小康奋斗有我”主题创作民间文艺作品评审结果公布，利辛县郭兴义创作的农民画《家乡巨变》荣获优秀作品奖。

8日　利辛县首批新冠疫苗开始免费接种，接种对象主要为一线医务人员和重点岗位工作人员。

12日　利辛县成立市场监管、烟草专卖联合检查组，对校园内及其周边开展“电子烟”专项整治工作，并现场张贴《两部门关于禁止向未成年人出售电子烟的通告》。

同日　县政协十届二十八次常委会议在新能源学校第二会议室召开。会议协商通过关于召开政协第十届利辛县委员会第五次会议的决定；协商通过第十届利辛县委员会第五次会议议程（草案）及日程；协商通过第十届利辛县委员会第五次会议委员分组办法、各组召集人名单和委员分组名单；协商通过政协第十届利辛县委员会常务委员会工作报告（讨论稿）和关于十届四次会议以来提案工作情况的报告（讨论稿）；协商通过关于授权主席会议审议政协第十届利辛县委员会常务委员会第二十八次会议未尽事宜的决定；会议还协商通过有关人事事项。

13日　2020年县安委会第四次扩大会议暨安全生产专项整治三年行动推进会召开。县委常委、副县长邵利峰主持会议并通报市、县挂牌督办安全问题整改和三年专项行动开展情况。副县长、县公安局局长张伟传达《中共安徽省委办公厅　安徽省人民政府办公厅印发〈关于全面加强危险化学品安全生产工作的实施意见〉的通知》。县应急管理局通报2020年全县安全生产形势和对当前工作提出的建议；县消防救援大队通报全县消防安全形势和存在的问题，安排部署冬春防火和高层建筑演练工作。

15日　省发展改革委委托第三方考核评估组到利辛县考核评估2020年度省重点项目。考核组实地察看了第二中等职业学校（南区项目）、县城地表水厂项目、三巽一壹号院项目、尚居绿苑项目、明峰纺织项目、邵渡口大桥项目、饮水型氟超标地方病防治工程（郁湖水厂），对利辛县2020年度重点项目推进工作给予充分肯定。

同日　国家林业和草原局办

公室印发《关于公布第一批“最美林草科技推广员”名单的通知》（办科字〔2021〕8号），对第一批200名“最美林草科技推广员”进行表彰，利辛县自然资源和规划局工作人员刘若森荣获表彰。

同日　安徽省绿化委员会下发《关于公布2020年度安徽省森林城市、森林城镇和森林村庄名单的通知》（皖绿〔2021〕1号），利辛县王市镇获“安徽省森林城镇”称号；王市镇王营村、刘元村，汝集镇街南村、汝园村、朱集村，孙庙乡阳光村、庙李村，西潘楼镇张楼村8个村庄获“安徽省森林村庄”称号。“十三五”期间，利辛县累计创建“安徽省森林城镇”7个、“安徽省森林村庄”41个，成功创建“全国绿化模范县”“安徽利辛西淝河国家湿地公园”“安徽省森林城市”。

16日　利辛县冬春救助工作推进会召开。会议要求各地要按照“分类救助、重点救助”原则，按因灾造成农作物减产绝收、致伤致残、致贫返贫、自救能力等因素实行分类排队，优先考虑建档立卡贫困户、因灾致贫返贫户和受灾的民政救助对象等特殊群体。严格按照“户报、村评、乡审、县定”的程序确定救助对象，做到不漏一村、不漏一户、不漏一人。

17日　利辛县“旱改水”项目可行性研究专家评审会召开，省自然资源厅和市自然资源局专家到场指导。利辛县谋划在茨淮新河等水系较发达乡镇，实施以渔促稻，打造标准化生产基地，辐射带动全县适宜地区稻渔产业健康发展。

20日　利辛县应急管理局牵头县消防大队等几家单位联合对全县森林防火工作进行安全大检查。检查组重点检查了西淝河湿地公园内马店孜镇康洼村森林防火工作。康洼村现有森林面积4000亩左右，是全县森林防火重点单位。

21日　利辛县2020年度乡镇党委（工委）书记抓党的建设述职评议会召开。会议采取现场述职与书面述职相结合的方式，听取27位乡镇党委（工委）书记抓党的建设、基层党建和党风廉政建设工作述职，吴斌代表县委进行逐一点评。与会人员进行现场评议。

同日　利辛县残联党组书记、理事长夏文权，党组成员、副理事长侯伟伟，残疾人自强模范武友群，应邀走进安徽新闻综合广播直播间，做客《就业赢未来》节目，汇报利辛县残疾人就业创业工作开展情况。

22日　市委组织部副部长、老干部局局长胡海鹏，县委书记吴斌一行看望慰问刘文贵老人，并送去慰问金和中共中央组织部颁发的全国离退休干部先进个人荣誉证书。

同日　利辛法院开展“江淮风暴”冬网猎赖集中执行活动。利辛法院共出动执法人员75人、出动执法车辆15辆，拘传22人。

24日　全县疫情防控工作推进电视电话会议召开。县委书记、县疫情防控指挥部总指挥吴斌出席会议并讲话。会议要求，要以对自己负责、对利辛负责、对全县人民负责的高度政治责任感，进一步落实落细疫情防控各项举措。扎实做好摸排、管控、督查工作，严格落实集中隔离、居家隔离技术要求，做好外来人员管控、居家隔离管控、红白喜事管控、重点场所管控，做到红事缓办、白事简办、宴会不办。

26日　省残联党组成员、副理事长何邦扣一行到利辛县调研残疾人工作，并走访慰问西潘楼镇郭文祥、郭广建等困难残疾人家庭，向困难残疾人表达政府的关心关爱。

27日　县司法局联合爱心协会、好人协会一同开展“情系黄丝带”走访重点人群困难家庭活动，对部分安置帮教、服刑人员困难家庭儿童、社区矫正对象进行走访帮扶。

28日　全县公共资源交易监督管理工作会议在新能源学校第四会议室召开。会议指出，公共资源交易工作是政府投资项目建设的重要平台，建立统一规范的公共资源交易市场是完善社会主义市场经济体制的需要，是建立健全惩治和预防腐败体系的要求，是构建工程建设治理长效机制的任务。公共资源交易工作事关营商环境、事关廉政建设、事关工程质量，意义十分重大，是一项系统性工程，必须落实好“一委一局一中心”管理体制，进一步加大工作统筹力度。会议对《利辛县国有资金投资工程建设项目管理办法（试行）（讨论稿）》《利辛县国有资金投资工程建设项目管理办法（试行）（讨论稿）》进行解读。

30日　利辛县城乡环卫一体化项目特许经营协议签约仪式举行，县城市管理局作为业主单位，与项目两个标段的中标单位侨银城市管理股份有限公司、无锡市金沙田科技有限公司分别签订《利辛县城乡环卫一体化工程项目特许经营协议》。

2月

1日　县委副书记、县长怀颖，县人大常委会主任马瑛，县政协主席龚保杰一行，到县人武部、武警中队、公安局、消防大队看望慰问驻利官兵、武警、消防队员和公安干警。

同日　县委书记吴斌到城关镇武寨村天壹新型专业种植合作社调研农业产业发展情况。

同日　县委、县政府召开2021年老干部迎春座谈会。县四大班子主要领导参加。

2日　全县乡镇党委书记集体谈话会议召开。会议指出，乡镇党委书记要讲政治、讲党性，做对党绝对忠诚的表率。要讲团结、讲原则，做真诚维护大局的表率。要讲规矩、讲廉洁，做清白为官从政的表率。要讲责任、讲担当，做知责担责履责的表率。

同日　全县村和社区经济责任审计工作动员会举行。会议指出，开展专项审计工作是村（社区）“两委”换届的前期基础，是换届的先决条件。3月份全面铺开审计工作。聚焦村（社区）集体资金、资产、资源，紧盯工程项目建设、农村低保、惠农补贴发放等民生工程资金，特别要加大对扶贫领域资金的审计力度。

4—6日　中国人民政治协商会议第十届利辛县委员会第五次会议召开。县政协主席龚保杰受政协第十届利辛县委员会常务委员会的委托，向大会报告工作。县政协十届四次会议以来，政协委员共提交提案228件，审查立案219件，未立案的9件作为委员来信处理。

同日　大会补选了政协第十届利辛县委员会常务委员。大会通过了政协第十届利辛县委员会第五次会议决议；通过政协第十届利辛县委员会提案委员会关于十届五次会议提案审查情况的报告。

5—6日　利辛县第十二届人民代表大会第五次会议在新能源学校学术报告厅召开。

县人大常委会主任马瑛向大会作《县人大常委会工作报告》。2021年共召开常委会会议9次、主任会议12次，开展执法检查3次、专题视察调研26次，听取审议专项报告22项，形成调研报告和审议意见44件，作出决议决定4项，依法任免国家机关工作人员120人次，督办代表议案建议64件，全面完成县十二届人大四次会议确定的目标任务。

同日　利辛县召开市委“点穴式”巡察反馈问题整改及深挖彻查持续打击欺诈骗保工作部署会。县医保局对全县深挖彻查持续打击欺诈骗保工作进行了部署，县卫健委对全县“整治医疗乱象、规范医疗行为”工作进行了具体安排。会议传达省纪委十届六次全会《以太和县欺诈骗保事件为切入点，在全省范围内深入推进新一轮“三个以案”警示教育》的决定。

7日　“安康码”智能测温仪在利辛县政务服务中心、县直各政务服务分厅以及县级公立医院投入使用。

8日　全县2021年春节期间烟花爆竹禁售禁放工作会议召开。

9日　县委书记吴斌主持召开九届县委第178次常委会会议。会议听取2020年度乡镇及县直单位综合考核工作汇报、全县党（工）委书记抓党的建设、抓基层党建述职评议结果汇报、2020年度重点项目督查考核工作汇报、2020年度招商引资考核工作汇报、全县三级干部会议和县纪委全会筹备情况汇报，讨论《关于持续开展2021年“项目建设推进年”活动的实施意见（讨论稿）》《关于继续开展2021年“招商引资推进年”活动的实施意见（讨论稿）》《中国共产党利辛县第九届纪律检查委员会第六次全体会议工作报告（讨论稿）》。

15日　县委书记、县疫情防控指挥部指挥长吴斌看望慰问县疫情防控指挥部办公室值班人员并召开疫情防控工作调度会。

18日　全县招商引资、项目建设暨乡村振兴战略推进大会召开。县委常委、常务副县长万洪超宣读《关于持续开展2021年“项目建设推进年”活动的实施意见》《关于继续开展2021年“招商引资推进年”活动的实施意见》。县委常委、组织部部长、统战部部长王飞宣读《中共利辛县委利辛县人民政府关于表彰2020年度全县五大发展暨综合考核先进集体和先进个人的决定》。大会还为综合评比先进乡镇进行颁奖。

同日　中国共产党利辛县第九届纪律检查委员会第六次全体会议召开。

同日　由县退役军人事务局协同县人社局等有关单位共同举办的新春退役士兵专场招聘会在市民健身公园东门举行。县内外45家国有和私营企业参加，共提供就业岗位5004个，现场达成就业意向300余人。

19日　利辛县组织收听收看中央第五巡视组巡视安徽省反馈意见整改电视电话会议。

25日　全国脱贫攻坚总结表彰大会在北京隆重举行。全县各级干部群众通过各种平台认真收听收看的大会盛况。利辛县中疃镇扶贫办的贾建民作为全国脱贫攻坚先进个人接受表彰，永兴镇永兴村党总支获全国脱贫攻坚先进集体荣誉称号。

同日　省委统战部侨务工作处一级调研员昂军、三级调研员王华一行到利辛县开展节日走访慰问侨属和外派教师活动。

26日　九届县委第180次常委会会议召开。传达学习习近平总书记在全国脱贫攻坚总结表彰大会上的讲话和在党史学习教育动员大会上的重要讲话精神以及中央全面深化改革委员会第十八次会议精神，传达中共中央办公厅《关于加强巡视巡察上下联动的意见》和中共安徽省委办公厅关于巡视巡察工作的文件以及省纪委有关违纪违法案例的通报，传达学习李锦斌等在指导阜阳市委常委会2020年度民主生活会暨巡视整改专题民主生活会和在全省新一轮深化“三个以案”警示教育座谈会上的讲话精神，传达学习市“两会”精神，研究利辛县原创性改革项目选报工作，讨论县委常委会2020年度民主生活会暨中央巡视整改专题民主生活会会议方案及《县委常委班子对照检查材料（讨论稿）》。

3月

1日　2021年春季全县村级纪检委员履职暨第二期“小微权力”监督培训会议举行。此次培训对《利辛县村级纪检委员任职管理暂行办法》《利辛县村级纪检委员考核办法指导意见》等相关文件进行了详细解读。会议要求，全县派驻（出）纪检监察组、纪检监察工作协作区、乡镇纪委、村级纪检委员要挺纪在前、明纪于心，充分发挥监督“前哨”作用，全面打通基层监督“最后一公里”，让村（社区）干部时刻感到监督就在身边。

2日　从即日始至6月1日结束，全县开展二类医疗器械大检查。主要核查第二类医疗器械经营企业、未办理第二类医疗器械经营备案经营二类医疗器械的企业和经营者，重点检查同年多批次、多年同品种、多年多品种抽检不合格情形的企业，在既往监督检查、飞行检查中存在严重缺陷项或者整改不到位的企业，其他可能存在严重安全隐患的产品和企业。

3日　县委常委会召开2020年度民主生活会暨中央巡视整改专题民主生活会。市委常委、组织部部长、统战部部长秦凤玉到会指导。县委书记吴斌主持会议并代表县委常委会班子作对照检查。会前，秦凤玉审阅了县委常委会及班子成员的对照检查材料，对开好会议提出要求。

4日　市发展改革委副主任刘虎、市展改革委重点项目服务中心主任张邵飞一行，到利辛调研重点项目工作。调研组深入翰宇机械、体育中心、文竹园安置小区等重点项目工地，实地调研项目推进情况。

同日　县妇联2021年度庆“三八”表彰暨妇女工作会议在县新能源学校第二会议室召开。大会对涌现出的“三八红旗手”、巾帼建功标兵、先进集体和最美家庭进行了表彰。

7日　县政府法律顾问签约仪式举行。县委副书记、县长怀颖出席活动并为县政府法律顾问颁发聘用证书。安徽文州律师事务所任彰、安徽宝蓝律师事务所董秉玖、江苏融鼎律师事务所卢健、安徽重信众合律师事务所许岩等参加签约仪式。

9日　合肥工业大学在城北镇举行合肥工业大学食品加工产学研示范基地共建揭牌仪式。合肥工业大学党委常委、副校长季益洪，党委常委、组织部部长蒋传东，食品与生物工程学院院长徐宝才等参加活动。

10日　2021年县直机关党务干部培训班在县委党校开班。县直工委书记孙广臣主持开班仪式，并对2020年被市委组织部命名“五星基层党组织”和“五星远教站点”的6个县直基层党组织进行授牌。

同日　县政协部分委员深入基层开展专题视察。视察组先后来到中沟入阜蒙河排污口、八中东侧排污口、地表水厂北侧旱阳沟闸等地，实地查看污水防治、水源防护工作情况。

同日　省体育局副局长王大军一行对利辛县体育产业进行调研。调研组先后到利辛体育中心项目、伯希和户外运动用品公司、高级中学全民健身中心等处进行调研，了解利辛赛事活动承办、体育运动培训和体育产业规划、发展思路等情况，并对利辛体育产业高质量发展给予指导意见。

11日　全县党史学习教育动员部署大会以电视电话会议形式召开。县法院院长、县检察院检察长，县纪委副书记、县监委副主任，各乡镇党委书记，县委各部委分管负责人，县直各单位党组（党委）主要负责人，县委宣传部班子成员在县主会场参加会议。各乡镇党政班子成员，村（社区）党组织书记在各乡镇分会场参加会议。

同日　全县组织、宣传、统战、政法、武装、党办工作会议以电视电话会议形式召开。

15日　县市场监管局在“消费者权益日”当天设立宣传咨询台和假冒伪劣产品展示台，在五一广场向市民宣传有关辨别假冒伪劣商品的知识。县市场监管局联合烟草局、文化执法大队等单位开展“3·15”假冒伪劣产品集中销毁活动，主要是对在日常巡查、监督抽验和专项整治行动中查获的“三无”产品，依法没收的侵犯注册商标专用权、质量不合格的假冒伪劣商品，涵盖食品、烟草、教课书籍、日用品等200多个品种，近6吨，进行无害化销毁。总货值达30余万元。

16日　县领导吴斌、怀颖、龚保杰、秦博等与县直单位党员干部在阜蒙河李楼闸北河岸义务植树点开展义务植树活动。

同日　全县“12345”市（县）长热线办理工作会议召开。会议要求热线办理工作要坚持问题导向，建立问题清单，严格履职尽责，强力推进专项整治。2020年，县长热线受理中心累计受理群众诉求61486件，较上年增长15.3%，回复率100%，办结率99.97%。其中，市长热线交办34851件，满意率91%；县长热线受理群众诉求26635件，提供政策咨询、三方通话等直接服务15748件，直办率83.7%，直办件满意率100%。

17日　县委书记吴斌主持召开县委理论学习中心组学习（扩大）会议暨第七十六期新时代文明实践大讲堂。

18日　全县定点医疗机构医保违法违规行为专项治理工作会议召开。

19日　省执法局党委委员、副局长柳兆中一行到利辛调研交通运输综合执法改革工作。

同日　全县退役军人事务工作会议召开。会议传达省、市退役军人工作会议精神、宣读《关于2020年利辛县创建全国示范型退役军人服中心（站）验收合格名单的通报》《关于2020年创建“五星级”退役军人服务站考评验收情况的通报》，对2020年度做出突出贡献的利辛县退役军人工作先进单位和先进个人进行表彰。

22日　全县政法队伍教育整顿新闻发布会召开。按照中央、省委、市委关于政法队伍教育整顿的部署安排，利辛县政法队伍教育整顿2月底开始，至6月底结束。

24日　省政法队伍教育整顿驻亳指导组组长张峰一行到利辛调研，并深入春店派出所、城关司法所、江集法庭等基层政法单位实地考察。

25日　市人大常委会副主任巩中带队到利辛调研水资源管理情况。调研组一行先后深入引江济淮朱集站、西淝河清水廊道、王市镇东马地表水厂、县城地表水厂等地，实地了解利辛在水资源管理、河道综合治理等方面的具体做法和取得的成效。

同日　全市美丽乡村建设暨农村人居环境整治提升现场推进会在利辛召开。市委副书记孔涛出席现场会并讲话。副市长张泉主持现场会。县委书记吴斌、县委副书记秦博参加现场会。现场会实地观摩了孙庙乡民主社区程新中心村、程粉坊中心村，王市镇大郑中心村、王人镇郭营中心村，并召开座谈会。

同日　全县2021年春季安全生产应急管理暨第一次全国自然灾害风险普查培训班开班。

29日　板集煤矿开始试运转。在调试采煤机系统的过程中，横向开采了2米多的煤层。板集煤矿首采110801工作面，总长度约100多米，所选支架最大采煤行程可达3.2米，完全能够确保支、移、割任务的完成。按照设计，板集煤矿井田东西长约6.0千米，南北宽4.0～7.0千米，井田面积33.6平方千米，矿井可采煤层9层，平均可采总厚20.66米，生产能力300万吨/年，可采储量19904万吨，服务年限49.1年。

同日　县委理论学习中心组学习会议暨全县领导干部学习贯彻党的十九届五中全会精神和党史学习教育集中培训班开班。培训班为期三天，至31日结束，围绕十九届五中全会精神、党史学习教育，开展集中学习，分组研讨。

同日　全县生态环境保护委员会会议暨县级总河长会议、县级林长会议召开。

30日　县委书记吴斌主持召开九届县委第182次常委会会议。传达学习习近平总书记在福建考察调研时、在中央财经委员会第九次会议上的重要讲话精神和全国“两会”精神，传达中共安徽省委巡视工作领导小组《关于十届省委第十轮巡视“回头看”发现巡视整改不力问题的通报》，听取中央巡视组巡视安徽省反馈意见我县整改情况汇报和选人用人、意识形态工作责任制、巡视工作指导督导三个专项整改情况汇报及我县政法队伍教育整顿工作汇报，讨论《中共利辛县委常委会2021年工作要点（讨论稿）》《中共利辛县委理论学习中心组2021年度学习计划（讨论稿）》，研究关于乡镇党委召开党代表大会的请示事宜。

同日　市委常委、常务副市长李军带领三县一区及市直有关单位负责人到利辛调研西淝河清水廊道污染防治情况。调研组一行先后深入县城垃圾填埋场和垃圾分选线现场、西潘楼镇马寨村养殖场、汝集镇朱集泵站等地进行实地查看。

同日　全市财税工作现场会在利辛召开。

4月

1日　县人大常委会教科文卫工委委员对全县《中华人民共和国食品安全法》贯彻执行情况开展专项执法检查。检查组先后深入浙永超市西潘楼店、西潘楼学区第一初级中学食堂、西潘楼聚福楼饭店、粮厦孙集东南园加盟店、孙集满堂鲜饭店、宋寨学校食堂、张村镇付老四饭店和张村镇中心幼儿园进行实地检查，被查单位食品安全工作落实均比较好。

同日　由县农业农村局牵头，组织县水利局、县生态环境分局等多家单位在禁渔期对茨淮新河、西淝河全流域开展禁捕禁钓联合整治行动。禁渔期为2021年4月1日零时至2021年7月31日24时。本次联合执法出动执法人员近40人、执法车辆8台、执法艇2艘，共查处非法垂钓20余起，收缴鱼竿20支、花篮600个、地笼30个。

2日　县委副书记、县长怀颖调研全县环保问题整改和清明假期安全生产工作。

6日　九届县委巩固脱贫攻坚成果暨乡村振兴专项巡察动员部署会召开。会议要求，要注重发现问题，严格落实中央八项规定精神，切实转变工作作风，提高巡察工作效率。

同日　县政协十届118次主席（扩大）会议召开。会议协商通过《利辛县政协深化基层民主协商暨委员进社区工作推进会方案》《利辛县政协关于加强水污染防治，改善水生态环境的建议案》等。

9日　国务院办公厅职能转变办副处长冯勇带领调研组，在省数据资源局副局长王爱学、市政府副市长郑超、市数据资源局局长王宇陪同下对利辛县政务服务标准化、规范化、便民化工作进行调研。调研组一行先后前往城关镇和谐社区、利辛县政务服务中心、马店孜镇为民服务中心、永兴镇解甲集社区居委会开展实地调研。

同日　全县自然资源和规划管理工作会议在新能源学校召开。会议传达《安徽省农村乱占耕地建房问题清理整治工作领导小组办公室关于开展农村乱占耕地建房清理整治工作再排查再审视的通知》《安徽省农村乱占耕地建房问题摸排工作实施方案》等文件精神，通报了全县农村乱占耕地建房清理整治、卫片执法整改、土地增减挂钩和新增耕地、林长制等工作开展情况。会议还通报了农村宅基地审批管理工作开展情况，安排部署了农业相关工作。

同日　县人大常委会机关组织离退休老干部视察全县经济社会发展工作。

10日　全市小麦赤霉病防控现场会在利辛召开。利辛小麦种植面积185万亩，全县共落实小麦赤霉病防控资金1375.7万元，储备赤霉病防控药剂130余吨。

全县拥有专业化统防组织788个，从业人员约1.4万人，各种大中型植保机械约2700台（套），植保机械日作业能力达到60万亩，本月20日前全面完成两遍防控任务。

13日　省邮政管理局党组书记、局长伍洲文一行到利辛调研“快递进村”工作。

同日　全县信访工作会议召开。

14日　全县党政领导干部履行教育职责督导考核市级复查反馈会召开。督导组认为，利辛县坚持“教育发展优先规划、教育投入优先安排、教育用地优先保障、教育问题优先解决、教师待遇优先改善、教育项目优先落实”的原则，做到了党委政府认真履职、教育投入保障有力、队伍建设全面加强。但也存在教育布局有待优化、办学条件有待提升等问题。

15日　县人大常委会副主任黄振军率专题调研组开展环境保护工作调研。

17日　正大集团农牧食品企业（中国区）资深副董事长、正大置地有限公司副董事长兼CEO邢继宪一行到利辛考察循环农业项目。

18日　县委书记吴斌主持召开九届县委第183次常委会会议。会议讨论了《关于全面推进乡村振兴加快农业农村现代化的实施意见（讨论稿）》《利辛县安全生产“一票否决”制度实施办法（讨论稿）》《利辛县安全生产工作考核办法（讨论稿）》《利辛县2021年督查检查考核年度计划（讨论稿）》等文件。

同日　大李集镇常青村、阚疃镇镇西社区、城关镇文州社区、望疃镇玉光村、新张集乡友谊社区荣获第八批“安徽省民主法治示范村（社区）”荣誉称号。

20日　县委理论学习中心组学习（扩大）会议暨第七十七期新时代文明实践大讲堂召开。

同日　利辛县青年女画家秦英创作的中国画作品《锦瑟华年》入选2021年第五届“红船颂”全国美术作品展复评并获入会资格。

21日　市无线电管理处执法人员联合县文化市场执法队在祥源中央名城小区A1号楼顶水泵加压房顶上发现频率91.1兆赫的“黑广播”设备，该广播在中午、晚上特定时间段播出，播放内容低俗污秽。

22日　省应急厅防汛抗旱处副处长王超、二级调研员王孝东一行到利辛检查汛前准备工作。检查组要求，利辛县人民政府要建立健全物资应急保障联动工作机制，提高物资统一调配和保障能力，及时补充更新物资储备，确保防汛物资准备充足。

同日　安庆市残联党组书记、理事长周正国带队到利辛考察交流。

24日　国家税务总局利辛县税务局第一税务分局（办税服务厅）、利辛县关爱协会、国家电网安徽电力（药都之光）共产党员服务队利辛公司分队、利辛县中医院急救中心、利辛县巩店镇镇政府综合服务大厅、共青团利辛县阚疃金石中学委员会获市2020年度“青年文明号”荣誉称号。

25日　县委、县政府召开推进五大发展暨乡村振兴工作第一次调度会议。

同日　县经开区召开“双优表彰”暨推进民营经济高质量发展会议，对2020年度10家优秀民营企业和10位优秀民营企业家进行表彰。这10家优秀民营企业分别是：安徽伯希和户外装备用品有限公司、利辛县亚升墙体材料有限公司、安徽牧洋油脂有限公司、安徽阳光药业有限公司、安徽翰联色纺股份有限公司、利辛县江淮扬天汽车有限公司、安徽丽人木业有限公司、利辛县佳辉服饰有限公司、安徽天赢电气成套设备制造有限公司、利辛县明峰纺织科技有限公司。10位优秀民营企业家分别是：高亚飞、朱亚军、宣文灿、管明强、陈克勇、梁波涛、于海峰、张海洋、尉李江、闫庭永。

26日　县政府召开第五次廉政工作会议。会议要求，按照国务院、省政府、市政府廉政工作会议部署要求，聚焦党的政治建设，增强政治定力，做好“六稳”工作，落实“六保”任务，抓好财政资金、民生工程监管，强化责任落实。管好用好公共资金，强化预算运行，做到预算从严，加强财政资金绩效管理，落实减税降费政策，支持实体经济发展，激发市场主体活力。规范运行公共权力，严格管理公共资源，把监督检查贯穿公共资源交易全过程，落实“三重一大”事项集体决策制度，严格标后监管，大力推进交易电子化，让政府权力更加阳光公开透明。

27日　全县文明创建暨“全市文明单位”表彰工作会议召开，县委常委、政法委书记康红锋出席会议并为获“全市文明单位”颁奖。

同日　全县一季度“四送一服”工作约谈调度会召开。县经信局、水利局、招商服务中心、教育局、扶贫开发局、财政局、税务局、住建局，望疃镇、张村镇、胡集镇、阚疃镇、西潘楼镇、王市镇14个单位负责人接受约谈。会议要求，各单位要全力以赴帮助企业解决生产经营中遇到的问题和困难，着力优化营商环境，确保全县“四送一服”工作见成效。

28日　市委书记汪一光带队调研利辛县巩固拓展脱贫攻坚成果同乡村振兴有效衔接、基层减负等工作。

同日　中煤新集能源股份有限公司党委副书记、总经理杨伯达一行到利辛调研。

同日　2021年安委会第一次全体成员（扩大）会议暨安全生产专项整治三年行动集中攻坚会议召开。会议要求，对老旧小区改造、高层建筑、寄宿制学校、商超超市、易地扶贫搬迁点、丝网纱门、电动车集中充电私拉电线充电、乡镇小浴池等进行严格排查，立即整改，切实消除各类消防安全隐患。

同日　《利辛县人民政府关于引导全社会加大研发投入的实施意见》印发。

30日　全县扶贫开发领导小组会议召开。会议要求，要按照“产业兴旺、生态宜居、乡风文明、治理有效、生活富裕”的总要求，认真细致研究、下大力气谋划巩固拓展脱贫攻坚成果同乡村振兴有效衔接机制，大力实施乡村振兴战略，加快推进农业农村现代化。

5月

2日　《人民日报》第一版发表《税务系统发挥行业优势、落实优惠政策、派驻扶贫干部——帮扶有温度、致富有门路》文章，报道利辛县朱集村第一书记刘双燕的先进事迹。

3日　利辛县人民检察院团支部被授予“全国五四红旗团支部（团总支）”荣誉称号。

同日　县公安局孙庙派出所被省公安厅授予“成绩突出青年集体”荣誉称号。

5日　《安徽省首批革命文物名录》公布，我县6处（件）革命文物被载入名录。不可移动革命文物5处：市级文物保护单位3处，分别是利辛县烈士陵园（利辛烈士墓）、马店烈士墓、苏湾烈士墓；县级文物保护单位2处，分别是刘家集烈士陵园（城北镇烈士陵园）、杨玉林烈士墓。可移动文物1件：国务院奖状属三级文物。

6日　县委书记吴斌到鸿福老年公寓调研指导养老工作。吴斌强调，各级党委、政府和民政部门要高度关注敬老院工作，围绕老有所养、老有所医、老有所乐的工作目标，扎实做好各项工作，提升敬老院管理水平。

同日　马胡桥开放试通车。该工程是市、县重点工程，由省交通航务工程有限公司承建。马胡桥南北向分别连接省道305与省道340，局部连接乡道129、县道021和县道025，设计起点桩号为K20+330，设计终点桩号K21+220，桥梁全长377.0米，主桥为130米下承式钢管砼系杆拱桥，主桥桥宽15.0米，引桥均为小箱梁结构，主、引桥均采用钻孔灌注桩基础。

同日 城北镇入选省级数字乡村试点地区。

8日 2021年利辛县招生委员会（扩大）会议召开。

同日 交通运输规上服务业“四送一服”专题宣讲暨银企对接会议召开。

同日 省林业局生态保护修复处（省绿化委员会办公室）调研员刘平一行到利辛督查林长制暨生态保护修复工作落实情况。督察组认真听取了利辛县林长制暨生态保护修复工作情况汇报，先后深入安徽利辛西淝河国家湿地公园、茨淮新河薄壳山核桃高标准种植基地林长制改革示范点，实地查看江淮运河生态廊道造林绿化和生态保护修复情况，并对利辛县2021年林长制暨生态保护修复、造林绿化工作给予充分肯定。

9日 亳州职业技术学院附属利辛医院在县中医院揭牌成立。亳州职业技术学院党委副书记、院长周美启，县中医院党委书记王凤国共同揭牌。县中医院曾荣获安徽省健康服务业先进单位、全国县域优秀中医院等称号。成功创建防治卒中中心，为利辛县创建“五大中心”打下良好开端。

12日 县委巡视整改领导小组会议暨“大起底、改到位、建机制”专项行动推进会召开。会议强调，要深入自查自纠，以清仓见底的有力行动抓好巡视整改工作，各级各部门要对历次巡视巡察发现问题的整改情况进行一次全面梳理、系统排查。

同日 第13个“全国防灾减灾日”宣传活动在五一广场主会场举办。

同日 在第十一届全国残疾人运动会暨第八届特奥会上，利辛巩店郭勤梅获得肢体二级女子86+级举重项目铜牌。

13日 县政协组织部分政协委员就利辛打造“长三角绿色农产品生产加工供应基地”的基础条件和工作开展情况进行调研。

15日 全县自然资源和规划暨林业工作会议召开。

同日 “巩固残疾人脱贫成果，提高残疾人生活质量”为主题的残疾人专场招聘会在市民健身广场举办。活动由县残联与县人社局共同主办。

17日 全县政务公开和政务新媒体工作推进会召开。会议要求，要加强队伍建设，明确专人负责，配齐配强工作人员，保持人员队伍相对稳定。强化“公开是常态，不公开是例外”的理念，切实做到依法、及时、准确公开。按照“谁开设、谁主办、谁应用、谁负责”的原则，再次开展拉网式排查。

同日 全县新冠肺炎疫情防控会议召开。县委书记吴斌出席会议并讲话。会议要求，各地各部门要严格落实常态化疫情防控各项措施，坚持人、物、环境同防，各级指挥体系要坚持24小时值班值守，加强医疗机构、商超、餐饮、养老院、规模以上工业企业等重点场所的管理，做好冷链物流和非冷链物流食品的排查、抽查、检测。

18日 中国国际工程咨询有限公司党委副书记、董事牛向春带队调研利辛巩固脱贫攻坚成果同乡村振兴有效衔接工作开展情况。

同日 全县关心下一代工作会议召开。会议对全国关心下一代工作先进工作者——纪王场乡关工委主任孙西民进行表彰。对巩店镇、胡集镇、江集镇、汝集镇、新张集乡、王人学区中心学校、中疃学区中心学校、利辛中学、利辛四小、利辛四中关工委10个市级“五好关工委”和汪钦轩、张延龄、朱德民、孙凤安、秦相伟5名市级“五老先进个人”进行表彰。

19日 利辛县护苗2021绿书签行动进校园集中宣传活动在县八中举行。此次活动由县“扫黄打非”办公室联合县教育局、广播电视台、新华书店主办，主题为“护助青少年学生健康成长，筑牢防有害出版物传播城墙”。

同日 省委党史学习教育第三巡回指导组副组长魏建华带队到利辛开展调研督导工作。

同日 利辛人汝志刚在第十九届徐霞客开游节上被评为致力于弘扬中国文明文化，实现珠峰南北坡“双登”的“环球旅行探险家”。汝志刚曾去过全球70多个国家或地区以及祖国各地。

20日 全市推进五大发展2021年第一次督查调度会议在利辛召开。

同日 市军分区政委董现林一行到利辛检查防汛备汛工作。

21日 县委全面深化改革委员会会议召开。会议审议并原则通过《利辛县2020年全面深化改革工作总结》《县委全面深化改革委员会2021年工作要点（讨论稿）》《关于进一步落实全面深化改革责任的通知（讨论稿）》。

同日 陶行知教育基金会到利辛开展助学公益活动。陶行知教育基金会对20位品学兼优且家庭贫困的学生给予每人5000元的捐助，并计划从2021年起，连续10年针对利辛贫困学子开展捐资助学活动，连续10年为利辛儿童福利院每名儿童每天捐赠1瓶纯奶。

同日 全县开展公租房违规行为专项排查整治行动。排查整治范围：利辛县所有公租房（含租赁补贴）保障对象和公租房房源。此次专项行动历时半年。

24日 全县秸秆禁烧、综合利用、夏收夏种暨防汛抗旱工作会议召开。

26日 全县防汛抢险水上应急演练现场观摩会在马店孜镇马胡桥西北侧滩地举行。市防办主任张永夫、副主任张雷，县委常委、副县长邵利峰出席观摩会。

同日 县委理论学习中心组学习会议暨第七十八期新时代文明实践大讲堂开讲。县委书记吴斌主持会议并讲话。吴斌强调，全县上下要完整准确全面贯彻新发展理念，全力以赴抓招商，千方百计优环境，用情用力惠民生。要扎实开展新一轮深化“三个以案”警示教育，坚持一体推进，进一步强化担当意识，坚持在案例中受警醒，严对照，深检视，强整改，锤炼过硬作风。

27日 正大集团农牧食品企业中国区副董事长张绍安、安徽区总裁赵清钦一行来利辛，就亳州市百万头肉猪新农业4.0示范项目战略合作框架协议达成意向签约，决定在利辛投资约31.93亿元，建设100万头生猪全产业链项目。

28日 九届县委第190次常委会会议召开。会议传达学习习近平总书记在全球健康峰会上的讲话和在推进南水北调后续工程高质量发展座谈会上、在中央全面深化改革委员会第十九次会议上的重要讲话精神，传达学习中共中央、国务院《关于新时代推动中部地区高质量发展的意见》《关于新时代加强和改进思想政治工作的意见》、自然资源部办公厅印发《耕地卫片监督方案（试行）》、中共安徽省委办公厅《关于加强巡视巡察上下联动的实施意见》，讨论《利辛县资产资源及收益规范管理工作实施方案（讨论稿）》。

29日 全县2021年基层河长培训班举行。省水利厅教授级高工、河长制工作处处长、二级巡视员龙斌进行授课。

30日 为充分体现以习近平同志为核心的党中央对老党员的政治关怀和尊崇厚待，党中央决定，在“七一”前夕，向新中国成立前加入中国共产党、目前健在的农村老党员和未享受离退休待遇的城镇老党员，每人发放一次性生活补助金5000元。其中，中央财政补助3000元，中管党费补助2000元。

6月

1日　市委常委、常务副市长李军到利辛调研企业经济运行与重点项目开工建设情况。

2日　市政府组成督查组到利辛督查高标准农田质量“回头看”工作进度情况。

3日　全县卫生健康系统疫情防控暨院感工作会议召开。会议要求，各医疗机构要严格落实首诊负责制，对具有新冠肺炎相关表现的患者要闭环引导到发热门诊（哨点诊室）就诊。

4日　国家市场监管总局检查组到利辛对电站锅炉范围内管道隐患排查整治情况进行“回头看”。

7日　县委召开严肃换届纪律集中警示教育专题会议。全体人员共同观看警示教育片《严明换届纪律“十严禁”》，传达学习《中共安徽省纪委机关、中共安徽省委组织部、安徽省监察委员会关于严肃换届纪律加强换届风气监督的通知》，签订《严守换届纪律承诺书》。

9日　全县党史知识竞赛举行。活动由县委党史学习教育领导小组办公室、县委宣传部、县委党史和地方志研究室、县文明实践中心主办，利辛四中承办，24家单位共同参与。经过激烈角逐，县数字资源局代表队荣获一等奖，检察院和展沟镇中心校代表队荣获二等奖，中疃镇、旧城镇、利辛四中代表队荣获三等奖。

10日　利辛县乡村振兴局正式挂牌成立。

16日　全县打击治理电信网络新型违法犯罪工作联席会议召开。

17日　海螺集团项目合作座谈会召开。海螺集团计划在利辛创办一个集搅拌站和铝材、塑钢于一体的产业园。

18日　经省委、省政府同意，省委农村工作领导小组办公室批准，利辛县纪王场乡永丰社区永丰中心村、城北镇徐田社区徐田中心村、大李集镇永红行政村永红中心村、大李集镇路杨行政村路杨中心村、永兴镇谭铺行政村谭铺中心村、江集镇纪伦寨行政村纪伦寨中心村、孙庙乡高堂行政村高堂中心村、王市镇王营行政村大郑中心村、汝集镇汝园行政村西关中心村、中疃镇姜黄行政村姜黄中心村10个村为2021年度美丽乡村省级中心村创建单位，中心村建设周期18个月。

20日　县委宣传部、县总工会联合主办的庆祝中国共产党成立100周年“奋斗百年路，启航新征程”职工合唱比赛在新能源学校学术报告厅举行。县委副书记、县长怀颖观看比赛并为全县“十大最美职工”进行颁奖。

21日　全县防溺水暨学校安全工作会议召开。

22日　庆祝中国共产党成立100周年——“翰墨颂党恩”利辛县书画作品展在李奇茂美术馆隆重开幕。

同日　县委全面依法治县委员会第三次会议召开。会议由县委书记、县委全面依法治县委员会主任吴斌主持，县委全面依法治县委员会各成员单位主要负责人参加会议。会议书面审议了《中共利辛县委全面依法治县委员会2020年工作情况报告》。

同日　县委国安委第三次会议暨县防范化解重大风险工作领导小组会议召开。

同日　全县“光荣在党50年”老党员老干部座谈会召开。

23日　九届县委第198次常委会会议召开。

同日　县委理论学习中心组学习会议暨县委党史学习教育专题研讨会召开。党史学习教育市委第二巡回指导组组长刘兴群到会指导。

同日　中国共产党利辛县第九届委员会召开第十五次全体会

议。全会审议通过九届县委报告（审议稿）；审议通过九届县委纪委工作报告（审议稿）；讨论通过《关于全县党费收缴、使用和管理情况的报告（草案）》和县十次党代会日程（草案）；审议通过县委九届十五次全会决议。

同日　全省“举旗帜·送理论”基础党史专题宣讲报告会走进利辛进行宣讲。

24日　全县城镇燃气行业安全生产大排查大整治工作推进暨从业人员业务培训会议召开。

26日　中国共产党利辛县第十次代表大会在亳州新能源学校学术报告厅隆重开幕。县委书记吴斌代表中国共产党利辛县第九届委员会向大会作题为《乘势而上　接续奋斗　以新担当新作为开启利辛现代化建设新征程》的工作报告。

同日　亳州市2021年防汛抢险综合演练在茨淮新河阚疃枢纽举行。

28日　中国共产党利辛县第十次代表大会召开第三次全体代表会议。大会通过关于九届县委报告的决议；通过了关于九届县纪委工作报告的决议。

同日　中国共产党利辛县第十届委员会第一次全体会议召开。会议选举中国共产党利辛县第十届委员会常务委员会委员、书记、副书记；批准中国共产党利辛县第十届纪律检查委员会第一次全体会议选举产生的书记、副书记和常务委员会委员人选。

同日　由中共利辛县委、利辛县人民政府主办的“永远跟党走”庆祝中国共产党成立100周年文艺会演在利辛高级中学举行。

同日　城关镇向阳社区党总支书记、居委会主任武雪松获得全国优秀党务工作者荣誉称号。

29日　利辛县庆祝中国共产党成立100周年表彰大会召开。会议对全县优秀共产党员、优秀党务工作者、优秀选派帮扶干部和先进基层党组织代表进行表彰。

同月　利辛县水利局被安徽省人力资源和社会保障厅及安徽省水利厅评为“全省水利系统先进集体”荣誉称号。

7月

1日　庆祝中国共产党成立100周年大会在北京天安门广场隆重举行，习近平总书记发表重要讲话。利辛县社会各界纷纷自发组织收听收看庆祝大会实况。

2日　全县创优营商环境“四送一服”暨“三清三集中”工作会议在县委五楼会议室召开。

6日　利辛县粮油食品商厦和安徽省金宜食品有限公司获得2020年“安徽省放心消费示范单位”，县市场监督管理局为其授牌。

7日　县委反腐败协调小组召开会议。

8日　合肥工业大学来利辛开展定点帮扶并召开座谈会。合肥工业大学党委常委、副校长季益洪，县委副书记、县长怀颖出席会议。

同日　省农业农村厅党组成员、副厅长王红，赴中疃镇镇北社区、王人镇太原村等地调研农村改厕长效管护工作。

13日　根据教育部要求，课后服务将在今年秋季开学后实现义务教育学校全覆盖，并努力实现有需要的学生全覆盖。课后服务推行“5＋2”模式，即学校每周5天都要开展课后服务，每天至少开展2小时，结束时间要与当地正常下班时间相衔接。

14日　全县启动15～17周岁人群免费新冠疫苗接种工作。

同日　首个利辛公共资源交易开放日活动举行。2021年全县所有公共资源交易均在平台上进行。截至6月底，共完成公共资源交易项目188个（标段），成交金额27.5773亿元，节资（增值）金额5.8983亿元。

15日　利辛在全县范围内开展对出入商场超市、农贸市场、宾馆酒店及餐饮单位、车站及公共交通工具、文化娱乐场所、医疗机构、洗浴场所、政务大厅等各类公共场所的人员进行新冠病毒疫苗接种查验工作。

同日　县委宣传部、县文联邀请利辛籍著名作家康健春回乡举办创作交流讲座会。

16日　县委常委、宣传部部长王林兵调研全县红色资源保护情况。王林兵先后到城北镇烈士陵园、利辛县烈士陵园，张村镇中共豫皖苏六地委、六专署、六分区遗址，柳西公社旧址，巩店镇汝新庄交通站旧址等地调研利辛县红色资源保护情况。

17日　省科技成果转化促进会顾问委员会副主任委员朱志林一行到利辛调研科技创新暨科技成果转化工作。

19日　工信部发布《关于第三批专精特新“小巨人”企业名单的公示》，安徽天赢电气成套设备制造有限公司入选，成为利辛第二家国家级专精特新“小巨人”企业。

22日　县委理论学习中心组学习（扩大）会议暨网络意识形态培训班举行。

23日　县应急管理局再度增派救援力量赶赴郑州，帮助河南遭受特大水灾的群众渡过难关。

26日　十届县委第三次常委会会议召开。会议传达学习习近平总书记对防汛救灾工作、对深入推进农村厕所革命作出的重要指示和在中国共产党与世界政党领导人峰会上的主旨讲话、在亚太经合组织领导人非正式会议上的讲话以及在中央全面深化改革委员会第二十次会议上、在西藏考察时的重要讲话精神，传达学习李锦斌同志在省委党史学习教育专题读书班暨全省县（市、区）委书记“学党史、强动能、促一体”专题培训班结业式上的讲话，听取2021年上半年全县经济运行情况分析汇报、省政法队伍教育整顿“回头看”赴亳督导组反馈意见整改情况汇报、党风廉政建设和反腐败工作汇报、教育重点工作汇报，讨论《贯彻落实习近平总书记在中央全面依法治国工作会议上的重要讲话精神具体举措及责任分解（讨论稿）》。

27日　市人大常委会主任王玉玺带队到利辛调研美丽乡村建设工作。

28日　全县推进“五大发展”暨乡村振兴工作第二次调度会和上半年经济形势分析会召开。

同日　县委理论学习中心组学习（扩大）会议、县委全面依法治县暨平安利辛建设工作会议召开。

29日　县委书记吴斌，县委副书记、县长怀颖，县人大常委会主任马瑛，县政协主席龚保杰先后到县人武部、武警利辛中队，看望慰问驻利部队官兵，代表县委县政府及全县人民，向他们及家属表示慰问。

同日　全县“最美退役军人”“最美拥军人物”“好军嫂”“优秀兵妈妈”“退役军人创业之星”先进典型表彰会议召开。

31日　孙庙乡残联理事长罗强荣获全国残疾人工作先进个人。

同日　全市加快打造创新平台暨2021年全省第七批重大项目集中开工动员会在利辛县举行。

8月

3日　由县关工委牵头，陶行知教育基金会与县教育局举行“爱满天下、健康中国、不忘初心、振兴乡村”之系列公益捐赠活动签约仪式。

6日　市政府副秘书长张光辉一行到利辛集中隔离点督导疫情防控工作。

同日　中央文明办公布2021年6月份“中国好人榜”名单，利辛县旧城镇韩庄村村民董素侠当选孝老爱亲类“中国好人”。

同日　中共安徽省委组织部发布关于“皖美村支书”选树工作情况的通报。程家集镇赵桥社区党支部书记赵景阳、永兴镇解甲集社区党组织书记李振相、城北镇刘染村党组织书记刘少伟入选。

9日　全县疫情防控工作会议召开。

同日　利辛县通过安徽省农业农村厅“第二批安徽省农产品质量安全县”复查认定。

同日　县委、县政府召开全县农业农村工作会议。会议要求，各级各部门要充分认识乡村振兴的重要意义，把实施乡村振兴战略摆在优先位置，坚持落实好“五级书记抓乡村振兴”工作。

同日　全省创建青年文明号活动组委会公布“2019—2020年度省青年文明号、省青年文明号标兵”名单，利辛县特殊教育学校荣获“安徽省青年文明号”称号。

10日　张村、巩店、孙集、纪王场4个乡镇城镇公交线路开通。

11日　利辛县广进缘花茶有限公司、亳州市艾可舒医疗科技有限公司获评“全国光彩事业重点项目”企业，县委统战部为其授牌。

14日　全县新冠肺炎疫苗接种县直单位包保小区工作动员部署会在亳州新能源学校召开。

同日　县文明办、县妇联为利辛县税务局职工于秀娟颁发“全国文明家庭”奖牌。

17日　2021年县安委会第三次全体成员（扩大）会议暨食品药品安全委员会会议召开。

同日　芜湖市弋江区委书记黄维群带队到利辛调研县域结对帮扶工作。

同日　广东省安徽利辛商会向68名利辛贫困大学生捐资23.4万元。

19日　县残联党组书记、理事长夏文权，市残疾人自强模范、县扶贫助残典型苏文彬，应邀走进安徽新闻综合广播直播间，做客《就业赢未来》节目，分别介绍利辛县残疾人就业创业的经验做法和亲身感受。

24日　省生态环境厅党组书记、厅长贺泽群带队到利辛实地调研生态环境保护工作，市委副书记张志强，市委常委、常务副市长秦凤玉等参加调研。

25日　省委党史学习教育第三巡回指导组副组长、宿州市政协副主席魏建华带队到利辛调研指导党史学习教育工作。

同日　利辛县乡村振兴服务中心获得全省乡村振兴（扶贫）系统先进集体；县乡村振兴服务中心工作人员刘席、永兴镇人民政府副镇长、乡村振兴工作站站长纪伟，程家集镇党委委员、乡村振兴工作站站长张闪荣获全省乡村振兴（扶贫）系统先进个人。

26日　十届县委第5次常委会会议召开。会议传达学习习近平总书记在中央财经委员会第十次会议上的重要讲话精神，传达学习《国家档案局关于认真学习贯彻习近平总书记重要批示的通知》，传达学习李锦斌、王清宪同志对法治政府建设督察工作批示精神和全省法治政府建设督察动员部署会议、近期省市巩固拓展脱贫攻坚成果相关会议、市四届人大六次会议、全市推进五大发展2021年第二次督查调度会议精神，通报亳州市委组织部对利辛县2020年度干部选拔任用工作进行“一报告两评议”反馈结果，听取利辛县法治政府建设自查情况报告，讨论《利辛县改革完善社会救助制度的若干措施（讨论稿）》。

同日　全县新就业形态劳动者劳动保障权益维护、新就业形态劳动者入会集中行动、货车司机网上入会推进会召开。

同日　省总工会基层工作部副部长吴佳俊，市总工会党组书记、主席张学峰一行到利辛法院调研“法院＋工会”劳动争议诉调对接工作。

29日　省教育厅公示“安徽省中小学优秀班主任”和第三届“安徽最美教师”人选，利辛县第七中学刘洪涛、第二中学梁丙华荣获安徽省中小学优秀班主任称号，利辛县高级中学金星、阚疃学区金石中学徐广玲为第三届安徽最美教师人选。

9月

1日　县委理论学习中心组学习（扩大）会议暨县委党史学习教育专题读书班在县委党校举办。

3日　县住建局对2021年全县公共租赁住房配租方案、拟配租人员名单、拟配租公租房房源进行公示。

同日　省爱教基地实地察看组到利辛对位于纪王场乡的利辛烈士陵园申报安徽省第六届爱国主义教育示范基地进行实地考核。

5日　县农业农村局在县公证处的监督下开展“四大家鱼”优质鱼苗增殖放流活动，共343万尾鱼苗被放入西淝河与茨淮新河。

9日　全县庆祝第37个教师节大会召开。会议对先进单位、先进督学责任区、优秀教师、师德标兵、先进教育工作者、优秀督学、优秀班主任进行表彰。

11日　县委书记吴斌主持召开民营企业家座谈会。吴斌指出，要旗帜鲜明地鼓励支持民营企业的发展，旗帜鲜明地创造出优良的政商关系，旗帜鲜明地构建亲清的新型政商关系，旗帜鲜明地推动全县经济更好更快发展。

同日　以“息息相关六字诀，人人学练五禽戏”为主题的2021年“世界健身气功日”暨利辛县百城千村健身气功交流展示活动在县体委操场举行。

15日　2021年“深入实施质量提升行动，大力推进质量强县建设”质量月活动启动仪式举行。

同日　安徽省黄淮白山羊养殖繁育标准化示范区项目获得省市场监管局、省农业农村厅组织开展的2021—2022年度省级农业标准化示范区和农村人居环境整治标准化示范点项目立项。

同日　安徽省就业工作领导小组办公室下发《关于认定2020年安徽省农民工“优秀创业项目”和“返乡创业之星”的通知》，利辛县盛民种植专业合作社李有元获评2020年安徽省“返乡创业之星”。

同日　省人大常委会原副主任、省人大工作研究会副会长陈先森一行到利辛调研。

16日　中咨公司2021年帮扶利辛县新型职业农民培训班开班。

18日　省委常委、省军区司令员刘孝华到利辛调研。

22日　央视早新闻报道利辛县“通过推进绿色生产，让传统农业迸发出新活力”的专题。

23日　2021年亳州·利辛“中国农民丰收节”在市民健身广场举行。

同日　县委农村工作领导小组暨秸秆禁烧、巩固拓展脱贫攻坚成果与乡村振兴有效衔接推进会议召开。

25日　2021年全县职业技能大赛举行。

26日　省文化和旅游厅文物督察处处长陶守才一行到利辛指导工作。

30日　烈士纪念日。利辛县举行向烈士纪念碑敬献花篮仪式。县委、县政府、县人大、县政协班子领导参加活动。

10月

1日　利辛县公安局代表队在“2021年度全市公安机关警务实战技能比武竞赛”中荣获总团体第一名、民警组团体第一名、教官组团体第一名的成绩。

4日　全县农村改厕、巷道建设及民政工作现场调度会召开。

5日　《中国证券报》记者到利辛调研了解典型传统农业大县在扶贫攻坚、乡村振兴方面的一些好思路、好做法。永兴镇永兴村第一书记、驻村工作队队长马大虎接受采访。

9日　省经信厅厅长牛弩韬率队到利辛调研工业经济发展情况。

10日　县委书记吴斌赴上海招商，并邀请在沪及周边城市的利辛籍成功人士、知名企业家参加“迎老乡、回故乡、建家乡”利辛老乡恳谈会暨“双招双引”座谈会。

14日　十届县委第10次常委会会议召开。会议传达学习习近平总书记在纪念辛亥革命110周年大会上的讲话、在《生物多样性公约》第十五次缔约方大会领导人峰会上的主旨讲话、习近平总书记关于推动巡视工作向纵深发展重要论述及中央、省委关于巡视巡察重要会议精神，听取利辛县2021年秋冬季大气污染防治工作进度汇报，研究巡视巡察相关工作、县乡人大换届选举相关事项，讨论通过《关于在全县开展城市管理行政执法向乡镇延伸的工作方案（试行）（讨论稿）》。

19日　合肥工业大学帮扶利辛县加强职业教育协议签约仪式举行。

同日　国务院国资委中央企业党史学习教育第十指导组副组长张铁甲、中咨公司负责人苟护生一行到利辛开展结对帮扶工作。

21日　全县村（社区）“两委”换届工作推进暨城市管理行政执法向乡镇延伸工作动员会和开展第二次全国机构编制核查工作部署培训会召开。

22日　市委常委、副市长钟治峰一行到利辛调研济祁高速取土坑复垦和棚户区改造工作。

同日　县退役军人事务局在县人民路七彩世界广场举行“退伍不褪色、退役不退志”退役军人专场招聘会。

26日　利辛与安徽闪爆生物基材料科技集团有限公司签约仪式举行。

29日　利辛县城北镇刘染村被认定为第二批全国乡村治理示范村。

11月

1日　十届县委第11次常委会会议召开。会议听取利辛县法治乡村建设工作汇报，研究利辛县县乡人大换届相关事宜。

同日　按照国家和省统一部署，经县疫情防控指挥部研究决定，自即日起，启动全县3～11岁人群新型冠状病毒疫苗接种工作。

2日　省市“四送一服”第四工作组进驻利辛。

4日　省委政法委常务副书记、省扫黑除恶斗争领导小组副组长、省扫黑办主任汪莹纯到利辛调研常态化推进扫黑除恶斗争。

6日　县委理论学习中心组学习（扩大）会议暨全县推进五大发展、乡村振兴工作第三次调度会议召开。

9日　市委组织部副部长张守雨带队到利辛调研村（社区）“两委”换届工作。

10日　S416利辛段（S444利辛段）改建工程项目通过交工验收正式通车。

11日　县委宣传部（文明办）、县民政局、县新时代文明实践中心组织召开全县新时代文明实践志愿服务工作业务培训会，安排部署志愿者、志愿团体的注册以及志愿活动相关工作。

同日　省医保局局长金维加一行到利辛调研基层医保经办队伍建设情况。

14日　市委常委、副市长、茨淮新河市级河长郑超到阚疃镇巡察茨淮新河河道管护、森林生态廊道建设情况。

15日　省文化和旅游厅公示2019—2021年度全省民营艺术“百家院团”评选结果，利辛县玉芳戏曲演艺有限公司、利辛县韵扬拉魂腔剧团、利辛县刘娟演出艺术团3家艺术院团上榜。

16日　利辛县政府与中国农业银行亳州分行签订“十四五”金融服务乡村振兴战略合作协议。

17日　全县教育校园安全工作会议在利辛八中召开。

同日　利辛县十二届人大常委会第五十次会议召开。会议听取和审议县政府关于全县预算绩效管理工作开展情况的报告；表决通过县人大常委会关于利辛县县乡两级人民代表大会换届选举的决定（草案）、县人大常委会关于利辛县县乡人大换届选举工作方案（草案）、县人大常委会关于利辛县第十三届人民代表大会代表名额分配及选举问题的决定（草案）、县人大常委会关于确定全县各乡镇新一届人民代表大会代表构成情况的方案（草案）、县政府关于2021年县级预算第二次调整方案（草案）的议案。

同日　全县“双招双引”推动十大新兴产业科技要素对接会召开。

同日　亳州市数据资源局局长王宇一行到利辛调研。

18日　芜湖市副市长汤劲松带队到利辛开展县域结对帮扶工作调研。

同日　全县开展涉粮问题专项巡察进驻动员会召开。

21日　十届利辛县委第14次常委会会议召开。会议讨论了《利辛县田长制工作实施方案（讨论稿）》。

22日　利辛县援疆帮扶皮山县农产品接车仪式在县公安局交通管理大队举行。

23日　合肥工业大学党委书记余其俊带队到利辛调研职业教育工作。

25日　全县校园食品安全工作培训视频会议召开。会议要求学校食堂食品安全要实行预防为主、全程监控、属地管理、学校落实的原则。

同日　十届县委第15次常委会会议召开。会议讨论《利辛县法治社会建设实施方案（2021—2025年）（讨论稿）》，研究关于调整村“两委”干部基本报酬的建议。

28日　利辛县世昌教育培训有限公司等69家校外培训机构办学资质被注销。

29日　县委理论学习中心组学习会议召开。

30日　县政府发布通告，2021年后的每年12月1日至次年3月31日，全县行政区域范围内全面禁止燃放烟花爆竹（大盘香）。

12月

1日　县疾控中心联合县禁毒办在婚姻登记中心门前开展“世界艾滋病日”主题宣传活动和防毒宣传活动。

同日　县十二届人大常委会举行第五十一次会议，会议决定任命王林兵、张东洋、焦鹏为利辛县人民政府副县长。

同日　省委常委、政法委书记张韵声到利辛宣讲党的十九届六中全会精神和省第十一次党代会精神。

3日　市知识产权纠纷人民调解委员会利辛工作室、中国（安徽）知识产权维权援助中心亳州分中心利辛工作站揭牌成立。

6日　省级双拥模范县考评组副组长、省退役军人事务厅双拥处处长王海礼带队到利辛考评省级双拥模范县创建工作。

7日　省政协主席张昌尔到利辛调研经济社会发展和政协工作情况。张昌尔一行深入安徽君翰纺织科技有限公司、皖新文化广场等地，与干部群众、企业负责人沟通交流，详细了解乡村振兴、皖北振兴、共同富裕等情况。

同日　安徽省第十三批特级教师名单公布，利辛城关学区中心小学兰道祥，利辛县实验小学闫春阳、孙振，利辛县第一中学席茜，荣获特级教师称号。

8日　省林业局党组成员、副局长张令峰一行到利辛开展推动皖北地区“四化同步”促进林业高质量发展专题调研。

9日　县疾控中心在利辛县进出口冷链食品集中管理处开展全方位核酸采样检测工作，防范冷冻食品新冠病毒污染风险。

同日　学习贯彻党的十九届六中全会精神市委宣讲团报告会暨全县宣讲动员会在利辛召开。

13日　第十三届安徽青年志

愿者优秀个人、组织嘉许名单揭晓，亳州保安股份有限公司利辛守押中心员工李博文，县爱心协会党支部书记、副会长郑阿龙，县星火社会工作服务中心主任潘传成3名个人入选。

14日　利辛县十二届人大常委会第五十二次会议召开。会议表决通过利辛县人民代表大会常务委员会关于召开第十三届人民代表大会第一次会议的决定、利辛县第十三届人民代表大会第一次会议议程、利辛县第十三届人民代表大会第一次会议关于设立议案审查委员会和计划预算审查委员会的决定、利辛县第十三届人民代表大会第一次会议关于代表提出议案及其审议程序的决定，以及关于接受县、乡（镇）选举委员会部分成员辞职的议案。

15日　省交通运输厅安全监督处王劲松带队到利辛督查指导安全生产和应急保障工作。

17日　市交通运输局局长孙善豹一行到利辛调研交通重点项目建设工作。

同日　十届县委第21次常委会召开。会议传达学习《中共亳州市委关于开展“三严三实”“马上就办、真抓实干”作风建设专项行动的实施意见》等。

18日　中国共产党利辛县第十届委员会第三次全体会议隆重召开。县委书记吴斌出席会议并讲话。

23日　县政协十届三十五次常委会召开。

24日　十届县委第23次常委会会议召开。传达学习《中共中央国务院关于深入打好污染防治攻坚战的意见》，讨论县十三届人大一次会议、县政协十一届一次会议相关材料并听取会议筹备情况汇报，讨论《2021年度综合考核工作方案（讨论稿）》《关于开展法治宣传教育的第八个五年规划（2021—2025年）（讨论稿）》《促进中医药传承创新发展若干措施（讨论稿）》，听取2021年度利辛县党风廉政建设和反腐败工作、公安工作、禁毒人民战争工作、食品安全工作汇报。

27日　县政府全体会议召开，就《政府工作报告（送审稿）》征求意见建议。

29日　十届县委第25次常委会会议召开。会议传达学习习近平总书记对党史学习教育作出的重要指示和中央农村工作会议、中共中央政治局党史学习教育专题民主生活会会议精神，传达学习郑栅洁同志在省委经济工作会议上的讲话、市委经济工作会议暨全市推进五大发展2021年第四次督查调度会议精神，传达《安徽省委对亳州市及涡阳县平安建设满意度调查弄虚作假问题严肃问责的通报》。

30日　中国人民政治协商会议第十一届利辛县委员会第一次会议开幕。县政协党组书记邵利峰代表中国人民政治协商会议第十届利辛县委员会常务委员会，向大会报告工作。

31日　利辛县第十三届人民代表大会第一次全体会议在新能源学校学术报告厅隆重开幕。大会听取审议县长怀颖代表县政府所作的《利辛县人民政府工作报告》。并表决通过有关议程。

利辛概览

■ 建置区划

【建置设立】 利辛虽然建县较晚，但早在夏商时期境内已有人类劳动生息。1964年9月12日，安徽省人民委员会向国务院报告："以阜阳、蒙城之间的公路交叉点之利辛集为中心，分别从阜阳、涡阳、蒙城、凤台四县划出部分地方设置利辛县。这个县位于西淝河两岸，是阜阳、涡阳、蒙城、凤台四县的接合部，距四县的县城都在100华里左右，地处偏僻，情况复杂，解放初期曾一度以阚疃集为中心设立过县委，后又撤销。为了加强这一地区的领导，增设一个县是必要的；同时，阜阳、涡阳两县人口较多，阜阳为115万人，涡阳为98万多人，领导确有困难，需要适当加以缩小，以利工作开展。新设利辛县共辖54个公社，715765人，面积2053.6平方公里，耕地1838338亩，该新县位于涡阳县南部之利辛集。领导关系属阜阳专员公署。"同年10月31日国务院全体会议第148次会议通过，决定设立利辛县。析阜阳县王人、王市、马店、胡集4区，析涡阳县阎集、江集、张村3区，析凤台县阚疃、展沟2区，析蒙城县望疃区，共10个区组成利辛县辖区。1965年5月1日，由阜阳专员公署筹备，组建利辛县人民委员会，利辛县正式成立。

【沿革】 利辛县因县城置于利辛集附近而得名。利辛集古为驿站。据清乾隆十七年（1752）《颍州府志》载，自颍州至蒙城，途中有插花铺、桃园铺（今谭铺）、利现铺、董家铺（今董集）、中疃铺、望疃铺。清时驿站分驿、站、铺三部分。铺由州、县管辖，不受行政区划的限制，根据交通状况而定。利现铺在清道光年间递铺裁撤时被取消，后来多有乡民移居到此，卖茶售饭，成为过路店。1951年土地改革时，已有十几户人家。阜（阳）蚌（埠）公路通车，设一招呼站，声名不断远播，逐渐变成小集市。"利现"二字，口口相传，数经书写，音转字衍，

城区俯瞰图　　（县自然资源和规划局/供）

误为“利辛”，遂成定例。利辛县城介于黄寨和小黄庄之间，旧时地势低洼，人称“黄湖”；古老的西淝河是利辛的母亲河。因此，利辛又别称“黄湖”“西淝河故道”。1965年建县时，隶属阜阳地区；1996年1月，撤地划市，改属阜阳市管辖。2000年9月19日，划归新成立的地级亳州市。

【行政区划】 2021年，利辛县行政区设置有23个乡镇，分别是城关镇、城北镇、阚疃镇、张村镇、中疃镇、望疃镇、程家集镇、胡集镇、新张集乡、展沟镇、大李集镇、马店孜镇、永兴镇、王人镇、王市镇、巩店镇、汝集镇、孙庙乡、孙集镇、纪王场乡、江集镇、旧城镇、西潘楼镇。

■ 自然环境

【地理位置与面积】 利辛县位于安徽省西北部、黄淮平原南部，东部与蒙城县接壤，东南部与淮南市的凤台县为邻、南部与阜阳市的颍上县交界，西南与阜阳市颍东区相连，西部牵手阜阳市太和县，北部与涡阳连接。县域位于北纬32° 51′ —33° 27′ 、东经115° 54′ —116° 31′ ，坐落在美丽的西淝河中游两岸，土地平畴秀壤，阡陌流金，是理想的宜作宜居生态之地。利辛区位优越，交通便利。宁洛高速、济广高速、济祁高速、国道329和多条省道纵横交织，京九铁路、青阜铁路贯穿南北，淮宿阜城际铁路利辛段开工建设。县城距阜阳机场45千米，亳州机场临境而建，3小时经济圈内覆盖南京、合肥、郑州、武汉、徐州等城市。西淝河、阜蒙河、茨淮新河航运通江达海。全县总面积2005平方千米，南北跨度41.6千米，东西距离68.5千米。

【地质】 利辛县境内为新生代第四纪以来巨厚的松散沉积物发育土壤，厚度1000米左右，其下隐伏有寒武纪、奥陶纪、石炭系和二叠纪地层。全新统下段，顶板埋深一般20米左右，最浅13.48米，最深24米；底板埋深在36～40米以下，总厚度18～26米。顶部为灰黑色、紫灰色黏土、亚黏土，含腐植物较多，为古风化壳。岩性致密细腻，稍有滑感，无微细层理构造，含有较多淡水动物外壳。

【地貌】 利辛县全境位于淮河平原区、淮北中南部砂姜黑土平原亚区，属剥蚀堆积地形和堆积地形。亿万年来，黄河改道、淮河泛滥，造就了广袤平原。从大尺度来说地势平坦，以万分之一坡降由西北向东南微倾，县西北部最高处海拔为32米，县东南部最低处海拔为22米，平均海拔为28米。从小尺度来说有一定起伏，河间地区有一定数量大小不等的半封闭状蝶形洼地发育。剥蚀堆积平原广泛分布于河间地区，泛滥带主要是由西淝河洪水泛滥淤积物构成，分布于沿河两岸狭窄地区，宽度1～2千米。

【河流】 境内无大型湖泊、水库，地表水主要控制在各主要河道中。水容量4.24亿立方米。水量补充主要靠降水和上游来水。有4条水系：茨淮新河流域、西淝河下段流域、涡河流域、芡河下段流域。

【气候】 利辛县气候属暖温带半湿润季风气候。主要特点是：季风明显、日照充足，气候温和，雨量适中，四季分明，无霜期较长。春、夏、秋季主导风向以偏南风为主，冬季以偏北风为主。年均气温14.8℃，利辛县年平均降水量859.5毫米，一年中降水量较为集中的时段为6月下旬至8月上旬，是全县的雨季。降水量最多的月份是7月，平均229.3毫米；降水量最少的月份是12月，平均19.3毫米。无霜期215天，年均日照时数2223.4小时。年均太阳辐射总量124.7千卡/平方厘米。

■ 历史文化

【地面文物】 全县地面文物有：古遗址26处，古墓葬9处，古建筑6处，古碑刻10余处，革命旧址6处，烈士陵墓6处。著名古遗址有禅阳寺遗址，新石器时代晚期至东周时期遗址，位于马店孜镇沈营村委会谷堆自然村，县级文物保护单位；伍奢冢遗址，新石器时代至汉代遗址，位于孙庙乡庙李自然村，省级文物保护单位；红门寺遗址，新石器时代至汉代遗址，分布面积15万平方米，位于张村镇后杨自然村，县级文物保护单位；阴阳城遗址，东周至汉代遗址，位于汝集镇东李村委会，县级文物保护单位；纪王场古城址，汉代遗址，位于纪王场乡政府所在地。著名的古建筑有纪家塔，墓葬塔，清代建筑，砖木结构，位于孙集镇纪大庄自然村西侧150米处，县级文物保护单位。革命遗址有牛拐弯党组织驻地、傅郢六地委驻地、阜北县革命旧址、阚疃县革命旧址、忠烈祠。

【馆藏文物】 县馆藏文物共计314件（套），其中一级品5件，二级品6件，三级品70余件。1992年1月30日，2件馆藏国家一级文物西周晚期青铜簠被省选送北京参加全国文物精品展，并载入《中国文物精华》一书。青铜簠，一级品，西周晚期文物，1984年11月张村镇管台子出土。青铜“一刀平五千”，一级品，新莽时期文物，1981年11月王人镇李寨庄出土。

【非物质文化遗产】 利辛县域内清音戏、拉魂腔、淮北大鼓及展沟九曲黄河灯阵被列为安徽省非物质文化遗产。

■ 县情特色

【优质农产品生产基地】 2021年，利辛县深度融入长三角一体化进程，利用长三角区域的技术、资本、人才和信息等资源便利化流动优势以及巨大的市场容量，大力促进利辛特色产业链进一步升级。服务长三角大市场，打造一批面向长三角的“菜篮子”“果园子”“米袋子”农产品基地和产业合作基地。以特色优势产业为重点，抓好现代优势特色农业品种、品质、品牌提升行动，进一步提升利辛农产品精深加工和综合利用水平，大力建设绿色优质农副产品生产加工基地、农产品产地集配中心和果蔬流通集散地，打造面向长三角的特色农产品交易中心。科学布局粮食生产基地，大力发展优质专用小麦，巩固“小麦千斤县”“吨粮县”创建成果。2021年，利辛县粮食总产138.58万吨；年生猪出栏80.4065万头，牛出栏2.39万头，羊出栏76.28万只，家禽出栏1295.8万只，禽蛋产量2.205万吨。全面推广畜禽良种化、养殖设施化、生产规模化、防疫制度化、粪污资源化和监管常态化。加快发展展沟、阚

2021年，利辛县坚持农业农村优先发展，做好巩固拓展脱贫攻坚成果同乡村振兴有效衔接，促进农业高质高效、乡村宜居宜业、农民富裕富足，努力走出一条利辛特色的乡村振兴之路 （县委宣传部/供）

疃等5个乡镇稻渔生态农业，王人、巩店等5个乡镇的中药材产业，城北、中疃等乡镇果蔬产业；加快建设城北国家级农业产业强镇和省级绿色果蔬特色小镇，望疃、程家集等乡镇的优质专用粮食生产基地，永兴、马店孜等乡镇的现代化特色畜禽水产养殖基地，争创一批国家级和省级农业产业园、科技园区。2021年8月，利辛县通过安徽省农业农村厅“第二批安徽省农产品质量安全县”复查认定。2021年12月，利辛县被农业农村部绿色食品发展中心认定为“第六批全国有机农产品基地”称号。

【全国水生态文明城市】 2018年11月，利辛县通过全国第二批水生态文明城市建设试点验收。利辛县通过创建活动，初步实现“水安、水清、水活、水美、水润”的总体目标，全县取得明显的生态效益、社会效益和经济效益。2021年，利辛县水资源利用效率不断提升，高效节水灌溉率提高到25.70%，城市公共供水管网漏损率降低为10%。通过控源截污减排工程的实施，城区污水集中处理率达100%，农村污水集中处理率达88%；通过水系连通工程、河道综合整治工程和生态保护修复工程的实施，重点河流水环境质量明显改善，水功能区水质达标率达到80%。通过农村饮水安全工程的建设，水安全保障能力不断提升，农村饮水安全人口比例为100%，城乡供水保证率达100%。实施茨淮新河、西淝河、芡河、阜蒙新河四条骨干河道治理工作，河流防洪达标率达到100%。实施水网、绿网、路网三网并进，全面沟通“八横六纵”水系，构建“两沟三湖四溪五河十六园”的城市绿化景观格局，打造滨水二环33千米绿道骑行系统，建设1条西淝河美好乡村示范带、6条美好乡村精品线、2个美好乡村生态旅游示范区。

2021年，利辛县深入学习贯彻习近平生态文明思想，坚持尊重自然、顺应自然、保护自然，把生态文明融入经济社会发展全过程，让绿色成为美丽利辛的“底色”　　（县委宣传部/供）

【国家园林县城】 2021年，利辛县以深化新一轮林长制改革为抓手，绿化道路沟渠2826条、自然村庄270个，建设森林生态廊道28.1千米，创建省级森林城镇1个、森林村庄8个，植树造林1.62万亩。2021年，利辛县携2016年获得国家园林县城之势，继续依据《利辛县城总体规划（2009—2030年）》，城区发展方向为西进北扩、南控东待，重点发展滨河新区、经开区，全面提升老城区人居环境，大力推进老城区范围内的棚户区、老旧小区、城中村的改造。县财政资金加大投入，加强园林绿化建设和养护，建立园林绿化投融资机制，采取政府购买服务等方式，不断拓宽资金筹集渠道，引导社会资本参与园林绿化建设。突出抓好公园绿地建设，先后建设晴岚溪绿道公园、五一广场、淝河之韵游园、健身广场、西淝河森林廊道等26处公园、广场、游园、带状景观绿地，基本形成“100米见绿、500米见园”

的公园绿地圈。加大城区沟河综合治理力度，对城区沟河进行绿化提升和景观改造。抓好道路绿地建设，依据道路性质，以城区新建道路为重点，高标准推进道路绿化建设。抓好城市生产绿地建设，先后建成状元河、大管村、淝畔绿洲等苗圃。县城建设特色突出、人居生态环境良好，形成人与万物和谐共处的理想城市。

【全国绿化模范县】 2016年2月，全国绿化委员会授予利辛县“全国绿化模范单位”。2021年，利辛县以实施“千万亩森林增长工程”“林业增绿增效行动”为重点，以招商引进企业和大户造林为抓手，以林长制改革和财政资金支持为动力，稳步推进造林绿化事业发展。累计完成造林面积15.58万亩，森林质量提升19.96万亩，建设森林长廊示范段212千米，创建省级森林城镇7个、森林村庄58个。全县域内树种结构持续得到有序调整，结合群众意愿，大力推进美国薄壳山核桃、榉树、朴树、楸树、女贞、红叶石楠、白蜡、泡桐、法梧、栾树等10多个经济景观树种培育和造林绿化，城镇、村庄、单位及沟渠道路等绿化水平全面提升，生态环境越来越好。2021年，利辛城区路网覆盖面积40平方千米，绿化面积960万平方米，绿地率36.94%，绿化覆盖率38.48%，人均公园绿地面积14.83平方米。

【全国“四好农村路”示范县】

2019年11月，交通运输部、农业农村部、国务院扶贫办联合下发文件，命名利辛县为“四好农村路”全国示范县。至2021年底，利辛县紧紧围绕交通扶贫总目标，整合民生工程、特色扶贫、旅游开发、整村推进等项目，破解农村道路“邻而不接”“通而不畅”的瓶颈，全面实现县城通二级及以上公路，乡镇通三级及以上公路、相邻乡镇通路面宽度5米以上公路，361个村“村村通”路面宽度4.5米及以上公路和境内规划保留自然村“庄庄通”硬化路的目标，大部分自然村实现“户户通”硬化路。利辛县在“四好农村路”建设上，紧紧围绕强化基础、完善配套、健全功能、创优环境，不断积聚乡村发展新动能。2021年，利辛县城乡公路网全部联通，公交线路达36条，全县实现城乡“半小时”交通生活圈。

【利辛西淝河国家湿地公园】

2021年3月，《国家林业和草原局关于2020年国家湿地公园试点验收结果的通知》下发，利辛西淝河国家湿地公园顺利通过验收，正式成为国家湿地公园。利辛西淝河国家湿地公园位于利辛县城西部，以西淝河中游河段为主体，西北起朱集闸、东南至吕台大桥，河流长27千米，涉及汝集、孙集、西潘楼、王市、马店孜、城关、胡集和程家集8个乡镇，规划总面积958.71公顷，其

2021年，利辛县深入践行“绿水青山就是金山银山”理念，实施大气、水、土壤污染防治升级版，加快打造绿色循环先行区，森林覆盖率、城区绿地率分别达20%和37%

（县委宣传部/供）

利辛西淝河国家湿地公园全景图 （县自然资源和规划局/供）

中湿地面积585.95公顷。多年来，利辛秉持可持续发展理念，围绕打造“环境优美、自然和谐、宜居宜业、宜游宜乐”的西淝河湿地生态，累计投资近1.3亿元，建设保育区632.27公顷、恢复重建区209.44公顷、宣教展示区63.70公顷、合理利用区50.75公顷、管理服务区2.55公顷。2021年，西淝河森林生态廊道综合生态服务功能完善，流域水质清澈，游客服务中心、民俗展览馆、湿地学校、湿地书屋、科研监测站、拓展训练教室等研学游基地设施齐全，科普植物园、湿地展览馆景观丰富，榉树湿地生态林、黄桃产业园遥遥相应。园区水岸蜿蜒，曲径通幽，色彩斑斓、景色宜人，成为黄淮平原地区河流湿地保护与生态友好型利用的示范项目、安徽省湿地科普宣教的精品工程、水源及水质安全生态屏障，是融湿地保护、湿地修复、科普教育、科研监测、湿地体验、湿地文化展示等多功能于一体的利辛生态建设标志性工程。

2021年经济社会发展

【概况】 2021年，利辛县坚持以习近平新时代中国特色社会主义思想为指导，深入学习贯彻习近平总书记考察安徽重要讲话指示精神，全面贯彻党的十九大和十九届历次全会精神以及省第十一次党代会、市第五次党代会精神，围绕强化“两个坚持”，实现“两个更大”，统筹抓好稳增长、促改革、扩开放、调结构、优生态、惠民生、防风险、保稳定、固成果各项工作，全县经济社会发展和党的建设各项事业取得新成效。2021年，利辛县实现地区生产总值366.8亿元，较上年增长9.2%；一般公共预算收入18.0亿元，增长13.2%；社会消费品零售总额249亿元，增长19.9%；金融机构年末各项存款余额545.0亿元、贷款余额427.5亿元，分别增长16.7%、21.8%；规模工业增加值增长16.6%，固定资产投资增长30.9%。城镇常住居民可支配收入36438元，增长9.1%，农村常住居民可支配收入15549元，增长9.5%。

【现代农业】 2021年，利辛县发展优质专用粮食生产基地115万亩，建设高标准农田12万亩，全年粮食总产突破12亿千克，实现“十八连丰”，单产、总产均居全省前列。开展“一镇一业”“一村一品”示范镇村创建，莲藕龙虾共作、肉牛和山羊养殖、皖鸽良种选育、食用菌种植等农业特色产业初具规模。创建省级示范合作社25家、示范家庭农场196家，新增经济强村43个。累计培育市级以上龙头企业92家，规模以上农产品加工企业31家，“三品一标”有效认证79家、161个产品。被农业农村部绿色食品发展中心认定为“第六批全国有机农产品基地”。

【工业经济】 2021年，利辛县园区共有规模以上工业企业78家。规上工业总产值86.23亿元，同比增长10.63%；规上工业增加值18.45亿元，同比增长10.48%。固定资产投资36.08亿元，同比增长30.8%，其中工业投资13.16亿元，同比增长55.7%。2021年，利辛县以强化产业链、提升价值链为导向，推动轻纺服饰产业“品牌化、集群化、生态化”发展。充分利用国际国内两个市场，加快产业延伸、拓展，做宽轻纺领域，做精轻纺产品，做高轻纺层次，做长轻纺链条，建设成为现代新型轻纺服饰产业集群和产品研发基地，全县轻纺服饰产业总产值向百亿元规模迈进。全力推进丝网纱门产业集聚提升，支持富亚纱网、骄阳软门等龙头企业加大研发投入，建设国家级技术中心和工程中心，拓展丝网新的应用领域，做大做强磁性智能纱门。鼓励骨干企业获取外贸出口自营权，利用电商物流进一步拓展国内外市场，打造“中国丝网纱门之都”，形成国内外知名的丝网纱门产业集群。延伸发展纺织服装产业，以伯希和、君翰纺织、佳辉服饰、京威服饰等骨干企业为重点，大力推动纺织服装服饰产业利用新材料、新技术和新工艺，不断开发新产品，重点发展差别化、功能性新型纺织材料（纤维）及高性能产业用纺织品。设立服装研发中心，发展中高档运动、休闲服装。实施品牌化营销战略，形成研发、生产、销售一条龙经营格局。

中煤新集板集煤矿位于利辛县胡集镇境内，共有煤炭资源54094.3万吨。煤矿设计可采储量20642.2万吨，设计生产能力300万吨/年，服务年限51年。2021年3月，矿井开始联合试生产 （县委宣传部/供）

【煤电产业】 2021年，中煤新集板集煤矿位于利辛县胡集镇境内，共有煤炭资源54094.3万吨。煤矿设计可采储量20642.2万吨，设计生产能力300万吨/年，服务年限51年。2021年3月，矿井开始联合试生产。中煤新集利辛发电厂是煤电一体化项目，将新采集煤炭就近打捆配送火力电厂，是利用板集煤矿自产煤炭燃烧发电的坑口电厂，缺口由基地外配送。中煤新集利辛发电有限公司装机规模为3320兆瓦，分二期建设。一期工程2×1000兆瓦超超临界燃煤发电机组于2016年10月建成投产，周发电量约2亿千瓦时；二期工程2×660兆瓦超超临界燃煤机组于2021年1月获得核准，二期工程是安徽省“十四五”规划建设重点项目。

【服务业】 2021年，利辛县服务业发展实现“量质齐升”，服务业在经济社会发展中的作用日益突出，成为推动转型发展的重要引擎。2021年，服务业增加值达到199.3亿元，增长7.9%。2021年，规上服务业营业收入79662万元，同比增长3.9%。服务业法人单位数26家（含3家挂库单位）。内贸流通：社会消费品零售总额249亿元，增长20%以上。其中，限额以上消费品零售额32亿元，同比增长12%。全县在库限上商贸企业共149家，法人企业53家，个体工商户96家。外贸进出口：全县实现进出口总额6300万美元，增长5.4%。新增备案实绩出口企业7家。全县电商交易额31.4亿元，同比增长7%。全年完成利用外商直接投资5009万美元，增长202.3%。

【民生事业】 2021年，利辛县城区面积拓展至31.3平方千米，常住人口城镇化率达到37.46%。利辛高铁站、亳州港利辛港区、利辛火车站、西潘楼货运场站等一批重大项目加快推进。32项民生工程年度任务圆满完成，教育、卫生、文化、体育等各项事业协调发展。利辛县民政局获得“全国农村留守儿童关爱保护和困境儿童保障工作先进集体”称号。利辛县妇联被评为安徽省妇联系统先进县区。县委组织部、县医保局、县卫健委等多个单位获得全市民生工作综合排名第一等次等。2021年，全县计划投入46.23亿元实施32项民生工程。截至12月底，累计拨付资金45.75亿元，占计划投入资金的98.96%（美丽乡村建设项目和基本农田加建设为跨年度实施项目，剩余的部分为质保金），32项民生工程全部按时完成年度目标任务。

【社会治理】 2021年，利辛县全面贯彻总体国家安全观，深入落实防范化解重大风险“1+9+14”方案体系，有效防范化解房地产、互联网金融、粮食安全等领域风险。加强平安利辛建设，深化视频数据平台应用，常态化、机制化开展扫黑除恶斗争，维护社会大局和谐稳定。持续深化“邻长制”改革，实施社区治理和服务能力提升工程，加快智慧社区建设，打造“网络+网格”基层社会治理升级版。坚持和发展新时代“枫桥经验”，完善“警民联调”机制，继续推行开门接访、带案下访、重点约访和包案回访制度，加强综治中心标准化规范化建设，完善社会矛盾纠纷多元预防调处化解综合机制。扎实推进“八五”普法规划实施，开展法治政府建设示范创建活动。强化退役军人服务保障，落实优抚安置政策。深入开展安全生产专项整治三年行动，持续提升防灾、减灾、抗灾能力。加快构建“一镇一委一站”基层火灾防控体系，建设乡镇消防工作站8个。强化食品药品安全监管，积极争创省食品安全示范县。全力抓好国防动员、双拥共建、民族宗教、全民科学素质、外事、侨务、对台、气象、地震、公积金管理和机关事务管理等工作，充分发挥工会、共青团、妇联、文联、残联、科协、工商联等人民团体作用，推动社会全面进步。

中国共产党利辛县委员会

■ 综述

2021年6月28日，中共利辛县第十次代表大会第三次会议召开

（利辛发布/供）

【始终践行“两个维护”】 2021年，中共利辛县委员会在省委、市委的坚强领导下，坚持以习近平新时代中国特色社会主义思想为指导，深入学习贯彻习近平总书记考察安徽重要讲话指示精神，全面贯彻党的十九大和十九届历次全会精神以及省第十一次党代会、市第五次党代会精神，围绕强化“两个坚持”，实现“两个更大”，统筹抓好稳增长、促改革、扩开放、调结构、优生态、惠民生、防风险、保稳定、固成果各项工作，全县经济社会发展和党的建设各项事业取得新成效。

深学笃信习近平新时代中国特色社会主义思想。及时跟进学习习近平总书记最新讲话、指示批示精神，切实把思想和行动统一到党中央的部署要求上来，确保习近平总书记重要指示批示精神在利辛落地见效。县委理论学习中心组开展集中学习20次，研讨17次，开展专题调研1次。推动学习贯彻习近平新时代中国特色社会主义思想不断往深里走、往实里走、往心里走。

深入学习宣传贯彻党的十九届六中全会和省、市党代会精神。县委在会议召开期间就着手谋划学习宣传贯彻工作并作出了初步安排。会议胜利闭幕后，县委及时传达学习党的十九届六中全会和省、市党代会精神，围绕会议精神进行研讨发言。在省委、市委宣讲团宣讲结束后，县级领导积极深入企业、农村、机关、校园、社区、“两新组织”，开展座谈式、互动式、问答式交流宣讲，为开展宣讲做好表率。制定《中共利辛县委关于加强新一届县委班子政治建设的意见》，明确六大方面18个具体要求。

扎实开展党史学习教育。第一时间传达学习习近平总书记在党史学习教育动员大会上、在庆祝中国共产党成立100周年大会上的重要讲话精神，围绕四个时期党的历史专题研讨8次。围绕习近平总书记七一重要讲话精神，县级领导上专题党课56次，全县各级党组织共上党课2110余次。开展各类宣讲1500余场次，覆盖受众10万余人次。组织到爱国主义教育基地、党史馆开展现场学习活动460场，引导广大党员干部从党的光辉历史中汲取砥砺奋进的精神力量。把“我为群众办实事”作为党史学习教育的根本点和落脚点，聚焦群众“急难愁盼”问题，全县科级以上干部开展走访调研10153人次，走访企业2462次、群众13559户，发现解决问题2846个，全县为群众办实事2.3万余件。

【综合实力明显增强】 2021年，中共利辛县委员会统筹发展和安全两件大事，经济运行总体保持稳定增长的发展态势。据统计，在反馈的23项经济指标中，利辛县有16项居亳州市三县一区前两位，其中居首位的有13项，荣获全市稳增长进步奖。2021年，全县实现地区生产总值366.8亿元，同比增长9.2%；一般公共预算收入18亿元，增长13.2%；固定资产投资增长30.9%；规模工业增加值增长16.6%；高新技术产业增加值增长12.1%；金融机构存款余额545亿元、贷款余额427.5亿元，分别增长16.7%、21.8%。

抓实抓细常态化疫情防控。坚持24小时值班和领导带班制度，全部落实集中隔离措施或居家健康监测。坚决守住“院内零感染，院感零容忍”的底线，成立6个专项督导组，对医疗机构发热门诊、预检分诊、首诊负责制、发热病人闭环管理等常态化疫情防控措施落实情况进行全面督查。加大进口冷链食品核酸检测力度。建成核酸检测实验室7家，日检测能力达10000人次，采用1∶10混检，每天可检测10万人。抽调858名医务人员组成采样队伍，开展集中业务培训3次，应急演练3次，每个采样点每小时可采120～150人。

认真落实保密工作责任制。县委理论学习中心组和县委常委会组织保密专题学习3次，切实增强保密工作的政治自觉。严格涉密网络和非涉密网络分级分类管理，完成涉密办公单机国产化替代20台，替代比率达60%；终端替代率为100%。将保密知识纳入全县办公室主任业务培训会培训内容，建强保密队伍。

强化审计问题整改。出台《利辛县领导干部履行经济责任风险防范清单》，全县84个单位，自查发现问题316个，共涉及13个风险领域。严格落实《关于建立健全审计查出问题整改长效机制的意见》规定，推动形成审计整改闭环工作机制。2021年，纳入审计跟踪整改问题490个，完成审计整改489个，整改率99.79%，达到“审计一点、整改一片、规范一片”的积极效果。

发展质效稳步提升。紧盯长三角等重点区域，开展“产业招商攻坚月”“招商引资百日攻坚战”“招商引资推进年”系列活动，2021年新签约工业项目47个，新落地亿元以上工业项目42个，实际到位省外资金158.07亿元。96个省重点考核项目、162个市重点考核项目分别完成投资104.6亿元、159.36亿元。谋划和储备项目311个，总投资696.9亿元。获批中央预算内投资项目11个、专项债券项目7个。板集电厂二期工程、农林生物质电厂等重点项目有序推进。新进规上工业企业19家、高新技术企业23家，翰联色纺获批工信部专精特新重点“小巨人”企业，天赢电气获批工信部专精特新“小巨人”企业，填补亳州空白。大宗固体废弃物综合利用基地项目获批省级绿色发展示范点。轻纺服饰、食品加工、能源与新型建材、机械装备制造等特色产业集群初步形成，新培育企业14家，成功创建为省级县域特色产业集群（基地），“中原纺织城”初具规模。板集煤矿实现联合试运转，板集电厂二期项目获得核准。

【社会治理成效初步显现】 社会大局和谐稳定。2021年，利辛县委推深做实防范化解重大风险“1+9+14”方案体系，牢牢守住不发生系统性风险的底线。全县23个乡镇、361个村（社区）完成综治中心规范化建设，建成公共视频监控1.65万路。扎实开展政法队伍教育整顿，排查整治顽瘴痼疾具体问题6854个，推动建立长效制度机制69项。政法队伍教育整顿得到中央督导组、省驻亳指导组充分肯定，综合成效位居全市第一。常态化推进扫黑除恶斗争，落实“1＋2＋22”安全生产专项整治三年行动，社会大局保持和谐稳定。

生态环境不断改善。紧盯中央、省生态环保督察反馈问题、群众反映强烈信访问题整改，持续开展“大起底、回头看”行动。2021年，全县PM2.5平均浓度39.9微克/立方米，同比下降9.31%；优良天数占比75.65%，同比上升3.63%。植树造林1.62万亩，建设森林生态廊道15.1千米，创建省级森林城镇1个、森林村庄8个、林长制改革示范点2处。垃圾发电厂并网运行，日处理垃圾500吨。加强对茨淮新河、西淝河等7条主要河道治理，西淝河水质稳定在III类。秸秆综合利用率达93.77%。农村到户污水处理“户小三格→污水管网→大三格→湿地塘”模式得到省生态环境厅认可。

信访工作有力有效。坚持以人民为中心，将信访工作纳入党建工作的整体布局，以信访工作实效检验党建工作成效。认真开展涉法涉诉信访事项“大起底、大化解、大督办”工作，对涉法涉诉信访重点问题，开展化解攻坚工作，按照属事属地原则，落实包保责任，按照“三到位一处理要求”，全力化解涉法涉诉信访积案。国家信访局交办的270件信访积案，经省信访局审核通过251件，审核通过化解率为92.96%。

法治建设得到加强。制定利辛县“八五”普法规划，推进民主法治示范村创建与复核工作，开展农村“法律明白人、法治带头人”培养工程和法治乡村创建活动，全县共有全国民主法治示范村2个、全省民主法治示范村15个、全市民主法治示范村62个，法律明白人、法治带头人2200余人。设立公共法律服务工作站23个，村（社区）公共法律服务工作室361个。全县361个村（社区）已实现法律顾问全覆盖。推进行政决策科学化民主化法治化，2021年共审查各类重大事项264件，共出具合法性审查意见264件。

【乡村振兴有力推进】 坚决守住返贫底线。2021年，利辛县委坚持五级书记抓乡村振兴，严格落实“四个不摘”，坚决守住不发生规模性返贫的底线。强化动态监测和帮扶，新识别监测对象63户、208人。脱贫人口就业65353人，较2020年增加3232人，脱贫户人均可支配收入11358元，同比增幅13%，高出全县农民人均可支配收入增幅1个百分点。加强资金资产管理，整合各级衔接推进乡村振兴补助资金63736万元，批复611个项目全部完工，资金支出94.02%。2013—2021年，利辛县41.55亿元扶贫资产全部确权登记，90个出列村集体经济收入6699.96万元，同比增幅17.16%。

大力发展现代农业。发展优质专用粮食生产基地115万亩，建设高标准农田12万亩，全年粮食总产突破12亿千克，实现“十八连丰”，单产、总产均居全省前列。开展“一镇一业”“一村一品”示范镇村创建，莲藕龙虾共作、肉牛和山羊养殖、皖鸽良种选育、食用菌种植等农业特色产业初具规模。创建省级示范合作社25家、示范家庭农场196家，新增经济强村43个。累计培育市级以上龙头企业92家，规模以上农产品加工企业31家，“三品一标”有效认证79家、161个产品。被农业农村部绿色食品发展中心认定为“第六批全国有机农产品基地”。

着力优化人居环境。科学布局乡村生产生活生态空间布局，分类推进村庄建设，加强宅基地审批管理工作。全年共受理农户申请宅基地建房5916宗，审批5611宗。完成23000户改厕工作，有序推进10个省级美丽乡村中心村建设。出台农村巷道建设奖补办法，采取群众自愿、政府适度补贴的方式，建成巷道3283条、226.34千米。

【党的建设持续深化】 充分发挥巡察利剑作用。2021年，利辛县委全面开展“大起底、改到位、建机制”专项行动。围绕中央巡视、省委巡视、市委巡察反馈和主动认领的问题、移交线索、移交信访件，开展全面起底，整改问题379个，整改率99.48%。做实整改“后半篇文章”，全部办结问题线索109件、信访件1185件，建立制度25项。省委第五巡视组对利辛县“大起底、改到位、建机制”专项行动高度评价。对旧城、望疃、胡集和张村镇党委巩固脱贫攻坚成果暨乡村振兴工作开展专项巡察，共发现问题103个，问题线索17个，推动镇、村党组织立行立改问题35个，并根据典型共性问题开展8个专项整治。对县商务局等13家县直单位开展营商环境专项巡察，共发现问题105个，问题线索7个，并根据突出问题开展3个专项整治。对县农业农村局专项监督检查中，共发现各层面问题52个，移交问题线索1件，完成整改39个。

扛牢意识形态工作责任。调整充实县委宣传思想工作和意识形态工作领导小组成员，县委常委会研究部署有关意识形态工作8次，其中专题研究2次。坚持两月一次意识形态领域风险研判会商机制，制定涉教育、宗教、扶贫等领域风险提示单6期。2021年，中共利辛县委员会把意识形态工作纳入政治监督检查范围，对50个单位党委（党组）进行监督检查，发现问题20个，完成整改问题9个，督促整改问题11个；开展政治监督谈话152人次；把意识形态工作纳入巡察内容，开展常规巡察2轮，发现并整改问题17个。针对中央巡视专项检查安徽省委落实意识形态工作责任制情况反馈意见，举一反三，发现问题20个，制定整改措施51个，全部完成整改，并出台规范性制度文件6项。

树立鲜明选人用人导向。牢固树立讲政治、重担当、凭实绩、在基层和实践一线选用干部的鲜明导向，先后选派5名干部到信访维稳、征地拆迁等基层一线挂职锻炼，20名县直机关干部到乡镇任职历练，提拔重用扶贫、信访、疫情防控和其他基层一线吃劲岗位干部159名，占比76.08%。突出抓好集中换届工作，在乡镇党委换届中，大力实施“5312”青苗工程，提拔重用“85后”年轻干部85名，乡镇党委班子平均年龄下降了2.8岁，本科以上学历占比提高4.1%，班子结构得到进一步优化。建立“1＋9＋5”换届制度体系，绘制《村（社区）“两委”换届工作流程图》，全面完成361个村（社区）党组织换届工作，新一届村“两委”班子平均年龄下降到39.1岁，大专以上学历占比达到68.7%。共运用“四种形态”批评教育帮助和处理干部1772人次。其中，第一种形态1438人次，占比81.2%。常态化开展暖心回访、澄清正名工作，共开展暖心回访244人次，澄清正名5例8人次。

坚定不移加强作风建设。牢牢抓住元旦、春节、清明节、“五一”、端午节等重要时间节点，开展作风建设集中督查，发现并督促整改问题67个，累计收缴追回资金27万余元。共查处违反中央八项规定精神问题61件83人，给予党纪政务处分49人，通报曝光典型案例5期14件16人。共查处发生在群众身边腐败和作风问题75件91人，给予党纪政务处分51人。扎实开展新一轮深化“三个以案”警示教育，全县共检视整改问题499个，建立完善制度37个。共查处形式主义、官僚主义问题10件11人，给予党纪政务处分9人。先后部署开展超标准配备办公用房、“两违规”、党员干部违规经商办企业、乡镇食堂“廉政灶”、公务接待中“吃公函”、“窗口腐败”等专项整治工作。查摆并督促整改问题177个，累计追缴收回资金365.83万元，建立完善制度23个。开展粮食购销领域腐败问题专项整治，挽回经济损失474.1万元。

持续巩固反腐成果。聚焦重点领域和关键环节，2021年，全县纪检监察机关共处置问题线索1383件，立案358件358人，给予党纪政务处分314人，移送检察机关5人，挽回经济损失1389万元，同比增长166.85%。及时向县管责任单位制发纪检监察建议书75份，督促发案单位健全完善制度18个，并对纪检监察建议书整改落实情况开展“回头看”，共抽查21份，督促整改问题5个。综合运用典型案例通报、观看警示教育片、召开警示教育大会等，做实做细同级同类干部警示教育。高质量推进全县党风廉政教育中心和村（社区）廉政教育基地建设。拍摄的警示教育片《“变味”的交通稽查》入选“安徽廉洁文化精品工程”作品集。

县委班子牢固树立全县“一盘棋”意识，支持和保证人大及其常委会依法履行职责，支持和保证人民政协发挥政治协商作用，促进统战、民族宗教、国防、司法、群团等工作开展。全面贯彻执行党的民族宗教政策，扎实做好老干老龄、侨务等工作，充分发挥工会、共青团、妇联、科协、残联、文联、工商联等群团组织职能作用，新时期爱国统一战线不断发展壮大。坚持党管武装原则，扎实推进军民融合深度发展，进一步巩固军政军民团结的大好局面。

重要会议

中共利辛县委2021年重要会议一览表

表2

序 号	会议名称	主要议题（内容）	日 期
1	利辛县招商引资、项目建设暨乡村振兴战略推进大会（全县三级干部大会）	总结过去一年利辛县经济社会发展取得的成绩，安排部署2021年工作	2月18日
2	全县党史学习教育动员部署大会	安排部署全县党史学习教育工作	3月11日
3	全县开展中央巡视组巡视安徽省反馈意见利辛县整改暨新一轮深化“三个以案”警示教育动员部署大会	对中央巡视组巡视安徽省反馈意见利辛县整改和新一轮深化“三个以案”警示教育工作进行动员部署	3月11日
4	全县组织、宣传、统战、政法、武装、党办工作会议	贯彻落实全国、全省、全市组织、宣传、统战、政法等有关会议精神，回顾总结利辛县2020年党建工作，安排部署2021年工作任务	3月11日
5	全县信访工作会议	分析研究当前利辛县维稳信访工作形势，对维稳信访工作进行安排部署	4月13日
6	利辛县推进五大发展暨乡村振兴工作第一次调度会议	到西部乡镇调度经济产业发展情况	4月25日
7	全县关心下一代工作会议	传达习近平总书记重要指示精神及省、市关工委工作会议精神，系统总结2020年的关心下一代工作，全面部署下一步工作任务	5月18日

续表2

序 号	会议名称	主要议题（内容）	日 期
8	利辛县社会治安大排查、大整治、大防控工作会议	传达上级社会治安大排查、大整治、大防控专项行动工作精神，结合本县工作实际进行了部署	6月13日
9	全县政法队伍教育整顿总结暨常态化机制化开展扫黑除恶斗争推进会	通报全县政法队伍教育整顿工作开展情况；部署全县常态化机制化开展扫黑除恶斗争	7月8日
10	2021年利辛县推进五大发展暨乡村振兴工作第二次调度会议和上半年经济形势分析会议、县委农村工作领导小组（扩大）会议	推进五大发展，调度乡村振兴工作，分析上半年经济形势；陈华宣读乡村振兴衔接资金计划安排情况；万洪超就《关于进一步巩固拓展脱贫攻坚成果全面推进乡村振兴的实施方案（讨论稿）》提出要求；书面传达《中华人民共和国乡村振兴促进法》	7月27日
11	全县农业农村工作会议	对燃煤锅炉整改工作、强英鸭业笼养棚治污设施完善后道路畅通工作、2017—2018年农村户改厕问题排查工作、高标准农田建设质量“回头看”专项整改工作、农村巷道三年行动以奖代补工作、美丽乡村建设工作等农业农村重点工作进行安排部署	8月9日
12	全县巩固脱贫攻坚和乡村振兴衔接重点工作部署会（电视电话会）	学习传达全市巩固脱贫攻坚和乡村振兴衔接重点工作部署会议精神；安排部署全县巩固脱贫攻坚成果重点工作任务	8月24日
13	全县“双招双引”工作推进大会	《利辛县招商引资工作领导小组关于2020年度全县招商引资激励考评情况的通报》，通报2021年1—8月份招商引资工作情况	9月23日
14	县委农村工作领导小组暨秸秆禁烧、巩固拓展脱贫攻坚成果与乡村振兴有效衔接推进会议	传达习近平总书记8月23日至24日在河北省承德市考察调研讲话精神及9月13日至14日在陕西省榆林市考察调研讲话精神，传达省委书记李锦斌9月8日至9日在皖北地区调研时的讲话精神以及在全省农村厕所革命电视电话会议上的讲话精神，安排农村人居环境整治、高标准农田建设、产业项目推进及秋季秸秆禁烧等重点工作	9月23日
15	全县村（社区）“两委”换届工作推进暨城市管理行政执法向乡镇延伸工作动员会和开展第二次全国机构编制核查工作部署培训会	安排部署全县村（社区）“两委”换届工作并宣读《中共利辛县委机构编制委员会开展第二次全国机构编制核查实施方案》；解读《利辛县城市管理行政执法向乡镇延伸工作方案（试行）》	10月21日
16	利辛县国土空间规划工作会议	会商、研究、推进国土空间规划相关工作	11月3日
17	县委理论学习中心组学习（扩大）会议暨全县推进五大发展、乡村振兴工作第三次调度会议	传达学习习近平总书记重要讲话精神、省第十一次党代会精神和《中共安徽省委关于加强新一届省委班子政治建设的决定》、全市推进五大发展2021年第三次督查调度会议精神等	11月6日
18	全县2021年度省乡村振兴战略实绩考核工作专题会议	县农业农村局汇报乡村振兴战略实绩考核进展情况：各参会单位汇报考核准备情况	12月4日
19	2022年重点项目谋划工作会议	听取各单位汇报2022年项目谋划情况、听取2021年进展缓慢项目情况汇报	12月11日
20	突出生态环境问题整改会议	县环保委办公室汇报中央、省环保督察问题整改情况，县直单位、乡镇补充汇报	12月11日

续表2

序 号	会议名称	主要议题（内容）	日 期
21	县委理论学习中心组学习	传达习近平总书记在中央经济工作会议上的重要讲话精神、习近平总书记关于进一步纠正“四风”、加强作风建设的重要指示精神和中共安徽省委十一届二次全会、中共亳州市委五届三次全会会议精神及《中共亳州市委关于开展“三严三实”“马上就干、真抓实干”作风建设专项行动的实施意见》，围绕学习贯彻党的十九届六中全会精神、习近平关于进一步纠正“四风”、加强作风建设重要指示精神和《中国共产党廉洁自律准则》《中国共产党纪律处分条例》及“三严三实”“马上就办、真抓实干”作风建设开展研讨发言	12月12日
22	利辛县委常委议军会	传达学习习近平主席关于国防和军队建设重要论述，听取年初以来全县武装工作情况报告，传达学习《民兵建设“十四五”规划》文件精神，各乡镇党委书记党管武装工作述职等	12月16日
23	县委理论学习中心组学习会议	观看警示教育片《生命重于泰山——学习习近平总书记关于安全生产重要论述》，传达学习习近平总书记在中国文联十一大、中国作协十大开幕式上的重要讲话精神、习近平总书记对党内法规制度建设、对全国老干部工作作出的重要指示精神和习近平总书记重要文章《深入实施新时代人才强国战略加快建设世界重要人才中心和创新高地》等	12月27日

■ 组织

【概况】 2021年，利辛县共有党员47068名。其中，农村党员31374名，女党员8686名；35岁以下党员10990名，60岁以上15054名；研究生397名，本科6388名，专科9266名，中专3813名，高中、中技8970名，初中及以下18234名。中华人民共和国成立前老党员17名。全县共有党委111个，其中乡镇党委23个，机关党委9个，事业单位党委31个，村级党委45个，国有企业党委3个。

【干部管理】 2021年，利辛县委组织部突出党管干部原则，牢固树立讲政治、重担当、凭实绩、在基层和实践一线选用干部的鲜明导向，落实党组织推荐、提名和党委、纪委“双签字、双把关”制度，强化党组织领导和把关作用。突出政治标准考察。把政治标准作为选人用人的首要标准，认真落实《县管领导干部政治表现考察办法（试行）》，坚持在考察谈话时政治表现必谈，在民主测评时政治表现必测，在与考察对象面谈时政治表现必问，积极推动政治素质考察常态化。对列为考察对象的209人进行政治素质考察。突出实绩用人原则。完善县管领导班子和领导干部综合考核机制，把“排名”和“进位”情况作为干部进退留转的主要依据，充分发挥考核指挥棒作用，进一步强化实绩导向。突出基层一线选任。先后选派5名干部到信访维稳、征地拆迁等基层一线挂职锻炼，20名县直机关干部到乡镇任职历练，提拔重用扶贫、信访、疫情防控和其他基层一线吃劲岗位干部159名，占比76.08%，在基层一线选人用人的导向更加鲜明。依托乡镇换届，领导班子和队伍建设得到全面加强。坚持统筹谋划，强化分析研判，选准用好干部。全县共选配35岁以下乡镇党政正职7名；选配35岁以下乡镇领导班子成员125名，较换届前提高

11.5%，乡镇领导班子成员平均年龄39.3岁，较换届前降低2.6岁；大学本科以上学历275人，较换届前提高16.9%。盘活干部资源，拓宽选用视野。选拔24名“五方面人员”进乡镇领导班子。加大女干部的选用力度。23个乡镇配备女性正职5名；班子中均至少配备1名女干部；党政班子各配备1名女干部的乡镇12个，较换届前提高26.1%。通过换届，乡镇党委班子结构得到进一步优化，整体功能得到进一步增强。依托青苗工程，年轻干部和后备力量得到有效充实。持续实施“5312”青苗工程，坚持常态化培养年轻干部。实名调学2批次59名优秀年轻乡科级领导干部参加年轻干部党性锻炼研讨班。提拔重用35岁以下年轻干部104名，其中95名干部选任到乡镇等基层一线吃劲岗位上去任职锻炼。注重分类储备，在干部工作专项调研的基础上，结合年度考核、干部工作专项调研，分性别、年龄、专业等类别储备优秀年轻干部。拓宽选用视野，择优调任2名优秀事业单位领导干部到党政机关任职，引进13名县外优秀公务员来利工作。全面落实《关于进一步激励广大干部新时代新担当新作为的实施意见》及《任务分解方案》，对长期在乡镇一线任职且表现较好（或其他个别原因）的23名干部予以回城安排工作，切实把关心关爱干部落到实处。贯彻落实容错纠错办法，正确把握“三个区分开来”，根据干部德才表现，对10名受到党政纪处分的干部，影响期满后经组织考核合格重新使用起来，消除干部“怕出错不想为”的思想包袱、“怕问责不敢为”的后顾之忧。筑牢干部日常监督“防火墙”。坚持把从严治党要求贯穿于干部日常监督管理之中，全覆盖盯紧人、把好关。及时发现干部的苗头性、倾向性问题，做到谈话提醒常态化、函询诫勉精准化，提醒谈话2人，诫勉1人，委托县审计局对9名党政正职进行经济责任审计。对提拔重用181人次、职级晋升135人次进行任前公示，办理信访件18件次。构筑县乡党委换届风气监督网。组织警示教育学习10885人次，发放纪律提醒卡16912份，开展谈心谈话3233人次。开展严守换届纪律“八项承诺”活动，组织签订《严守换届纪律承诺书》26893份，做到承诺践诺无盲点。

2021年11月29日，县委党校2021年秋季主体班（第二批）开班，时任县委常委、宣传部部长王林兵出席开班典礼并作动员讲话。144名学员参加本批培训（利辛发布/供）

【干部培训】 2021年，利辛县委组织部强化思想引领，充分发挥县委党校主渠道、主阵地作用，举办全县领导干部学习贯彻党的十九届五中全会精神集中培训班、全县党史学习教育专题培训班，县委理论学习中心组学习（扩大）会议暨县委党史学习教育专题读书班。通过专家授课、专题研讨等方式，对县几套班子成员、各乡镇党政主要负责人、县直各单位主要负责人进行了集中培训，实现“一把手”学习培训全覆盖。在县委党校举办主体班次14期，调训干部1141人次。研究制订《利辛县2021年度干部教育重点培训计划》。先后举办乡村振兴、党建业务等专题班126期，培训各类干部14755人次。组织全县274名第八批选派干部参加县乡巩固拓展脱贫攻坚成果同乡村振兴有效衔接专题培训。创新开设“利辛县干部专业能力提升班”，对接县自然资源和规划局等单位举办16期培训班，培训干部2600余人。继续发挥“初心小课堂”平台作用，录制“微课程”12期，作为全县“一月一课一片一实践”活动必看片，组织全县党员干部学习收看。

【人才建设】 2021年，利辛县委组织部坚持招商与招才并举、引资与引智并重，举办专题招聘会3场、企业见面会6场，引进医学类正高级专业技术人才6人、副高级专业技术人才17人、博士研究生4人、硕士研究生20人，兑现招才引智补贴26.2万元。做好利辛籍县外在编人才回利工作，引进30名县外利辛籍人才回利工作（公务员13人，事业单位人员17人）。建成高层次人才信息数据库和乡土人才信息库，共储备各级各类人才2489人。完成新型职业农民培训任务800人；企业人才培训300余人次；特种岗位技术人员培训220人次；举办科技业务培训班、就业技能培训班等各类实用技术培训班，培训人员1600余人。继续实施“双才”工程。评选出教育教学类、医疗卫生类等六类“文州英才”10名，乡村企业家、返乡创业之星等九类“淝畔乡才”69名。成立博士后工作站1个（亳州中益科技有限公司博士后科研工作站）。帮助安徽瑞虎肥业有限公司、安徽翰联色纺股份有限公司、安徽禾丰牧业有限公司3家企业与高校、科研院所机构建立产学研合作，完成技术难题项目签约。培育皖北产业创新团队1家、市级乡村产业创新团队3家。评选出县级乡村产业创新团队10个。开展农业科技服务活动，指导新型职业农民1253名、专业合作社240个、家庭农场392个，培训农民1.8万人次。向乡镇派驻医务人员600余人次，受惠群众4500余人。开展文艺下乡活动27次。充分发挥130名骨干教师、名师、学科带头人的先锋模范作用，开展“送教下乡”活动，受益教师达5600余名。

【驻村干部选派】 2021年，利辛县委组织部按照“三个优先”和“五个不得选派”要求，向94个村派驻第八批选派干部274人。坚持严管厚爱相结合，对督查中发现居住环境较差的7个工作队进行改造提升，统一办理意外伤害保险，足额保障办公经费，落实生活补助；开展全覆盖督查2轮，专项督查1次，通报3期22人。贯彻“联合体·组合投资·优先股”工作思路，2021年19个扶优扶强村与企业签订协议，入股资金950万元。全年共有68个村通过共富公司平台与企业达成合作，每季度产生收益110.175万元。

【基层组织建设】 2021年，利辛县委组织部扎实开展村（社区）级“巡诊”、经济责任审计、软弱涣散党组织整顿等专项行动，对2940名意向人选进行前置审查，在疫情防控一线对800余名村级后备干部进行识别考察。建立“1+9+5”的县级换届制度体系，绘制《村（社区）“两委”换届工作流程图》，开展5轮全覆盖督查指导。推行村（社区）“两委”换届“六必谈”制度，开展严守换届纪律“七项承诺”活动，推动“十严禁”的要求入耳、入脑、入心。全面完成361个村（社区）“两委”换届工作，产生新一届村（社区）“两委”班子成员2871人（含城市社区197人）。其中，村“两委”平均年龄38.77岁，高中及以上学历2543人，占比95.1%；社区“两委”平均年龄37.1岁，大专以上学历197人，占比100%。4月份，以党史学习教育为主题开展“全体党员讲微型党课”比赛，选拔储备优质党课16堂，1人荣获全市一等奖。按照鼓舞人心、凝聚力量的原则，积极稳慎完成3848枚“光荣在党50年”纪念章发放工作。经过精心推荐，全县有1名优秀党员获评“全国优秀党务工作者”，5名优秀党员和1个先进基层党组织被省委表彰。全县共评选表彰出县级优秀共产党员60名、优秀党务工作者59名、优秀选派帮扶干部20名、先进基层党组织60个。下拨党费57.7万元，广泛开展“七一”走访慰问活动，县四套班子党员负责人结合结对乡镇和工作分工，共慰问老党员、老干部67人。组织法院等部门联审拟发展对象2467人，全面完成年度指导性计划，新发展党员1435人，抽审农村新发展党员材料96卷。

【城市领域党建】 2021年，利辛县委组织部积极申报城市领域基层党建“领航”计划，入选2021年二、三季度省级“领航”计划示范库党组织1个；入选2020年度市级“领航”计划示范库党组织3个。提档升级社区党群服务中心，确定4个社区为城市社区党建工作观摩点；3个小区服务用房完成移交用以打造党群服务驿站，创建“若比邻”党群服务驿站品牌。建立社区联席会议制度，帮助居民群众解决生活、工作等问题118个。制定《社区党组织需求清单季度发布制度》，常规化开展“双报到”工作，78家县直单位的3480名在职党员到所驻或单位所驻社区党组织报到。开展国有企业党建工作“找差距、抓落实、提质量”专项行动，对3家公立医院进行专题调研2次，分别形成公立医院党建工作整改建议1份、调研报告1份、成立县委卫健工委的建议1份。邻长制改革不断深化，全县近30000名“三长”全覆盖下载企业微信APP、建立政务微信群35167个，群发各类通知信息1070次。制定《利辛县非公企业和社会组织党务红领资格认证办法（试行）》，认证14名党务红领人员。非公企业领域新组建群团组织806个，其中工会377个，共青团119个，妇女组织310个；社会组织领域新组建群团组织122个，其中工会46个，共青团5个，妇女组织71个。纳入省非公经济和社会组织党建信息管理平台的非公企业有975家（2020年828家）、社会组织167家（2020年125家），企业（社会组织）数量、经营状况均超越以往时期。2021年，全县非公领域分配发展党员指标130个，全部完成发展任务。非公企业党组织组建率达48.00%，社会组织党组织组建率为68.86%。选送20名非公企业（社会组织）出资人、党组织书记、党建指导员参加省市示范培训班。建立“县委非公工委—党建指导站—党建指导员—非公企业（社会组织）”问题摸排、反馈责任链，全县共有99名党建工作指导员参加主题活动，共走访非公企业975户、社会组织167个，访谈座谈出资人负责人1138名、党群组织负责人526人、一线职工群众3414人；收集问题和意见建议2076条，办结1900条，其中党建工作指导员个人办结1007条，党建工作指导组（站）办结480条，移交相关职能部门办结413条。实施非公党组织“璀璨计划”，京威纺织等4个党建品牌均完成总结、提炼、布展工作。

【党员电教】 2021年，利辛县委组织部调整“利辛先锋网”、《利辛组工》微信公众号栏目设置，新开设党史学习教育、县乡村换届等栏目，跟进宣传全县党建工作动态。每月评选2个“优秀网站”，在县先锋网进行展示。42个站点申报参加市“五星远教站点”验收。调整党员干部现代远程教育领导小组组成成员和制片骨干、评审专家、制片团队等3支队伍，增加制片工作力量。摄制《利辛先锋》专题节目10期。展播利辛县优秀党员教育视频作品7部。在全省第十五届党员教育电视片观摩评比活动中，《燕来春满园》获二等奖，《追梦无悔》《爱心如海满芦沟》获优秀奖。向省委组织部报送《党课开讲啦》课件2部。《追梦无悔——记全国劳动模范李子杰》被中组部党员教育中心选为远教课程。在全市“诵读红色经典”展示活动中，获二等奖2名、三等奖1名。在农历春节、“三八”妇女节、“五一”国际劳动节等重大节日，制作专题海报6期。在先锋平台开设皖“美”村支书、学习身边榜样等专栏，宣传全县受表彰的“两优一先”及各级党代表先进典型。

【公务员管理】 2021年，利辛县委组织部严格对照公务员年度考核结果，做好全县公务员晋级晋档审批、一次性工作奖励审批等工作。认真做好公务员职务职级晋升、学历变动、新录用公务员工资初核、市管领导干部工资报批等工作。严格按照省、市有关要求，完成县直和乡镇机关公务员同职级收入统计比较工作，并会同县财政局、人社局、审计局、纪委监委，认真开展全县清理规范违规发放公务员工资津贴补贴专项行动。会同县总工会形成利辛县《关于落实机关事业单位干部职工带薪年休假的通知》征求意见稿。认真做好年度公务员工资年报统计工作。

【组织工作队伍建设】 2021年，利辛县委组织部出台贯彻落实省委组织部和市委组织部文件精神的《关于进一步加强全县组工信息工作的通知》，对2020年组工信息工作先进单位、优秀组工信息员、好信息以及优秀网宣员和影响力文章进行通报表彰。组工信息实现新跨越。2021年，利辛县组工信息被中组部采用2条、被省委组织部采用8条、被省委办公厅采用2条、1条信息被上级领导批示。全年组工信息得分122分，较2020年97分增加25分，由全省第28名跃居至第20名，继续保持“全省组织系统信息报送先进单位”荣誉称号。网宣工作实现新突破。将2021年新录用工作人员作为网评骨干力量进行重点培养，引导撰写网评文章。通过采取挂职学习、结对帮带、写作培训、重点调度等措施，全县23个乡镇全部实现网评文章编发“零”的突破。2021年，在《中国组织人事报》、人民论坛网、共产党员网、《安徽日报》、中安在线、《亳州晚报》等有效平台发表网评文章341篇。其中，被中组部评为优秀影响力文章7篇，被省委组织部评为优秀影响力文章1篇，网宣工作成绩突出，得分排名全省第二。调研工作实现新进展。全年共形成6篇调研报告，调研报告《村级干部队伍建设的实践与思考》被《安徽党建研究通讯》第1期采用，为领导决策提供参阅。特色工作宣传实现新进步。积极宣传换届、干部、人才、党史学习教育等方面的工作，《弘扬伟大建党精神奋力推动农村组织工作高质量发展》一文被《安徽党的建设》第8期编发，《利辛县深入学习贯彻习近平总书记“七一”重要讲话精神》等被《安徽信息》采用，《利辛县开展“四进”活动营造庆祝建党百年浓厚氛围》《利辛县细谋划高标准做好村级换届准备工作》等被《亳州信息》采用。

■ 宣传

【概况】 2021年，利辛县委宣传部高举思想旗帜，加强理论武装，始终把学习宣传贯彻习近平新时代中国特色社会主义思想和党的十九大，十九届二中、三中、四中、五中、六中全会精神作为首要政治任务，全面落实习近平总书记考察安徽重要讲话指示精神，严格执行以“四个第一”为重点的学习对标制度。县委理论学习中心组结合党史学习教育，深入学习《习近平谈治国理政》第一、二、三卷和习近平同志《论党的宣传思想工作》《论中国共产党历史》等重要著作，开展学习20次、研讨17次、专题调研1次。实施学习质量提升工程，建立健全全县党委（党组）理论学习中心组旁听制度，下发《关于进一步加强党委（党组）理论学习中心组学习旁听工作的通知》，制订旁听计划表。积极动员党员和党外人士使用“学习强国”学习平台，全县党员和党外人士活跃度在全市位次靠前。统筹抓好宣讲工作，县委、县政府主要负责人分赴包保乡镇带头开展宣讲，县乡村“三级联动”，共开展党史学习教育专题宣讲1200余场次，覆盖受众8万余人次；学习贯彻习近平总书记“七一”重要讲话精神宣讲600余场次，覆盖受众4.4万余人次；学习贯彻党的十九届六中全会精神宣讲500余场次，覆盖受众3万余人次。开展理论宣讲骨干练兵活动，举办全县微宣讲比赛，选出3名优秀选手录制宣讲微视频进行练兵示范。创新“板凳课堂”的宣讲形式，将宣讲搬出会议室、报告厅，搬进农家小院、田间地头，全年开展“板凳课堂”宣讲500余次，覆盖人数2万余人次，取得良好社会效果。

【党史学习教育】 2021年，利辛县委宣传部出台《中共利辛县委理论学习中心组党史学习教育工作方案》，扎实开展全县党史学习教育工作。规定用书征订4.6万余套，实现全县党员用书全覆盖、学习全覆盖。做好基层宣讲。制定党史学习教育宣讲方案，组织理论骨干深入机关、学校、乡镇、企业开展专题宣讲950余场次，受众6.1万余人次。开展学习贯彻习近平总书记“七一”重要讲话精神宣讲450余场次，覆盖受众2万余人次。领导干部上党课1100余场次，党员讲微型党课3000场次。指导各级基层党组织规范开展党史学习教育工作，下发工作提示单11期，8个巡回指导组每周进行巡回督导。深入学习宣传贯彻习近平总书记“七一”重要讲话精神，抓好“四史”学习，及时跟进学习党的十九届六中全会精神，全县各级党组织开展学习达4000多次。同时，及时跟进学习习近平最新系列讲话和党的重要会议、重大决定精神，不断拓展学习深度。开展“节日里的党史学习教育”，在“9·30”国家公祭日、国庆节等重要时间节点，精心组织开展形式多样的爱党爱国教育活动。全县各级党组织、机关学校、公司场站等单位和社团举行“学党史、感党恩”主题升旗仪式1600多次，举办演讲、演出、歌咏比赛等220多场。开展“学史力行”活动，着力解决事关民生福祉的办事难、就业难、看病难、上学难、出行难、办证难、增收难，和事关企业发展的用工难、融资难、转型难10个方面的突出困难和问题，真正让党员受教育、让群众得实惠。开展“我为群众办实事”活动，实施民生项目291项，完成188项。

【新闻宣传】 2021年，利辛县委宣传部聚焦十九届五中、六中全会，习近平总书记考察安徽，决胜全面小康，决战脱贫攻坚，防汛救灾，生态环保，省第十一次党代会，市第五次党代

2021年3月11日，利辛县党史学习教育动员部署大会召开。县委书记吴斌出席会议并讲话
（利辛发布/供）

会，县第十次党代会等重要时间节点和重大主题，加强宣传教育和舆论引导，不断夯实全县人民团结奋斗的共同思想基础。提升外宣工作能力，建立健全外宣工作机制，加强与中央、省、市主要媒体沟通联系，积极协调相关部门，形成外宣合力。2021年，《人民日报》发稿5条，央视总台发稿9条，新华社（新华网）发稿7条；《安徽日报》、《安徽新闻联播》、全省新闻联播等省级主流媒体发稿135条；人民网发稿73条，《安徽日报》客户端发稿600余条，中安在线发稿260条，“学习强国”平台刊登利辛县稿件514篇；利辛发布微博发布4149条；利辛发布公众号发布2625条；利辛融媒公众号发布2260条。建立新闻线索收集机制，梳理形成新闻素材库，进一步整合资源，攥指成拳，形成报道合力。加强对重大主题宣传的统筹谋划，指导本地媒体在做好规定动作的同时，深入开展“走转改”等活动，强化选题策划能力建设。在今日头条、人民网、凤凰网等平台开设专题专栏、推发宣传短片、开展直播活动。围绕县委、县政府重点工作、社会民生热点等，加强自主策划，推出一批主题鲜明、形式多样的宣传报道产品。8月，启动品牌栏目“我爱我家”主题宣传专题专栏，推出“我爱我家·美好炫绿”短视频21条，“我爱我家·乡村振兴看利辛”栏目34条，“我爱我家·广播”栏目107期，“我爱我家·今日利辛”2期，“我爱我家·新闻”1期。强化疫情防控期间宣传引导。统筹把握疫情、舆情、民情，积极选树抗疫先进典型，弘扬伟大抗疫精神。精心做好党史学习教育宣传宣讲，广泛开展“永远跟党走”群众性主题宣传教育和党史、新中国史、改革开放史、社会主义发展史宣传教育，配合省市开展“奋斗百年路 启航新征程”主题采访活动，全景式、立体化展现“党的盛典、人民的节日”，在全社会唱响“五个好”的时代主旋律。

【精神文明建设】 2021年，利辛县委宣传部贯彻落实《新时代公民道德建设实施纲要》《新时代爱国主义教育实施纲要》，广泛开展“我推荐我评议身边好人”活动。截至2021年，全县共创建市级文明村镇30个，县级以上文明乡镇比例达60%以上。全县有省级文明单位8个、市级文明单位24个、县级文明单位40个，全国文明校园先进学校1所、全省文明校园4所、全市文明校园10所、县级文明校园18所。累计有32人荣获“中国好人”称号，5人获评安徽省“道德模范”称号，34人荣获“安徽好人”称号，84人荣获“亳州好人”称号。2021年，利辛县入选“中国好人”1人、“安徽好人”1人、“亳州好人”4人。刘双燕相继获得全国先进工作者、“全国最美职工”、“最美公务员”、安徽省“道德模范”、全国“道德模范”提名奖等荣誉。推深做实新时代文明实践中心建设，突出文明实践，推动移风易俗，倡树文明新风。组织各级道德模范、身边好人、志愿者常态化开展志愿服务活动1000余次，约8000余名各类志愿者参与活动，受益群众达7万余人次。4人获评全市优秀志愿者，2个组织获评全市优秀组织，2个社区获评全市先进组织，4个志愿者被省文明办、团省委表彰为优秀志愿者，1个组织和1个个人被省文明委、中国志愿服务联合会评为先进组织和个人。

【建党百年宣传教育】 2021年，利辛县委宣传部突出庆祝建党百年宣传教育活动，牢牢把握“党的盛典、人民的节日”基调定位，开展“奋斗百年路、启航新征程”“同心奔小康、奋进新时代”等主题宣传，全年举办庆祝建党100周年系列活动多场。举办“读党史、守初心、担使命”全民阅读主题演讲大赛，18组选手参赛；举办“学习百年党史、汲取奋进力量”党史知识

4月23日，县委宣传部主办“读党史、守初心、担使命”演讲比赛（县委宣传部/供）

竞赛，24支队伍参加竞赛；举办“奋斗百年路、启航新征程”职工合唱比赛，24支代表队参赛，县教育局代表队参加全市比赛荣获一等奖；举办“永远跟党走”庆祝中国共产党成立100周年群众性主题文艺会演活动；全媒体开设“党史天天读”“同心向党·辉煌百年再启程”“奋斗百年路、启航新征程”“同心奔小康·奋进新时代”等专栏，开展献礼建党百年网络文化主题宣传活动，推出“100秒·100年”微视频传播展，开展新党员代表集中入党宣誓等活动，开展青少年“学党史、跟党走、做时代新人”专题宣讲，实现全县中小学校学生全覆盖；组织“青年大学习”“红领巾爱学习”网上主题团课、队课的学习；充分利用户外大屏幕、移动电视、建筑围挡、灯箱展板、灯杆道旗、宣传栏等载体，集中刊播庆祝中国共产党成立100周年、党史学习教育、十九届六中全会公报、省第十一次党代会、市第五次党代会、“为教师亮灯”、疫苗接种等社会宣传标语、图片，积极营造良好的社会宣传氛围。

【筑牢思想阵地】 2021年，利辛县委宣传部切实加强党对意识形态工作的领导，做到意识形态工作守土有责、守土尽责。把意识形态工作纳入政治监督检查范围，2021年对50个单位党委（党组）进行监督检查，发现问题20个，完成整改问题9个，督促整改问题11个；把意识形态工作纳入巡察内容，开展常规巡察2轮，发现问题17个，完成整改问题17个。深入开展“江淮净网”等专项行动，集中整治网络“黑公关”、网络水军和流量造假问题，深化网红乱象、直播带货、网络音视频等专项整治，严厉打击“自媒体”违法违规刊载信息内容的行为。积极开展历史虚无主义专项清理、关于“清朗·移动应用程序PUSH弹窗突出问题专项整治”等专项行动；强化平台管理责任，督促各平台账号严格落实三审制，依法依规对属地内15家违规网站进行处置。贯彻落实《党委（党组）网络意识工作责任制实施细则》，抓实抓好意识形态“主阵地”，坚持“网下管什么，网上就要管什么”的原则，严格落实网络意识形态工作责任制，不断提高学网、用网、管网、治网能力水平，指导全县各级各部门守牢网络安全底线，完善网络综合治理体系，统筹推进信息化工作。加强网络安全管理，利用政务微博微信常态化开展以防范电信网络诈骗为重点的网络安全知识宣传，运用网民喜闻乐见的形式，开展网络安全法等法律法规、防电信诈骗等宣传普及工作，提高网民防范意识和技能。深入开展“扫黄打非”工作，以“清源”“固边”“净网”“护苗”“秋风”五大专项行动为抓手，统筹网上清理和网下打击，统筹专项治理和日常监管，加强对文化娱乐场所、出版物市

7月15日至16日，利辛县委宣传部、利辛县文联邀请利辛籍著名作家康健春回乡举办创作交流讲座
（县委宣传部/供）

场、互联网经营场所等经营秩序监管，加强对校园周边、问题场馆等公共区域社会环境整治维护。2021年，全县共立“扫黄打非”案件19起。其中，年内破案13起，正在办理6起，收缴非法出版物3300余册。城关镇和谐社区获批省级“扫黄打非”进基层示范点。

【思想政治工作】 2021年，利辛县委宣传部选优配强宣传思想工作队伍，加大培训力度，特别是加强对基层宣传队伍的培训，不断提高意识形态工作能力水平。举办全县宣传思想工作和意识形态工作培训班，参学60人，课程内容丰富，形式多种多样，达到预期效果。依托县委党校举办乡科级干部进修班等4个专题班，参学368人，开设《提升党员干部意识形态能力》《建设具有强大凝聚力和引领力的社会主义意识形态》《牢牢掌握意识形态工作领导权》《如何做好新时代党的宣传思想工作》等专题课程。开展“春·播”计划和“秋·拾”讲堂系列培训。“春·播”计划旨在加大基层新闻通讯员的培养力度，以学在基层、干在基层，培训在基层的形式，开展现场实战实训8场次，培训基层通讯员140余人次；以专题讲座和主题研讨为主要形式开设“秋·拾”讲堂，深入学习贯彻习近平新时代中国特色社会主义思想，围绕意识形态、文明实践、理论宣讲、社会宣传、网络安全、舆情应对、新闻传播、文化教育等重点工作内容，举办3期，参训约260人次。

■ 统战

【概况】 2021年，利辛县统战工作在县委的坚强领导下，以习近平总书记关于加强和改进统一战线工作的重要思想为指导，以贯彻落实《中国共产党统一战线工作条例》为重点，以强化思想政治引领为主线，广泛凝聚共识，积极汇聚力量，服务发展大局，统一战线工作不断创造新业绩、取得新进展。2021年，利辛县委被县委授予“全县先进基层党组织”，被县委、县政府授予2021年度全县推动高质量发展暨综合考核“先进县直单位”。

【贯彻落实《中国共产党统一战线工作条例》】 2021年，利辛县坚持把《中国共产党统一战线工作条例》（以下简称《条例》）的贯彻落实作为全年的重要任务，充分发挥统一战线法宝作用，做到“四个纳入”“三个带头”。县委将《条例》纳入理论学习中心组学习内容和县委党校教学内容，将统一战线工作纳入宣传工作计划，将《条例》执行情况纳入领导班子、领导干部目标管理和党建考核体系；领导班子成员带头学习、宣传和贯彻落实统一战线理论方针政策和法律法规，带头参加统一战线重要活动，带头广交深交党外朋友。高位推动，贯彻落实《条例》。

县委常委会听取、研究统战工作6次，县委书记吴斌主持召开县委统一战线工作领导小组和县民族宗教工作领导小组会议，听取工作开展情况汇报，审议通过《利辛县民营经济统战工作联席会议议事规则》《利辛县新的社会阶层人士统战工作联席会议制度》等5个文件，研究部署有关工作。加强《条例》宣传解读，在统一战线成员单位、全县领导干部中进行《条例》的宣传学习，举办党外人士、民营经济人士、民族宗教界共8个班次30期，发放《条例》手册3000余本，进一步夯实基层统战工作基础。

【巩固统一战线共同思想政治基础】 2021年，利辛县委统战部以党史学习教育、庆祝中国共产党成立100周年、学习贯彻中共十九届六中全会精神为契机，强化思想政治引领，把学习宣传贯彻习近平总书记在党史学习教育动员大会上的讲话、“七一”重要讲话、十九届六中全会决议作为统一战线重大政治任务，在党外人士中开展“听党话、感党恩、跟党走”学习教育，在知联会、新联会、侨联开展专题学习、专题研讨座谈活动，组织开展集体升国旗唱红歌、到烈士陵园祭英烈活动，切实提高党外人士思想政治共识和综合素质。在民族宗教领域做到“四进四有”全覆盖，定期到宗教活动场所宣讲“四史”、民族宗教方针政策、宗教法律法规等。累计开展民族宗教政策法律法规培训28场次，开展主题宣传活动69场次，宣传服务对象8000余人次，进一步提高信教群众遵法、守法、用法意识，切实维护好宗教和顺、社会和谐良好局面。

【民族宗教工作】 2021年，利辛县委统战部以铸牢中华民族共同体意识为主线，加大民族团结宣传教育，认真开展民族团结进步“六进”活动，联合乡镇开展不同形式的民族团结进步宣传月活动。设立少数民族流动人口服务站2处，推动全县民族团结进步创建工作向纵深拓展，全力推进民族团结走深走实。张村镇四里何村获得全省民族团结进步模范集体。

【党外人士统战工作】 2021年，利辛县委统战部积极做好党外知识分子和新的社会阶层人士统战工作。党外人士的培养推荐方面，开展“无党派人士”政治面貌认定登记，推荐上报市无党派人士13人，选派2名党外干部到信访局锻炼。完成各个领域党外人员库的更新，更新党外知识分子基础数据333人。在全县党外知识分子中开展“双树双建”主题教育，推荐市年度标兵6人，获得省年度标兵2人。新的社会阶层人士统战工作方面，在新的社会阶层人士中开展“凝聚新力量·筑梦新时代”主题教育，创建智慧·丝网（利辛县富亚纱网有限公司）、同心·筑梦（安徽首佳集团）新的社会阶层人士实践创新基地2处。

【促进非公有制经济“两个健康”工作】 2021年，利辛县委统战部服务非公企业，创新服务方式方法，助推非公有制经济高质量发展。做好“亳州市政企直通车·利辛规下工商业”微信平台建设有关工作，结合“四送一服”，依法依规帮助企业解决困难和问题累计200余条。协调有关部门为企业做好融资、法律等方面的服务，开展法律咨询30人次，调解案件6件。优化营商环境，积极构建“亲”“清”新型政商关系，进一步做实做细服务非公经济工作，促进非公经济平稳健康发展。开展光彩行动，全国获批准光彩事业重点项目28个，利辛县获得批准项目2个（利辛县广进缘花茶有限公司、亳州市艾可舒医疗科技有限公司）。开展“万企兴万村”对接共建，进一步巩固脱贫攻坚成果，助力乡村振兴。加强商会建设，推进商会注册工作。成立“中共利辛县工商联所属商会行业委员会”，推动工商联所属商会党的组织和工作有效覆盖。中疃、西潘楼、阚疃、汝集、程家集、永兴6个乡镇商会完成注册工作；完成乌鲁木齐安徽商会、阜阳市颍州区利辛商会、广东省安徽利辛商会、东莞市安徽利辛商会、北京利辛企业商会5家异地商会建设，有力推动商会建设提质增效。

【海外统战工作】 2021年，利辛县委统战部开展基础调查，与公安等相关部门沟通协调，在全县范围内摸清侨情翔实的第一手资料，做到底数清、情况明、信息准。做好走访和服务工作，利用传统重大节日，对侨眷和台属进行走访慰问，帮助解决困难和问题。组织参加第21届世界华人作文大赛和华文外派教师，世界华人作文大赛利辛有10名学生获奖，其中一等奖2名、二等奖2名、三等奖6名；利辛中学华文外派教师刘子斐获得省委统战部颁发的“优秀”证书。

■ 机构编制工作

【概况】 2021年，利辛县委机构编制委员会办公室围绕县委、县政府中心工作，在巩固深化机构改革、纵深推进权责清单制度建设、创新体制机制、优化机构编制资源配置、深入推进机构编制法治建设上持续用力，推动机构编制工作高质量发展，为加快构建新发展格局、推进新阶段现代化美好利辛建设提供有力体制机制和机构编制保障。开展全县科级事业单位机构编制台账梳理，整理109家科级事业单位机构编制文件。提升机构编制实名制数据质量，做好机构编制统计和编外人员专项调查工作，全县录入编外人员10064名。完善机构编制实名制系统，做好机构编制实名制系统横向互联、相关业务人员的培训工作。开展第二次全国机构编制核查工作。根据省市要求，利辛县委编办出台机构编制核查工作方案，制定利辛县第二次全国机构编制核查联席会议制度，对全县机构、编制、人员全面核查。通过与社保、财政人员信息比对，将未及时出入编人员、人员错误信息及时在机构编制实名制系统中调整；根据核查方案组成三个实地核查组，对全县机构进行不少于30%的实地督查；根据方案序时进度，以传阅公示的方式进行公示并在机构编制实名制系统中上传。

【“全省一单”权责清单制度体系建设】 2021年4月，开展县、乡两级政府清单年度集中调整工作，涉及51个县直部门、企事业单位和23个乡镇政府。严格按照《利辛县权责清单动态调整管理办法》要求，通过各单位上报调整意见、集中审核、征求意见、合法性审查等程序，于5月底印发并在政府网站公布5个清单目录（2021年本），其中县级政府权责清单事项3202项、公共服务清单事项1053项、行政权力中介服务清单保留事项127项、乡镇政府权责清单事项26项、乡镇公共服务清单事项196项。开展优化乡镇权责清单厘清县乡职责边界工作，待省委编办统一实施乡镇权责清单指导目录和配合事项清单指导目录后，进一步完善调整全县乡镇权责清单目录，构建科学规范、运行高效、权责一致的乡镇机构职能体系，推动基层减负。

【经济发达镇行政管理体制改革】 2021年，利辛县编办积极推进利辛县西潘楼镇行政管理体制改革，以扩大经济社会管理权限、完善基层政府功能为重点，制定利辛县西潘楼镇行政管理体制改革工作实施方案。印发了《利辛县深入推进西潘楼镇行政管理体制改革工作小组工作职责、工作机制和重点任务分工方案》（利编〔2021〕30号），明确改革任务，落实工作责任。利辛县西潘楼镇行政管理体制改革机构设置方案经编委会研究，原则同意“6＋4”模式，并广泛征求各单位意见。

【调整扶贫工作机构设置】 2021年，利辛县编办根据《中共亳州市委编委关于调整利辛县扶贫工作机构设置的批复》（亳编〔2021〕27号），经报县委、县政府同意，调整扶贫工作机构设置：不再保留县扶贫开发领导小组，将其职能并入县委农村工作领导小组，领导小组办公室仍设在县农业农村局；将利辛县扶贫开发局重组为利辛县乡村振兴局，仍为县政府工作机构，规格为正科级，由利辛县农业农村局统一领导和管理，主要负责巩固拓展脱贫攻坚成果、统筹推进实施全县乡村振兴战略有关具体工作。不再保留利辛县扶贫开发局。

【应急管理综合行政执法体系建设】 2021年，利辛县编办根据《中共安徽省委办公厅安徽省人民政府办公厅印发〈关于深化应急管理综合行政执法改革的实施方案〉的通知》（皖办发〔2021〕27号），按照职责分工，与应急、组织、司法、财政、人社、发改等部门积极配合，做好整合执法职责、设立执法机构、规范编制管理、加强队伍建设等工作。

【调整农业农村局内设机构及所属事业单位职责、机构和编制】 2021年，利辛县编办共整合农业农村局所属3个事业单位（利辛县农机检测中心、利辛县动物卫生检疫中心和利辛县动物疫病预防与控制中心），调整1个内设机构（计划财务股更名为计划财务与项目管理股）、3个事业单位工作职责（利辛县畜牧兽医发展服务中心、利辛县农业机械事业发展中心和利辛县特色产业中心）。

【做好城管行政执法、应急管理等重点领域向基层延伸工作】 2021年，利辛县编办在乡镇生态环境保护（河长制）工作站加挂“利辛县××乡（镇）城市管理行政执法队”牌子，承担县城市管理局委托或授权赋予乡镇人民政府城市管理行政执法的监督权、检查权和处罚建议权职责；在各乡镇党政办公室加挂应急管理办公室牌子，主要负责辖区内安全生产、应急管理、消防安全、防汛抗旱、减灾救灾等工作。要求各乡镇明确两名专职工作人员从事相应工作，原经济发展办公室加挂的安全生产监督管理办公室牌子不再保留；县民政局内设机构办公室加挂行政执法股牌子，并增加“承担有关行政审批事项的办理与协调工作。组织开展法治宣传教育，负责有关行政执法监督的具体工作”的职责。

■ 县直机关党建

【概况】 2021年，利辛县直属机关工作委员会坚持以习近平新时代中国特色社会主义思想为指导，认真学习习近平考察安徽重要讲话指示精神，牢牢把握坚持党要管党、全面从严治党的指导方针，以党的政治建设为统领，深入学习宣传贯彻习近平新时代中国特色社会主义思想和党的十九届历次全会精神，扎实开展党史学习教育，认真落实新时代党的建设总要求和新时代党的组织路线，进一步开创机关党的建设新局面。2021年，全县机关党建工作又上了一个新台阶。

【县直机关党代表会议】 2021年，经过县直基层党组织和党员自下而上民主推荐、工委会研究决定，并上报县委同意，6月18日召开中国共产党县直机关党代表会议，以无记名投票方式，选举产生54名县直机关出席中国共产党利辛县第十次代表大会代表。

【组织建设】 2021年，县直工委认真开展2020年度县直机关基层党组织书记抓基层党建工作述职评议会，对县直机关75名基层党组织书记进行测评。研究制订2021年度党建重点工作和党风廉政建设工作计划。指导县直机关基层党组织开展2020年度基层党组织组织生活会和民主评议党员工作。规范做好机关党组织换届选举，选优配强党组织班子。2021年，新成立党支部26个，有56个党组织按期进行换届改选。示范引领推动规范化建设。召开县直机关基层党组织观摩推进会，推进县直机关基层党支部标准化规范化建设。2021年，共有13个县直基层党组织申报“五星基层党组织”，县人民医院、县民政局、县审计局、县妇联、县委编办、县委史志研究室、县城投集团、县法院、县财政局、安徽同鑫评估公司10个县直基层党组织被市委组织部命名为“五星基层党组织”。抓好“三会一课”和主题党日活动。2021年，县直工委要求基层党支部认真开展“三会一课”和主题党日活动。每月10日前，按照县委组织部的安排，通过“县直机关党建微信群”下发“主题党日”工作提示单，要求各县直基层党组织按照要求结合各单位实际，认真开展“一月一课一片一实践”活动，并通过亳州智慧党建云平台进行督查检查，发现问题及时督促整改。加强机关党建工作督查。针对巡视巡查反馈问题中关于县直机关党建工作存在的问题，成立督查指导组，采取“四不两直”的方式每月至少对县直基层党组织进行一次党建工作督导，根据发现的好的做法和存在的问题编发督查通报，督促整改。

【发展党员】 2021年，县直工委坚持政治标准，完善发展党员预审制，严把发展党员质量关。改善发展党员结构，注重从优秀产业工人、高知识群体、一线人员中发展党员，规范落实党员发展组织程序。全年共举办入党积极分子培训班2期，培训入党积极分子230余人，发展新党员129名，按期转正党员108名。

【党务干部培训】 2021年，县直工委以深入学习贯彻习近平新时代中国特色社会主义思想、巩固深化“不忘初心、牢记使命”主题教育成果、党史学习教育为重点内容，举办了三期县直机关党务干部培训班，共培训县直机关党组织书记、组织委员、纪检委员等300余人。通过举办三期培训班，基本达到县直基层党组织党务干部培训全覆盖。

【党费收缴】 2021年，县直工委根据县委组织部文件要求，年初做好党费核定情况统计。党费收缴上，坚持党员按标准按月足额缴纳支部，支部每季度及时缴工委，工委半年缴县委组织部。2021年，完成党费收缴165万元。

【“七一”表彰】 2021年，县直工委扎实做好市县“两优一先”推荐及县直机关“两优一先”表彰奖励工作。6月30日，县直工委隆重举行庆祝中国共产党成立100周年表彰大会，表彰为机关党的事业做出突出贡献的12个先进基层党组织、49名优

2021年10月5日，为行动不便的老党员上门颁发“光荣在党50年”纪念章

（县委史志研究室/供）

秀共产党员、45名优秀党务工作者。推荐市委、县委表彰10个先进基层党组织、30名优秀党务工作者和优秀共产党员。举办庆祝中国共产党成立100周年颁发“光荣在党50周年”纪念章仪式暨老党员座谈会，采取集体或上门的形式为县直机关483名党龄达到50周年的老党员颁发了“光荣在党50周年”纪念章。

【党员慰问】 2021年，县直工委为体现党组织对困难党员、老党员的关怀，春节期间共走访慰问困难党员和老党员159户，发放慰问金70000元；“七一”期间走访慰问65名困难党员，共发放慰问金25000元。

【党风廉政建设】 2021年，县直工委严格落实中央八项规定精神，把运用“四种形态”第一种形态作为常态化，认真监督执纪问责，持续纠治形式主义、官僚主义，完善和落实党员干部直接联系群众制度，在县直机关形成求真务实、清正廉洁的新风正气。把学习《中国共产党纪律处分条例》纳入机关党委中心组学习，党总支、党支部集中学习内容和党课内容。坚决纠正民主生活会，组织生活会，“三会一课”形式化、庸俗化、简单化问题。持续开展警示教育，引导县直机关党员干部统一思想、提高认识，传导压力、压实责任。深入学习习近平总书记关于党风廉政建设和反腐败重要讲话精神，将党风廉政教育贯穿于党建工作全过程，将廉政文化宣传教育融入党员干部的思想道德日常建设中。严格落实党风廉政建设主体责任和监督责任，形成一级抓一级、层层抓落实的机关抓党风廉政建设和反腐败工作的合力。

■ 老干部工作

【概况】 2021年，利辛县认真学习贯彻落实习近平总书记关于老干部工作的一系列重要论述和上级会议精神，以优化服务质量、提高老干部满意度为抓手，不断提升老干部工作水平。2021年，积极组织老干部参加学习中央重大决策有关文件精神，组织老干部开展党史学习教育活动，用“线上＋线下”结合的方式，集中学习中共十九届六中全会精神等。开展送学上门活动，将四史学习资料等“学习大礼包”送到老干部家中，确保离退休干部在组织生活上不掉队、参与学习热情不减退。召开庆祝中国共产党成立100周年座谈会，向老干部们通报全区经济社会发展情况。

【开展活动】 2021年，利辛县关心关爱离退休老干部。2月1日，在利辛县国宾府宾馆召开全县老干部迎春座谈会。担任实职的县处级离退休干部参加座谈，县委书记吴斌出席会议并讲话，县委组织部部长王飞主持会议。4月16日，组织实职县处级离退休干部对全县重点推进项目进行参观考察，组织部部长王飞陪同参加考察活动。组织开展建党百年系列活动，召开“我看建党百年新成就”老干部座谈会，“七一”前夕对离退休干部进行走访慰问。9月，在县中医院为全县离退休干部进行健康体检。重阳节前夕，县领导走访慰问担任实职县处级离退休干部。10月12日，县人大常委会机关组织离退休老干部考察全县经济社会发展情况。到李奇茂美术馆三楼党史馆、文德·大境城售楼部、孙集皖能垃圾发电厂、汝集朱集闸、汝集镇中华产业园等项目实地查看，听取相关负责人汇报利辛县党史发展历程、城区小区建设、能源发电、垃圾处理、引江济淮等工程情况，详细了解利辛县经济社会发展情况。

■ 党校教育

【概况】 2021年，利辛县委党校以党的政治建设为统领，坚持党校姓党，做好《中国共产党党校（行政学院）工作条例》

的贯彻落实工作。紧紧围绕县委总体工作部署开展各项工作，组织教员认真学习习近平总书记“七一”重要讲话精神、党的十九届六中全会精神，做好疫情防控工作，组织开展“一月一课一片一实践”主题党日活动，开展党史学习教育等。

【干部培训】 2021年，利辛县委党校坚持党校职能定位，全年共举办各类主体班14期，参训学员1141人次。选派优秀教师“送教上门”，进行“四史”及习近平总书记“七一”重要讲话精神宣讲达50多场次，参学5000余人次。邀请县党政主要负责人及县委常委10人次为学员授课。利用党校兼职教师师资库，从全县各行各业选取优秀人才70余人次到党校主体班授课。

【课题研究】 2021年，利辛县委党校围绕县委中心工作，对县域内热点、焦点、难点问题进行针对性调研，形成调研课题并转化为主体班教学内容。结项2020年度亳州市社科规划课题4项，获批立项2021年亳州市哲学社会科学研究课题2项；结项2020年全市党校系统重点课题4项，获批立项2021年全市党校系统重点课题1项。获批立项县委2021年度全县重点调研课题1项。公开发表论文7篇。

【队伍建设】 2021年，利辛县委党校创新名师培养机制，通过试讲点评、教学比赛、随堂听课、社会调研等多种教学活动，切实营造人人争讲精品课、人人争当名师的浓厚氛围。全年安排教员外出及线上培训35人次。针对师资力量不足方面，通过遴选、引进等方式调入3名同志充实师资队伍。

■ 档案管理

【概况】 利辛县档案馆位于城关镇文州路777号，总建筑面积6411平方米，库房面积2435平方米，对外服务用房和技术服务用房面积1667平方米。馆藏档案170个全宗34290卷477780件，资料1919册（期）、报纸3186份。2021年，开展3次档案业务培训，举办2期馆内档案法规、安全法规等培训。

【档案接收与整理】 2021年，利辛县档案馆接收县公共资源交易中心、阚疃镇、县文联、县广播电视台、县总工会、县审计局、县人口和计划生育委员会、县工商业联合会8个单位数字化到期档案65365件进馆，对精准扶贫档案永久1250件、定期30年138件和疫情防控永久6218件、定期30年14824件专项档案接收进馆，加快国家档案资源有序积累。

【档案安全保管】 2021年，利辛县档案馆认真履行国家安全责任制，加强防范化解重大风险工作，逐年加大投入，强化消防、防盗报警、监控、信息数据存储等安防系统建设。紧紧围绕档案馆工作“收、存、管、用”4个基本环节，严格落实各项安全措施和管理制度，对库房、机房、信息系统、数据库以及涉密

县档案局对全县档案管理员进行业务培训 （县档案局/供）

载体、设备、网络等高风险部位，责任到人、措施到位，确保了档案实体和信息安全，持续保持档案安全“零”事故。开展档案保密、安全、消防应急、网络安全培训和大检查工作，逐台逐处排查风险，加强问题整改。完善综合和专项应急预案，年度内进行2次演练。突出重点和全覆盖，加强汛期档案安全工作，切实提高应急认识和能力。

【档案综合保障】 2021年，利辛县档案馆以数字馆建设为抓手，加快推进综合档案馆规范化、数字化建设，重点从档案资源、利用、安全、治理等方面，切实完善档案保障体系，提升“五位一体”功能和“五馆共建”水平。加强制度建设和技防设施建设，实现“多位一体”的档案安全防范体系。深化治理体系建设，投入9120元，加强功能室制度和宣传栏建设，制度化、经常性开展宣传活动。实施检查12次，发现问题9个，全部完成整改。开展馆藏档案资料全面盘点，到期档案整理鉴定工作，健全覆盖群众的资源体系。深化开发利用体系建设，建设档案查阅便民服务中心、政府信息查阅室，公共服务平台和制度优势彰显，营商环境得到优化。深入开展“我为群众办实事”实践活动，馆办理5项，责任人帮办30件。深化信息化支持服务保障体系建设，完成馆局域网络改造、防火墙改造，对现有EPS档案管理系统升级改造，满足档案接收、整理、管理、利用、鉴定、统计和编研的全过程管理。深化安防体系建设，投资60280元，完善消防、报警、监控、门禁等设施建设，确保安全责任落到实处。投资近万元，落实重要数据异地备份工作。严格干部日常管理制度，配强股室负责人，聘用技术人员2名。加强库房、机房数据档案安全管理，对机房进行简易改造，铺设防静电地板，安装网络监控和气体灭火装置，配备不间断电源。检修恒温恒湿设备，增添温湿度仪，保障设备正常运作。远赴浙江省安吉县开展数据异地备份工作，加强档案灾备应急能力，购置3块12T硬盘设备，实施异地备份工作。治理体系从少到多，由单一防控向综合治理转变，现代化治理体系和治理能力明显增强。

【档案数据库建设】 2021年，利辛县档案馆完成整理馆藏报纸3186卷，图书1910本，捐赠图书、字画29条，地籍档案修复1342卷、“三普”档案1342卷。完成馆藏档案目录著录总12419条。新增馆藏档案电子目录21015条2GB、全文数字化数据73753页36.5GB，馆藏档案数字化比率达到52%。实施数字化机房简易改造，建立局域网；对现有EPS档案管理系统进行升级改造，强化对档案接收、整理、利用、鉴定、统计全过程管理。

【档案开发利用】 2021年，利辛县档案馆对工商联、婚姻登记处数字化工作进行指导、验收；对人力资源和社会保障局（人才交流中心）、民政局、城管局、财政局、住建局档案规范整理进行业务指导；对王人镇储寨村、巩店镇永昌村，张村镇、胡集镇的档案管理工作进行指导和培训；对阚疃镇2011年至2020年档案规范整理和数字化工作进行指导。12月，深入23个乡镇一线指导、验收档案管理工作。馆参与由市委办牵头的对县馆藏及县域红色档案调研活动，指出县馆要对原始红色档案进一步征集。认真做好村级精准扶贫档案管理现状调研，完成《村级精准扶贫档案管理现状及思考》调研课题。

【档案便民服务】 2021年，利辛县档案馆实施档案服务中心大厅建设，投入2万余元进行网络布控、安全保障、宣传平台建设，优化档案利用环境。上线退役军人档案查询、再生育子女档案查询项目。在馆三楼设置政府信息公开查询点。搭建长三角地区异地查档“一网通办”平台，编制《档案馆指南》《全宗指南》，实现网上办理，网上预约查询、来馆查询2177卷1077件，电话咨询170余次。配合做好记录小康工程、茨淮新河遗物征集，配合县委史志研究室编纂党史、年鉴、大事记、地方志等工作，配合县应急局做好全国自然灾害第一次普查重大历史灾害普查工作，配合做好建党100周年征集纪念活动。

■ 党史 地方志

【概况】 2021年，在县委县政府的坚强领导下，利辛县委史志研究室自觉践行习近平新时代中国特色社会主义思想，深入学习贯彻中共十九大和十九届历次全会精神，跟进学习习近平总书记重要讲话精神，严格落实市委提出的“三严三实”“马上就办、真抓实干”的工作要求，积极开展党史学习教育，深入推进史志研究，全力做好资料征编，持续加强自身建设，较好地完成年度各项工作任务。强化理论武装。建立学习制度，将每周一作为固定学习日，集中开展理论学习和研讨交流活动，切实抓好习近平新时代中国特色社会主义思想、党章党规、省市县重要会议文件精神和史志编纂业务知识的学习培训。全年累计开展集中学习46次。夯实党建基础。严格执行“三会一课”制度，积极开展“一月一课一片一实践”主题党日活动，不断锤炼党员党性，提升政治素养。全年开展主题党日活动12次、党员讲党课12次，到红色教育基地接受党性教育3次。每月按时组织人员到帮扶的望疃镇辛沟村进行入户走访。与城关镇和平社区、望疃镇辛沟村、大李镇永红村开展支部共建活动，组建志愿者服务队伍，不定期开展便民利民服务活动。创建星级组织。利用现有条件，对办公区域和老会议室进行全新改造，购置软硬件设施，完善规章制度，充实党建内容，积极开展五星级基层党组织创建工作，从根本上提升了史志研究室党建工作水平。筑牢反腐防线。科学制订2021年党风廉政建设工作计划，深入开展“三个以案”警示教育，及时通报违反中央八项规定精神等典型案例，坚持用身边事教育身边人，教育引导干部职工树立正确的人生观、价值观，自觉抵制歪风邪气，营造了风清气正的政治生态。主动接受县纪委派驻纪检组日常监督，及时报备“三重一大”事项，对纪检组日常监督反馈的问题全部彻底整改。

【党史学习教育】 2021年，利辛县委党史和地方志研究室制定党史学习教育4本必学书籍和新四史学习行事历，12月底前顺利完成指定书籍的学习任务。开展丰富多彩的党史学习教育活动，举办全县党史知识竞赛，组织党史知识测试2次；开展党史学习教育研讨会7次。开展党史知识和十九届六中全会精神宣讲4次。结合全县党史学习教育，组织开展党史七进活动。其中，在“利辛发布”APP上开辟党史知识角专栏，每天讲述一个党史小故事，收到良好社会效果。采取图文并茂的方式，分别在单位走廊、县委五楼会议室、利辛烈士陵园、君瀚纺织公司、和谐社区、李奇茂艺术馆制作百年党史图片展。全年开展19项庆祝建党百年特色活动。

【党史研究】 2021年，利辛县委党史和地方志研究室为保存史料、便于各部门查阅历史文件，组织人员对全县1978—2008年间县委县政府出台的文件进行细致梳理，将重要文件汇编成册，汇编出版《利辛县改革开放30年文件选编》，有效保护历史资料，为党史三卷编纂提供丰富素材。启动《中国共产党利辛历史（1978—2012）》编纂工作。序时出版《利辛大事记》（季刊）。全年发行4期，其中包括“两会”特刊1期。出版发行《利辛县工作纪事》。对2019

2021年，县委史志研究室启动《中国共产党利辛历史（1978—2012）》编纂工作，完成年鉴、大事记编辑出版，对已启动志书编纂的12个乡镇进行业务指导（县委史志研究室/供）

年、2020年利辛大事记进行编修，补差补缺，合并出版。10月28日，召开利辛党史三卷编纂工作启动会，正式启动三卷编纂工作，是亳州三县一区率先启动党史编纂的单位。

【地方志工作】 2021年，完成年鉴、大事记编辑出版，对12个乡镇志书编纂进行定期检查指导。翻刻印发《利辛县志》。第一轮《利辛县志》于1995年10月出版，由于时代久远，原书所剩无几，为抢救性保护首轮县志，利辛县委党史和地方志研究室对原版县志进行了翻刻重印。完成《利辛年鉴（2021）》编纂。1月26日，以“两办”名义印发《利辛年鉴（2021）资料征集工作方案》，启动《利辛年鉴》编纂工作。12月份，该书公开出版发行。同时，指定专人负责，按时做好《亳州年鉴》利辛部分的稿件撰写和上报工作；协助县政协做好筹建茨淮新河纪念馆的史料搜集工作，初步整理出1万余字的档案资料。做好镇志编纂工作。4月2日，召开全县镇志编纂推进会，新启动中疃、胡集、永兴、城北、大李集、新张集、马店孜7个镇志和一中、二中两个校志编纂工作，累计启动了13个乡镇的镇志编纂工作。《旧城镇志》于6月25日通过专家评审，并与方志出版社签订出版协议。《巩店镇志》形成48万字评议稿；《望疃镇志》形成35万字评议稿；《张村镇志》形成45万字内审稿，《江集镇志》形成46万字内审稿；《汝集镇志》初稿完成90%；其他校、镇志的编纂工作有序推进。

利辛县人民代表大会

综述

【概况】 2021年，利辛县人大常委会以习近平新时代中国特色社会主义思想为指导，深入贯彻落实中共十九大及十九届历次全会精神，在县委的坚强领导下，立足“四个机关”的定位，认真履行宪法和法律赋予的职责，不断提升人大工作和建设水平，在推进新阶段美好利辛建设中做出人大应有的贡献。2021年县人大常委会召开会议14次，听取“一府一委两院”专项工作报告16个，召开主任会议16次，开展调研32次、执法检查4次、“每月一法”学习8次，学习法律13部。指导乡镇人大召开人代会例会2次，顺利完成新一届县乡人大换届选举筹备工作，圆满完成县十二届人大三次会议确定的目标任务。

2月5日，利辛县第十二届人民代表大会第五次会议开幕。利辛县人民政府县长怀颖向大会作《政府工作报告》 （利辛发布/供）

【坚持中国共产党的领导】 2021年，利辛县人大常委会坚持把党的政治建设放在首位，把政治规矩和政治纪律挺在前面，把党的领导贯穿到人大工作的全过程、各方面。认真开展党史学习教育，按照县委要求召开党史学习教育专题组织生活会和民主生活会，检视存在问题、分析问题成因、明确整改方向、落实整改措施。认真学习贯彻中共十九大和十九届历次全会精神，学习习近平新时代中国特色社会主义思想，深刻理解把握习近平总书记关于坚持和完善人民代表大会制度的新理念、新思想、新要求，以及对地方人大及其常委会工作的重要指示精神，全年召开人大常委会党组中心组学习扩大会13次，机关政治理论学习42次，第一时间传达习近平总书记最新重要讲话精神，中央和省市县委重要会议、重要文件精神。围绕县委中心工作和常委会年度工作重点，常态化开展调查研究，定期召开党组会议，讨论决定重大事项，听取各工作机构履职情况、调研情况汇报，摸清实际情况，找准问题症结，提出应对建议，有力有序推动工作落细落实。完善党内监督机制，严格执行党组议事规则和决策程序，按规定召开党组（支部）民主生活会，开展批评和自我批评，增进常委会班子和机关党支部班子团结。认真整改党组民主生活会查摆问题，不搞“变通”，不打“擦边球”。支持和保障县纪委派驻纪检组履行监督职责，积极营造风清气正的政治生态和干事创业的良好环境。

【经济运行监督】 2021年，利辛县人大常委会常态化听取审议计划执行、财政预决算、审计工作及审计问题整改情况报告，开展“十四五”规划实施、耕地保护、现代农业发展、畜牧养殖业发展、城市建设、水利工程建设、林长制落实、汛前防洪应急工程安全隐患检查等专题调研，推进经济高质量发展。认真落实县委深化改革任务。2021年，按照县委深改委任务分解，要求县人大常委会“建立健全国有资产管理情况监督制度，依法履行人大国有资产监督职责”。常委会班子高度重视，及时调整监督计划，2021年10月开展全县国有资源资产管理情况调研，常委会第四十九次会议审议2020年度全县国有资源资产管理情况报告，要求政府加强国有资产管理，促进国有资产保值增值。

【生态环境治理督查】 2021年，利辛县人大常委会聚焦大气、水、土壤、固体废弃物污染等方面的突出问题，听取审议全县环境状况和环境保护目标完成情况的报告，推进打好污染防治攻坚战。围绕“引江济淮”“引淮济亳”工程，建立守护西淝河、茨淮新河“清水廊道”单月暗访、双月调研机制，对两河流域内的黑臭水体治理、饮用水水源保护等进行23次暗访，查看中小河流82条，指出问题112个，集中通报问题5次。通过连续的“专题问水”，推动解决水环境保护中责任单位工作“缺位”“不到位”问题。

【推进法治社会建设】 2021年，利辛县人大常委会组织开展“12·4”国家宪法日、“江淮普法行”活动，开展食品安全法、村民委员会组织法、《突发公共卫生事件应急条例》、中小企业促进法执法检查，听取审议全县“七五”普法宣传教育工作情况报告，作出关于开展利辛县第八个五年法治宣传教育的决议。听取审议法院刑事审判工作、检察院未成年人刑事检察工作情况报告，推进全民学法守法，促进司法公正。

【支持城市建设】 2021年，利辛县人大常委会调研物业管理、停车场建设，听取城市基础设施建设情况报告，对城市建设和管理工作开展专题询问，针对城市老旧小区改造、物业管理、雨污分流、园林绿化、环境卫生、城市交通、公共服务等12个议题进行询问，问出人大职责，答出政府责任，回应社会关切。审议批准县政府将城市基础设施PPP项目、棚户区改造项目等政府付费资金分年度列入财政预算议案，支持政府加快现代城市建设步伐。

【回应社会关切】 2021年，利辛县人大常委会开展教育教学质量提升、学校周边环境和学校食堂安全、村级卫生室建设及村医管理、食品安全、医疗保障、药品市场管理、道路交通安全、民族宗教等专题调研，并听取审议相关工作报告，推进解决学有所教、食有所安、病有所医。开展社会保障、养老服务体系建设专项调研，力促政府兜牢民生底线，增进人民福祉。

【代表工作】 2021年，利辛县人大常委会党组始终坚持紧紧依靠代表，主动服务代表，激发代表履职热情，支持和保障代表履行职务。完善代表联系机制。健全人大常委会班子成员和各工作机构联系乡镇人大工作制度，坚持常委会组成人员联系代表、代表联系群众“双联”制度，全年走访联系基层人大代表500多人次。开展乡镇人大工作和建设调研，指导乡镇依法召开人代例会和主席团会、规范开展代表小组活动，激发基层人大工作活力。搭好代表履职平台。建立乡镇代表工作站23个、市人大代表联络站9个，把全县各级人大代表混合编成161个活动小组，支持各级代表联动开展活动，畅通代表联系群众“最后一公里”。常委会党组成员带头走访选民、联系代表，收集群众意见建议，用心用情为群众办实事、解难事、做好事，用实际行动诠释为民代言的责任。丰富代表活动内容。坚持邀请代表参与常委会履职活动，全年共有60余名代表列席人大常委会会议和参加调研视察、执法检查等活动，并组织100多名各级代表旁听法院重要案件庭审、参加各类座谈会和听证会等，拓宽代表对常委会和政府工作的参与度。指导各乡镇人大围绕乡村振兴、生态环境、产业发展、义务教育、公共卫生等议题组织代表开展调研60余次。结合党史学习教育，组织全县各级人大代表为群众办实事、解难事180余件，让群众感受到民意有人代表、民生有人关注、民主就在身边。认真办理代表建议。坚持常委会领导督办代表议案建议工作机制，对代表建议进行集中交办、重点督办。全年，代表提出的63件议案建议全部办理完毕，代表满意率、问题解决率明显提升，实现由“答复满意”向“结果满意”转变。

■ 重要会议

【县第十二届人民代表大会第五会议】 2021年2月5—7日，大会表决通过利辛县国民经济和社会发展第十四个五年规划和2035年远景目标纲要的决议、人大常委会工作报告的决议、政府工作报告的决议、人民法院工作报告的决议、人民检察院工作报告的决议、2020年国民经济和社会发展计划执行情况与2021年计划的决议、2020年预算执行情况与2021年预算的决议。会议进行人事任免事项，林刚当选为利辛县监察委员会主任；王平当选为利辛县人民法院院长；补选田莉、金莉、宫继涛、都宇翔为利辛县第十二届人大常委会委员。

【县十二届人大常委会会议】
县十二届人大常委会四十一次会议。1月8日，县十二届人大常委会举行第四十一次会议。县人大常委会主任马瑛主持会议并讲话。县人大常委会副主任江淮、何芳、黄振军出席会议。会议分别通过关于接受陆忠、张军、董明、韩坤、江畔畔、刘志和、侯明等辞去县十二届人大代表职务请求的决定和暂停陆海的县十二届人大代表职务的决定。审议通过关于万洪超等19名县十二届人大代表的代表资格审查情况的报告。会议审议通过关于变更县十二届人大五次会议召开时间的决定和关于县十二届人大五次会议的议程草案、日程草案和有关建议名单草案。会议决定2021年2月5日至7日在利辛县城召开县十二届人大五次会议。

县十二届人大常委会四十二次会议。1月28日，县十二届人大常委会召开第四十二次会议。县人大常委会副主任江淮主持会议。县人大常委会副主任何芳、黄振军、孙业茂出席会议。会议表决通过县十二届人大五次会议主席团和秘书长名单（草案）、大会执行主席分组名单（草案）、计划和预算审查委员会组成人员名单（草案）、议案审查委员会组成人员名单（草案），并对有关人事任免事项进行了无记名投票。会议要求，要以饱满的工作热情和良好的精神状态，细中求细，严中求严，扎实细致地做好各项筹备工作，确保县十二届人大五次会议顺利召开，让县委满意、让人民群众满意、让代表满意。县人民政府副县长赵培仑，县监察委代理主任林刚，县人民法院代理院长王平，县人民检察院检察长孙传海等依法列席会议。

县十二届人大常委会四十三次会议。3月16日，县人大常委会召开第四十三次会议。县人大常委会主任马瑛主持会议。副主任黄振军、孙业茂出席会议。会议传达十三届全国人大四次会议精神、省十三届人大四次会议精神、市四届人大五次会议精神，表决通过2021年县人大常委会工作要点及关于许可利辛县人民法院对县十二届人大代表吴开齐采取司法拘留措施的议案。

县十二届人大常委会四十四次会议。4月22日，县十二届人大常委会举行第四十四次会议。县人大常委会主任马瑛出席会议并讲话。会议听取审议县政府关于全县生态环境工作情况报告和县人民法院关于刑事审判工作情况报告，通报县人大常委会近期暗访发现的西淝河流域部分河流水污染问题，审议县人大常委会任命的法官和检察官的述职报告并进行工作评议，表决通过县政府、县法院提请的人事任免事项。县人大常委会副主任江淮、何芳、黄振军、孙业茂出席会议。

县十二届人大常委会四十五次会议。6月16日，县十二届人大常委会举行第四十五次会议。县人大常委会主任马瑛，副主任江淮、何芳、黄振军出席会议。会议听取审议县人民政府关于现代农业发展情况、学校周边环境整治和学校食堂安全情况的报告，听取审议县人民检察院关于未成年人刑事检察工作情况的报告，通报县人大近期暗访发现的水环境污染问题。

县十二届人大常委会四十六会议。8月6日，县十二届人大常委会举行第四十六次会议。县人大常委会主任马瑛主持会议。会议接受高峰辞去亳州市四届人大代表职务的请求；补选吉洪武、徐丽为亳州市第四届人大代表，其代表资格将由县人大常委会报送市人大常委会代表资格审查委员会确认；任命姬亚为利辛县人民检察院检察委员会委员。县人大常委会副主任江淮、何芳、黄振军、孙业茂出席会议。县委常委、副县长曲利杰，县监察委副主任代安全参加会议。

县十二届人大常委会四十七次会议。8月27日，县十二届人大常委会举行第四十七次会议。县人大常委会主任马瑛出席会议并讲话，副主任何芳、黄振军出席会议。副主任江淮主持会议。会议听取并审议县人民政府关于全县2021年上半年国民经济和社会发展计划执行情况及下半年工作安排意见的报告、关于2020年度县本级财政决算草案和2021年上半年全县财政预算执行情况的报告、关于2020年县本级预算执行和其他财政收支的审计工作报告、关于2021年县级预算调整方案（草案）的议案，会议批准2020年度县本级财政决算、2021年县级预算调整方案，通报县人大近期暗访发现的水环境污染问题。会议还表决通过县政府、县法院提请审议的人事任免议案，县人大常委会主任马瑛为新任命人员颁发任命书，新任命人员进行宪法宣誓。

县十二届人大常委会四十八次会议。9月18日，县十二届人大常委会召开第四十八次会议。县人大常委会主任马瑛，副主任江淮、黄振军出席会议。县人大常委会副主任孙业茂主持会议。会议表决通过关于重新确定各乡镇人大代表名额的议案，决定利辛县23个乡镇新一届人民代表大会代表总名额为2212名，并报亳州市人民代表大会常务委员会备案。会议表决通过有关人事任免事项。

县十二届人大常委会四十九次会议。10月21日，利辛县十二届人大常委会举行第四十九次会议。县人大常委会主任马瑛，副主任江淮、孙业茂出席会议。县人大常委会副主任黄振军主持会议。会议听取和审议县人民政府关于全县水利工程建设管理工作情况的报告、关于全县城市建设工作情况的报告、关于全县国有资产管理情况的报告、关于全县国有自然资源资产管理情况的专项报告、关于“七五”法治宣传教育工作暨第八个五年法治宣传教育规划编制情况的报告。会议表决通过县人大常委会关于开展第八个五年法治宣传教育的决议（草案）、关于任命县选举委员会组成人员的议案（草案）、关于任命乡（镇）选举委员会组成人员的议案（草案）。会议通报县人大近期暗访发现的水环境污染问题。会议决定任命王林兵为县教育局局长；任命梁伟涛为县人大常委会教科文卫工委主任、孙利军为县人民法院立案庭（诉讼服务中心）副庭长、李鹏武为县人民法院马店中心人民法庭副庭长、史涛为县人民法院江集中心人民法庭副庭长、郑颖为县人民法院民事审判二庭副庭长。

县十二届人大常委会五十次会议。11月17日，利辛县十二届人大常委会举行第五十次会议。县人大常委会主任马瑛主持会议。县人大常委会副主任江淮、何芳、黄振军、孙业茂出席会议。会议听取和审议关于利辛县县乡两级人民代表大会换届选举的决定（草案）、关于利辛县县乡人大换届选举工作方案（草案）、关于利辛县第十三届人民代表大会代表名额分配及选举问题的决定（草案）、关于确定全县各乡镇新一届人民代表大会代表构成情况的方案（草案）、县人民政府关于全县预算绩效管理工作开展情况的报告、县人民政府关于2021年县级预算第二次调整方案（草案）的议案。会议同意2021年县级预算第二次调整议案，决定批准县人民政府2021年县级财政预算第二次调整方案。

县十二届人大常委会五十一会议。12月1日，县十二届人大常委会举行第五十一次会议。县人大常委会副主任江淮主持会议。县人大常委会主任马瑛，副主任何芳、黄振军、孙业茂出席会议。会议决定任命王林兵、张东洋、焦鹏为利辛县人民政府副县长。

县十二届人大常委会五十二次会议。12月14日，利辛县十二届人大常委会举行第五十二次会议。会议由县人大常委会副主任何芳主持。县人大常委会党组书记江浩，副主任江淮、黄振军、孙业茂参加会议。县委常委、副县长曲利杰，县监察委主任林刚，县人民法院院长王平，县人民检察院检察长孙传海等依法列席会议。会议听取县人民政府关于全县医疗保障工作情况的报告、关于全县药品市场管理工作情况的报告、关于全县道路交通安全工作情况的报告、关于县十二届人大五次会议代表议案建议办理情况的报告，进行满意度测评。会议表决通过关于召开利辛县第十三届人民代表大会第一次会议的决定、利辛县第十三届人民代表大会第一次会议议程、利辛县第十三届人民代表大会第一次会议关于设立议案审查委员会和计划预算审查委员会的决定、利辛县第十三届人民代表大会第一次会议关于代表提出议案及其审议程序的决定，以及关于接受县、乡（镇）选举委员会部分成员辞职的议案。会议进行人事任免事项，任命孙广臣为县人大常委会农业和农村经济工作委员会主任、马苗苗为利辛县人民法院民事审判一庭（环境资源审判庭）副庭长、张冰为利辛县人民法院刑事审判庭副庭长，免去马如成县人大常委会农业和农村经济工作委员会主任职务。

县十二届人大常委会五十三次会议。12月24日，县十二届人大常委会举行第五十三次会议。县人大常委会党组书记江浩，副主任何芳、黄振军、孙业茂出席会议。县人大常委会副主任江淮主持会议。会议审议通过利辛县人大常委会代表资格审查委员会关于县十三届人民代表大会代表资格的审查报告、县十三届人大一次会议日程（草案）和有关建议名单草案。

县十二届人大常委会五十四次会议。12月27日，利辛县十二届人大常委会举行第五十四次会议。会议由县人大常委会副主任江淮主持。县人大常委会党组书记江浩，副主任何芳、黄振军、孙业茂参加会议。会议审议通过关于变更利辛县第十三届人民代表大会第一次会议召开时间的决定。

执法检查

《中华人民共和国食品安全法》贯彻落实情况执法检查　4月1日，县人大常委会副主任何芳带领部分常委会委员、教科文卫工委委员，对全县《中华人民共和国食品安全法》贯彻落实情况开展执法检查。检查组一行来到浙永超市西潘楼店、西潘楼学区第一初级中学食堂、粮厦孙集镇东南园加盟店、孙集满堂鲜餐饮服务店、孙集宋寨学校食堂、张村付老四饭店、张村镇中心幼儿园等处查看食品安全法落实情况。执法检查中，各位委员针对个别工作人员没有及时办理健康证、散装食品未标识生产日期、食品留样不规范等问题提出整改要求。检查组强调，食品安全关系千家万户，是最大的民生工程，一定要提升对食品安全的重视程度，严守法律底线，加强日常监督，严厉处理违法违规行为，最大限度保证群众食品安全。

《中华人民共和国村民委员会组织法》贯彻落实情况执法检查　9月24日，县人大常委会成立执法检查组深入巩店镇红莲村、孙庙乡阳光村等地，对全县贯彻实施《中华人民共和国村民委员会组织法》情况进行执法检查。执法检查组采取听取基层干群意见、查阅村委会会议记录和村务公开台账等形式，对村民代表推选、民主议事制度落实、村务监督委员会发挥作用、村务公开、村民自治等情况进行全面检查，目的是总结经验，查找不足，改进工作，更好地指导村级组织换届选举工作。

《中华人民共和国中小企业促进法》实施情况执法检查　12月1日，县人大常委会副主任江淮带领部分常委会委员、财经工委委员，对全县《中华人民共和国中小企业促进法》（以下简称《中小企业促进法》）贯彻实施情况开展执法检查。检查组一行先后到三优农业科技有限公司、欣奥包装、艾可舒、金宜食品、京威服饰等企业，通过实地查看、听取汇报、座谈询问等形式，对全县贯彻实施《中小企业促进法》情况进行检查。江淮要求，县政府要进一步提高对中小企业发展重要性的认识，把贯彻实施《中小企业促进法》作为一项重要工作抓实抓好，为中小企业持续健康发展营造良好的发展环境；要坚持问题导向，帮助企业解决《中小企业促进法》在实施中遇到的困难，提供切实有效的服务；要加强对中小企业的创新支持和创业指导，提升中小企业开拓市场的能力，促进全县中小企业又好又快发展。

《突发公共卫生事件应急条例》实施情况执法检查　12月2日，县人大常委会执法检查组就全县贯彻落实《突发公共卫生事件应急条例》实施情况开展执法检查，推动《突发公共卫生事件应急条例》在全县贯彻实施，保障人民群众生命安全和身体健康。执法检查组先后到县疾控中心、县医院、西潘楼镇卫生院等地，现场听取相关负责人的介绍，详细了解专业应急装备、医疗物资储备、隔离救治点建设等情况。执法检查要求有关部门和单位要进一步加大《突发公共卫生事件应急条例》等法律法规的宣传力度，普及疾病防控知识，营造良好的群防群控氛围；要依法加强疫情防控和医疗救治体系建设，依法强弱项、补短板，确保相关法律制度落实，提高应对突发公共卫生事件的能力。

专题调研

环境保护调研　1月22日，县人大常委会主任马瑛带队组织部分常委会委员开展环境保护工作调研。调研组深入车辙沟、东红丝沟、晴岚溪等县城内主要水系及马店镇新建沟、阚疃镇永幸河实地查看污水排放和河流污染治理情况并召开座谈会。会上，马瑛针对本次调研发现的雨污混流、河道污染等问题，要求县政府相关责任单位要集中精力尽快解决。

“碧水”月调研　3月17日，县人大常委会启动“碧水”月调研活动，由县人大常委会城建环资工委和社会建设工委牵头组成暗访组，深入城关、孙集、西潘楼、张村等镇，围绕“水面、河岸、污染口、雨污混流”等重要部位，以及水源水、出厂水、管网水、末梢水等，进行实地暗访。调研组一行查看车辙沟南段、南截岗沟、旱阳沟、黄龙沟、青龙沟、杨湖沟、安营沟、九里沟、干溪沟等西淝河、茨淮新河支流水质情况，与当地群众进行面对面交流，详细了解有关情况，发现部分流域存在污水直排、秸秆堆放、漂浮物淤积等问题。

养殖业专题调研　3月24日，县人大常委会副主任何芳带队，组织部分常委会委员、农工委委员对全县养殖业工作开展专题调研。调研组一行先后来到城北镇正大集团养猪场、德清源蛋鸡场、侯寨村养牛场，西潘楼镇五里村养猪场、刘营村赵勇养牛场，听取相关负责人对养殖业工作的汇报后，详细询问、了解养殖场的规模、疫病防治、销售效益等情况。建议养殖业项目在建设前就要解决好合法合规用地、标准化规模养殖、畜禽疫病防控、粪污资源化利用等几个关键性问题，县政府及相关部门要科学合理引导，加大对农户关于家庭养殖的政策宣传和技术培训，推进全县养殖业绿色发展。

生态环境保护调研　4月15日，县人大常委会副主任黄振军带领部分县人大常委会委员，调研全县生态环境保护工作。县生态环境分局局长郭全德陪同。调研组先后到驻马沟、车辙沟南段、截岗沟、旱阳沟、青龙沟等断面或排污口，实地查看水环境治理情况，听取县生态环境分局关于全县环境保护工作开展情况的汇报。针对大气污染治理、水污染治理、土壤污染治理、生态环境状况及环境风险状况等进行现场询问，对车辙沟南段、截岗沟等流入西淝河支流的黑臭水体治理提出建议。黄振军要求生态环境分局及相关部门要进一步增强生态环境保护的责任感和使命感，坚持绿色发展理念，坚守生态保护红线、环境质量底线，落实主体责任，细化工作任务，加强协调联动，突出问题导向，抓好大气、水、土壤等生态环境整治工作。

扶贫领域腐败和作风问题专项治理调研　4月21日，县人大常委会对县监察委员会开展扶贫领域腐败和作风问题专项治理工作进行调研。县人大常委会副主任江淮参加调研并提出要求，县监察委副主任孙明峰陪同。调研组深入位于中疃镇的第五纪委监委协作区，采取查看资料、现场询问、听取汇报、座谈交流等形式，详细解县监察委员会治理扶贫领域腐败和作风问题工作情况，对县监察委员会政治站位高，工作力度大，严肃查处扶贫领域腐败和作风问题取得的成效予以充分肯定。调研组指出，脱贫攻坚是一项政治任务，县监察委员会要继续提高政治站位，坚持问题导向，把责任再压实，工作再到位，督促各乡镇各部门履行好属地监管责任；要完善明察暗访工作机制，畅通常态化监督渠道，保持严打重处的高压态势，持续推进扶贫领域腐败和作风问题治理工作；要将扶贫领域问题治理工作与扫黑除恶专项斗争结合起来，坚决查处黑恶势力向扶贫领域渗透，斩断伸向扶贫资金“黑手”；要强化监察干部队伍建设，把抓学习、抓主业、抓管理、抓监督贯穿于监察队伍建设全过程，着力打造忠诚、干净、担当的监察“铁军”。

村级卫生和村医管理调研　4月23日，县人大常委会副主任何芳带领部分常委会委员、教科文卫工委委员调研全县村级卫生和村医管理工作。调研组一行先后前往西潘楼镇东王村卫生室、西潘楼镇张楼村卫生室、孙集镇冯楼村卫生室、孙集镇刘营村卫生室等地，对村级卫生和村医管理工作进行深入了解，并以现场交流的形式详细了解了村卫生室标准化建设、诊疗服务、公共卫生服务、医务人员配备、村医待遇等情况。调研组提出全县村级卫生和村医管理工作仍存在部分村卫生室基础设施建设不达标，部分乡村医生数量不足、服务能力弱，部分基础药物配送不及时等问题。建议全县在下一步工作中要加强乡村医生队伍建设，更好地为基层人民群众提供医疗卫生服务；要保证药品的正常供应，确保医疗物资储备齐全；要完善村卫生室基础设施建设，提高医疗服务水平和环境；要改善乡村医生待遇保障，使他们安心在基层工作。

学前教育调研　5月8日，县人大常委会副主任何芳带领部分常委会委员、教科文卫工委委员，对全县学前教育工作情况开展调研。县教育局相关负责人陪同。调研组先后到利辛六幼、苗苗国艺幼儿园、王人新星幼儿园、王人学区中心幼儿园、巩店实验幼儿园等地进行实地查看，通过查阅资料、听取汇报、观看视频等方式，全面了解学前教育师资建设、保教质量、园所建设、幼儿入园率等情况。调研组认为，近年来全县不断完善工作机制，建立多元办园发展格局；持续加大财政投入，保障学前教育健康发展；推进小区配套园治理，扩大教育资源供给；有序补充教师队伍，提升师资业务水平；逐渐规范保教管理，强化幼儿园安全监管，全县学前教育资源快速扩大，学前教育发展迈上新的台阶。

西淝河流域利辛部分河流水污染问题整改暗访　5月12—13日，县人大常委会城建环资工委和社会建设工委牵头组成暗访组，对县十二届人大常委会第四十四次会议上通报的西淝河流域部分河流水污染问题整改情况进行暗访。

现代农业调研　5月28日，县人大常委会副主任何芳带队，组织部分常委会委员、农工委委员开展现代农业工作调研。县农业农村局相关负责人陪同。调研组一行实地察看巩店镇魏砀村食用菌基地、汝集镇中华村强英鸭业转产蘑菇基地、张村镇小李集上海四季青小青菜基地、纪王场乡百家兴种植合作社等地。调研组表示，发展现代农业是加快乡村振兴的重要举措。全县要以优势特色产业为主攻方向，推动乡村产业绿色化、规模化、特色化、品牌化发展，努力实现国家级现代化生态农业产业化示范县建设。

学校周边环境和食堂安全调研　6月1日，县人大常委会副主任何芳带领部分常委会委员、教科文卫工委委员，对学校周边环境和食堂安全工作进行调研。县教育局、县市场监督管理局相关负责人陪同。调研组先后来到利辛五中、利辛四中、利辛七中、永兴初级中学，采取实地察看、与负责人交流、听取汇报等形式，了解学校周边食品销售点食品质量，学校食堂环境卫生、食品加工流程、食品留样、餐具消毒、记录台账等情况，并针对存在的问题提出整改意见和建议：相关职能部门要加强协作，加大对学校周边治安和食品安全的监管力度；学校要高度重视校内外各项安全管理工作，建立健全各项安全管理制度；进一步加大对《中华人民共和国食品安全法》等有关法律法规的宣传力度，切实营造良好、安全、稳定的育人环境。

未成年人刑事检察工作调研

6月8日，县人大常委会副主任江淮带领部分常委会委员、监司工委委员，到县人民检察院调研未成年人刑事检察工作。县人民检察院检察长孙传海全程陪同。调研组一行，实地察看未成年人法制教育基地、未成年人“一站式”办案区，并进行座谈交流。调研组表示，青少年是祖国的未来，是民族的希望，县人民检察院在未成年人刑事检察工作上取得的成绩是值得肯定的。调研组建议，要加强部门协作，建立联动机制，促进信息共享，形成全社会共同保护未成年人的工作合力；要进行多维度普法宣传，有创新性地制作通俗易懂的短视频、动画等，并利用抖音、微信公众号等新媒体进行普法宣传。

水污染防治调研　6月22日，县人大常委会副主任黄振军带领部分县人大常委会委员调研全县水污染防治工作。调研组一行先后到城关、程家集、阚疃等乡镇实地察看河流水系污染治理情况，详细了解全县河流水系的水质达标情况，以及黑臭水体治理工作中存在的问题。黄振军强调，水污染防治工作事关百姓切身利益，是一项重要的民生工程。县政府各有关部门要高度重视，切实抓好环保督察整改工作，压实责任，狠抓各项措施的落实，推进水环境质量持续改善。要强化“源头治污”，加大对城镇生活污水和农村污水等污染源的排查和治理力度。要强化“系统治污”，全面实施水生态文明建设，推进水生态修复和保护，加快改善全县水生态环境。

2021年上半年全县国民经济和社会发展计划执行情况调研　7月21日，县人大常委会专题调研2021年上半年全县国民经济和社会发展计划执行情况，县人大常委会副主任江淮参加活动。调研组一行先后深入到光明北路PPP项目、君翰纺织、禾丰牧业100万头生猪屠宰项目、揽翠河工程、锦绣路职教园南区、安师大附属中学、县医院传染病区、马胡桥建设工程等地进行查看，详细了解全县上半年经济指标完成情况和项目建设、产业发展、重点领域改革、巩固脱贫攻坚成果、生态治理、民生实事等工作开展情况，询问上半年国民经济和社会发展计划执行中面临的困难和问题以及下半年经济社会发展的主要任务和重点工作情况。调研组建议，县政府及相关部门要践行初心使命，主动担当作为，立足新发展阶段，贯彻新发展理念，构建新发展格局。要继续突出项目带动、突出民生改善、突出督导考评、突出高质量发展，确保全县经济社会发展水平稳步提高，以半年保全年，以当年保“十四五”。要狠抓招商引资项目落地，下大力气抓好财源建设。要抓好美丽乡村建设，巩固脱贫攻坚成果，提升生态治理建设成效，全力以赴办好民生实事，提升人民群众幸福感。

退役军人事务调研　7月30日，县人大常委会副主任何芳带领部分常委会委员、社会建设工委委员，对全县退役军人事务工作开展调研。调研组一行先后赴城北镇退役军人服务站、江集镇退役军人服务站、城关镇和谐社区退役军人服务站、城关镇退役军人服务站，实地察看退役军人光荣墙、档案资料室、信访接待室、咨询室等场所，对相关工作情况进行了解。调研组指出，过去两年来，县退役军人事务局攻坚克难、稳扎稳打，各项工作实现良好开局。调研组强调，做好退役军人工作，事关社会和谐稳定，要切实增强使命感和责任感，加快健全组织管理、工作运行和政策制度“三个体系”，全面提升退役军人服务保障水平，引领退役军人为美好利辛建设作出积极贡献。

防洪应急工程安全隐患调研　8月3日，县人大常委会副主任何芳带队，组织部分常委会委员、社会建设工委委员开展防洪应急工程安全隐患调研。县应急管理局相关负责人陪同。调研组一行先后实地察看茨淮新河阚疃枢纽、展沟镇苏沟闸、县应急局物资省级储备库现场，听取相关工作情况汇报，详细了解全县水利工程备汛、防汛物资储备等情况。调研组指出，防汛工作事关经济社会发展大局，事关人民群众生命财产安全，责任重于泰山。希望相关部门进一步落实措施、明确责任，坚持问题导向，紧盯防汛重点部位环节，做深做实各项防汛备汛措施及汛情应对工作，确保全县安全顺利度过汛期。

农饮工程运营管理调研　8月17日，县人大常委会副主任何芳带队对全县农饮工程运营管理情况进行调研。调研组先后深入阚疃郁湖水厂、潘楼五里水厂、开源水务三司（江集水厂）、张集李集水厂进行实地查看，详细了解各水厂的运行管理及水质监测工作开展等情况。县水务局相关负责人进行工作汇报。调研组指出，水是生命之源、生产之要、生态之基，农饮工程运营管理更是关乎民生，关系广大农民群众健康和生命安全。要切实提高对农村饮水安全工程工作的认识，始终以高度的责任感做好这项工作；要建管并重，注重长效管理，完善体制机制，从而使农饮工程良性运行；要坚持问题导向，明确责任分工，勇于克难攻坚，确保农村居民长期稳定喝上安全放心水。

国有资产管理调研　10月13日，县人大常委会副主任江淮带领调研组一行，对全县国有资产管理情况进行专题调研，县财政局负责人陪同调研。调研组一行采取现场实地查看、听取汇报、交流座谈等方式，先后深入城投公司、科兴科创园、开元水务公司地表水厂、县第一中学、县万丰公司等单位及国有企业，调研了解资源性国有资产、国有企业运营发展、闲置国有资产使用管理等情况。调研组建议县人民政府要进一步加强国有资产管理，研究建立行政事业单位国有资产管理信息共享机制；国投公司的国有资本在投向上要逐步投资、谨慎扩面，加强管理，做优做强，聚焦优质资源，追求投资效益最大化；进一步加大闲置国有资产的处置力度，积极盘活，合理利用，发挥资产的最大效益；坚持依法办事，严格按照国家的有关规定和程序进行资产处置。

城市基础设施建设调研　10月14日，县人大常委会组织部分委员调研全县城市基础设施建设情况。调研组一行先后到达黄湖路与建设路交叉口、高新西路、醉月南路、科技路向阳路交叉口、揽翠河治理及怡秀游园建设点、创业路与阜蒙河交叉口、和平南路与淝河南路交叉口等地进行实地查考，听取县住建局相关负责人汇报我县城市基础设施建设及园林绿化建设情况，并分析存在的困难、问题和不足，明确下一步工作的努力方向和措施。调研组指出，要加快推进城建领域民生项目和重点项目建设进度，深入分析制约项目进展的堵点难点问题，合力破解短板弱项；要从群众最直接、最现实、最关心的问题入手，解决好民生问题，建立为民办实事的长效机制，尽可能满足大部分群众的需求，把好事办在群众的心坎上；要利用“数字”抓城建，通过“数字化”“智能化”全面提升行业治理能力和公共服务水平，切实做到在数字化转型中带动城乡建设实现更高质量、更高水平的发展。

药品市场管理调研　12月1日，县人大常委会组织部分常委会委员、教科文卫工委委员对全县药品市场管理工作开展专题调研。调研组一行先后到城北镇卫生院、五一大药房等地，边听取相关汇报、边交流讨论，对全县药品市场管理工作取得的成绩给予肯定；并就药品安全工作提出要求：继续加大药品安全宣传力度，不断提高人民群众识别“假冒伪劣药品”和正确使用药品的能力；加大投入保障力度，逐步增强监管实力，高度重视基层药品监督干部队伍建设，不断加强对药品监管人员的培训，强化药品监管力量；不断强化与相关部门的执法合力，强化对违法行为的处罚，加强对重点领域、重点区域的监管，切实履行好药品安全监管责任，努力营造全社会共同关注“安全用药、健康生活”的良好氛围。

道路交通安全调研　12月2日，县人大常委会副主任江淮带领部分常委会委员对全县道路交通安全工作开展专题调研。调研组指出，受客观条件限制，目前全县道路交通安全形势严峻，道路交通安全隐患较多，交通安全管理矛盾突出。对此县政府要做到综合治理与重点治理相结合、源头治理与标本兼治相结合、依法治理与保障民生相结合、道路交通安全与创建文明城市相结合，全面推动全县道路交通安全工作再上新台阶。

医疗保障调研　12月3日，县人大常委会副主任何芳带领部分常委会委员、社会建设工委委员对全县医疗保障工作开展情况进行调研。调研组一行到马店孜镇卫生院、马店孜镇医保办事大厅以及王园村医保办事大厅等地，实地查看医保工作进行情况并认真听取工作人员的工作介绍，对医保硬件设置、工作运行等进行了详细了解。调研组对全县医疗保障工作给予充分肯定，要求县人民政府要进一步提高对医保工作重要性的认识，加大医保政策宣传力度，提高政策知晓率；要不断提升医保工作的信息化水平，为人民群众提供高效便捷的医疗保障服务；要优化工作方案和服务理念，紧盯医保制度改革的目标，加大政策支持力度，完善服务管理，不断提高群众看病就医满意度和获得感。

教育教学质量调研　12月8日，县人大常委会副主任何芳带队，组织部分常委会委员、教科文卫工委委员、人大代表开展全县教育教学质量提升工作调研。调研组先后到利辛一中、利辛中学北校区、城北学区城北中学、城北学区城北一小、中疃学区周集中学等地，通过听取工作汇报，对学校的硬件设施、师资力量、近年来的教育教学成绩和学校发展面对的困难进行详细了解。调研组指出，教育工作涉及面广，社会关注度高，相关部门要履职尽责、密切配合，形成共同推动教育发展的合力。聚焦问题短板，在提高教育质量、优化教育结构、缩小发展差距方面补齐短板；加大对教育事业的经费支持力度，完善学校基础设施，进一步提升全县教育水平；建立以提高教育质量为导向的管理制度和工作机制，形成以促进学生全面发展为目标的人才培养模式，全力办好利辛教育，给全县人民交上一份满意的答卷。

耕地保护调研　12月14日，县人大常委会副主任何芳带队，组织部分常委会委员、农工委委员对全县耕地保护工作开展专题调研。调研组一行先后到孙庙乡孙庙村违法养牛场拆除复耕现场、王人镇永久基本农田保护镇级公示牌现场、巩店镇王店村土地增减挂项目区等地，听取相关负责人对耕地保护工作的汇报后，详细询问、了解耕地保有量、永久基本农田保护面积、耕地保护执法监督、耕地质量保护与提升、设施农用地管理、耕地保护制度建设等情况。调研组一行对各职能部门耕地保护的责任意识和工作成绩给予肯定，要求继续加大耕地保护法律法规宣传力度，切实提高保护耕地意识；加强国土资源巡查工作，完善土地动态巡查工作机制，加大督查和问责力度，严厉打击“两违”“农村乱占耕地建房”行为；严格按照省市要求，做好基本农田储备区划定和核实整改工作；建立健全落实耕地占补平衡奖励措施，深度挖掘潜力，找地块、攒家底，为补充耕地项目打基础；进一步明确职责，加强督查调度，加快增减挂项目实施进度。

利辛县人民政府

综述

【概况】 2021年，利辛县人民政府始终把谋发展、抓落实作为政府工作的主旋律，真抓实干、攻坚克难，圆满完成了各项工作任务。2021年，实现地区生产总值366.8亿元，较上年增长9.2%；一般公共预算收入18.0亿元，增长13.2%；社会消费品零售总额249亿元，增长19.9%；金融机构年末各项存款余额545.0亿元、贷款余额427.5亿元，分别增长16.7%、21.8%；规模工业增加值增长16.6%，固定资产投资增长30.9%。城镇常住居民可支配收入36438元，增长9.1%；农村常住居民可支配收入15549元，增长9.5%。22项经济指标中，有15项居三县一区前两位，其中居三县一区首位的有13项，荣获全市稳增长进步奖。

【现代农业】 2021年，利辛县发展优质专用粮食生产基地115万亩，建设高标准农田12万亩。粮食总产13.54亿千克，较上年增长2.4%。扎实开展粮食购销领域腐败问题专项整治，加强粮食储备管理。抓好重点水利工程建设，茨河下段中小河流治理、阜蒙河治理三期后续项目全面竣工。开展“一镇一业”“一村一品”示范镇村创建，莲藕龙虾共作、肉牛和山羊养殖、皖鸽良种选育、食用菌种植等特色产业初具规模，规模以上农产品加工企业达31家。新增土地流转4万亩；培育农民专业合作社212家；创建省级示范合作社25家、示范家庭农场196家，新增经济强村58个。

2021年12月27日，县委副书记、县长怀颖主持召开县政府全体会议，就《政府工作报告》（送审稿）征求意见建议。县委常委、常务副县长康红锋，县委常委、副县长王林兵出席会议　（利辛发布/供）

【工业突破】 2021年，利辛县新进规上工业企业20家，申报战略性新兴产业企业6家，新增高新技术企业23家。金宜食品等10家企业开展“企业登云”认定，伯希和等10家企业开展国家“两化”融合管理体系标准评定。授权发明专利243件，获批中央引导地方科技发展资金项目1项。翰联色纺获批工信部专精特新重点“小巨人”企业称号，天赢电气获批工信部专精特新“小巨人”企业称号，天润建工获批省级企业技术中心，兰飞化纤获批省级数字化车间，京威纺织获批第四批省级服务型制造示范企业。

【商贸旅游业】 2021年，利辛县新增限额以上商贸企业39家、建筑业企业11家、货运物流企业35家，孵化新增进出口实绩企业7家。皖新文化广场建成运营。新建、改建加油站点10个，新建、改造城区农贸市场4个、乡镇商贸中心2家、商品配送中心1家、便利店10家；建设到村物流站点100个，行政村快递服务通达率达80%；培育电商示范镇2个、电商示范村8个；新增电商经营主体181家，电商交易额达30亿元。创建AAA级旅游景区1个、星级“农家乐”2个。

【双招双引】 2021年，利辛县96个省重点考核项目完成投资104.6亿元，162个市重点考核项目完成投资159.36亿元。谋划和储备项目311个，总投资696.9亿元。获批中央预算内投资项目11个、专项债券项目7个，分别获得支持资金1.8亿元、17.26亿元。新签约工业项目47个，新落地亿元以上工业项目42个，实际到位省外资金158.07亿元。板集电厂二期工程、农林生物质电厂等重点项目有序推进。大宗固体废弃物综合利用基地项目获批省级绿色发展示范点。板集电厂获省迎峰度夏劳动竞赛一等奖。轻纺服饰产业集群创建为省级县域特色产业集群（基地）。按照“标准地”出让工业用地14宗547.6亩，盘活僵尸企业14家，清理低效闲置土地682.9亩。推深做实“免申即享”、告知承诺制等改革工作，惠企政策“免申即享”平台发放奖补资金335万元。纵深推进“四送一服”双千工程，办理省平台交办和企业反映问题1200个。开展创业就业培训180人次，发放创业担保贷款2.17亿元。新增私营企业4534家、个体工商户9869户。

7月2日，全县创优营商环境“四送一服”暨“三清三集中”工作会议在县委五楼会议室召开。县委副书记、县长怀颖出席会议并讲话，县委副书记万洪超主持会议
图片来自利辛发布

【城乡建设】 2021年，利辛县完成《利辛县煤电产业总体规划（2019—2030年）》、城南片区控制性详细规划编制工作，高铁片区城市设计、国土空间现状保护开发评估、城镇开发边界划定等专项规划形成阶段性成果，6个成片开发方案完成编制报批工作。新建、改建淝河路、长春路等城区道路11.9千米，治理红丝沟、揽翠河等沟河3000米，新建绿道5000米，新增绿化面积21.5万平方米，新建供水管道1100千米，新建、改建雨污水管网18.5千米。投资1.2亿元，实施农村公路扩面延伸工程52.27千米、安全生命防护工程160.34千米、农村公路养护工程168.49千米，改造危桥9座；G329绕城公路段、S416等4条国省干线改建工程完成建设，亳州港利辛港区一期工程、邵渡口大桥等重点交通工程加快推进；开通城市公交线路14条、城乡公交线路22条，实现建制村公交全覆盖。出让商住用地15宗，开工棚改房5168套，改造老旧小区11个，建设5G基站346座。王人镇郭营美丽乡村省级中心村建成并通过验收。改造农村危房260户，完成无害化厕所改造任务2.3万个，建设农

村巷道3283条、226.3千米。城市管理行政执法向乡镇延伸工作稳步推进。城北镇刘染村被认定为全国第二批乡村治理示范村。

【生态保护】 2021年，利辛县中央和省环保督察反馈问题整改销号171个。环境专项监督长制度全面推开，新设环境专项监督长381名。河长制、林长制、田长制改革持续深化，“清河行动”“河道四乱整治”“幸福河湖”创建取得明显成效。77处入河排污口整改到位，3个国控、省控断面水质达标。全年PM2.5平均浓度降至38.5微克/每立方米，优良天数增加至270天。植树造林1.62万亩，建设森林生态廊道15.1千米，创建省级森林城镇1个、森林村庄8个、林长制改革示范点2处。到户污水处理“户小三格→污水管网→大三格→湿地塘”模式得到省生态环境厅认可。

【民生改善】 2021年，利辛县巩固拓展脱贫攻坚成果，为6594户监测对象制定帮扶措施49895条，新识别监测对象63户208人。投入46.36亿元，完成32项民生工程年度任务。做好就业和社会保障，新增城镇就业岗位9466个。持续推进全民参保计划，城乡居民基本医疗保险参保率达99.63%。投入4.2亿元，新建、改扩建城区幼儿园7所、义务教育学校4所，改善提升普通公办高中办学条件4所。落实常态化疫情防控措施，新冠肺炎疫苗接种工作有力有序推进。家庭医生有偿签约服务的续约率达86.63%。县人民医院传染病区改扩建项目加快推进，完成卫生院能力提升5家、改扩建2家、整体搬迁3家。实施文化惠民工程，完成“送戏进万村”演出490场。创建全国示范性退役军人服务站25个，全省新一轮双拥模范县顺利通过考评验收。扎实开展信访事项“大起底、大化解、大督办”专项行动，410件信访积案得到有效化解。“难安置”专项治理扎实推进，“难办证”实现“四个清零”。严厉打击电信网络诈骗，侦破案件900余起。“1＋2＋22”安全生产三年行动专项整治扎实推进，食品药品安全监管全面强化，安全生产形势持续向好。

■ 重要会议和重要文件

2021年利辛县人民政府重要会议一览表

表3

序 号	会议名称	日 期
1	易地搬迁工作“回头看”及巡视问题整改会议	1月2日
2	全县“四送一服”工作推进会	1月7日
3	全县征兵工作会议	1月12日
4	全县卫健系统安全生产工作会议	1月24日
5	全县卫片执法调度会议	1月25日
6	全县禁燃禁放工作调度会	2月20日
7	全县散乱污企业排查整治会议	2月24日
8	全县医疗保障工作暨定点医疗机构医保违法专项治理工作会议	3月18日

续表3

序 号	会议名称	日 期
9	全县退役军人事务工作会议	3月19日
10	2021年河长制工作（清河行动）推进会	3月23日
11	土地增减挂工作推进会	3月23日
12	全县工业和商贸工作会议	3月24日
13	全县自然资源和规划工作会议	4月9日
14	利辛县2021年度预防青少年儿童溺水暨校园安全工作会议	4月23日
15	全县依法整治非法经营成品油行为专项行动动员会	5月18日
16	2021年全县秸秆禁烧、综合利用、夏收夏种暨防汛抗旱工作会议	5月24日
17	全县防溺水工作会议	6月21日
18	全县创优营商环境、四送一服暨“三清三集中”工作会议	7月2日
19	全县疫情防控、卫片执法暨农房整治工作会议	8月11日
20	全县畜牧生产工作紧急会议	8月23日
21	全县农村村民建房摸排工作部署会议	9月3日
22	全县打击治理电信网络新型违法犯罪重点工作推进会	11月24日
23	全县民生工程暨农村小额人身意外伤害保险调度会议	12月1日
24	2022年度城乡居民医保费征缴调度会议	12月10日
25	全县招投标领域专项整治动员会议	12月15日
26	全县生态环境保护委员会等工作会议	12月21日
27	县政府全体会议	12月27日

2021年利辛县人民政府文件一览表

表4

序 号	文 号	标 题	日 期
1	利政秘〔2021〕5号	利辛县人民政府关于推进质量治理体系和治理能力现代化的实施意见	1月13日
2	利政秘〔2021〕8号	利辛县人民政府关于印发《利辛县自然资源统一确权登记总体工作方案》的通知	1月20日
3	利政秘〔2021〕33号	利辛县人民政府关于公布利辛县第六批县级非物质文化遗产代表项目名录的通知	4月6日
4	利政秘〔2021〕45号	利辛县人民政府关于引导全社会加大研发投入的实施意见	4月16日
5	利政秘〔2021〕54号	利辛县人民政府关于板集煤矿塌陷区居民搬迁避让的通告	5月6日

续表4

序号	文号	标题	日期
6	利政秘〔2021〕65号	利辛县人民政府关于公布县乡两级政府权责清单、公共服务清单、行政权力中介服务清单目录的通知	5月26日
7	利政〔2021〕2号	利辛县人民政府关于印发利辛县国民经济和社会发展第十四个五年规划和二零三五远景目标纲要的通知	7月23日
8	利政秘〔2021〕129号	利辛县人民政府关于公布第二批历史建筑的通知	8月10日
9	利政秘〔2021〕130号	利辛县人民政府关于防空警报试鸣的通告	8月20日
10	利政秘〔2021〕140号	利辛县人民政府关于表扬利辛县2021学年度教育系统先进集体和先进个人的通报	9月6日
11	利政秘〔2021〕141号	利辛县人民政府关于进一步加强利辛县公共资源交易监管的实施意见	9月9日
12	利政〔2021〕3号	利辛县人民政府关于做好2020年退出现役士兵安置工作的通知	11月4日
13	利政秘〔2021〕181号	利辛县人民政府关于在全县范围内规定时间段禁止燃放烟花爆竹（大盘香）的通告	11月30日
14	利政秘〔2021〕206号	利辛县人民政府关于印发《利辛县全民健身实施计划（2021—2025年）》的通知	12月31日

■ 县政府综合事务

【政务信息】 2021年，利辛县政府办公室围绕县委、县政府重点工作和事关利辛长远发展的重大方略、重大课题，聚焦影响经济社会发展的重大问题、社会热点难点和人民群众关注点，组织文秘、信息等科室人员深入镇村、部门、企业等开展专题调研，累计形成具有较高水准的调研报告18篇。落实信息报送制度和奖惩机制，拓宽信息采编渠道，深入挖掘利辛县工作亮点和特色点，努力撰写一批领导关注的重点、群众关心的热点、改革过程中的难点和经济社会发展的亮点类政务信息。全年累计向省市报送政务信息285条，被省采用6条。坚持把文字工作作为办公室的“第一要务”来抓，牢固树立精品意识和效率意识，对重要文稿撰写，强化集体撰写机制，集中集体智慧，努力提高文稿质量，起草和参与起草县政府全体会议、县政府常务会议、县政府工作例会及各类专题会议等重要会议材料，累计撰写各类稿件400余件。按照“急事急办、特事特办”的原则，积极推进公文运转规范化建设，严格发文审核、制发文件，以政府、政府办名义发文71件，较上年（98件）同比减少27.6%。收发文处理实行专本登记、签字流转、密件专办，收到市级以上文件318件，做到公文运转及时、准确、高效、安全、保密。

【协调监督】 2021年，利辛县政府办公室严格落实中央八项规定精神，控制会议次数和规模，大力精简各种会议，高水平组织召开县政府各类会议，以县政府名义召开会议27次，较上年（37次）同比减少27%。同时，认真筹备各类专题会议、协调会议，扎实做好会前材料准备、会中讨论记录、会后纪要印发等工作。充分发挥桥梁纽带作用，注重建立和培养工作协作关系，注重协调处理好县直部门之间、部门与乡镇、乡镇与乡镇间的关系。对县政府重大工作部署、阶段性中心工作、重点项目建设、重大活动等，认真组织，加强调度，多方协调，促进各方面工作相互衔接，形成合力，落实到位。严格落实县政府重要决策跟踪督办制度，认真做好《政府工作报告》目标任务、县政府重要会议议定事项和重大工作部署的分解落实，围绕县政府重要文件、重要会议、重大决策和领导批示，加强跟踪检查与督促，确保督查事项件件有落实、事事有反馈。自觉接受人大法律监督、政协民主监督和社会舆论监督，共办理人大代表议案建议62件、政协委员提案213件，办复率100%、满意率100%。

【政府热线】 2021年，利辛县政府办公室把热线工作纳入乡镇和部门年终绩效考核，列入每周工作例会议题，对重难点热线件进行研究讨论，明确办理要求和时限，着力形成热线工作齐抓共管的强大合力。设立热线专席服务，分批次安排文化教育、房产物业、供水供电、医疗卫生以及城市管理等职能部门工作人员到县热线受理中心跟班培训，着力提高热线的首次办结率和满意率。2021年累计受理群众热线诉求67249件，同比增长9.37%。其中，“12345”市长热线办交办41589件，同比增长19.33%；“12345”县长热线受理群众诉求25660件，同比减少3.6%。过滤无效、重复及恶意投诉等2329件，提供政策咨询、三方通话等直接服务21222件，直办率82.71%，直办件满意率100%。所有热线办结率100%，满意率97.31%。

【政务公开】 2021年，利辛县政府办公室强力推进基层政务公开“两化”建设，全面完成政务公开平台升级改造，在县政务服务大厅建立县级政务公开专区，各类政府信息发布的及时性、规范性得到较大提高。县政府网站发布各类信息2110条，县政府信息公开平台共向社会发布信息33657条，依法办结依申请公开64件。认真贯彻落实县委县政府关于“四送一服”工作的决策部署，常态化开展“四送一服”双千工程工作，落实纾困惠企政策，为市场主体提供更加优质高效服务，为全县实体经济高质量发展打造良好的营商环境。全年共走访调研企业5462家，办理省平台交办和企业反映问题1527个。开展各类政策宣讲244场，参与企业达4652家次，发放《利辛县支持实体经济发展政策汇编》700余本。帮助1868家企业解决资金27.39亿元，帮助385家企业解决用工2637人，帮助29家企业解决工业用地912.32亩，促进产学研项目7个，涉及资金821.5万元。

【专项整治】 2021年，利辛县政府办公室切实发挥牵头作用，组织召开重点领域专项整治工作推进会3次，组织学习习近平总书记关于扫黑除恶斗争的重要指示批示精神和中央、省市县扫黑除恶斗争工作会议精神，认真做好省第三特派督导反馈问题整改工作，督促牵头部门出台专项整治方案，推动重点领域专项整治走深走实。

2021年利辛县人民政府办公室文件一览表

表5

文 号	标 题	日 期
利政办〔2021〕1号	利辛县人民政府办公室关于印发《2021年政府工作报告主要目标任务分解表》的通知	1月7日
利政办〔2021〕2号	利辛县人民政府办公室关于印发《利辛县防雷安全监管工作职责清单》的通知	1月7日

续表5

文 号	标 题	日 期
利政办〔2021〕3号	利辛县人民政府办公室关于印发《全面推行证明事项告知承诺制实施方案》的通知	2月18日
利政办〔2021〕4号	利辛县人民政府办公室关于印发《利辛县加快建设长三角绿色农产品生产加工供应基地实施方案》的通知	2月20日
利政办〔2021〕5号	利辛县人民政府办公室关于印发《利辛县现代农业发展奖补工作实施意见》的通知	3月10日
利政办〔2021〕6号	利辛县人民政府办公室关于印发《利辛县国有资金投资工程建设项目管理办法（试行）》的通知	4月16日
利政办〔2021〕7号	利辛县人民政府办公室关于印发《2021年县政府系统岗位责任目标任务分解表》的通知	4月19日
利政办〔2021〕8号	利辛县人民政府办公室关于印发《利辛县突发事件总体应急预案》的通知	6月7日
利政办〔2021〕9号	利辛县人民政府办公室关于印发利辛县国有土地上房屋征收与补偿实施细则（试行）的通知	6月9日
利政办〔2021〕10号	利辛县人民政府办公室关于印发《利辛县惠民殡葬实施办法》的通知	6月15日
利政办〔2021〕11号	利辛县人民政府办公室关于印发《利辛县防治耕地“非粮化”稳定粮食生产实施方案》的通知	8月31日
利政办〔2021〕12号	利辛县人民政府办公室关于印发《利辛县统筹整合使用财政涉农资金管理办法》的通知	9月13日
利政办〔2021〕13号	利辛县人民政府办公室关于印发《利辛县促进畜牧业高质量发展实施方案》的通知	9月22日
利政办〔2021〕14号	利辛县人民政府办公室关于印发《利辛县2022年城乡建设用地增减挂钩项目建设工作实施方案》的通知	11月12日
利政办〔2021〕15号	利辛县人民政府办公室关于印发《利辛县气象应急预案》的通知	11月26日
利政办〔2021〕16号	利辛县人民政府办公室关于印发《利辛县禁止燃放烟花爆竹（大盘香）工作实施方案》的通知	11月30日
利政办秘〔2021〕3号	利辛县人民政府办公室关于印发《利辛县防范化解县农商行风险提升金融服务实体经济能力实施方案》的通知	1月21日
利政办秘〔2021〕4号	利辛县人民政府办公室关于印发《利辛县创建2021—2025年度全省科普示范县实施方案》的通知	2月2日
利政办秘〔2021〕5号	利辛县人民政府办公室关于印发《辛县县属企业重大决策事项管理暂行办法》利的通知	2月8日
利政办秘〔2021〕6号	利辛县人民政府办公室关于印发《利辛县加快推进经开区“标准地”改革工作实施方案》的通知	2月8日
利政办秘〔2021〕7号	利辛县人民政府办公室关于规范全县肉鸭养殖棚（场）建设的通知	2月9日
利政办秘〔2021〕8号	利辛县人民政府办公室关于2020年市（县）长热线受理事项办理情况的通报	3月1日
利政办秘〔2021〕9号	利辛县人民办公室关于印发《利辛既有住宅加装电梯工作试行办法》的通知	3月2日

续表5

文 号	标 题	日 期
利政办秘〔2021〕10号	利辛县人民政府办公室关于成立利辛县抗震救灾指挥部的通知	3月5日
利政办秘〔2021〕11号	利辛县人民政府办公室关于2021年1月份市（县）长热线受理事项办理情况的通报	3月11日
利政办秘〔2021〕12号	利辛县人民政府办公室关于2021年2月份市（县）长热线受理事项办理情况的通报	3月12日
利政办秘〔2021〕13号	利辛县人民政府办公室关于印发《利辛县深化农村公路管理养护体制改革实施方案》的通知	4月2日
利政办秘〔2021〕14号	利辛县人民政府办公室关于印发《利辛县工程建设项目“多测合一”工作办法（试行）》的通知	4月12日
利政办秘〔2021〕16号	利辛县人民政府办公室关于印发《2021年利辛县农机作业托管服务工作实施方案》的通知	4月14日
利政办秘〔2021〕17号	利辛县人民政府办公室关于切实做好青少年儿童防溺水工作的通知	4月17日
利政办秘〔2021〕18号	利辛县人民政府办公室关于印发《利辛县安全生产工作考核办法》的通知	4月18日
利政办秘〔2021〕19号	利辛县人民政府办公室关于印发《利辛县2021年农村土地综合整治工作实施方案》的通知	4月28日
利政办秘〔2021〕20号	利辛县人民政府办公室关于深化农村警务室建设的指导意见	4月28日
利政办秘〔2021〕21号	利辛县人民政府办公室关于2021年第一季度及3月份市（县）长热线受理事项办理情况的通报	5月6日
利政办秘〔2021〕22号	利辛县人民政府办公室关于转发《亳州市加快推进政务服务跨省通办工作方案》的通知	5月14日
利政办秘〔2021〕23号	利辛县人民政府办公室关于转发《亳州市加强中心城区房地产开发建设项目全过程管理若干规定》的通知	5月17日
利政办秘〔2021〕24号	利辛县人民政府办公室关于印发《利辛县依法整治非法经营成品油行为专项行动实施方案》的通知	5月17日
利政办秘〔2021〕25号	利辛县人民政府办公室关于2021年4月份市县长热线受理事项办理情况的通报	5月24日
利政办秘〔2021〕26号	利辛县人民政府办公室关于印发2021年政务公开重点工作任务分工的通知	5月28日
利政办秘〔2021〕27号	利辛县人民政府办公室关于成立利辛县设施农业用地备案联审工作领导小组的通知	6月1日
利政办秘〔2021〕28号	利辛县人民政府办公室关于印发《利辛县在全县政务服务领域开展“部门学公安、园区学亳芜”活动实施方案》的通知	7月6日
利政办秘〔2021〕29号	利辛县人民政府办公室关于开展畜禽养殖点燃煤设施专项整治工作的通知	8月9日
利政办秘〔2021〕30号	利辛县人民政府办公室关于调整利辛县加快推进“互联网+政务服务”工作领导小组成员的通知	8月10日
利政办秘〔2021〕31号	利辛县人民政府办公室关于做好全县党政机关办公用房及技术业务用房信息统计报告工作的通知	8月11日

续表5

文号	标题	日期
利政办秘〔2021〕32号	利辛县人民政府办公室关于印发《利辛县2021年义务教育阶段学校招生工作方案》的通知	8月12日
利政办秘〔2021〕33号	利辛县人民政府办公室关于公布全县行政规范性文件清理结果的通知	8月13日
利政办秘〔2021〕34号	利辛县人民政府办公室关于印发《利辛县进一步加强殡葬管理工作实施意见》的通知	9月7日
利政办秘〔2021〕35号	利辛县人民政府办公室关于进一步加强行政诉讼案件应诉工作的通知	9月7日
利政办秘〔2021〕36号	利辛县人民政府办公室关于印发《利辛县居民服务“一卡通”工作方案》的通知	9月14日
利政办秘〔2021〕37号	利辛县人民政府办公室关于公布利辛县直单位证明事项告知承诺制目录（2021）的通知	9月24日
利政办秘〔2021〕38号	利辛县人民政府办公室关于2021前三季度政务公开及政务新媒体工作情况的通报	10月26日
利政办秘〔2021〕39号	利辛县人民政府办公室关于公布县政府重点行政决策事项目录的通知	11月9日
利政办秘〔2021〕40号	利辛县人民政府办公室关于印发《利辛县东马及郁湖水厂饮用水水源保护区划方案》的通知	11月16日
利政办秘〔2021〕42号	利辛县人民政府办公室关于印发利辛县2021年“寒冬送温暖”专项救助百日行动工作方案的通知	12月1日
利政办秘〔2021〕43号	利辛县人民政府办公室关于建立利辛知识产权工作联席会议制度的通知	12月14日
利政办秘〔2021〕44号	利辛县人民政府办公室关于促进5G等通信基础设施建设的通知	12月17日
利政办秘〔2021〕45号	利辛县人民政府办公室关于印发《利辛县涉房地产领域矛盾纠纷多元化解工作实施方案》的通知	12月31日

■ 机关事务管理

【概况】 2021年，利辛县机关事务管理工作坚持以习近平新时代中国特色社会主义思想为指导，以“三公管理”为抓手，秉承“精细服务、精心管理、精准保障”的理念，围绕全县中心工作，服务大局，扎实推进利辛县机关事务管理高质量开展。通过努力，全年公共机构节能、办公用房管理、公务用车管理方面工作取得明显成效。

【公共机构节能】 2021年，利辛县围绕50%县直党政机关达到节约型机关创建目标，明确创建要求，细化创建举措，强化责任落实，积极开展节约型机关创建行动，加强对10家节约型机关创建工作的督促指导，确保完成年度节约型机关创建目标任务。加大节约型机关创建和公共机构生活垃圾分类宣传力度，积极开展形式多样的宣传活动，倡导勤俭节约社会风尚，营造节能降碳浓厚氛围。扎实推进公共机构节能降耗工作，要求全县公共机构、机关企事业单位节约用电，认真做好办公设备用电管理，采取杜绝白昼灯、长明灯、无人灯，空调12月31日前停止使用，电梯3层以下不乘坐，全县路灯照明压缩一半，公园及亮化工程等城市基础设施实行缩短亮化时间等措施，促进各单位节能降耗工作落到实处。对全县党政机关、企事业单位节电工作开展暗访督查，检查各单位节能降耗落实情况，下发督查通报，通报存在问题并督促及时整改到位。认真做好2021年度全县公共机构能源资源消费统计，按上级要求按时完成统计上报工作。

【办公用房管理】 2021年，利辛县根据省管局统一部署，认真开展全县党政机关办公用房信息统计填报工作，对相关数据进行整理、核实、汇总，及时录入党政机关办公用房数据库。配合县纪委监委党风室，对党政机关办公用房组织开展“回头看”专项督查，强化县直党政机关和乡镇办公用房规范使用，进一步减少违规使用办公用房现象发生。

【公务用车管理】 2021年，严格执行《利辛县公务用车使用管理细则》，加大对公车平台监管力度，对平台车辆日常管理、信息管理平台、驾驶员管理等方面加强监督指导，督促县公车“平台”开展驾驶员安全生产教育，要求驾驶员讲规矩、守纪律，强化驾驶员政治意识、安全意识、规矩意识和服务意识，确保提供安全优质高效的出行服务。按照公务用车标准化建设要求，根据实际工作需要，科学制订2021年公务用车更新计划，严格按照相关规定更新配备车辆，配合县财政局做好更新后的旧车辆处置工作，确保公务用车依规更新、依规审批、依规处置、依规运行。

■ 数据资源和政务服务

【概况】 2021年，利辛县全面贯彻落实省市县文件精神，扎实推进5G基站和信息化项目建设，深化“一网、一门、一次”改革，落实落细“互联网+政务服务”工作，进一步完善政务服务大厅功能，加快推进“安康码”便民应用民生工程，扎实做好数据资源管理工作，切实提升政务服务质量和数据资源管理水平。

【“皖事通办”平台建设】 2021年，利辛县积极推行政务服务“一网通办”，建成县政务服务“皖事通办”平台，将各部门服务事项接到“皖事通办”平台统一提供服务，压缩办理时间，优化办理流程。行政许可类事项办理时间比法定时限压缩1/3以上，公共服务事项实现“一日办结”。依托市数据中心平台、智能化语音技术和图像识别等技术，推行“互联网+智慧”审批系统建设，实现事项自动受理、智能审批、智能办结。80岁以上老年人高龄津贴、社会保险查询（证明出具）等24个事项均实现智能化申办和审批。为解决外地群众和企业因不在本地无法到窗口交件问题，积极开展免费双向邮寄服务，最大限度方便群众办事。通过EMS免费邮寄办件超过2万件，群众满意率达100%。为解决8小时以外的工作时间盲点，推广“地图办”。通过百度地图，标识县、乡、村三级395个政务服务场所网上办理地点，关联场所事项29008项。2021年，安徽政务服务网利辛分厅累计受理群众申请107.13万件，办结105万件；“皖事通”APP新增注册用户数28.48万，用户访问量为1792.4万次。2021年，全县“7×24小时”政务服务地图新增有效访问量125.17万次、有效访问用户4.1万人次。

【跨省通办】 2021年，利辛县结合长三角一体化发展战略，认真贯彻落实《国务院办公厅关于加快推进政务服务“跨省通办”的指导意见》（国办发〔2020〕35号），围绕扩大“跨省通办”范围、拓展服务领域，积极推进政务服务“跨省通办”事项对接工作。与江苏省泗洪县、张家港市，浙江省长兴县、海宁市、平湖市，山东省临沭县，湖北省吴桥县签订“跨省通办”协议。同时，依托全国一体化政务服务平台，设立“跨省通办”服务专区，实现52个高频事项异地办理。

2021年6月24日，利辛县与浙江省长兴县签订政务服务“跨省通办”合作协议
（县数据资源局/供）

【“免申即享”惠企政策落实】2021年，利辛县依托“皖企通”亳州“免申即享”平台，通过平台建设、惠企政策梳理、数据共享、流程再造等措施，将原来的“申请、受理、审核、提交收款材料、核拨、拨付”6大流程重新设计、梳理，优化为“数据比对、意愿确认、拨付到账”3个环节，推动“企业找政策”向“政策找企业”转变，实现惠企政策“免申即享”，让政策红利精准直达企业，提升企业的获得感、满意度。全县共梳理完成涉企政策事项257项，其中14家县直单位已上线“免申即享”平台政策事项199项。加强与相关部门对接，由县数据资源局牵头，通过市级统一搭建的服务平台，及时提供“免申即享”上线方面的技术支撑。惠企政策“免申即享”平台已有36家企业登录系统进行数据匹配确认，成功兑现奖励资金384.29万元。

【“安康码”便民应用】2021年，利辛县积极开展“安康码”民生工程、“皖事通”APP等宣传推广工作。在利辛县第二人民医院开发上线“一码购药”应用场景。通过“安康码”实现挂号、就诊、拿药、结算功能，病人不需要带身份证即可实现住院登记。对接利辛县政务服务大厅排队叫号系统。用户在“皖事通”平台申领“安康码”后，可通过“皖事通”APP在线进行取号，支持取号、取号查询、取消取号等操作，同时支持查看叫号状态。取号后，自动生成电子叫号凭证，进行窗口办事，方便群众在家就可以预约窗口办事。通过宣传，“安康码”的群众知晓率和应用率得到明显提升。2021年，全县“安康码”申领人数达152.7万人，核验4042.8万人次。成立“安康码”转码专班，每天安排专人负责处理“安康码”后台群众申诉信息，全年共转码、完成群众申请手机号变更25582人次。协调市数据中心，发挥大数据作用。协助县疫情防控应急指挥部，通过数据比对做好疫苗接种、返乡人员排查、流调等工作。仅2021年11月11日—12月31日，利辛疫情防控累计协查217人，其中跨省协查60人，省内协查157人。强化公共场所疫情管控，推广应用“安康码”“行程码”核验服务工作。

【政务服务管理】2021年，利辛县对县政务服务中心窗口优化整合后，共设置工位65个，涵盖医保、交通、不动产、住建、公安、市场监管、税务、“水、电、气”、卫生健康、人社、民政等22家单位。为表彰先进，定期开展“窗口管理先锋岗”“窗口服务示范岗”“窗口服务微笑之星”评选活动，向表现优秀的同志进行表彰。印发《利辛县政务服务分厅管理办法》《利辛县村级代办点管理制度》，对分厅及代办点的职责分工、基本原则、代办内容、程序等做详细要求，进一步促进基层政务服务标准化、规范化、便利化。成立“互联网＋政务服务”督查组，每季度采取“四不两直”的方式，对23个乡镇和政务服务分厅进行督查暗访，将查找出的问题形成清单，汇总通报给乡镇和相关单位，督促限期整改到位。开展“互联网＋政务服务”调研走访4次，实现政务服务分厅、23个乡镇为民服务中心及92个村级代办点全覆盖。

【5G基站及信息化项目建设】 2021年，利辛县开通5G基站346座。依托浪潮亳州云计算中心建设利辛县大数据中心，包含5大基础库、6大专题库，汇集28个部门、218个数据目录，近两亿条有效数据。建立业务系统数据实时抽取、在线填报、实时推送相结合的数据更新机制，通过控制共享开放权限，实现数据跨部门共享。积极推动数据资源应用延伸，数字城管、智慧社区等平台数据做到实时推送，城市一体化运行监测、“邻长制”、公安视频监控平台、交警监控平台、农村公路地理信息应用等系统已统一接入大数据中心。全年实施信息化项目6个，平安乡村视频全覆盖项目累计建设监控点位7500路；不动产登记中心信息化建设提升改造项目，一标段整理完成项目验收资料，二标段完成不动产档案比对34525册、国有土地修补测1990宗，三标段完成项目审计；智能交通建设项目（一期），全年共挖基坑642个，安装地笼及浇筑640个，顶管作业21736米，开挖窨井1793个，安装电警及信号灯设备768套；智慧交通及智慧城管项目，完成项目招标，相关工作有序推进；融合指挥及可视化项目，专家已对建设方案、设备参数及评分办法进行评审，并挂网招标。

■ 招商引资

【概况】 2021年，利辛县县委、县政府把招商引资工作列入全县重点工作之一，深入实施招商引资攻坚年活动。对于重点项目由县级领导亲自洽谈、考察，协调解决部门在工作中及重点项目实施过程中遇到的困难和问题。利辛县依托日益壮大的轻纺服饰、煤电循环、食品及农副产品加工、汽车装备及机械电子制造、绿色建材及智能家居等产业，积极采取“走出去”与“请进来”相结合的招商方法，逐步从“全民招商”转变为“重点招商、专业招商、行业招商、以商招商、点对点招商”，初步形成全方位、多层次、宽领域的对外开放与经济合作格局。全年围绕主导产业，积极承接“长三角”产业转移。围绕利辛县产业发展方向，积极跟进长三角地区重点项目，拓展招商领域，加大新兴产业的招引力度，用重点项目的招引助推融入长三角一体化发展

2021年，利辛县突出项目攻坚、投资拉动，坚定不移推进“双招双引”。坚持“项目为王、招商为要、环境为本”，继续实施“招商引资、项目建设推进年”活动，不断增添新动力、培育新动能　　　（县经开区管委会/供）

工作全面开展。及时维护更新苏浙沪地区重大项目动态信息库，确保重点在谈项目及时推进、重点签约项目按时落地。

【工作成绩】 2021年，利辛县新签约项目48个，其中工业项目47个，农业项目1个。比上年同期增加4个。总投资76.18亿元，比上年同期增加17.73亿元。新签约工业项目中，5亿元以上项目5个，总投资31亿元；1亿～5亿元项目21个，总投资38.32亿元。新签约工业项目中，独立选址供地项目24个，总投资额61.37亿元；租赁厂房项目21个，总投资8.01亿元；并购重组项目3个，总投资6.8亿元。新签约工业项目中，来自长三角地区（江苏、浙江和上海）投资的项目11个，占比23.4%，总投资15.64亿元，占比20.54%。其中，8个项目来自江苏，总投资额21.02亿元；4个项目来自浙江，总投资额2.52亿元。新签约工业项目中，轻纺服饰、绿色建材及智能家居、食品医药、装备制造4个招商引资重点产业项目37个，占比78.72%；总投资42.1亿元，占比55.26%。其中，轻纺服饰项目12个，总投资14.07亿元；绿色建材及智能家居项目14个，总投资13.96亿元；食品医药项目6个，总投资8.27亿元；装备制造项目5个，总投资5.8亿元。

■ 应急管理

【概况】 2021年，利辛县共发生各类安全生产事故6起、死亡3人、受伤1人，同比分别下降40%、37.5%、83.3%，实现“三下降”工作目标，全县安全生产形势总体保持稳定向好。实现事故起数、死亡人数、受伤人数连续6年下降。危险化学品、渔业船舶、水上交通、特种设备、工贸、烟花爆竹等行业领域未发生生产安全事故，安全生产形势持续稳定向好。

【综合监管】 2021年，利辛县人民政府与安委会成员单位签订《安全生产目标责任书》，层层落实安全生产责任制。县政府安委会办公室充分发挥综合协调职能，通过召开专题会议及季度应急管理工作考核、奖惩激励、责任追究、警示通报、挂牌督办、督促检查等多种途径，推动乡镇和部门认真履行安全生产监管职责。印发《利辛县“压实企业安全生产主体责任年”活动方案》督促企业严格落实安全生产主体责任，做到安全责任到位、安全投入到位、安全培训到位、安全管理到位、应急救援到位。落实企业隐患排查制度，推动隐患排查治理向企业延伸，加大企业隐患排查治理自查自报力度，强化安全生产常态化管理。全县各乡镇、各部门大力开展隐患排查治理和重大隐患挂牌督办工作。省市挂牌督办利辛重大事故隐患3处，全部整改完成。县挂牌督办重大事故隐患共82处，整改完成73处。印发《关于立即开展消防

县应急局举办应急管理知识培训　　（县应急局/供）

安全大检查的通知》《关于在全县开展安全生产隐患大起底大排查大整改的通知》《关于印发城市房屋安全专项整治工作方案的通知》等工作方案，要求各乡镇、部门做好重点环节隐患排查工作。为深入推进安全生产专项整治三年行动，7月15日县安委办印发《利辛县“1＋2＋22”安全生产专项整治三年行动攻坚年实施方案》，通过“六强化，六聚焦”攻坚任务实施，完善和落实从根本上消除事故隐患、从根本上解决问题的责任链条、制度成果、管理办法，实现事故起数和死亡人数双下降的工作目标。全年共排查整改一般隐患19049处，检查单位5400家次，行政处罚372次，罚款325.16万元，查找突出问题49个，制定重点工作任务32个。

5月26日，县防汛办在马胡桥北岸开展2021年度防汛抢险水上应急演练活动。县委常委、副县长邵利峰（右二）视察演练　（县应急局/供）

【执法监察】　2021年，利辛县应急管理立案91起，罚款313.83万元（其中已缴纳235.83万元），没收烟花爆竹5068件，没收危险化学品21.36吨，没收违法所得76466.9元。其中，烟花爆竹类案件48起，罚款23.23万元，没收烟花爆竹5068件，没收违法所得1260元；危险化学品类案卷40卷，罚款238.2万元，没收危险化学品21.36吨，没收违法所得75206.9元；安全生产事故类案卷2卷，罚款51.4万元；工矿商贸类1卷，罚款1万元。建立完善“两库三单”，加强对企业名库、执法检查人员名库及“双随机”抽查事项清单、检查人员责任清单的管理，及时录入、更新相关信息，确保监管对象全面、监管人员合格、监管事项合法、监管分类准确。完成“双随机一公开”工作，全年共开展2次本部门“双随机一公开”抽查工作，联合市场、交通等部门开展4次联合抽查，完成年度工作计划。2021年，执法监察大队共核查热线举报、市长热线33起，其中涉及加油站、烟花爆竹、危险化学品等内容，均按时回复，案件办结率100%。根据《利辛县应急管理局2021年安全生产执法检查计划》要求，对2021年度危险化学品行业开展执法计划检查。检查44家危险化学品行业（加油站），查处隐患51处，隐患已全部整改；检查60家烟花爆竹经营户，由于烟花爆竹经营许可证到期，均停止经营。共检查工贸企业112家，查处隐患647处，隐患限期整改完毕。

【防汛抗旱】　2021年，利辛县防汛办印发《利辛县防汛抗旱工作要点》《利辛县防汛抗旱工作机制》《利辛县防汛抗旱工作纪律》等文件，调整县防汛抗旱指挥部组成人员，严格落实防汛抗旱责任制，加强防汛抗旱统一指挥与统筹协调。开展汛前风险隐患排查，3月，在全县范围内开展汛前风险隐患自查、抽查。统筹做好防汛救灾物资储备。2020年11月省财政厅下达全县中央自然灾害防治体系建设补助资金350万元（其中救灾300万元、防汛物资50万元），用于购买防汛救灾物资。2次招投标完成，采购物资全部入库，防汛抢险物资存放在展沟镇境内苏沟、救灾物资有序归类存放在县城区食品产业园2处仓库内。多方筹措，与企业签订应急救灾社会号料代储协议。开展防汛知识培训、宣传、应急演练。由县应急局组织县水利、环保、消防救援大队、利辛蓝天救援队有关人员，乡镇分管负责人、水利站站长、基干民兵，以及相关企业员工等参与防汛演练，主要围绕堤坝抢险、内涝处置、水上救援、受灾群众转移和安置、灾后水质监测等方面开展，检验全县应对洪水时的组织、指挥、联防联动、物资设备保障等能力，提高防汛抢险队伍的应急抢险水平，确保遇到洪涝险情时能立即调得出、冲得上、打得赢。防汛抢险队伍由县武装部应急基干民兵，抽调县直有关单位，社会救援力量组成。

【防灾减灾】 2021年，利辛县加强防灾救灾体系建设，调整部门联动机制，完善自然灾害监测预警预报和群测群防机制，以及综合防灾减灾信息资源的获取和共享机制；建立应急物资储备体系和应急避难场所体系，开展应急演练，提升应对自然灾害能力。全年建筑施工、燃气液化气、交通运输和市场监管行业以及园区重点企业组织开展25场次避险逃生演练，县教育局系统26万名师生参加演练480场次。开展全国和省级减灾示范社区创建，着力提升社区居民防灾减灾意识和避灾自救能力。加强信息员队伍建设，明确乡镇信息员工作职责，及时报送信息。全县共有436名报灾信息员，覆盖361个行政村（社区）。扎实做好“防抗救”各项工作，加强自然灾害防治，防范化解自然灾害重大风险。加强应急避难场所建设管理，采取多种形式开展宣传活动。全县共建设应急避难场所796处，其中教育系统607处，乡镇189处。城区建设容纳万人以上避难场所10处，配置了医疗救护和卫生防疫设施、应急供水设施、应急供电设施、应急排污设施、应急厕所、应急垃圾储运设施、应急通道、应急标志，人均容纳面积大于1.5平方米。扎实开展冬春救灾工作，做好受灾群众基本生活保障。2021年，中央下达利辛县冬春救助资金707万元（皖财建〔2020〕1584号），省级下达冬春救助资金37万元（皖财建〔2020〕1571号），合计下达自然灾害（冬春救助）资金744万元，共救助困难群众17017户33871人。完善自然灾害储备库，现有利辛县应急物资省级储备库1处，县级应急救灾物资储备库2处，储备县级抗洪抢险、救灾救助物资价值350余万元。扎实开展全国防灾减灾日、第32个国际减灾日、森林草原扑火安全警示教育整治周等活动，提升全社会综合防灾减灾救灾能力；有序开展第一次全国自然灾害综合风险普查，为开展自然灾害风险防范应对工作提供重要支撑。

【应急管理培训宣传】 2021年，利辛县举办应急管理培训班6次，举办应急管理干部培训班2次，各乡镇和县直部门分管负责人、管理人员共计164人次参加应急管理培训；联合经开区管委会、经信局举办4次专题应急管理培训。完成乡镇及县局有关执法应急管理人员资格考试协调服务工作；将安全生产应急管理课程纳入县委组织部和县委党校干部培训必修课；按照县委组织部“初心小课堂”安排，制作《预防应对突发事件基础知识简介》。宣传方面：开展《中华人民共和国刑法修正案（十一）》有关安全生产内容、“4·15”国家安全教育日普法、“5·12”防灾减灾、“安全生产月”系列等宣传活动，向广大教师学生、企业负责人和从业人员、社区群众解读涉及安全生产的内容。举办工贸企业建设项目安全设施“三同时”推进会及重点工贸行业企业安全生产培训班，为全县经济社会快速稳定发展营造安全稳定的环境；组织收听收看全县危险化学品企业安全监管重点工作视频会，进一步增强全县危化品企业主要负责人的法律意识，提升企业安全生产水平，提高风险管控和隐患整治安全管理能力；开展烟花爆竹经营户培训工作，提升烟花爆竹经营户现场处置能力、经营管理水平和安全防范意识。贯彻落实行政执法“三项制度”，2021年，共计对90个行政处罚案件进行法制审查，对3个规范性文件（1个生产安全应急预案、2个事故调查报告）进行合法性审查。梳理以县委政府名义出台的规范性文件，未发现与法律法规和上级文件抵触情况。

■ 消防救援

【概况】 2021年，利辛县消防救援大队在支队党委和地方党委政府的领导指挥下，围绕“五个不动摇”改革原则和“全面发展年”目标任务，抓主业、夯基础，扬优势、补短板，促转型、保稳定，作示范、勇争先，完成地方政府和上级党委部署的各项重点工作，实现队伍安全稳定和社会面火灾形势的持续平稳。2021年，大队先后被省消防救援总队评为标兵消防救援大队、执法质量考评先进单位、调查研究工作先进单位，所辖政通路消防救援站被评为全省标兵救援站；被市消防救援支队评为“条线工作先进单位”，政通路消防救援站被市消防救援支队评为“五四红旗团支部”“先进基层党组织”。2人荣立个人“三等功”，42人次被上级表彰。召开县委常委会1次，县政府常务会3次，隐患整改协调会7次，乡镇消防力量建设调度会、推进会6次，听取消防工作汇报，调研解决消防安全突出问题。全县23个乡镇全部成立消防组织机构，配齐配强消防力量。各职能部门认真落实“一岗双责”制度，联动高效履职，在隐患督改、行政审批、消防宣传等各个方面，加强分工协作和配合。县住建、文旅体育、市场监管等部门加强消防安全源头管控；县卫健、民政、商务、城管执法等部门检查行业系统内消防安全工作做到经常化；县教育局将消防安全教育纳入教师培训和考核内容；县委党校把消防安全知识培训纳入全县中青年干部培训班常设课程；县教育、民政、卫健、交通、文体等部门分别打造行业系统消防安全标准化管理示范单位，并在行业系统内部推广经验做法。各部门认真贯彻落实《亳州市政府办公室关于建立亳州市消防救援队伍保障机制的意见》，县教育、卫健等部门在消防救援人员子女入学、看病就医等方面给予保障和优待。

2021年5月17日，利辛县消防救援大队以全国“防灾减灾日”为契机，组织人员深入辖区振兴社区，开展消防宣传进社区、进家庭活动

（县消防救援大队/供）

【隐患排查】 2021年，利辛县消防大队以三年行动为主线，部

署开展冬春火灾防控、合用场所、人员密集场所、校外培训机构等专项治理，积极推进高层建筑、电动自行车等专项整治。全年共检查单位1033家，发现并消除隐患971条，下发行政处罚25份，罚款43.49万元，“三停”7家，查封6家。完成消防安全标准化管理达标创建12家，摸排高层建筑基本情况264栋，推动住宅小区和公建划消防车通道标识线200余处。1家省政府挂牌督办重大火灾隐患单位和2家市政府挂牌督办重大火灾隐患单位完成隐患整改，社会单位消防安全管理有较大改善。

【救援能力提升】 2021年，利辛县消防大队共接警出动1350起，其中火灾事故907起，抢险救援和社会救助373起，直接财产损失3000万余元。出动车辆1583辆次，出动警力8900余人次，抢救疏散被困人员110余人，抢救保护财产5000余万元。特别是在“7·19”液氨泄漏事故处置过程中，大队消防救援人员英勇善战、不畏牺牲，得到地方党政领导和广大群众的一致赞誉。全县全年未发生亡人及有较大影响的火灾等各类涉及消防安全的事故。

【基层力量建设】 2021年，利辛县消防大队按照市委市政府工作部署和蒙城现场会精神，持续推进基层消防力量建设“五大提升工程”，7个纳入2021年度升级改造的乡镇专职消防队按期完成升级改造工作，23个乡镇将消防业务经费纳入2022年度乡镇财政预算予以保障；王人镇、中疃镇完成一键式接警调度系统安装，另有16个乡镇签订安装合同，其余4个乡镇正在与安装公司对接（新张集乡、程家集镇、大李集镇、城北镇）。大李集镇率先启动2022年度乡镇专职队升级改造工程。县消安办先后组织开展乡镇专职队员业务集中培训班2期，上门指导14个新配发消防车辆的乡镇专职队28次。组织乡镇消防文员开展示范性消防检查活动2次，乡镇消防力量履职能力显著提升。

9月2日，县消防救援大队的执法队员来到西潘楼镇，对乡镇沿街门面经营户开展包括破窗行动在内的安全防范知识宣传，现场对存在隐患的封闭防盗窗进行指导并协助整改
（县消防救援大队/供）

■ 信访

【概况】 2021年，利辛县学习贯彻《信访条例》，认真维护信访人员的合法权益，维护信访秩序，全年召开县委常委会2次、县信访联席会议1次、全县信访工作会议2次，研究全县信访工作方案、部署信访工作任务、解决重点信访问题。建党100周年信访保障期间，县四套班子领导开门接访21人次，接待信访群众59批86人次；四套班子带案下访184人次。县信访局每日通过视频接访系统督查巡查乡镇开门接访情况，乡镇党政领导开门接访348人次，接待信访群众418批552人次。

【来信来访】 2021年，利辛县共受理来信565件，同比下降4.23%；受理网上投诉3472件，同比上升5%。信访部门及时受理率100%，责任单位及时受理率100%，按期办结率100%，信访部门满意度89.37%，责任单位满意度88.26%，信访部门参评率92.51%，责任单位参评率90.87%。2021年，全县发生进京访登记45批57人次，2019年84批108人次（因疫情2020年上半年各级信访接待场所关闭），同比批次下降46.42%，人次下降49.51%。其中，集体访登记1批5人次。赴省访登记102批108人次，2019年103批155人次，同比批次基本持平，人次下降30.32%。无赴省集体访登记。

【积案化解】 2021年，利辛县贯彻落实中央信联办开展“治理重复信访、化解信访积案”专项工作部署，把专项工作作为一项重要政治任务，作为“我为群众办实事”的具体体现，紧抓不放，集中攻坚，一案一策、精准发力，多维度推动案结事了。国家信访局交办信访积案270件，省信访局审核通过数251件，审核通过化解率为92.96%。上报省信访局待审核19件。

【开门接访】 2021年，利辛县党政领导班子成员轮流到群众来访接待中心接待群众来访，实行接访公示、律师陪访、首问负责、跟踪督办等工作制度。县党政领导班子成员开门接待信访群众481批次876人次，其中县委书记吴斌接待群众来访45批75人次，县委副书记、县长怀颖接待群众来访21批次48人次。严格落实乡镇党委书记周六接访日制度，并定期巡查通报接访情况，确保开门接访机制得到全面落实。

【信访规范化】 2021年，利辛县委组织部与县信访局联合举办全县党政干部专业能力提升班（第四期）暨信访工作业务培训班。加强对基层信访干部业务培训，信访事项办理规范化水平进一步提升。全县信访部门及时受理率100%，责任单位及时受理率100%，按期办结率100%，信访部门满意度89.37%，责任单位满意度88.26%，信访部门参评率92.51%，责任单位参评率90.87%。

【压实责任】 2021年，利辛县委县政府印发《利辛县信访工作奖惩办法》《利辛县信访工作责任追究制暂行办法》《利辛县委县政府主要负责同志阅批信访件办理暂行办法》，信访联席会议印发《利辛县信访工作责任目标考核办法》《利辛县乡镇党政领导开门接访工作制度》《乡镇党委书记周六接访日工作制度》《信访信息零报告常态化制度》等10项工作制度，压实各级各部门信访工作责任，做到事事有人抓、件件有人管。扎实开展督导、会商、化解、落实工作，对因重视不够、措施不力、工作不实、处理化解信访诉求不当、方法简单粗暴，引发群众进京赴省上访并造成不良影响的，给予严肃追责问责。全年落实信访责任追究11人次，其中纪律处分4人，诫勉7人。

中国人民政治协商会议利辛县委员会

■ 综述

【概况】 2021年，中国人民政治协商会议利辛县委员会在县委的正确领导下，坚持以习近平新时代中国特色社会主义思想为指导，深入学习贯彻党的十九大十九届和历次全会精神，以党的政治建设为统领，落实全面从严治党主体责任，主动聚焦事关利辛改革发展大局的重点课题，深入协商议政、积极建言献策、广泛凝聚共识，较好完成年度各项目标任务。始终把深化学习作为开展履职工作的重要前提，组织召开常委会议4次、主席会议24次、机关学习会议22次，深入学习习近平新时代中国特色社会主义思想和习近平总书记关于加强和改进人民政协工作的重要思想，引导机关干部和广大政协委员不断夯实筑牢共同思想政治基础，进一步增强“四个意识”，坚定“四个自信”，做到“两个维护”。推深做实党史学习教育，以习近平总书记“七一”重要讲话精神为重点，全面开展“四史”学习，开展专题研讨7次、专题党课6次、革命传统教育1次，引导机关干部自觉从百年党史中汲取奋进力量。

2021年12月30日，中国人民政治协商会议第十一届利辛县委员会第一次会议开幕。来自全县各行各业各条战线的政协委员积极为加快建设现代化五大发展美好利辛建睿智之言、献务实之策（利辛发布/供）

【常委会主要工作】 2021年，县政协常委会紧紧围绕中心工作，配合县委、县政府科学拟订年度重点民主协商计划，将乡村振兴、加速融入长三角等涉及利辛发展大局的课题列入年度协商计划，组织开展常委会专题协商4次，形成建议案1篇、专题调研报告3篇、调研成果91篇。完善协商成果报送机制，定期向县委、县政府负责人报送县政协协商成果，委员意见建议得到有效落实。围绕教育医疗、城市管理、水环境治理等关系基层群众切身利益的重要课题，组织对口协商、界别协商16次，有效推动一批民生实事得到落实。开展重点提案督办，选定7件重点提案提请县委、县政府、县政协负责人督办，县委、县政府负责人领衔督办重点提案形成制度。召开县委书记领衔督办重点提案暨“推进农业产业升级、助力乡村振兴”专题协商会，组织委员深入一线调研提案办理情况，提交协商发言材料22篇，提出综合性意见建议22条，积极建言乡村振兴工作。根据县委、县政府工作部署和工作分工，县政协领导班子深入包保联系乡镇，靠前指挥，顺利推进板集煤矿塌陷区拆迁、信访等工作。围绕疫苗接种，选派机关优秀干部参与督查调度，推动工作任务落实。发挥政协组织联系面广的优势，依托乡镇政协工作联络委，开展在外知名人士统计工作，形成在外知名人士信息库，积极服务“双招双引”工作。

深化团结联谊工作。加强与工商联、无党派人士和各人民团体的团结合作，全年，县工商联、无党派人士参加各类协商活动26余人次，安排大会发言8人次。协助党委、政府做好民族宗教工作，开展民族村经济和宗教活动场所建设管理专项视察，促进民族团结、宗教和睦。加强对外交流。发挥政协委员桥梁纽带作用，主动对外开展经济交流，举办招商引资推介会，组织到外地招商16次，邀请各地优秀企业家60余人到利辛考察。2021年，推动招商引资项目落地2个，项目总投资达1.7亿元。创新开展主题活动。围绕庆祝中国共产党成立100周年这一主题，组织开展专题座谈会，引导社会各界进一步增强听党话、跟党走的思想自觉、行动自觉。筹办庆祝中国共产党成立100周年利辛县书画作品展，展出县内外书画作品90余件，激发全社会立足新阶段、奋进新征程的强大合力。致力公益活动。结合“我为群众办实事”活动，组织开展政协委员结对帮扶活动，引导政协委员发挥专业优势，广泛开展走访慰问、健康义诊、法律讲座等志愿服务活动，服务基层群众610余名。聚焦困难家庭学生、留守儿童、孤儿、生活困难的老党员以及其他社会弱势群体，积极开展公益捐助，累计收到善款24.7万元，帮助困难群体130余人。

完善委员履职平台。依托乡镇政协工作联络委建设，持续开展基层民主协商，搭建基层群众“家门口”的协商议事平台，构建政协协商参与基层社会治理新机制。2021年，围绕邻里纠纷、乡村发展的课题召开协商议事会议3场，基层民主协商试点工作持续完善提升。组织开展委员进社区活动，政协委员结合专业特长，开展各类便民服务活动20余场，收集社情民意信息70余条，通过政协提案、大会发言、调研报告等形式，广泛反映基层群众心声。加强委员队伍建设。抓好学习培训，深入开展委员读书活动，引领委员掌握履职方法、提高履职水平。细化服务保障，落实主席联系专委会、专委会联系委员机制，定期走访委员，完善问题情况通报机制，畅通委员知情明政渠道。规范履职管理，结合县政协换届工作，组织专委会对委员履职情况进行综合评价，提出继续留任委员建议人选，形成担当尽责、奋发有为的良好氛围。

文史资料编辑与宣传。2021年，县政协文化文史和学习委组织委员深入部分乡镇实地视察红色遗址保护工作。组织文史工作者广泛开展调研，全面征集整理和抢救挖掘珍贵文史资料，编辑出版《利辛文史》第八辑。加强政协宣传工作，多角度宣传报道利辛经济社会发展成效和委员履职情况，在《人民政协报》《江淮时报》等国家和省级报刊发表稿件80余篇，在省市政协网站发表稿件270余篇。

■ 重要会议

【县政协十届五次会议】 2021年2月4—6日，利辛县政协十届五次会议在县新能源学校举行。会议审议批准县政协主席龚保杰代表县政协十届委员会常务委员会所作的工作报告，审议批准县政协副主席李靖代表县政协十届委员会常务委员会所作的提案工作报告，补选刘宝灵等4人为政协利辛县第十届委员会常务委员会委员。会议听取并赞同县人民政府县长怀颖所作的政府工作报告，赞同其他报告。会议期间，中共利辛县委书记吴斌、县人民政府县长怀颖等县几套班子领导人出席会议，听取大会发言，参加分组讨论，与委员们共商利辛改革发展大计。

【县政协十一届一次会议】 2021年12月30日，中国人民政治协商会议第十一届利辛县委员会第一次会议开幕。县政协党组书记邵利峰代表中国人民政治协商会议第十届利辛县委员会常务委员会向大会报告工作。县政协副主席高传海受政协利辛县第十届委员会常务委员会委托，作《政协第十届利辛县委员会常务委员会提案工作情况的报告》。

报告指出，五年来，十届县政协共提交提案1188件，比上届增加190件；审查立案1151件，比上届增加172件；列入重点提案34件，比上届增加4件。县委、县政府、县政协负责人领衔督办重点提案。未立案的37件提案作为委员来信处理，立案提案均在规定的时限内全部办复，并取得良好的效果。

政治协商

【专题协商】 “加强水污染防治、改善水生态环境”专题协商会。3月，组织部分委员到县城和部分乡镇河流实地查看水环境治理情况，形成专题调研报告，征集政协委员、相关部门发言材料18篇。4月1日，利辛县政协召开十届三十一次常委会暨“加强水污染防治，改善水生态环境”专题协商会议。起草《关于加强水污染防治、改善水生态环境的建议案》，报县委、县政府。县委主要负责人对调研报告进行签批，肯定工作成绩，要求相关部门做好调研成果转化。

“打造承接产业转移集聚区，积极融入长三角一体化发展”专题协商会。6月，组织召开“打造承接产业转移集聚区，积极融入长三角一体化发展”专题协商会，征集政协委员、相关部门发言材料25篇，提出意见建议70余条。

“构建智慧交通，提升城市现代化管理水平”专题协商会。8月，召开“构建智慧交通，提升城市现代化管理水平”专题协商会，在深入调研的基础上，相关部门和委员提交发言材料26篇，聚焦智慧交通建设提出有针对性的意见建议。

“推进农业产业升级、助力乡村振兴”专题协商会。9月，召开县委书记吴斌领衔督办重点提案暨“推进农业产业升级、助力乡村振兴”专题协商会，相关部门和委员提交发言材料22篇，各位委员及提案承办部门深刻认识到党政负责人领衔督办重点提案的重要意义。

政协交流

【青阳县政协到利辛县考察学习】 2021年7月2—21日，青阳县政协副主席钱师农一行到利辛县学习考察加强与港澳台侨人士的文化经济交流工作。利辛县政协副主席金国珍陪同调研。钱师农一行先后参观李奇茂美术馆、利辛县博物馆、安徽邦泰置业有限公司，听取有关部门情况介绍，详细了解港澳台侨在助力利辛经济文化发展方面做出的积极贡献。

【含山县政协到利辛县考察学习文化遗产保护及乡村文化振兴工作】 2021年10月29日，含山县政协副主席洪少华一行到利辛县考察学习文化遗产保护、乡村文化振兴工作。利辛县政协副主席李红星、县政协办公室副主任任佳陪同考察活动。考察组先后参观考察了利辛县城北镇冬枣种植产业基地、万亩绿色生态韭菜育苗基地、李奇茂美术馆。每到一处他们都认真听取情况介绍，就有关问题进行深入交流。

【赴宿州市埇桥区考察学习】 2021年3月25日，利辛县政协党组书记、主席龚保杰一行赴宿州市埇桥区考察学习政协书画院工作、国家现代农业产业园、农展馆、气象馆等。在埇桥区政协书画院两地书法家开展现场笔会交流，随后到现代农业产业园、农展馆、气象馆等实地考察学习。

【赴寿县凤阳考察学习文史工作】 2021年7月6—7日，利辛县政协主席龚保杰带队赴寿县、凤阳两县考察学习文史工作。考察组在寿县先后考察安丰塘、寿县博物馆、孙叔敖纪念馆及寿县古城墙等文物保护单位，每到一处大家都详细了解文物搜集、整理和保护等方面经验和做法，并与寿县政协有关负责人进行座谈交流。在凤阳县考察组先后参观考察明皇陵、凤阳县博物馆、城府镇云霁社区政协委员活动室、沈浩纪念馆和小岗村大包干纪念馆。

■ 调研考察与专题考察

【调研考察】 5月13日，县政协副主席高传海带领部分政协委员围绕长三角绿色农产品生产加工供应基地建设，对全县加快融入长三角一体化发展工作开展专题调研。调研组一行先后到大李集镇永红村扶贫蔬菜基地、永兴镇大道置业稻蟹养殖基地、诸王村青梅园，听取工作汇报，并就加强与长三角地区合作与乡镇相关人员进行交流。

5月26日，县政协副主席李红星带领文化文史和学习委部分委员开展文物保护工作专题调研活动，县文体旅游局及文物保护单位负责人陪同调研。调研组先后到城北镇烈士陵园、利辛县烈士陵园实地调研革命文物保护利用情况，并参观革命烈士纪念馆，缅怀革命先烈的丰功伟绩。

5月25日，县政协副主席高传海带领部分政协委员围绕工业企业如何融入长三角一体化发展，承接产业转移工作开展专题调研活动。调研组先后深入利辛县明峰纺织科技有限公司、安徽优兰达包装科技有限公司、安徽欣奥食品包装科技有限公司、安徽君翰纺织科技有限公司、安徽金宜食品科技有限公司和安徽三泰服饰科技有限公司等生产一线，实地了解企业生产经营情况、生产中遇到的实际困难及问题。

6月23日，利辛县政协副主席高传海带领办公室班子成员深入旧城镇丰桥村开展“我为群众办实事”实践活动。调研组一行深入丰桥村部分村庄，走访基层群众，慰问部分50年以上党龄的中共老党员，查看村集体经济发展情况，并召开座谈会，与镇村干部深入交流，听取和了解丰桥村在工作中村存在的问题和困难。

7月13日，利辛县政协党组书记、主席龚保杰结合党史学习教育“我为群众办实事”活动，深入招商引资企业走访调研，县政协副主席高传海参加走访。龚保杰一行来到慕达斯真空设备有限公司厂房建设现场，详细了解工程建设情况，询问实际建设中的困难和需求，并帮助协调解决项目建设中存在的具体问题。

7月15日，利县政协副主席金国珍带领县政协社法委、人资环委负责人及部分县政协委员开展“构建智慧交通城市，提升城市现代化管理水平”专题调研，相关部门负责人参加调研活动。调研组先后到七彩世界停车场、和平路与永兴路交口、永兴路与淝河路交口、县数据资源局大数据中心、县中医院智慧停车场、县交通运输局交通指挥中心等地实地了解工作开展情况，查找存在的问题和不足，委员们对有关问题进行了详细了解咨询，部门负责人现场一一进行介绍和解答。

9月23日，利辛县政协副主席李红星带领县政协教科卫体委部分委员，开展推进健康教育、促进全民健身专题调研活动。调研组先后到利辛县体育中心建设项目工地、市民健身公园等实地走访调研，并听取相关情况介绍。

9月23日，利辛县政协党组书记、主席龚保杰一行赴浙江省宁波市考察招商项目。考察组一行先后走访了宁波升泰休闲用品有限公司、宁波东润休闲用品有限公司、宁波百汇家具有限公司。对企业产品的工艺流程、销售现状进行了深入了解，并召开座谈会。

9月28日，利辛县政协人资环委和有关部门负责人及部分政协委员围绕“加强西淝河湿地建设，打造生态旅游示范区”开展专题调研并召开座谈会。委员们深入治未病养心园、西淝河湿地公园等围绕湿地建设、改善生态环境等内容实地视察了解情况，听取有关负责人情况介绍，现场互动交流，认真查找存在的问题和不足。

10月15日，利辛县政协副主席高传海带领部分委员围绕招商引资工作开展视察调研活动并召开座谈会。委员们先后深入君翰纺织科技有限公司、安徽禾丰牧业有限公司、安徽幕达斯光电科技有限公司、利辛宝城建筑有限公司等企业了解有关情况，每到一处，委员们通过听取企业负责人介绍、现场沟通交流和现场查看等方式，深入了解企业在生产经营、营商环境、企业帮扶、政策支持等方面遇到的实际问题，并认真听取他们的意见和建议。

10月28日，利辛县政协副主席金国珍带领部分政协委员深入张村镇、西潘楼镇调研民族村经济发展及宗教活动场所管理工作。委员们先后到张村镇清真寺、张村镇四里何民族村党群服务中心、西潘楼镇基督教聚会点、西潘楼镇郭楼清真寺等地，看实情、听介绍，全面了解民族村经济发展和宗教活动场所日常管理工作情况，并聚焦相关问题提出意见和建议。

【专题考察】 3月10日，利辛县政协党组书记、主席龚保杰带领人资环委、提案委部分委员深入基层一线，聚焦“加强水污染防治、确保水源地安全”开展专题视察，并召开专题座谈会。视察组先后到中沟入阜蒙河排污口、八中东侧排污口、地表水厂北侧旱阳沟闸等地，实地查看污水防治、水源防护工作情况。调研组通过看现场、听讲解，与相关部门负责人互动交流，详细了解当前利辛县水污染防治工作情况，了解水污染防治中的重难点问题。

4月16日，利辛县政协副主席李红星带领县农业农村委、经济委部分县政协委员及相关单位负责人，就全县农业产业发展情况进行专题视察。视察组一行先后到城关镇武杨楼后郢庄调研小麦高产示范片、城北镇侯寨村安徽闽航牧业养牛场、城北镇徐田村利辛县更生农业生态循环种植基地、城北镇翟腰楼村正大种猪场等地。每到一处，委员们认真听取情况介绍，详细询问农作物的产量、成本、销售情况，了解企业基地生产、销售、效益及下一步发展规划等相关情况，深入了解企业在发展中遇到的困难和问题。

4月21日，利辛县政协副主席金国珍带领部分政协委员深入乡镇工作一线，视察基层法院工作。视察组一行先后来到阚疃法庭、胡集法庭实地查看基层法庭建设情况，听取相关工作介绍，并在县法院组织召开专题座谈会。

4月28日，县政协副主席李红星带队围绕科技创新工作进行专题视察并举办委员讲堂。在委员讲堂上，与会委员集体学习习近平总书记2020年在科学家座谈会上的重要讲话精神，县政协委员、县科技局局长汝建华结合利辛实际围绕全县科技创新工作为委员进行专题讲座。随后，委员先后到程家集镇四季花海、城北镇碧翠园家庭农场、城北镇绿色果蔬小镇等地，详细了解企业科技创新、产品开发推广应用情况。

4月29日，利辛县政协组织部分离退休老干部深入基层一线，视察全县乡村振兴工作。老干部一行先后前往安徽大道天下置业有限责任公司蟹稻共养示范区、利辛县富洋农业发展有限公司、利辛县博泽服饰有限公司和印象江南旅游项目等地参观考察，认真听取相关情况介绍，现场感受乡村振兴、农村经济发展等方面的变化。

纪检　监察

2021年2月18日，中国共产党利辛县第九届纪律检查委员会第六次全体会议召开　（利辛发布/供）

■ 综述

【概况】 2021年，利辛县纪委监委深入学习习近平总书记法治思想，认真贯彻落实上级纪委监委和县委的部署要求，切实增强“四个意识”、坚定“四个自信”、做到“两个维护”，坚持稳中求进、积极稳妥，保持全面从严治党的政治自觉，一刻不停推进党风廉政建设和反腐败斗争，围绕现代化美好利辛建设发挥监督保障执行、促进完善发展作用，纪检监察工作高质量发展取得新的成效。围绕信访举报、小微权力监督、四项监督贯通融合等开展重点课题调研16次，调研报告《关于村级纪检委员履职情况的报告》在全市党建调研课题评选中荣获“良”的等次。

【履职尽责】 2021年，县纪委监委严格落实《中共中央关于加强对“一把手”和领导班子监督的意见》《党委（党组）落实全面从严治党主体责任规定》，协助县委修订完善《全县各级领导班子和领导干部政治建设监督检查参考指标》，聚焦10项重点任务，开展2轮政治监督专项检查，检查党委（党组）38个，发现并督促整改问题93个。督促开展主体责任谈话30680人次，同比增长94.12%；开展党内政治监督谈话97人次，整改问题626个。推动各级党委（党组）和党员干部知责明责、守责尽责，进一步确立扎牢利辛发展骨架、筑强利辛发展精神、构建利辛发展机制、营造利辛发展环境的政治监督定位。查处违反党的政治纪律问题4件，全部给予党纪处分。严明换届纪律涵养政治生态。坚持警示在先、教育在先、预防在先，广泛开展“十严禁”警示教育，下发《“小微权力”怎样用》警示教育片，实现农村基层党员干部警示教育全覆盖。与县委组织部联动，成立8个督导组对县乡党委换届纪律进行监督，集中督查2轮46次，发现并督促整改问题94个。把牢党风廉政审查回复关，县、乡、村三级共审查7114人次，提出暂缓或否定性意见45人次。畅通“信、访、网、电、微”检举渠道，实行联查联办、快查快结，办理信访件35件，为县、乡、村三级换届圆满完成提供坚强纪律保障。扛牢责任担当守护粮食安全。坚持扛稳粮食安全政治责任，牵头成立涉粮问题专项整治工作小组，迅速动员部署、制发实施方案、强化组织推动，立足监督的再监督定位，紧盯党委政府主体责任、职能部门主管监管责任、粮食企业执行责任落实情况，积极坚定、审慎稳妥推进专项整治工作。制定提示单4份，梳理监督检查重点76条，开展督导检查7次，督促整改问题74个，挽回经济损失474.1万元。办理相关问题线索6件，立案审查调查2人，留置1人。督促完善修订企业内部管理制度25个、应急预案4个。

重要会议

利辛县纪委监委2021年重要会议一览表

表6

序号	会议名称	日期
1	全县纪检监察工作协作区推进会	1月13日
2	中国共产党利辛县第九届纪律检查委员会第六次全体会议	2月18日
3	利辛县纪委监委2021年度第一期“谈纪说法”大讲堂开讲	3月18日
4	利辛县委反腐败协调小组专题会议暨政法队伍教育整顿工作会议	5月11日
5	中国共产党利辛县第十届纪律检查委员会第一次全体会议	6月28日
6	十届县纪委第十五次常委会会议	9月14日
7	十届县纪委第三十一次常委会会议	11月1日
8	纪检监察工作务虚会	12月28日
9	理论学习中心组学习暨“三严三实”“马上就办、真抓实干”专题研讨会	12月28日

监督检查

【政治监督】 2021年，利辛县纪委监委认真落实协作区监督检查、审查调查、廉政教育三大职责，持续深化协作区建设。全县纪检监察工作协作区共开展监督检查1349次，督促指导乡镇纪委立案175件，给予党纪政务处分156人次，移送检察机关2人。播放《清风播报》80期。探索“纪审联动”工作模式，审计组入驻纪检监察工作协作区，开展2021年全县村（社区）级财务审计，发现问题线索快速移交处置，受理问题线索99件，办结96件，处理处分151人。强化基层纪检力量配备，圆满完成全县乡镇、村（社区）纪委、纪检委员换届工作。探索开展村级纪检委员履职报告制度，充分发挥村级纪检委员监督员、信息员、宣传员作用，定期报送村居“三资”管理、“三重一大”事项、“三务”公开、农村乱占耕地违法建房、基层矛盾纠纷排查等小微权力监督内容，发现问题1211个，整改1163个。加强对村级纪检委员履职情况的考核、抽查，根据结果确定等次、发放补助，开展督查三轮，核定优秀234人次、不称职32人次，发放履职工作补助51.51万元。延伸纪检监察监督触角，探索开展以上级管理为主的单位纪检监察体制改革，将县生态环境分局纳入县纪委监委派驻监督范围。实现县属企业派驻监察专员全覆盖。建立全县单位廉政档案105份，党员干部廉政档案10488份，实行一人一档、实时更新，初步实现对基层政治生态的有效把控和对监督对象的动态管理，进一步提升监督精准度。

【自身建设】 2021年，利辛县纪委常委会带头加强党的政治建设，认真履行党建工作责任，定期听取研究党建工作，完成机关党委、机关纪委、机关各支部换届选举工作。丰富党建活动载体，组织开展党课比赛、参观百年党史展、观看红色电影、职工大合唱、“感党恩、诵经典、唱红歌”等集体活动。强化党员活动阵地建设，建立的图书阅览室，被评为全市“职工书屋”示范点。全面落实“单位包村、干部包户”工作，与城北镇陆桃园村开展“结对共建”活动，提升基层党组织引领力、凝聚力、战斗力，充分发挥基层党组织战斗堡垒作用和党员先锋模范作用。全面提升能力素质。坚持分级分类开展培训，积极参加中央、省、市纪委业务培训，自办“谈纪说法”大讲堂13期，培训1500余人次，通过内部轮岗、学习轮训、外派培训等方式开展全员培训2次。对全县纪检监察机关办理的查否案件进行全面抽查审核，抽查卷宗60件，督促整改问题156个。组织开展2021年案件卷宗评查，营造比学赶超浓厚氛围。开展审查调查安全隐患排查8次，发现问题25个，发出安全通报8次。强化安全意识、坚守安全底线，不断提升案件质量。自觉接受监督约束。牢固树立“执纪者必先守纪，律人者必先律己”意识，主动接受监督，邀请特约监察员参加庭审、参与监督检查、参观协作区，认真配合市审计局开展经济责任审计，根据反馈的8个问题制定整改措施16个，全部完成整改，充分表明自觉接受监督的鲜明态度。严格内控管理，落实“过紧日子”要求，压缩“三公开支”，加强节能减排，荣获全国“节约型机关”称号。坚持刀刃向内，对全县纪检监察机关开展作风督查30余次，发现并整改问题56个；处置纪检监察干部问题线索39件次，给予组织处理1人、纪律处分1人。

■ 党风政风监督

【强化案件警示】 2021年，利辛县纪委监委始终保持严的主基调，聚焦重点领域和关键环节，坚持“打得一拳开，免得百拳来”，严惩腐败全覆盖、无禁区。全县纪检监察机关共处置问题线索1383件，立案358件358人，留置13人，给予党纪政务处分314人，移送检察机关5人，挽回经济损失1389万元，同比增长166.85%。重点查处县委统战部原副部长、工商联党组原书记李某，利辛县高级中学党委原委员解某某，县人民医院心内科原主任刘某，王人镇吴营社区党支部原书记邵某某等严重违纪违法案件，形成强烈震慑。标本兼治加强制度约束。坚持严管与厚爱相结合，激励与约束并重，准确把握“三个区分开来”要求，精准运用监督执纪“四种形态”，批评教育帮助和处理1772人次，其中，第一种形态1438人次，占比81.2%。开展暖心回访244人次，澄清5例8人次，充分激发党员干部干事创业精气神。针对监督检查、审查调查发现的制度机制问题开展深入剖析，制发纪检监察建议书63份，督促发案单位健全完善制度15个，组织开展落实情况“回头看”，抽查21份，督促整改问题5个，增强“两书”刚性，有效堵塞制度漏洞。以案示警筑牢思想防线。综合运用典型案例通报、观看警示教育片、召开警示教育大会等方式，做实做细同级同类干部警示教育。高质量推进县党风廉政教育中心和5个村级廉政教育基地建设。通过“两微一端”推送宣传报道260期1302篇，下发警示教育片35部，围绕“身边人身边事”开展廉政教育宣讲102次。被安徽省委讲师组评选为“安徽省理论宣讲示范基地”，制作警示教育片《“变味”的交通稽查》入选“安徽廉洁文化精品工程”作品集。

县纪委监委整合力量织牢织密监督网，扎实推进乡镇纪检监察协作区制度化规范化建设。图为邀请县监委特约监察员走进协作区出谋划策　　（汪伟/供）

【“四风”问题纠治】 2021年，利辛县纪委监委协助县委扎实开展新一轮深化“三个以案”警示教育，选编全县查处的腐败和作风问题典型案件11件，对推诿扯皮、不作为、慢作为15件典型事例进行通报曝光，督促全县各级党委（党组）检视整改问题499个，建立完善制度37个。严肃查处形式主义官僚主义问题10件11人，给予党纪政务处分9人；查处不担当、不作为问题21件32人，其中给予党纪政务处分4人。坚守重要节点严查“四风”隐形变异问题。牢牢抓住元旦、春节、清明节、端午节等重要节点，开展作风建设集中督查，督促整改问题67个，累计收缴追回资金27.2万元。对贯彻落实中央八项规定精神情况开展专项督查，抽查检查48个单位（乡镇），督促整改问题70个。全县纪检监察机关共查处违反中央八项规定精神问题61件83人，给予党纪政务处分49人，通报曝光典型案例4期11件12人，释放越往后越严的强烈信号。紧盯薄弱环节推动作风建设长效化。扎实开展超标准配备办公用房、“两违规”、党员干部违规经商办企业、乡镇食堂“廉政灶”、公务接待中“吃公函”、“窗口腐败”、一人多岗等专项整治工作，督促整改问题177个，累计追缴收回资金365.8万元，查处61件72人，给予党纪政务处分38人，督促建立完善制度23个，有效整治行业、部门突出问题，引导构建长效机制。

【整治群众身边腐败】 2021年，利辛县纪委监委扎实开展巩固拓展脱贫攻坚成果同乡村振兴有效衔接监督，坚持一月一统计、一月一调度，开展专项监督检查11轮次，发现并督促整改户厕问题280个、饮水安全及“三保障”问题255个，有力护航乡村振兴。深入开展扫黑除恶斗争常态化工作，严厉打击涉黑涉恶“保护伞”“关系网”，给予党纪政务处分9人，移送司法机关1人。结合“我为群众办实事”实践活动，监督推动房地产领域突出问题（办证难、安置难、物业管理难）整治，督促解决群众“急难愁盼”问题9531个。查处发生在群众身边腐败和作风问题75件91人，给予党纪政务处分51人，切实做到反腐为民、反腐惠民。拓宽监督渠道提高监督实效。开展小微权力“监督一点通”应用平台建设试点，借助传统媒体与新兴媒体相结合的方式，通过网站、微信群、微信公众号线上推送，在乡镇办事中心、县直单位办事大厅等人流量较大场所线下发放宣传册，让群众知道有监督、参与监督。自9月上线以来，受理转办群众投诉106件。围绕医疗保障、住房建设、卫生健康等民生问题，录制《“政”在回应》电视栏目6期，上线单位6家，督促整改暗访发现问题95个。围绕热点焦点问题录制《政风行风热线》广播节目34期，上线单位34家，线上、线下解答群众咨询499件，促进公权力的行使更加阳光透明。

■ 巡视巡察

【履行主体责任】 2021年，利辛县纪委监委全面开展“大起底、改到位、建机制”专项行动。围绕中央巡视、省委巡视、市委巡察反馈和主动认领的问题、移交的线索和信访件，以及各级环保督察检查反馈问题、审计发现问题，开展全面起底，做实整改“后半篇文章”，完成问题整改379个，整改率达99.48%；问题线索109件、信访件1185件全部办结并进行重点复核，建立制度25项。协助县委抓好中央第五巡视组巡视安徽反馈意见利辛县整改工作，制定整改措施147条，已完成或基本完成145条，省委督导组给予充分肯定。科学谋划十届县委巡察工作。坚决落实政治巡察要求，围绕“三个聚焦”开展政治监督，出台《中共利辛县委巡察工作规划（2021—2026年）（试行）》《中共十届利辛县委巡察全覆盖工作方案》，制定新一届县委巡察工作“时间表”和“路线图”，突出对重大决策落实、重大项目推进、重要权力运行、事关社会民生以及群众利益等重点事项进行巡察，切实发挥政治巡察“显微镜”和“探照灯”作用，推动巡察监督更加精准、规范、高效。扎实推进专项巡察和专项监督检查。对旧城等4个乡镇开展巩固脱贫攻坚成果暨乡村振兴专项巡察，发现问题103个、问题线索17个；对县商务局等13家县直单位开展营商环境专项巡察，发现问题105个，问题线索7个。聚焦巡察发现突出共性问题，督促相关主管监管部门，联动开展救助对象及时动态调整、农村宅基地审批、教师在编不岗、招标投标乱象等11项专项整治。对县农业农村局开展专项监督检查，进行政治检视，督促强化担当、履职尽责，扎紧扎牢制度笼子。

【“大起底、改到位、建机制”专项行动】 2021年，利辛县纪委监委为深化巡视巡察整改、强化成果运用，按照省委、市委部署和县委安排，从3月份起，扎实开展巡视巡察发现问题“大起底、改到位、建机制”专项行动，强力推进问题起底和整改，强力推进各项机制建设。省、市巡视巡察发现问题“大起底、改到位、建机制”专项行动部署后，县委巡察办对十届省委巡视发现问题及其他各类巡视巡察、审计、检查中发现问题进行全面梳理，与中央第五巡视组巡视安徽反馈问题整改一并落实。3月22日，县委巡察工作领导小组、县委组织部、县纪委机关联合印发《关于组织开展巡视巡察发现问题“大起底、改到位、建机制”专项行动实施方案》。全面开展自查自纠。县委巡察办牵头要求各乡镇、各单位按照专项行动实施方案要求，结合省委第八巡视组巡视利辛反馈问题整改、省委第七巡视组巡视亳州市反馈意见利辛县整改问题、中央脱贫攻坚专项巡视安徽省反馈意见利辛县整改问题、中央脱贫攻坚专项巡视“回头看”和2019年成效考核反馈问题利辛县整改工作，与九届县委巡察反馈问题整改一体推进，全面梳理、全面起底，自查自纠、补缺补差。县纪委监委对中央及省委巡视移交问题线索，市委巡察、县委巡察移交问题线索办理情况进行全面自查。县信访局和县纪委信访室对中央及省委巡视移交信访举报件、市委巡察、县委巡察移交信访举报件办理情况进行全面自查。强化督查检查。3月23日，从县纪委监委、县委组织部、县委巡察机构抽调人员成立8个专项检查组，结合县委巡察反馈问题整改“回头看”工作，对120家单位“大起底、改到位、建机制”工作开展情况进行专项检查，检查存在问题以整改提示单的形式向各单位进行交办，限期整改，同时将存在问题转发给各派驻纪检组和协作区，要求认真督办。加强机制建设。县委巡察机构建立《县委巡察整改工作成效评估办法（试行）》《利辛县选派年轻干部到县委巡察岗位培养锻炼办法》《县委巡察组巡后工作总结交流机制（试行）》工作制度3项，修改、完善《县委巡察整改审改工作制度》《关于做好巡察整改情况公开工作的意见（试行）》等工作制度2项。对照反馈意见，重新梳理问题清单。9月5—8日，省委第五检查组通过听取汇报、会议座谈、查看资料、走访调研等方式对利辛县巡视巡察反馈问题“大起底、改到位、建机制”专项行动开展情况进行督查检查，9月8日，检查组对利辛县进行反馈。根据检查组反馈意见，结合全县实际，召开专门会议，研究梳理“大起底、改到位、建机制”专项行动问题清单，梳理出的问题整改任务分解到相关单位，各项整改任务有序推进。要求全县各单位对照梳理出的问题清单开展自查，集中发力、持续整改，进一步推动整改工作走深走实，提升工作实效。县委巡察机构成立专班对各单位整改情况督查督办2次，基本完成问题整改。

【脱贫攻坚成果暨乡村振兴和十届县委营商环境专项巡察】 2021年4月6—30日，县委授权成立4个巡察组，对旧城、望疃、胡集和张村镇党委巩固脱贫攻坚成果暨乡村振兴工作开展专项巡察。专项巡察围绕“产业兴旺、生态宜居、乡风文明、治理有效、生活富裕”20字方针，重点监督检查被巡察单位党组织贯彻落实中央、省委、市委和县委关于脱贫攻坚、乡村振兴各项决策部署情况；监督检查产业扶贫项目实施、村级“三资”管理、农村人居环境整治、农村乱占耕地建房整治、农村低收入人群的监测和帮扶等工作开展情况；同时对基层党员干部工作作风及发生在群众身边的腐败问题开展监督检查。专项巡察全面了解乡村振兴战略推进过程中的短板和薄弱环节，为县委提供决策参考，专项巡察取得明显成效，得到县委的高度肯定。根据十届县委巡察工作统一部署，成立4个巡察组于9月23日至10月19日对县商务局等13家县直单位开展营商环境专项巡察，在巡察过程中对县生态环境分局、县税务局、国网利辛供电公司、县海特天然气有限公司等服务企业情况进行了解，各巡察组发现一批制约影响全县营商环境优化发展的突出问题，推动解决一批事关群众利益的突出问题，进一步彰显专项巡察的威慑力，取得一定的成效。11月，县委巡察办组成检查组到县直有关单位和4个乡镇跟进了解整改情况，对专项整治牵头单位和整改主体单位整改成效、存在问题列出清单，督促强力整改。十届县委营商环境专项巡察结束后，经汇总各巡察组巡察发现问题，县委巡察工作领导小组会议研究同意，决定开展三个方面的专项整治。专项整治从12月上旬开始，12月底前取得阶段性成果。

【省委巡视反馈问题整改】 2021年，利辛县纪委监委经县委常委会研究同意，3月12日印发《关于对安徽省委巡视工作开展指导督导情况反馈意见利辛县整改方

利辛县纪委监委坚持问题导向，深化专项整治，确保相关问题得到有效纠治。图为县纪委监委干部深入企业走访群众，摸排问题线索　　（汪伟/供）

案》，为做好整改落实工作，县委巡察办建立问题整改清单，明确整改任务、责任和时限。对于一个月内能够整改到位的问题，要提前整改到位；对于三个月内能够整改到位的，力争一个月内完成整改；需要长期坚持的，县纪委监委持续跟进督查。2021年底，所有问题全部整改完毕。

【开展涉粮问题专项巡察】　根据省、市统一部署，利辛县委成立3个巡察小组配合市委第四巡察组进行提级巡察。市委第四巡察组于2021年11月17日至12月20日对利辛县涉粮业务主管部门、15家涉粮企事业单位及其所属的46个基层粮库进行提级巡察。

■ 信访举报

【概况】　2021年，利辛县纪委监委出台《关于加强和改进新阶段纪检监察信访举报工作的若干措施（试行）》，制定三年时间实现"一升两降"工作目标，明确工作重点、责任要求、机制建设。县纪委监委领导班子成员通过定期接访、包案下访、主动约访，集中攻坚重点信访件，接待信访群众155批次317人次。2021年底，中央第五巡视组交办60件，全部办结；省、市领导及县委、县政府主要领导签批217件，办结187件；市长接访交办33件，全部办结。全县纪检监察机关受理信访举报总量在2020年同比下降59.1%的基础之上，2021年再下降10.8%。省纪委监委调研组对利辛县纪委监委信访工作给予充分肯定。

【专项行动排查】　2021年，利辛县纪委监委开展"进基层、抓监督、解难题、暖民心"专项行动梳理排查19件，全部办结，重复举报治理排查15件，办结13件；"大起底、大化解、大督办"专项行动梳理排查重复举报62件，办结51件。

群众团体

利辛县总工会

【概况】 2021年，利辛县总工会坚持围绕中心、服务大局，以职工为中心的工作导向，突出主责主业，抓住重点难点，推深做实“42101”工会重点工作，深入开展“四个年建设”“两项工程”“跟着劳模去创新”，扎实为职工办好“十件实事”，全面完成全年的工作任务。深化工会财务预算改革，依法足额收缴工会经费，加强工会资产监督管理，推进工会经审监督体系建设，加强基层工会经费管理和督查检查。2021年，向县委、市总工会报告党风廉政建设工作10次、意识形态工作2次、落实中央八项规定精神5次、巡视巡察整改内容3次、疫情防控报告15次、全面工作总结和计划4次、专项工作开展情况报告10次、重大敏感事件1次；向省市总和县委、县政府报送信息72篇，约稿10篇；与县税务局、人民银行、人社局、法院、财政局等7家党政机关建立协商机制。健全密切联系职工体系。建立健全协调劳动关系三方机制，充分发挥三方协调机制的作用；建立领导干部联系基层制度，形成调研报告9篇；深入基层联系点52次，帮助解决问题56件；建立健全工会群众来访相关制度，工会领导干部接访450人次；建立健全线上线下职工意见表达渠道，征集并解决职工意见建议145件。深化服务职工体系。加强服务职工阵地建设，建立职工服务中心，接待服务职工450人次；建成新时代职工文明实践中心1个，开展活动85场次；拓展“互联网+”工会普惠服务，惠及职工10281人次。完善高效工作运行体系。修订完善制度16个；新建制度3个，编制重点工作流程图9个；加大重点工作督查督办力度，召开“42101”重点工作调度会14次；完成工会经费税务代征536万元；返还小微企业工会经费7.69万元；上解省总经费70万元；成立县总工会资产监督管理领导小组，工会资产产权证具备条件的全部办理。把国家安全、信息档案、统计督查、机要保密、维稳工作、人才、双拥、档案、招商引资工作纳入工会工作重要议事日程。招商引资取得新突破，2021年引进一个投资8000万元的工业项目。

2021年，利辛县各级工会开展文体活动100多场，参与职工12000多人次
（县委编制办/供）

【开展职工文体活动】 2021年，利辛县总工会以“中国梦·劳动美·利辛篇章”为主线，组织各级工会开展建党百年庆祝活动312场次、观看红色电影活动223场次，向党的百年华诞献礼。6月20日，县委宣传部、县总工会举办“奋斗百年、启航新征程”庆祝中国共产党成立100周年职工合唱比赛，全县24支队伍2000余名职工参加比赛。利辛县职工合唱团参加亳州市“中国梦·劳动美·亳州篇章”——永远跟党走，奋进新征程全市职工大合唱比赛获得一等奖。开展丰富多彩的职工文体活动。开展新春“送福”活动，春节期间为职工赠送成品春联1200余副，组织书法家先后在长途汽车站、文化广场、经开区等开展现场书写春联5场次，参与活动800余人次；组织开展利辛“十大最美职工”评选和亳州“十大最美职工”推荐活动；组建新时代文明实践职工志愿服务队60余支，开展“学习雷锋月”“安全生产月”活动100余场次；组织开展全县职工羽毛球、乒乓球比赛2场次及职工篮球赛、足球赛、太极拳比赛各1场，参加职工2000余人。组织参与“健康中国我行动”全国广播体操工间操云比赛活动，高级中学、利辛二中、利辛中学3个代表队取得团体赛不同类别3个一等奖、1个三等奖。全县各级工会开展文体活动100余场次，参与职工12200余人次。大力弘扬劳模精神、劳动精神和工匠精神，组织劳动模范（工匠）深入基层企业、机关、学校开展劳模工匠事迹宣讲活动8场次。

【基层组织建设】 2021年，利辛县总工会以“基层组织建设提升年”为牵引，巩固百人以上企业建会行动成果，持续深化以八大群体为重点的新就业形态群体入会，坚持以党建带工建，重点推进非公企业、货车司机等八大群体新业态的入会工作。2021年，新建基层工会190家，发展会员数14627人，完成建会任务的190%，做到入会数与入库数同步录入。其中，100人以上企业建会12家，25人以上非公企业建会146家，25人以上社会组织建会22家。大力推行厂务公开、民主管理，国有及其控股企业、事业单位建制率100%，100人以上非公企业建制率100%，职代会建设达99%。开展小三级工会建设，新建乡镇总工会1家、新建楼宇工会3家、发展会员463人，新建村级工会55家、发展会员1714人。新增八大群体建会38家，会员5238人。联合县交通运输局开展货车司机集中入会行动，摸排运输企业100余家，完成建会96家；动员乡镇成立货运联合工会，共成立16家，发展会员1838人。开展星级工会创建活动，创建星级工会30家。开展职工之家“结对共建”7对，征集“我为企业发展献计”意见建议146条。

【困难职工精准帮扶】 2021年，利辛县总工会坚持以职工为中心的工作导向，以实施困难职工帮扶民生工程为抓手，从职工多样化需求出发开展工作，明确工作目标、突出工作重点、抓住关键环节，提高帮扶实效，不断提升困难职工群众的获得感、幸福感、安全感。开展精准帮扶。结对帮扶96户，覆盖率100%；实施困难职工生活救助6户，发放救助金3.7万元，完成任务120%；实施困难职工子女助学54户，发放救助资金31.4万元，完成任务108%；实施医疗救助40户，发放救助资金54.8万元，完成任务100%；实施就业帮扶2802人。开展困难职工档案动态管理专项行动，更新216户，注销7户，脱困135户。春节期间走访慰问困难职工808人次，发放慰问金80余万元。

【智慧工会】 2021年，利辛县总工会坚持“建、用、管”一体，拓展网上业务，创新服务模式，推动工会工作理念转变和线上线下深度融合，助推全县工会工作“十四五”开好局起好步。完善数据库。完善组织数89家、完成率100%，完善会员数16388人、完成率100%。开展普惠服务。合作普惠卡商业圈13家，网上练兵参与6987人，为亳工招聘提供招聘企业数182家，为亳工学堂提供素材42篇，办理会员卡3611张，医疗普惠252人，网上办事314件，办结率100%。开展好网民活动。报送好网民视频作品24篇、好网民图文作品89篇。开展网络安全培训6期、网络安全知识普及832人次。

【产业工人队伍建设】 2021年，利辛县总工会深入贯彻中共利辛县委办公室、利辛县人民政府办公室《关于推进新时代产业工人队伍建设改革的实施意见》，努力建设一支知识型、技能型、创新型产业工人大军。抓好产业工人理论武装。开展政治思想知识竞赛69场次，规模企业班组建立学习制度比率99%，开展演讲比赛18场次、知识竞赛69次、习近平新时代中国特色社会主义思想宣讲进企业35场次。组织产业工人开展庆祝建党100周年宣传教育。开展职工演讲比赛18次，征文12篇，征集微视频10场次。丰富产业工人精神文化生活。组织开展庆祝建党100周年大合唱比赛4场次，参加人员3125人次，开展慰问演出、读书沙龙等活动23场次。开展劳动和技能竞赛。组织开展劳动竞赛194场，参加职工23697人；开展技能大赛5场，参加人员3765人次。激励产业个人创新创效。选树“首席员工”17人，选树“金牌职工”35人，评选“能工巧匠”34人，评选“创新能手”33人，评选展示“创新成果”“五小”4个。

【工会干部教育培训】 2021年，利辛县总工会以加强政治理论教育为首要任务，以“大学习、大调研、大培训、大练兵”为抓手，抓好工会干部队伍理想信念教育、作风转变、专业素质和专业能力提高，不断增强解决实际问题、做好群众工作的本领，全面提高工会干部适应新时代、实现新目标、落实新部署的能力。开展理论大学习。积极组织参加省总、市总培训班21班次54人次。工会干部学习研讨397人，开展党史学习教育调研53次、参加1442人次。开展工作大调研。工会干部深入基层调研129人次，形成调研报告11篇。开展干部大培训。开展工会干部培训班9次、参加培训664人，开展网上“亳工学堂”学习312人次，参加“亳工讲堂”学习9次、287人次。开展岗位大练兵活动。开展线上知识竞赛5628人次，开展线下知识竞赛221次、4983人次。

【劳模示范】 2021年，利辛县总工会紧紧围绕“十四五”规划目标任务，聚焦全县工作大局，充分发挥劳模工匠在创新创造中的示范引领作用，加强统筹协调，创新工作举措，努力完成“五十”目标（即：举办10场劳模创新大讲堂、组织劳模结对帮助10家非公企业技术创新、培育10项劳模重点创新项目、打造

2021年10月17日，由利辛县总工会主办的首届职工太极拳比赛正式开赛

（县总工会/供）

10个劳模创新示范平台、实施10名劳模名师带高徒计划）。开展劳模创新大讲堂67场，共有39名劳模、1657名职工参加。组织16名劳模帮助18家非公企业开展技术创新活动。培育劳模重点创新项目7个，打造劳模创新示范平台2个。实施劳模名师带高徒计划，11名劳模名师带徒32名。积极开展“劳模贷”工作，为9名劳模贷款12487万元。

【依法维护职工权益】 2021年，利辛县总工会开展“春季要约”活动，共发出工资集体协商要约书102份，收到回复102份，覆盖企业102家，涉及5600名职工。建立健全劳动关系矛盾预防化解合作机制、法律援助协作机制、农民工欠薪联合维权机制、“法院＋工会”劳动争议诉调对接机制，挂牌成立利辛县劳动争议诉调对接工作室。开展“遵法守法·携手筑梦”服务农民工公益法律服务行动，举办法律宣传活动13场，现场发放宣传资料3000余份，法律咨询45人次，9000多人通过QQ群、微信群和答题方式参与民法典宣传学习。规范工会法人登记管理工作，申请变更、登记工会法人资格证14家。依法维护女职工合法权益和特殊利益，开展女职工权益保护法律法规网上知识竞答活动和第三届“书润匠心”征文活动、家风故事永流传活动。开展“安康杯”竞赛等群众性安全生产和职业病防治工作，全县237家工会、27948名职工、450个班组参加“安康杯”竞赛。广泛开展职业病防治宣传进社区、进企业和争做“职业健康达人”竞赛活动。开展庆祝建党100周年系列献礼活动。各级工会开展庆祝建党百年活动312场次、职工文明实践活动208场次、红色观影活动223场次，举办劳模工匠宣讲活动13场。开展就业服务十百千活动。开展7场网络专项招聘，182家企业参与，提供600多个岗位，就业2100人次，实施创业就业扶持项目2个，完成任务的200%；免费进行家政培训80人次，完成任务的115%；开展工会普惠与金融普惠融合，落实9名劳模贷款12487万元。做实服务职工品牌。新建工会服务驿站40个，选树市级“工会服务驿站”5个，完成任务的100%；开展“皖工鹊桥”单身职工婚恋交友活动2场次，参与职工人数达380余人；开展关心关爱环卫工人“六个一”活动，帮扶救助环卫工人10人，免费为环卫工人健康体检160人次，关心关爱环卫工人2090人、发放关爱资金12.16万元；为农民工免费体检2141人次；为八大群体职工赠送意外伤害保险1500人、参保费用7.5万元；落实职工疗休养及带薪年休假1765人。新建职工书屋10个、职工书吧或流动书箱20个，各级工会组织开展春、秋游活动34场次。

■ 中国共产主义青年团利辛县委员会

【概况】 2021年，共青团利辛县委员会深入学习十九大和十九届历次全会精神，紧紧围绕党政中心工作，认真履行引领凝聚青年、组织动员青年、联系服务青年的职责使命，团结带领利辛团员青年扎实推进团的各项工作和建设。下辖23个乡镇基层团委，1个教育团工委，1个经开区团工委。

【思想引领工作】 2021年，团县委积极调整青年讲师团，选拔20名优秀团干部充实讲师队伍，围绕“四史”教育、法制教育、文明创建、中共十九届六中全会精神等内容共开展宣讲66场次，受众涉及团员青年达3000余人，全年共组织宣讲193场次，较2020年增加1.2倍，覆盖青年1.2万余人，进一步筑牢青年思想根基。举办2021年度“青年马克思主义培养工程”培训班，拓宽青年思想引领新途径。2021年，团县委从县直属团组织负责人、县直属中职学校团委负责人、中学团委书记、少先队辅导员、乡镇团委负责人、优秀青年企业家等人员中遴选出100名优秀青年，通过集中开展思想政治教育，进一步提升“青马工程”学员的政治理论水平，坚定“四个自信”，提升团组织的向心力。2021年，广大团员青年以及少先队员认真学习“青年大学习”网上主题团课和“红领巾爱学习”网上主题队课，先后共有近200万人次团员青年和少先队员完成在线学习。

【志愿者工作】 2021年，团县委引领县关爱协会、县青年志愿者协会按照“一月一主题”形式开展志愿服务活动，组织青年志愿者投身疫苗接种一线，助力疫情防控。在重要时间节点，开展慰问敬老院老人、慰问抗战老兵、关爱留守儿童、爱心送考等活动13次，参与志愿者400余人次，惠及群众1500余人。

【服务青少年成长成才】 2021年，团县委协调县司法局、教育局、公安局、法院和检察院等成员单位在全县各中小学及社区深入开展《中华人民共和国未成年人保护法》《中华人民共和国预防未成年人犯罪法》以及“12355”青少年服务热线宣传活动，通过宣传橱窗、黑板报、宣传栏、广播等形式，共印发宣传资料20000余份，开展预防青少年犯罪法律咨询服务1000余人次。持续开展“希望工程”“情暖童心”关爱农村留守儿童系列活动。制作“情暖童心、微爱圆梦”大礼包100个。“希望工程”活动期间，募集善款70.4万元，资助贫困大学生251名，资助贫困中小学生26名。扎实推进未成年人法治教育基地建设，利辛县未成年人法治教育基地位于利辛县检察大楼三楼，2021年共接待学生600余名，让未成年人学法、懂法、用法，必要时运用法律保护自己，为青年撑起法治保护伞。

2021年12月7日，利辛县青年马克思主义培养工程开班式暨全县优秀团干部培训班开班仪式在县委党校举行。全县各乡镇团委、各乡镇中心学校团委等负责人共66名学员参加培训 （团县委/供）

【引领青年建功新时代】 2021年，团县委认真做好“千校万岗”大中专毕业生就业服务工作，不断完善创业就业服务体系建设，积极做好皖北地区青年创业贴息资金发放工作，帮助更多青年投身大众创业、万众创新热潮。2021年，为21户青年创业者提供贷款贴息政策支持，贴息资金38.39万元。团县委积极开展“利辛县创业之星”“利辛县农村青年致富带头人”评选活动，表彰优秀青年19名，其中评选利辛县“农村青年致富带头人”10人、利辛县“创业之星”9人。认真做好市级“创业之星”“乡村振兴青年先锋”候选人推报工作，4名青年企业家获评市级创业之星荣誉称号，3名青年企业家获评市级乡村振兴青年先锋荣誉称号。

【基层服务型团组织建设】 2021年，团县委着力破解“学社衔接”难题，依托“智慧团建”系统实现100%的应届毕业生团员组织关系转接；深入实施基层团组织规范化建设，团支部实现100%对标定级。共青团利辛公众号推送文章190篇，凸显传递青春正能量的作用。扩大团组织对新兴青年群体的有效覆盖，全年新增非公企业团组织182个，团组织的覆盖面和影响力进一步增强。全县青年之家云平台累计发布活动424场，参与人数达13055人次，团组织的号召力不断增强。首次为乡镇下拨团务经费23万元，提升基层团组织工作动力。

【加强团员先进性建设】 2021年，团县委突出政治标准、严把发展团员入口关，推行入团前接受8小时团课教育规定，推动团支部更多通过团内民主程序发展团员，努力在控制团员发展数量的基础上提升发展质量。全县发展团员1240名，新发展团员智慧团建系统录入率达到100%。加强入团后的经常性教育，规范“三会两制一课”等团内制度，把志愿服务作为展现团员先进性的重要实践载体，不断探索完善团员先进性锻造的日常机制。

【“一专一站两联”建设】 2021年，团县委根据团中央相关文件精神，积极开展“一专一站两联”（一专：团的专门委员会；一站：县域团代表联络站；两联：团的委员会成员联系团代表、团代表联系团员青年）建设，利辛县各级团代表67人，全部进入团代表联络站，共联系团支部67个、团员青年676名，实现每名团代表直接联系人数不少于10名，直接联系团支部不少于1个的工作局面。利辛县团代表联络站共接待团员青年700人次，解决团员问题30余条。团县委依托团代表联络站，组织10场青年读书会、党的系列精神宣讲会等活动，覆盖团员青年600余人，取得良好效果。

■ 利辛县妇女联合会

【概况】 2021年，利辛县妇联坚持以习近平新时代中国特色社会主义思想为指导，围绕庆祝中国共产党成立100周年主题，开展党史学习教育，着力强化思想政治引领，服务中心大局，深化妇联改革，团结带领广大妇女在疫情防控、乡村振兴和基层社会治理等工作中积极作为。县妇联在2021年度全市妇联系统目标考核中，综合得分位列第一，并被推荐为全省妇联系统先进县区。在2021年度县直单位综合考核中被评为“优秀”。县妇联党支部被评为全市“五星基层党组织”。

【妇女思想政治引领】 2021年，利辛县妇联着眼新时代妇女群众思想特点，深化“百千万巾帼大宣讲”，组建巾帼宣讲小分队24支，共计开展党史学习教育、“七一”讲话精神、十九大精神、十九届六中全会精神等各类主题宣讲活动304场次，覆盖群众11400人次。依托微信公众号开展巾帼传习线上宣传50期，推送党史知识30期。号召全县各级妇联组织开展“巾帼心向党　奋斗新征程”主题宣传活动，并拍摄庆祝建党100周年献礼短视频《百年辉煌、巾帼寄语》，开展庆祝建党100周年羽毛球联谊赛，组织庆祝建党100周年交友活动，组织参加建党100周年合唱比赛，参与“党的女儿红耀江淮”主题摄影活动。为充分发挥先进典型的示范引领作用，召开2021年度庆祝“三八”节表彰暨妇女工作会议，表彰县级三八红旗手51名、三八红旗集体8个。推荐市级表彰三八红旗手10名、三八红旗集体2个。推荐省级表彰三八红旗手1名。利用微信公众号推送“三八红旗手”先进典型事迹报道12期、“优秀妇联执委”先进典型事迹报道9期。开展送“荣誉到基层”活动，为11名先进个人、8户先进家庭和2个先进集体送去荣誉。推送表彰“好军嫂”4名、“优秀兵妈妈”5名，并对维和部队现役军人家庭开展慰问活动。组织开展巾帼志愿服务活动，登记在册的巾帼志愿者816名，常态化开展助力美丽庭院、普法维权、疫情防控等志愿服务。孙庙乡“巾帼志愿者服务队”被亳州市文明办评为2021年9月份感动药都志愿服务优秀组织典型。

【引领妇女建功兴业】 2021年，利辛县妇联联合县人社局举办“巾帼风采”女性专场暨人才对接招聘会，提供就业岗位2000个，成功介绍妇女就业300余人（其中58人为女大学生）。组织“春风行动”送岗位宣传活动，现场发放各类宣传材料3000余份，接受咨询500多人次。举办家政技能培训班3期，300余名妇女学员参加培训。充分发挥25名市级农村女性产业带头人的组织、扶助作用，带领身边的妇女群众积极投身农村产业发展，助力乡村振兴。为激发广大女性立足岗位、建功立业的热情和活力，表彰县级巾帼文明岗19个、巾帼建功标兵30名、巾帼建功先进集体6个。推荐市级表彰巾帼文明岗7个、巾帼建功标兵3人、巾帼建功先进集体2个。推荐省级表彰巾帼建功标兵1人，巾帼建功先进集体1人。实施省市项目，助力乡村振兴。2021年申报并完成1个省级“巾帼创业就业示范基地”项目和3个市级“美丽家园行动”项目实施工作。根据市妇联文件要求，选取20家家庭农场和培训机构进入省妇女创业扶持资金项目库。

【维护妇女儿童合法权益】 2021年，利辛县妇联将“婚姻家庭纠纷排查化解专项行动”转为常态化工作，对全县9个乡镇专项行动开展情况进行督导。全县23个乡镇全面部署开展专项行动工作，参与走访排查的村“两委”成员共有1523人。排查婚姻家庭矛盾纠纷392起，化解380起，化解率96.9%。发放人身安全保护令2份、家庭暴力告诫书68份。在法院成立家事纠纷多元调解委员会。扎实做好信访工作。接待信访案件48起，办结46件，办结率95.8%。为便捷、服务群众，县妇联研究制定《利辛县妇女联合会领导干部接访制度》《县妇联信访值班表》，真正把信访工作做实做细。按照“建设法治中国·巾帼在行动”工作要求，组织“木兰讲堂”基层维权知识宣讲28场次，受益群众1655人次。开展“徒步普法”活动3场次，受益群众251人次，发放普法宣传册674册、《中华人民共和国民法典》第五编婚姻家庭700余份。开设《维护妇女儿童合法权益》普法课，切实提升妇联系统干部维权工作的能力。开展“全民国家安全教育日”普法宣传活动23场，受益群众1506人次。开展反家庭暴力普法讲座2场，发放《中华人民共和国反家庭暴力法》宣传资料300余份、《基层妇联维权知识》宣传册300份。开展反家暴现场宣传21场次，发放宣传单17000份。开展“护苗”专项行动宣传4场，开展禁毒知识宣传11场，受益青少年学生8000人次。

2021年3月4日，县妇联2021年度庆“三八”表彰暨妇女工作会议在县新能源学校第二会议室召开。会议对涌现出的三八红旗手、巾帼建功标兵、先进集体和最美家庭进行表彰 （利辛发布/供）

【家庭文明建设】 2021年，利辛县妇联持续开展寻找“最美家庭”活动，寻找县级“最美家庭”100户，推出市级“最美家庭”50户、省级“最美家庭”3户。创建县级“美丽庭院”112户、市级“美丽庭院”100户。选树县级“平安家庭”115户，推评市级“平安家庭”20户。线上宣传31户“美丽庭院”“最美家庭”典型事迹。推评全国“文明家庭”1户。组织开展“木兰讲堂·婚姻家庭教育及心理健康”知识讲座29场次，受益妇女1700人次。开展家教知识公益讲座3场、“传承清正家风、争做廉洁表率”宣讲6场次、座谈会3场次，征集家风故事6个、家训44条，利用公众号推送中国名人爱国小故事20期。为满足单身青年交友联谊的需要，筹办2期单身青年联谊交友会，200余名单身青年参与活动。

2021年6月1日，国际儿童节。县政府副县长钱卫（左一）到县特殊教育学校慰问在校儿童，给孩子们带去了节日的祝福（利辛发布/供）

【关爱妇女儿童】 2021年，利辛县妇联开展妇女“两癌”防治知识到村庄、到社区活动。利用线上、线下多种形式开展“两癌”防治知识宣传，让更多的妇女群众知晓“两癌”防治知识，树立健康意识。实施“巾帼健康行动”，做好全国妇联中央专项彩票公益金支持低收入妇女“两癌”救助工作。全县共有118名患病妇女申报“两癌”救助项目，获得救助25人。实施安徽省城乡困难妇女“两癌”救助项目，救助患病妇女30人，完成率100%。实施安徽省城镇低保妇女“两癌”免费筛查项目，全县累计完成宫颈癌初筛150人，完成率100%；乳腺癌初筛153人，完成率102%。没有确诊宫颈癌病例和乳腺癌病例，宫颈炎患者1例，乳腺钼靶3类11例。为确保民生工程实施效果，对筛查对象随机进行电话回访，对服务对象满意度及知晓率进行调查。实施困难妇女儿童救助项目，为98名妇女儿童送去温暖，救助金额11.8万元。开展“春蕾计划十元捐”活动，救助贫困女生117名，发放救助资金30.1万元。积极响应市妇联号召，发动全县妇联系统参与“99公益日”募捐活动，共募集捐款4.79万元。

【基层妇联改革】 2021年，利辛县妇联深化妇联组织改革，打造更加充满活力、更加坚强有力的妇联组织。组织开办利辛县村级妇联执委培训班，全县12个乡镇开办培训班，培训1400余人。举办利辛县妇联干部培训班，对全县75名妇联系统干部进行培训。认真开展党建带妇建，大力推进“两新”组织妇建工作，在“两新”组织中建立妇委会226个。为做好村（社区）妇联换届工作，县妇联提前谋划，在换届前深入基层开展调研，召开镇村妇联主席换届工作培训会议，下发相关文件及指导手册，明确目标任务；在换届中，县妇联班子成员带队，分别到镇村指导换届工作。全县361个村（社区）顺利完成村（社区）妇联换届工作目标任务。全县100%的村（社区）“两委”有女性成员，361个村（社区）的妇联主席全部进入村（社区）“两委”，实现预期目标，切实把妇女参与基层自治的实践提高到新的水平。

利辛县科学技术协会

【概况】 2021年，利辛县科学技术协会围绕中心，服务大局，坚持为科技工作者服务、为创新驱动发展服务、为提高全民科学素质服务、为党和政府科学决策服务，全面加强自身能力建设，圆满完成各项任务，为实现利辛县科普事业发展目标做出积极贡献。2021年，成立经开区科协1家、企业科协组织1家、学会科协1家、校园科协2家、农技协13家，实现乡镇科协全覆盖，使科普工作纳入正常轨道。分别成立4个科技工作者之家，形成科协牵头，科技工作者积极深入开展系列科普活动格局。挂牌利辛县西淝河湿地科普植物园、亳州新能源学校蘑菇种植教育基地、利辛县印象江南生态园、安徽营泉古酒科普馆、亳州市艾可舒文化馆5个市级科普教育基地，完成5所科技教育特色学校建设。

【科普队伍建设】 2021年，利辛县科协成立33支科技志愿服务队，开展各类科普宣传活动160余次。全县350所中小学均设立科普活动室，培训科技辅导老师2期共722人。13家农村专业技术协会成立，配备专家服务组，用以加强科技培训，及时传播农业科技新成果，普及先进的科技和管理方法。

【推动“科普中国”APP等平台资源落地】 2021年，利辛县科协充分利用各类基层科普渠道，分享“科普中国”APP等平台资源，将“科普中国”优质科普资源传递给周边群众。科技志愿服务与科普信息传播的结合，加大科普传播力度，“科普中国”APP注册17795人，占全县总人口1%，分享文章传播量8.1万余次；中国科技志愿APP注册人数1625名，在APP上发布宣传活动76次。积极参与发布2021年“众心向党，自立自强”主题活动，总访问量达70万余次，在全国县级科协排名第四。

【组建科技专家库】 2021年，利辛县科协在全县范围内征集各领域高层次科技人才入选专家库，充分发挥科技专家在科学普及、科技创新、决策咨询、技术服务等方面的作用，为争创全省科普示范县，建设美好利辛提供智力支持和人才保障。吸收167名科技人员组成专家库，组建8支专家服务队，开展科普知识讲座36次。

【科普惠民】 2021年，利辛县科协创建“乐享科普·出彩利辛”品牌活动。“乐享科普·出彩利辛”科幻画、科幻作文大赛圆满完成；组织全县学生参加省、市青少年科技创新大赛；举办“农村少儿爱科学——送航模科技走进王人初中活动”，推动航模科技活动的普及，强化青少年的科学意识；开展“生命健康教育·急救知识进校园”活动，强化学生们的安全意识。在2021年全国科普日活动中荣获中国科协办公厅颁发的优秀组织奖和优秀活动奖，以及省科协颁发的优秀活动奖。

利辛县工商业联合会

【概况】 2021年，利辛县工商联在县委、县政府的坚强领导下，在市工商联和县委统战部的具体指导下，准确把握新形势下工商联工作的着力点，不断加强自身建设，努力提升服务水平，各项工作都取得显著的成效，被中华全国工商联合会确定为2020—2021年度全国“五好县级工商联”，连续三年被全国工商联确认为全国“五好县级工商联”的荣誉称号、被安徽省工商联确认为安徽省“五好县级工商联”的荣誉称号。

【助力乡村振兴】 2021年，利辛县工商联在省召开“万企兴万村”电视电话会议后，及时向民营企业及工商联所属商会传达会议精神，深入贯彻落实习近平总书记关于乡村振兴重要指示精神和党中央的决策部署，巩固脱贫攻坚成果，推动乡村全面振兴。会同县农业农村局、县乡村振兴局、县农业发展银行、县农业银行，制定《利辛县关于开展“万企兴万村”行动的工作方案》，组织多家民营企业和商会与150多个村进行“万企帮万村”对接活动，推动“万企兴万村”各项工作有序进行。

【公益活动】 2021年，利辛县工商联号召广大非公企业和所属商会开展社会公益活动，利辛县糖酒商会、建材装饰业行业协会、同城联盟商会、汝集商会、中疃商会、西潘楼商会、阚疃商会等数十余家企业和商会参与捐资助学、抗灾救灾等公益活动，捐助资金物资共50余万元。

【参政议政】 2021年，利辛县工商联围绕民营经济发展和行业协会商会工作，积极开展调研工作，组织工商联系统的政协委员、人大代表通过撰写提案形式，积极建言献策，为党委、政府科学决策提供科学参考。县工商联提出的《我县民营经济发展面临的主要问题和加快我县民营经济发展的对策和建议》《巩固脱贫成果助力乡村振兴的问题与思考》《发挥桥梁纽带作用促进非公经济发展》《优化营商环境，规范市场管理》《大力发展乡村民营企业助力乡村产业兴旺》，县工商联副主席、丰源车业董事长宣文灿提出的《如何促进外贸企业发展》《如何优化营商环境》等提案，都得到有关部门和领导的重视。

【招商引资】 2021年，利辛县工商联坚持发挥好自身优势，充分利用商会的网络，带领部分民营企业家赴北京、广州、杭州、河南、新疆等地进行招商引资考察，多种渠道为民营企业搭建经贸服务平台，多次邀请行业协会、商会到利辛县进行经贸考察，参加各类经商洽谈会、投资推介会，为重大招商项目落地做好各项联络、服务工作，全年共引进资金10亿多元。

利辛县残疾人联合会

【概况】 2021年，利辛县残联团结带领广大残疾人工作者服务大局、忠诚履职、担当作为，为新阶段现代化利辛县残联人事业高质量发展做出新贡献。县残联党组成员、副理事长侯伟伟被省委、省政府授予全省脱贫攻坚先进个人，孙庙乡残联理事长罗强被国务院残工委授予全国残疾人工作先进个人，省政府残工委通报表彰全省自强模范暨扶残助残先进集体和先进个人，巩店镇残疾人之家获奖，纪王场乡孙老家村视力二级残疾崔文学获自强模范奖，城关镇董集村卫生室负责人、共产党员、肢体二级残疾武振勇获扶残助残先进个人。

【残疾人民生救助】 2021年，利辛县残联把党史学习教育成果转化为“我为群众办实事”的工作动力，真心实意为残疾人办实事、做好事，打通服务残疾人“最后一公里”。开展问需于民调研活动，围绕困难残疾人精准康复、技能培训、就业创业、“一家一站”等工作，深入基层入户访民情。残联10名党员干部每人都为残疾人办实事、做好事、解难事5件以上。为有需求的困难残疾人发送1000多件轮椅、拐杖、听书机、坐便椅等辅助器具。全年共办理残疾人证6900多本，其中进村入户为卧床不起和敬老院行动不便患病老人免费床前办证服务253人，使他们应享尽享惠残政策的优待。

【残疾人项目补助】 2021年，亳州市残联下达利辛县困难精神残疾人药费补助任务1900人。县残联采取多种措施开展民生重点项目政策宣传，各乡镇认真做好摸底登记、整理材料、网上申报工作，经县残联复审县财政局拨款，10月12日前将509.2万元药补金打卡发给5092名困难精神残疾人。残疾儿童康复救助项目，市残联下达任务为

7月22日，利辛县2021年残疾人工作现场会在中疃镇召开　　（县残联/供）

255名，县残联精心做好0～14周岁听障、智障、脑瘫、孤独症四类残疾儿童康复需求摸底统计，经筛查审核共安置532名残疾儿童在省内外92家（省内49家、省外43家）康复机构进行康复训练。为54名残疾儿童进行人工耳蜗手术补助，为13名残疾儿童进行助听器补助，为5名残疾儿童进行假肢手术补助，为91位残疾人矫正适配假肢。

【残疾人就业】　2021年，利辛县残联通过送政策、送技术、送岗位、送服务“三下乡”活动，全年举办农业技术培训班10期500人，电子商务2期160人，残疾人就业专场招聘会提供就业岗位200多个，想方设法让残疾人就近就便就业创业。对乡镇村签字盖章报送的项目资料，县残联协同相关部门业务负责人逐户实地核查验收，张榜公示无异议，对新增20户阳光大棚种养殖项目，每个扶持补助5000元，对100名自主创业残疾人各扶持补助4000元，为154户重残疾人家庭出行进行无障碍改造。1月21日，党组书记、理事长夏文权和党组成员、副理事长侯伟伟带领残疾人自强模范武友群应邀走进省新闻广播《就业赢未来》节目；8月19日，夏文权和扶残助残先进个人苏文彬再次走进省新闻广播《就业赢未来》直播间，畅谈利辛县残疾人就业创业的经验和感受。

【残疾人文体宣传】　2021年5月16日，是第31个全国助残日。利辛县残联围绕本次活动的主题“巩固残疾人脱贫成果，提高残疾人生活质量”开展10项丰富多彩活动。县和乡镇残联分别召开各类助残日座谈会；县残联组织残疾艺人到市参加艺术演出；举办庆祝建党百年华诞残疾人文艺会演；举办“学党史、感党恩、跟党走”残疾人演讲比赛；举办“党恩惠四海、功德耀九州”残疾人书画烙画作品展；组织残疾人到路集烈士陵园祭英烈；到乡村振兴生态园观光一日游；开展贫困残疾人走访探视慰问活动；举行首场残疾人就业招聘会；在县残联办事大厅门前设立惠残政策宣传台、光荣脱贫展板，电子屏滚动字幕播放助残日主题和党史学习教育宣传口号，呼吁社会各界共同关心、支持、帮助残疾人，积极为残疾人办实事、做好事、解难事，全力推动巩固拓展残疾人脱贫攻坚成果，为残疾人创造更加美好的新生活。2021年，县残联发布信息被人民网、《中国残疾人》杂志、《江淮时报》、《安徽日报（农村版）》、《亳州晚报》采用稿件98篇，省、市残联和县直相关单位采用信息100多条。

利辛县文学艺术界联合会

【概况】　2021年，利辛县文联强化政治担当，认真贯彻落实省市文联工作部署，围绕庆祝中国共产党成立100周年，唱响主旋律，弘扬正能量，取得较好成绩。县文联认真落实意识形态工作主体责任，定期召开会议，研究风险防范，加强文联《西淝河》文艺刊物、门户网站、文联微信公众号等阵地管理和各协会业务指导、日常监管。围绕举旗帜、聚民心、育新人、兴文化、展形象的使命任务，认真履行团结引导、联络协调、服务管理、自律维权的职能，充分利用举办书画展和送文艺下基层活动及微信群、公众号和《西淝河》刊物等，深入开展中共党史宣传，中共十九届五中、六中全会精神宣传和红色教育，把意识形态舆论宣传管理做得更加扎实。2021年，司明被安徽省音乐家协会批准为省音协会员，李旸被批准为安徽省作家协会会员，全县共有省作家协会会员31人。

【文艺活动】 2021年，利辛县文联围绕“庆祝中国共产党成立100周年”组织举办一系列活动。开展为贫困群众送春联、送书画、送温暖活动。在2021年春节前夕，县文联组织艺术家深入望疃镇刘桥村、城关镇和谐社区等地，为贫困群众义务写春联、送书画近3000件。参与组织策划“永远跟党走”——利辛县歌咏大赛。在大赛开始前，组织文艺骨干给多个基层代表队进行业务指导，提高他们的合唱演出水平。参与“庆祝中国共产党成立100周年”——利辛文艺晚会。县文联组织文艺工作者人员创作歌曲《百年征程》等一系列的节目参加全县“七一”文艺晚会演出，向建党100周年献礼。与县政协和政协书画院联合举办“翰墨颂党恩”利辛县书画作品展。展览于6月下旬在李奇茂美术馆展出，共展出利辛县书画艺术家作品80余件。与县老年学会联合举办利辛县老年书画展。展览于6月上旬在城关镇向阳社区举办，共展出老年书画100件。组织县摄影家协会与有关单位联合举办“乡村振兴”5G摄影图片展。作品于6月下旬展出，共展出摄影作品100件。与县司法局联合举办“第三届法润西淝河，共筑美好利辛”法治故事法治诗词大赛。共收到征文近600件，评选获奖36件。由县文联与亳州市作家协会、县委宣传部、县文明实践中心、县作家协会联合举办利辛县红色主题小说征文大赛，共征集中篇小说、短篇小说、微型小说126件。围绕党史宣传教育——开展送文艺下基层慰问演出活动。6月开始，组织县戏曲艺术家协会在县五一广场和部分乡镇，举办“党史宣传教育”——送文艺下基层慰问演出6次。举办利辛县书画精品展。展览征集利辛书画作品320余件，展览于6月28日在城关镇和谐社区展出，展出优秀书画作品120件，用书画艺术讴歌党、讴歌祖国、讴歌人民，助力社区振兴发展。举办利辛县青少年书法美术大赛。这项活动由县委宣传部主办，县文联、县教育局、县新华书店承办，县美协、县书协承办。征集作品1800余件，经过组织专家评选，评出获奖和优秀作品400件。举办“庆丰收·感党恩”2021年亳州·利辛农民丰收节书法美术摄影作品展。这次展览由县委宣传部、县文联主办，县逸久书画院承办。展览于9月23日在利辛县李奇茂美术馆展出，共展出书画作品120件、摄影作品80件。

【培训研讨】 2021年，利辛县文联选拔推荐欧娟、魏晓红两名优秀书画家赴京学习深造。成功举办写意花鸟画专题培训班。5月4日—6月4日，县文联邀请中国美术家协会会员、中国工笔画学会会员、国家一级美术师、北京燕山国画院副院长马淑雷老师，到利辛县举办为期1个月的“写意花鸟画专题培训班”，为一批优秀青年画家讲授写意花鸟画理论知识和创作实践。7月15—16日，利辛县委宣传部、利辛县文联邀请利辛籍著名作家康健春回乡举办创作交流讲座。7月中旬，县文联邀请中国书法家协会会员、著名书法家范振海到利辛，举办为期一周的书法培训班。7月15—16日，县文联组织文艺界人士召开学习培训会议，认真学习贯彻习近平总书记在庆祝中国共产党成立100周年大会上的重要讲话精神，教育和引导全县广大文艺工作者坚定理想信念，坚守初心使命，把文艺创作融入宣传贯彻落实习近平总书记重要讲话精神上来，努力创作更多更好的优秀作品，讴歌党、讴歌祖国、讴歌英雄、讴歌人民。来自利辛县文艺界60多名代表和创作骨干参加培训学习。2021年8月，县文联组织优秀工笔画家车敏、茆娅莉、秦英、程少茹、魏侠，在文联书画创作基地为40余名青少年美术爱好者，举办为期1个月工笔画理论创作基础培训。

【文艺创作】 2021年，利辛县文联组织文艺工作者开展多种形式的“到人民中去”采风创作活动，创作一大批优秀文艺作品。有多件作品在省展、国展参赛入展或获奖。2021年，利辛县优秀青年女画家中国美术家协会会员车敏被省文联批准为“551”计划工程培养人才。3件美术作品在国展展出、3件书法作品入展全国性展赛、2件书法入展安徽省展。青年女画家秦英的中国画《锦瑟华年》入展2021年第五届“红船颂”全国美术作品展，成为准中美协会员。杨娅创作的作品《盛世芳华之舞动青春》入选第十一届全国工笔画作品展。王燕创作的作品《西乌珠穆沁·冬日暖阳》入选第十一届全国工笔画大展。利辛青年书法家袁亚，3件作品分别入展2021年山西省书协举办的“第二届卫夫人奖”全国书法篆刻展、第八届“海峡两岸”全国书画大展、首届全国龙门书法双年展，1件书法作品入展。袁亚、汝英贺各1件作品在安徽省书法家协会举办的“礼赞百年”庆祝中国共产党成立100周年主题书法大赛中获奖。2021年，利辛县文艺工作者先后在报纸杂志和网络发表各类文学作品820余件。

【获奖情况】 2021年，汪东峰创作的七律《不倒黄鹤楼》被收入《中国抗疫诗歌专辑》，楹联获全国第十六届“芸香杯”金奖等。李旸在省级报刊发表诗歌130余首（组），抗疫诗《最美的年华里做一朵铿锵玫瑰》被收入《中国抗疫诗》“千人选”，诗歌作品获得第九届“葫芦岛联通杯”白天鹅诗歌奖、全国诗歌大赛铜奖等。马俊侠多件作品被《中国诗词微刊》《世界诗歌》发表，其诗词作品在庆祝中国共产党成立100周年“红船百年”全国诗词创作大赛中荣获一等奖，被授予“全国优秀诗词作者”荣誉称号。黄廷付在省市级报刊发表文章126篇。陈学超多件作品获奖，先后获得“节水护水在行动”征文三等奖、“我爱湘家荡”杯征文三等奖、山东淄博征文二等奖、“水安杯话说老子”诗歌、顺口溜征文三等奖、首届“天津散文杯”征文三等奖，创作的民间故事荣获范蠡民间故事大奖赛入围奖等。县文联选送的优秀歌词《小康路上》（作者刘子琪、刘华群）荣获由中共安徽省直属机关工作委员会举办的“我把颂歌献给党”全省歌词征集评比二等奖。利辛三首优秀歌词作品在亳州市直属机关工作委员会、亳州市文学艺术界联合会联合举办的“我把颂歌献给党”活动中获奖。其中，刘子琪、刘华群创作的歌词《江山锦绣》荣获二等奖，李旸创作的歌词《梦想的天堂》荣获三等奖，汪东峰创作的歌词《党带领我们永向前》荣获优秀奖。

【文化惠民】 2021年，利辛县文联组织中国美术家协会会员茆娅莉，安徽省美术家协会会员杨建国、武登山、王东升、魏侠、王燕、刘影和省书法家协会会员楚万民、武青松、李辉、袁亚等20余名书画家，先后深入望疃镇丹凤村、永兴镇朱新寨村、王市镇文化站、胡集镇文化站、巩店镇文化站、城北镇文化站、旧城镇文化站、阚疃镇文化站等单位，开展宣传党的十九届六中全会精神宣讲送书画下基层创作活动。书画艺术家们每到一地，用书画艺术宣传形式，围绕宣传贯彻党的十九届六中全会精神，先后为乡镇文化站和基层干部群众创作书画作品1000余件。

■ 利辛县计划生育协会

【概况】 2021年，利辛县人口与计划生育协会（以下简称县计生协）认真开展落实计划生育宣传教育，生殖健康咨询服务，优生优育指导，计划生育家庭帮扶、权益维护，流动人口服务“六项重点任务”；指导乡镇、村制订计生协章程，完善民主参与、民主监督、学习活动、工作例会等工作制度，确保全县计生协工作常态化、长效化。为提高计生协会工作人员的素质，县计生协全年举办计生协业务培训2次，组织协会工作人员参加全国社会工作者职业水平考试。

【实施人口健康基金项目】 2021年，县计生协为精准帮扶需要救助的计划生育困难家庭，着力减轻计生家庭因大病致贫、返贫问题，8月，向安徽省人口健康基金会募捐50万元，特殊家庭关怀、贫困家庭救助、家庭发展促进、事业发展促进4个人口健康基金救助项目全部完成。2021年，加大失独家庭住院护理保险保障力度，推动建立计生特殊家庭结对帮扶制度，开展广泛关怀高龄、失能、伤残独居老人活动，开展走访慰问、健康指导、法律援助、心理抚慰和临终关怀等服务。2021年，利辛县人口健康基金项目共计救助人数1539人，救助总金额69.7万元。

【实施“幸福微笑——救助唇腭裂儿童”公益项目】 2021年，县计生协根据安徽省“幸福微笑——救助唇腭裂儿童”公益项目实施方案要求，积极做好宣传动员，经过初筛组织等工作，共摸底唇腭裂患儿17名，参与视频筛查12名，对2名符合条件的唇腭裂患儿成功进行修复治疗。

2021年利辛县人口健康基金项目救助人数及资金使用一览表

表7

项目名称	救助人数（人）	救助金额（元）
基层卫生计生人员家庭意外伤害险	864	25488
计划生育特别扶助家庭保险	177	17612
助学成才项目	123	221400
暖心行动——紧急慰藉项目	2	6000
暖心行动——慢性病救助项目	63	63000
暖心行动——大病住院救助项目	1	5000
计生帮扶——贫困慰问项目	282	282000
计生帮扶——大病救助项目	14	70000
二孩高龄产妇补贴	13	6500

法　　治

政法委与综治

【概况】 2021年，利辛县委政法委认真贯彻落实中央、省市县委决策部署，履职尽责，勇于作为，加强思想政治建设、组织建设，落实全面从严治党主体责任，扎实推进平安建设、政法队伍教育整顿、扫黑除恶斗争等各项政法重点工作，有力地维护全县政治安全、社会安定、人民安宁，为利辛经济社会高质量发展做出重要贡献。2021年，紧扣“三个环节”，全面落实“四项任务”，政法队伍教育整顿取得明显成效，得到中央督导组、省驻亳指导组充分肯定，县政法队伍教育整顿领导小组及其办公室、县委政法委、县公安局被评为“优秀”等次。四项教育扎实开展。举办习近平法治思想、党史学习教育等专题讲座，政法机关共开展集体学习1312场次、专题研讨67场次、上党课75场，观看警示教育片49场。召开警示教育大会2轮11场次，受教育干警2200余人次。选树政法英模和先进典型56名，组织英模报告团巡回宣讲8场次，以生动教材激励教育广大干警。查纠整改深入推进。认真落实“五必谈”要求，坚持“五个带着”，做到“四个讲清”，开展谈心谈话1417人次，教育引导干警放下思想包袱，主动查摆问题。全县共224名政法干警主动向组织说明问题，处理政法干警223名，兑现“自查从宽”政策171名。排查整治顽瘴痼疾具体问题6854个，推动建立正风肃纪、执法司法制约监督等长效制度机制69项。为民办事成效明显。推动学习教育成果转化，聚焦群众“急难愁盼”问题，通过“四访”“五个一批”，深入开展“我为群众办实事”实践活动。政法各单位共出台便民举措41条，为群众办实事4.8万余件。

【坚持党对政法工作的绝对领导】 2021年，利辛县委政法委认真履行党建工作责任制主体责任，按时完成党员拟发展对象、光荣在党50年审核、各级党代表联审等任务，配合做好村“两委”换届、人大政协换届等代表、委员联审工作。履行国家安全责任。加强宣传教育，印制3万多元宣传材料，利用“4·15”全民国家安全教育日，政法委等单位和城关镇在五一广场、其他乡镇在人员密集的地方集中宣传。加强组织建设，23个乡镇和36个成员单位均建立国家安全人民防线建设小组，确定专人负责。建立工作制度，印发反奸防谍工作责任制实施办法、防线办职能任务、国家安全人民防线建设工作指导意见等文件，各乡镇、县防线办成员单位将国家安全工作列入重要议事日程定期研究、及时推进。完成社会领域防范化解重大风险攻坚战2021年重点工作任务。认真排查化解重大风险隐患，共排查梳理重大风险点1个，制定整改措施5条，全部完成整改。着力提高党内法规制度建设科学化水平。发挥县委政法委职能作用，统筹协调各方资源和力量，形成党委领导、政府主抓、各部门协调推进法治利辛建设的整体工作格局。严格执行政治督察、综治督导、纪律作风督查巡察等制度，围绕政法系统政法队伍教育整顿，常态化开展明察暗访，实现规范执法、公正执法，不断提升法治公信力，让人民群众在每一个司法案件中都感受到公平正义。学习贯彻习近平新时代中国特色社会主义思想，坚决做到“两个维护”。认真学习贯彻落实《中共中央政治局关于加强和维护党中央集中统一领导的若干规定》精神及省市贯彻落实意见、《中共中央关于加强党的政治建设的意见》及县委《关于贯彻落实习近平总书记重要指示批示若干规定》等文件精神，对习近平总书记重要讲话、重要指示批示精神及时传达贯彻落实，按要求及时报送“三个台账”、习近平总书记重要指示批示贯彻落实情况“回头看”专题报告。习近平总书记重要指示批示特别是考察安徽重要讲话指示精神贯彻落实情况纳入政法工作年度计划，在工作中发现问题、解决问题。切实加强党对政法工作的绝对领导，不断增强“四个意识”，坚定“四个自信”，把践行“两个维护”落实到各项政法具体工作中。把学习宣传贯彻习近平新时代中国特色社会主义思想和党的十九大、十九届历次全会精神作为政法工作的首要政治任务，及时跟进学习习近平新时代中国特色社会主义思想，学习习近平总书记重要讲话精神、重要指示批示精神、党中央重大决策部署、省第十一次党代会精神、市第五次党代会精神、县第十次党代会精神。利用委机关学习例会、书记办公会、“党员活动日”等形式，组织党员干部抓好集中学习，完成县委宣传部指定学习材料征订任务，并在书记办公会、周集体学习会重点学习，与政法工作实际相结合，时刻做到用习近平新时代中国特色社会主义思想武装头脑、指导实践、推动工作。2021年，党委（党组）理论学习中心组学习12次，集体学习67次，开展学习研讨8次，共开展“一月一课一片一实践”活动12次，讲微型党课12堂，党支部党员集中学习12次。组织宣讲活动。领导班子成员到联系乡镇、单位宣讲十九届五中、六中全会精神8场次。

【社会治安综合治理】 2021年，利辛县政法委召开书记办公会，专题研究意识形态工作2次，明确班子成员及内设机构的工作范围、任务和责任。落实“三同步”工作机制，稳妥处置各类涉法舆情。把意识形态工作作为领导班子成员民主生活会和述职述廉报告的重要内容之一。按时报送意识形态领域风险研判会商资料，12月份向县委分别报送专题汇报意识形态工作总结和自查报告并抄送县委宣传部，对办公区内公示栏、室内宣传栏定期更新。完成中央巡视组专项检查安徽省委落实意识形态工作责任制情况反馈意见利辛县整改政法委承担的任务，并及时销号。管辖范围内未发生意识形态领域重大问题、重要事件应对处置不力及追责问责的情况。加强干部日常教育管理，邀请省委政法委及省级媒体专家，对全县政法干部及乡镇政法委员等120人，进行为期1天的舆情应对培训工作。落实网络意识形态责任制。建立网络意识形态工作责任制，做到分工负责，及时办理回复网络舆情；按要求及时建立网络评论员队伍，确定分工领导和具办人员，加强“利辛政法”微信公众号等新媒体监管，未发生重大网络舆情等情况。落实网络安全工作责任制。落实机关网络安全检查制度，建立政法委新媒体信息发布机制，落实微信公众号等发布“三审”制度。“利辛政法”微信公众号上线运行，及时发布全县政法工作动态，传播政法工作“正能量”。全年未发生意识形态安全事件，未发生重大失泄密事件。

【组织建设】 2021年，利辛县政法委加强领导班子和干部队伍建设，严格执行干部政策和日常管理制度。推进政法重要部门和关键岗位领导干部交流轮岗常态化，指导政法机关交流轮岗政法干部28人。切实加强政法干部的教育培训。按照《2019—2022年利辛县干部教育培训规划》要求，完成干部教育培训量化指标，举办全县基层社会治理体系和治理能力提升培训班，乡镇和县直有关单位负责人共110人参加。12月28日，对全县23个乡镇361个村从事综治工作的人员进行视频培训，培训内容为学习习近平新时代中国特色社会主义思想和习近平法治思想、中共十九届六中全会精神以及习近平总书记考察安徽重要讲话指示精神。政法委书记对机关全体人员开展习近平总书记在庆祝中国共产党成立100周年大会上的重要讲话精神和中共十九届六中全会精神专题培训。认真落实《利辛县政法队伍建设工作意见》，培训政法干部220余人次，组织11名政法干部参加全市政法干部政治轮训班。委机关工作人员全部完成干部在线学习年度计划，有效提升政法干部的自身素质和业务水平。省、市先锋系列平台供稿2篇被采用，“利辛组工”微信公众号综合信息采用6篇，配备站点管理员2名、先锋平台信息员3名。认真做好离退休干部工作。召开离退休老干部座谈会，向老干部通报近年来政法工作开展情况，征求对政法工作的意见，并赠送纪念品。委机关领导班子成员带头联系、走访离退休老干部14人次。为老干部安排体检每人1200元计22600元，解决书报费7200元。

【作风、纪律建设】 2021年，利辛县政法委深入落实中央八项规定精神及省、市实施细则，认真开展违反中央八项规定精神突出问题专项整治活动。班子成员坚持以上率下，带头查摆问题，充分发挥示范引领作用，激励党员干部在新时代有新担当新作为。加强机关效能检查，严格执行日常考勤、学习例会等制度，不定期对上班纪律、作风情况开展督查，及时整改发现的问题，努力提升机关党员干部形象。严格落实主体责任谈话等制度，政法委主要负责人与领导班子成员、领导班子成员与分管科室负责人之间，定期开展谈心谈话，对苗头性、倾向性问题及时提醒，使遵规守纪转化为党员干部的行为自觉，筑牢清正廉洁防线。扎实开展基层减负工作。按照《利辛县精文减会二十条》等有关规定，文件制发、会议召开，均按程序报备，会议、文件同比分别下降，确保政法委各科室工作规范有序高效开展。文件、会议、督查检查考核精简比例达到中央《关于进一步解决形式主义问题做好2021年为基层减负工作主要举措及分工方案》及省委、市委、县委的要求。严格落实《中共利辛县委办公室关于开展中央八项规定精神贯彻落实情况专项督查的通知》，对照督查内容进行全面自查，及时报送《中央八项规定精神贯彻落实情况清单》。力戒形式主

2021年3月24日，全县政法队伍教育整顿警示教育大会召开　　图片来自利辛发布

义官僚主义。坚持少发文，县委平安办、县扫黑除恶办公室发文均报经县委领导批准。坚持少开会，坚持开短会，坚持开管用的会，通过召开视频会形式，减轻基层干部往返县城负担。严格执行督查检查考核年度计划管理和审批报备制度。落实述职述廉、责任追究、“三重一大”等党风廉政建设、全面从严治党主体责任清单等各项制度，狠抓纪律作风建设，开展重要岗位风险点排查。完善学习教育、机关事务管理、主体责任谈话等20项规章制度，开展主体责任谈话20人次，党内政治监督谈话4人次，使党员干部感受到组织的监督和纪律的约束，形成重实干、讲廉洁、比奉献的良好风气。利用书记办公会、“一月一课一片一践”等形式，深入学习两个《条例》精神及党员干部违法违纪警示案例，切实提高政法委机关干部的廉洁意识和自我警醒能力。紧盯春节、中秋等重要时间节点，多措并举，全面加强委机关党风廉政建设。共签订承诺书21份，发送“廉洁过节”信息63条。认真落实党风廉政建设“两个责任”。将党风廉政建设责任制列入重要议事日程，与政法工作同研究、同部署、同检查、同落实。制定班子党风廉政建设责任清单，抓好任务分解、目标考核和责任追究三个关键环节，厘清责任边界，明确具体责任内容，将责任落实到领导班子成员及业务科室负责人，做到一级抓一级，层层抓落实。深化纪律检查和国家监察体制改革。积极配合驻县委办纪检监察组开展工作，书记办公会研究“三重一大”事项时，邀请派驻纪检监察组领导参加。年内，向派驻纪检监察组报送主体责任谈话20人次、各级巡视巡察整改材料等8份。开展“一月一课一片一践”活动12场次，观看警示教育片12部；党员干部带头讲廉政党课5堂。机关党支部纪检委员配备到位，并认真履行日常监督职责。配合做好巡视巡察工作。明确责任，完成反馈问题整改工作。政法委班子成员按照分管部门牵头整改任务，明确整改责任人和责任部门，对各级巡视巡察反馈问题进行“回头看”，将任务分解责任到人，各司其职，各负其责，协调配合，统筹推进问题整改落实。九届县委第三巡察组巡察反馈问题43个，全部整改到位。县委第二专项检查组巡视巡察整改“回头看”反馈5个方面14个问题，制定整改措施36条，全部整改到位。县委政法委关于开展巡视巡察发现问题“大起底、改到位、建机制”专项行动总结报告等均按时上报。建章立制，做好巡察整改“后半篇”文章。针对巡视巡察反馈问题整改专门召开组织生活会，各科室结合职能分工，深入查摆自身存在的问题，认真分析问题产生的根源和症结，举一反三、延伸拓展，完善《利辛县委政法委日常考勤制度》《利辛县委政法委机关公文处理制度》《利辛县委政法委新媒体信息发布制度》等20项内部方案制度，着力建立健全治根本、管长远的工作机制。

【维护社会稳定】 2021年，利辛县政法委以深入学习贯彻中共十九届五中、六中全会精神为主线，提升社会治理体系和治理能力现代化能力，着力打造共建共治共享的社会治理格局。坚决维护国家政治安全，深入推进反邪教宣传工作。组织协调开展反邪教宣传教育活动51场次，发放反邪教宣传单8万余张。有效防范社会风险隐患。坚持问题导向，排查化解社会领域重大风险点5个，推动涉房等重点群体风险隐患排查化解，协调乡镇和有关单位落实稳控措施。强化风险评估工作责任落实和规范运作。对自然资源等重点开展社会稳定风险评估单位，进行重点跟踪指导，确保重点项目建设顺利进行，共启动42件重大决策社会稳定风险评估。扎实开展社会治安"大排查大整治大防控"专项行动，摸排严重精神障碍患者562名，全部落实"四位一体"包保责任。扎实做好695名社区矫正人员、2682名安置帮教人员的心理疏导、关怀帮扶、管理稳控工作。圆满完成中国共产党成立100周年大庆和重要节点安保维稳任务，全县政治社会大局总体稳定。加强执法监督工作。结合政法队伍教育整顿，开展执法检查，联合县纪委监委、县委组织部对政法单位开展队伍建设巡查，发现问题及时反馈至县政法各单位，制定整改清单，全部整改结束。组织政法机关专门人员及律师，开展案件评查，完成105件评查工作。认真开展集中清理判处实刑罪犯未依法交付执行刑罚专项活动，涉及利辛县判处实刑未收押收监罪犯11人，11月30日完成收押收监工作，在全市率先实现清零。合理合规使用司法救助资金96.5万元，共救助49件49人。

【平安利辛建设】 2021年，利辛县政法委坚持把平安建设作为重要民生工程扎实推进，努力提升人民群众获得感、幸福感、安全感。实施综治中心建设项目，全县23个乡镇、361个村（社区）完成综治中心规范化建设。建立平安建设与"邻长制"对接机制，赋予"邻长"法治宣传、治安防范、纠纷调解、重点人员管理等新职责，组织2.47万名"邻长"参与平安建设，维护社会和谐稳定。推进"雪亮工程"项目，建成公共视频监控1.65万路。严格执行车站、学校、医院等重点部位安全保卫和疫情防控制度。抓实抓细"红袖标"工程，开展夜间"警灯闪烁"活动，最大限度地发挥群防群治的作用。开展"千家万户访平安"活动，发动7128名基层党员干部（干警）面对面地向被走访群众宣传平安建设、扫黑除恶及政法工作的成效，征求群众意见建议，全面摸排、及时解决影响群众安全感和满意度的突出问题。共走访群众30.2万户，征集意见建议619条，宣传政策法律75万余人次，解决各类问题1216件。深入推进矛盾多元化解，完成县、乡矛盾纠纷调处中心标准化建设，建立人民调解委员会393个，配备调解员3006名，形成县、乡、村"三位一体"、上下一致、协调联动的实战化、实体化矛调工作体系。规范开展诉调对接、检调对接、警调对接等工作，扎实做好诉前调解。全年累计排查矛盾纠纷3589起，调处3557起，调处率99.11%。严格落实综治工作领导责任制和责任追究制，配合市委平安办对工作落后的胡集镇落实综治工作挂牌督办，对群众"千村万户访平安"活动开展不力的张村镇、江集镇、马店孜镇进行约谈。坚持把政法工作放到全县大局中谋划推进，积极主动融入大局、服务大局、保障大局。严厉打击经济领域犯罪。2021年，公安机关立经济犯罪案件18起，抓获犯罪嫌疑人24人；破获电信网络诈骗案件700起，抓获电信网络诈骗犯罪嫌疑人170人，成功预警拦截诈骗警情1500余次，追赃挽损4000余万元。法院执结涉民营企业案件137件，执行到位金额4002.32万元。推送诉前调解案件5880件，调解成功案件4199件。检察院受理民营企业控告申诉4件，帮助企业解决难题6件，对民营企业犯罪监督立案1件。县司法局组织律师为民营企业实施法律体检27家，办理法援案件533件。深入开展法制宣传教育。组织开展"美好生活·民法典相伴"主题月宣传活动，发放《中华人民共和国民法典》读本2000册、宣传资料40000份。开展反电诈等各类法制宣传活动、法治文艺演出95场次，发放宣传资料20余万份。书记办公会议、全体人员会议学习《中国共产党政法工作条例》《中华人民共和国民法典》等党内法规和有关法律法规38次。开展"江准普法行”“12·4”国家宪法日和宪法宣传周等集中普法宣传活动。

【扫黑除恶专项斗争】 2021年，利辛县政法委常态化开展扫黑除恶斗争，先后召开“三长”会议8次，会商重点案件、线索26个。打掉恶势力犯罪集团2个、恶势力犯罪团伙1个，破获刑事案件13起，抓获犯罪嫌疑人21人。查处党员干部、公职人员涉黑涉恶腐败和充当“保护伞”问题9件，给予党纪政务处分9件9人。运用第一种形态处理23人，组织处理3人。深挖彻查背后“关系网”7人，对工作不力的追责问责28人。

■ 公安

【概况】 2021年，利辛县公安部门在政法队伍教育整顿中锤炼警魂，在大庆安保维稳中诠释担当，在守护平安中彰显本色，全县社会大局持续平稳，呈现“六升五降四没有一全部”的良好态势。整体工作争先进位，9个集体、102名个人获得市级以上表彰奖励，县局绩效考核2021年度全市公安机关第一名。

【大庆安保】 2021年，利辛县公安部门始终把维护国家政治安全和社会稳定置于首位，着眼各类风险挑战，全面强化情报主导、专案侦查、情报体系建设，深化反恐防暴、意识形态领域斗争，扎紧扎牢安全防范篱笆，圆满完成中国共产党成立100周年安保、全国“两会”等32起安保任务，有效维护了全县政治大局稳定。

【治安管理】 2021年，利辛县公安部门加强主城区重点部位防控。科学规划“1、3、5分钟”快速反应防控圈，将特（巡）警、交警、派出所警力混编联勤，建立车辆巡逻、徒步巡逻、视频巡逻相结合的巡防模式，构建以移动警务方舱为支撑的“点”“线”“面”的网格布警、动态巡防体系，实行巡处一体化主动勤务模式。共盘查10200人次，其中通过盘查发现盗窃电瓶犯罪嫌疑人1人，抓获各类逃犯3人，联合处置重大警情3起，共接警2033起，环比下降5%，接处警时间得到较大缩短。全年共排查化解矛盾纠纷5615起，其中较大矛盾纠纷15起。361个行政村全部建成警务室，配齐配全办公设备和警务装备。充分发挥驻村辅警“人熟、事熟、地熟、情况熟”的优势，采集录入基础信息12.1万余条，收集案件情报信息200余条，提供违法犯罪线索100余条，协助抓获违法犯罪嫌疑人100余人。

【打击犯罪】 2021年，利辛县公安部门严格落实打击犯罪是主业，破案是硬道理的理念。常态化推进扫黑除恶斗争，全年打掉恶势力犯罪集团2个，恶势力犯罪团伙1个。抓获团伙成员21人，破获刑事案件13起，查封、冻结、扣押涉案资产67.33万元。严厉打击刑事犯罪，现发命案发4破4，侦破本地24年以上命案积案1起；八类暴力案件立案35起，破案35起，破案率100%；抓获四类侵财犯罪嫌疑人246人，抓获各类逃犯289人。抓获涉毒犯罪嫌疑人28人，同比上升33.33%，侦办公安部目标非法生产制毒物品案件1起，缴获麻黄碱成品2.6千克、麻黄碱半成品544.3千克。严打黄赌违法犯罪，侦办涉黄赌刑事案件17起，采取强制措施65人，行政处罚335人。侦办跨境赌博案件4起，抓获犯罪嫌疑人37人，查明涉案资金流水约4.5亿元，扣押冻结资金600余万元。持续严打非法集资等经济领域犯罪，共受理各类经济犯罪案件41起，立案39起，抓获犯罪嫌疑人30人，采取刑事强制措施52人，移送审查起诉犯罪嫌疑人30人，发起全国集群战役6起。化解经济金融领域风险11起，挽回经济损失990余万元，有力维护全县经济金融秩序。对新型电信网络诈骗犯罪多管齐下抓防范、合成作战抓打击，全年共侦破电信诈骗案件900余起，抓获电信网络诈骗犯罪嫌疑人220人，同比上升33.33%。冻结诈骗资金5000余万元。

【公共安全】 2021年，利辛县公安部门加强和优化公安行政管理，全力提升群众安全感和满意度。强化危爆物品管理，共排查易制爆、剧毒化学品从业单位643家次，发现危爆物品安全隐患483处，均及时督促整改到位。对全县99个加油站点进行全面排查，查处非法流动加油车13辆，拘留3人，涉嫌非法成品油约11吨全部移交。全县建成警保合作劝导站25个，招聘警保合作站劝导员36名。全年共排查道路安全隐患894处，上级挂牌督办的10处道路安全隐患全部按期治理完毕。全年共查处各类重点交通违法行为108568起，“减量控大”专项整治取得明显成效，全县未发生较大以上交通事故。加强与卫健、疾控、交通、社区等部门合成作战、捆绑作业，做好疫苗接种点秩序的维护，用足用好科技手段，配合做好流调报告300余份，核查疫情防控指挥部推送的数据800余条。

【便民服务】 2021年，利辛县公安部门持续深化“放管服”改革，严格落实“一门服务”“最多跑一次服务”“不见面服务”，7个派出所设立综合服务窗口。全年共办理车驾管业务160594笔；受理出（国）境证件申请462人次，劝退非紧急必要情况申请出入境证件436人次；“全程网办”户籍业务13806条。为新开办企业免费刻章4910套、24550枚印章，为企业节约经费150余万元。积极开展各类退赃大会95场次，向群众返还受损财产690余万元。

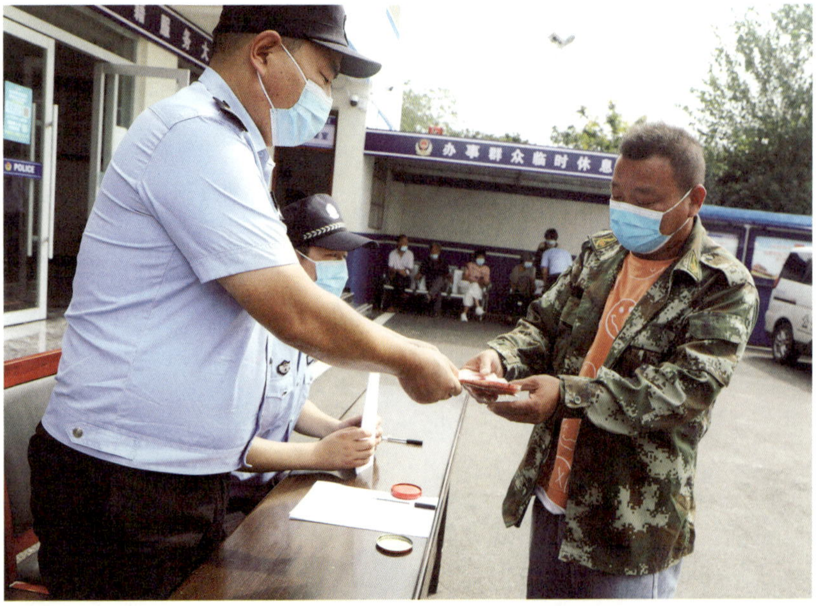

2021年9月7日，利辛县公安局对涉案财物集中返还　（县公安局/供）

【队伍建设】 2021年，利辛县公安部门聚焦教育整顿各项环节，经省驻亳指导组评审，县公安局教育整顿被评为“优秀”等次。坚持党建引领，做实“党建十个一”载体。局党委带头落实“第一议题”制度，开展党委理论学习中心组学习14次，全局共开展政治轮训班6期，实现民警全覆盖，进一步筑牢忠诚警魂。持续巩固深化“不忘初心、牢记使命”主题教育成果，扎实开展新一轮深化“三个以案”警示教育，在严抓队伍管理的同时，县公安局还坚持典型引领，对队伍中涌现的先进集体和个人及时进行表彰。2021年，表彰奖励民警、辅警268人次，其中1人被评为全省公安机关“杰出人民警察”，12人被评为“优秀人民警察”。荣获个人二等功2人，个人三等功19人。

■ 检察

【概况】 2021年，利辛县检察院按照“讲政治、顾大局、谋发展、重自强”工作要求，在服务大局中践行使命、在法律监督中谋划举措、在改革创新中实现突破、在队伍建设中筑牢忠诚、在社会监督中完善自我。全年共办理各类案件2815件，多项重点工作得到党委和上级院的肯定与表扬。先后荣获全国检察机关文明接待室、全国检察宣传先进单位、全国五四红旗团支部、全国节约型机关、十二届全省文明单位、全省先进基层检察院、全省检察机关扫黑除恶专项斗争优秀集体。12个集体和40名个人受到县级以上表彰。

【维护新冠肺炎疫情防控秩序】 2021年，利辛县检察院的要求按照“党委有部署，检察见行动”。严厉查处各类哄抬防疫用品和民生商品价格的违法行为，依法打击对抗疫情防控、暴力伤医等破坏疫情防控的违法犯罪行为。充分发挥党员先锋模范作用，参加5批100人次“敲门行动”，积极为全县疫情防控工作贡献检察力量。

【防范金融风险】 2021年，利辛县检察机关从严打击非法吸收公众存款、集资诈骗、传销等涉众型经济犯罪15人，涉案金额1.06亿元。依法严厉打击电信网络诈骗犯罪，在加大宣传的同时，与公安、法院形成合力，打击涉手机卡、银行卡犯罪92人，涉案金额1.9亿余元。

【助力乡村振兴】 2021年，利辛县检察院严厉打击侵占专项资金、违法占用耕地等犯罪，积极做好巩固脱贫攻坚成果与乡村振兴有效衔接工作。落实司法救助，对因案致贫涉案当事人开展司法救助12件，发放司法救助金13万元。为6名驻村干警修缮村室，配备完善工作生活设施。

【推动生态保护】 2021年，利辛县检察院综合运用刑事打击和公益诉讼手段，致力于西淝河生态环境保护。严厉打击非法采砂行为，清除非法采砂点26处，维护防洪及河道安全。联合执法清除西淝河网箱养鱼、船上养猪等污染源。

【服务保障民营经济发展】 2021年，利辛县检察院出台服务民营经济20条意见，积极开展“四送一服”活动，优化利辛县营商环境。开展涉民营企业挂案、积案清理专项工作，对涉市场主体案件及民营企业慎用“逮捕、扣押、查封”等措施，依法对涉嫌寻衅滋事民营企业家韩某变更强制措施。

【惩治犯罪】 2021年，利辛县检察院致力于保护人民群众生命安全，维护利辛县稳定发展，批捕各类犯罪嫌疑人425人，起诉1024人。起诉涉枪涉爆以及故意杀人、抢劫等严重暴力犯罪23人，起诉盗窃、诈骗等多发性侵财犯罪199人，起诉“黄赌毒”犯罪80人。扫黑除恶专项斗争中，批捕涉黑涉恶案44件79人，起诉涉黑涉恶案23件147人，办理孙某等14人涉黑案、王某某等9人涉恶案等一批有影响力的案件。坚持打伞破网、打财断血，排查线索194条，监督涉案财产执行383万元，提出执行检察建议43件。在办理案件时，加强对行业领域不规范问题建议整改，对谯城区民族宗教局发送的《关于加强宗教教职人员规范管理》检察建议，荣获全省检察机关优秀检察建议。

【保护未成年人健康成长】 2021年，利辛县检察院严厉打击危害未成年人权益犯罪，强化对未成年人综合保护。对涉案未成年人心理辅导29人次、亲情会见31人次、法律援助33人次；开展“法治进校园”活动210场次，任命

38名法治副校长，共开展210次法治宣讲，受众人数达70000余人；落实强制报告、入职查询、从业禁止等制度；落实异地司法救助，联合苏州市、常州市检察院办理2起案件，共发放救助金25万元；就校园安全、校园环境、防性侵等问题向有关职能部门发送检察建议。

【矛盾化解】 2021年，利辛县检察院积极开展“千家万户访平安”“检察为民办实事”等活动，梳理并回访涉案当事人，切实解决群众“急难愁盼”问题。坚持“少捕慎诉慎押”司法理念，不批捕155人、不起诉206人、取保候审42人。坚决落实信访案件“件件有回复”，做到7日内程序性回复率100%，3个月内办理答复率100%，促成6名当事人息诉罢访，化解信访积案5件。

【法律监督】 2021年，利辛县检察院秉承“在办案中监督，在监督中办案”的理念，监督立案22人、监督撤案64人，纠正漏捕20人、纠正漏诉16人，书面纠正违法59件次。加强审判监督，抗诉8件。强化刑事执行监督，监督财产刑执行案5件，监督社区矫正核查预防脱漏管25件。在2021年全市集中清理判处实刑未交付执行活动中，率先实现清零。民事检察持续加强。办理民事监督案件142件。其中，对民事生效判决、裁定、调解书监督20件，提请抗诉2件，提出再审检察建议7件。对民事审判程序中违法行为监督70件，提出检察建议61件，法院采纳61件。办理民事执行活动监督51件，提出检察建议40件，采纳40件。行政检察持续做实。开展非诉执行专项监督，督促法院依法受理行政案件8件，督促行政机关执行法院裁定25件。积极参与行政争议实质性化解，有效化解行政争议11件。通过“圆桌会议”召集职能部门，协商解决群众反映的热点难点问题，督促行政机关依法履职11件。公益检察持续做好。积极履行公共利益代表职责，深入开展生态环境保护、食品药品安全等专项攻坚。切实解决群众“舌尖上安全”“脚底下安全”，查处并整改有安全隐患的窨井盖20多处，恢复耕地1000余亩。就全县38株古树、41处文物，针对监管不规范问题向有关部门发送诉前检察建议32份。就零散烈士纪念设施，督促职能部门加强日常维护，做好全县军人、英烈的权益保护工作。

【司法改革】 2021年，利辛县检察院纵深推进司法体制改革。顺利完成内设机构改革，形成“8个业务部门＋2个综合行政部门”的架构，形成检察官、检察辅助人员、司法行政三类人员的工作格局。完善权力清单，突出检察官办案主体地位，做到“谁办案谁负责，谁决定谁负责”。院领导带头办理案件50件。全面实施“捕诉一体”，刑事检察专业化得到加强，平均办案期限大幅缩短，案件质量明显攀升。稳步推进诉讼制度改革。落实认罪认罚从宽制度以来，检察机关积极转变理念，充分发挥刑事诉讼主导作用，坚持依法适用、应用尽用原则，适用认罪认罚1057人，适用率85%。以提升办案质效进行考核，倒逼检察官办案“求极致”，办案效率不断提升。多维度发力推动检察工作向全面优化发展，实现从量的积累到更高质量、更高效率、更加公平。加速推进智慧检务建设。深化检务公开，规范办案流程，实现所有案件均在统一业务系统中运行，确保案件录入率、流转率达到100%。开展全方位研判，有针对性查漏补缺、精准施策，不断提高检察工作的科技含量，持续提升办案质效。建设无纸化检委会议室，标准化公开听证室，并在全市率先通过高检院验收测试，成功对接检察公开听证网进行社会直播。

【检察队伍建设】 2021年，利辛县检察院强化政治统领，锻造忠诚品格。深入开展“两学一做”“不忘初心、牢记使命”“党史学习教育”等活动，重温初心使命，强化政治忠诚。用党的十九大和十九届历次全会精神，特别是用习近平总书记庆祝建党100周年重要讲话精神，武装头脑，把政治忠诚厚植于心，提高检察人员的政治判断力、政治领悟力、政治执行力。强化作风建设，践行从严治检。以刮骨疗毒的决心和激浊扬清式的“延安整风”精神，进行政法教育整顿，全体检察人员接受一次政治体检和革命洗礼。以“4311”工作法和“7＋1＋1”叠加模式，整治六大顽瘴痼疾，完善修订21项规章制度，11人主动向组织说明问题，共有7人违纪，其中6人受到第一种形态处分、1人受到第三种形态处分。强化责任担当，夯实清廉之基。院党组切实扛起主体责任，坚持严管就是厚爱，认真落实中央八项规定精神，持续纠治“四风”。如实报告“三重一大”事项，组织检务督查15次、谈话提醒1人次，认真落实“三个规定”等重大事项报告制度，坚决不办人情案、关系案，以实际行动打造清廉检察。强化人才战略，提升队伍素能。以打造过硬检察队伍为抓手，培养高素质、年轻化、专业化的人才，让干警本领硬起来、作风强起来、劲头鼓起来。涌现出全省扫黑除恶先进个人、全省民事检察业务标兵、亳州十大药都政法卫士、亳州扫黑除恶先进个人、全市未检业务竞赛标兵等。

【自觉接受监督】 2021年，利辛县检察院主动接受社会各界监督。就刑事、公益诉讼和未成年人检察工作主动向县人大常委会作专题报告。分别邀请人大代表、政协委员走进检察机关，参加座谈交流、公开听证等活动，让代表、委员零距离感受检察工作。以检察开放日为契机，倾听代表、委员意见建议，及时整改反馈，争取做到“代表有所呼，检察有所应”。自觉接受社会监督。开展“检察开放日”活动12次，邀请社会各界人士走进检察、感受检察、参与检察。公开案件程序性信息1116条、法律文书489份。在司法互动中主动接受监督，邀请人民监督员、人大代表、政协委员等参与公开听证，对不捕、不诉等案件组织公开听证16次，在中国检察听证直播网向社会直播2次。强化自我监督。常态化开展案件评查，提升办案质量。采用部门查、交叉查、专项查、常态查等方式，实现案件评查全覆盖。强化日常案件流程监控，对不规范问题及时提醒，促进程序合法、司法规范。建立健全检察官业绩考评机制，引导、激励检察官依法履职、公正司法。构建新型检律关系。与司法局、律师事务所建立工作协作

2021年，县检察院荣获国家“节约型机关”荣誉称号
（县检察院/供）

机制，完善值班律师制度，提供异地阅卷、网上阅卷、远程会见等服务，接待律师409人次，提供电子阅卷318人次，依法保障律师执业权利。律师阅卷由传统“现场阅卷”到“网上阅卷”，由“最多跑一次”升级为“一次也不用跑”，实现电子阅卷的便捷化。

■ 法院

【概况】 2021年，利辛县法院紧紧围绕“努力让人民群众在每一个司法案件中感受到公平正义”工作目标，坚持服务大局、司法为民、公正司法，忠实履行宪法法律赋予的神圣职责，为新阶段现代化美好利辛建设积极贡献法院力量。2021年全年共计受理案件23186件，结案22391件，同比分别上升42.51%和39.24%，结案率96.57%。县法院被评为安徽省扫黑除恶专项斗争先进集体、全县五大发展暨综合考评先进集体。

【刑事审判】 2021年，利辛县法院共计审结刑事案件925件。维护社会安全稳定，严惩严重危害群众生命财产安全的“两抢一盗”、强奸、故意伤害等犯罪案件245件。维护金融秩序和交易安全，防范重大社会风险，严惩非法吸收公众存款、集资诈骗、电信诈骗等涉众型经济犯罪案件38件。聚焦环境污染防治，守护绿水青山，严惩破坏环境资源犯罪案件8件。推动反腐败工作深入开展，严惩贪污、受贿、渎职等职务犯罪案件9件。巩固扫黑除恶专项斗争胜利成果，健全完善线索接收核查、涉密信息流转、工作督办等工作制度，推进扫黑除恶斗争常态化、机制化开展，审结涉黑、涉恶案件6件。

【民事审判】 2021年，利辛县法院审结民商事案件12712件，结案标的17.53亿元。其中，审结家事案件2803件，审结合同纠纷、与公司企业有关纠纷等商事案件6282件，审结民间借贷纠纷案件1894件。成立破产审判合议庭，共受理企业破产清算案件8件，裁定宣告破产8件，涉及企业债务5.79亿元，释放土地供应638亩，通过盘活存量资源，引入有实力的优质企业入驻园区，为县域经济输入新鲜血液。

【行政审判】 2021年，利辛县法院坚持维护与监督并重原则，在保障行政相对人合法权益的同时，支持行政机关依法行政，全年审结行政案件210件。积极动用协调手段化解行政争议，38件案件以调解、撤诉结案，从实质上化解当事人矛盾纠纷。探索推进行政案件繁简分流，59件案件以简易程序审理，有效提高行政审判质效。建立司法、行政良性互动，与行政机关举行工作座谈5次，就行政机关执法过程中存在的问题进行分析归纳，促进行政机关依法行政。

【执行工作】 2021年，利辛县

2021年11月15日，县法院开展执行案款集中发放日活动，向多名申请执行人发放执行案款400万余元　（县法院/供）

法院执结各类案件8461件，结案标的金额2.49亿元，结案率98.42%。坚持常态化凌晨出击，“执行110”全年无休、24小时值守，全年共拘传496人，拘留242人，罚款金额130.5万元，对29名被执行人以拒不执行判决、裁定罪追究刑事责任。8月底，创新执行举措率先发出《涉嫌拒执预告书》，促使被执行人当场履行近百万元。在快执、普执、处置、终本团队的基础上，组建外勤团队，统一负责外出查、冻、扣事项，有效减轻执行事务性工作压力，助力执行案件提质增效。在县委政法委协调推动下，积极推进“网格员＋邻长制＋执行”工作体系建设，有效助力执行，化解涉执纠纷，“三长”、网格员累计协助执结案件1000余件。

【两个“一站式”建设】 2021年，利辛县法院对“一站式”多元解纷机制、“一站式”诉讼服务中心建设持续提档升级。新建面积900平方米的诉调对接中心，设置接待大厅，配备调解员工作室、在线调解室、家事调解室，功能齐备，环境优雅。新建执行服务中心，设有值班领导、初次接待、案件查询、终本接待等岗位，随案发放《执行联系监督卡》，实现执行工作“门好进、人好找、事好办”。

【智慧法院建设】 2021年，利辛县法院充分利用现代化信息技术，为当事人参加诉讼提供最大便利。积极应对常态化商情防控，购置网络开庭、调解设备，推广诉讼服务网和移动微法院应用，畅通网上立案、在线调解、云上法庭、“12368”诉讼服务热线和刑事案件远程提审系统，积极引导干警和当事人通过线上方式开展诉讼活动，实现“让信息多跑路、让群众少跑腿”的目标。

【司法便民】 2021年，利辛县法院落实便民利民举措。聚焦人民群众急难愁盼的具体问题，明确11项“我为群众办实事”重点工作任务，以实际行动解民忧、纾民困、暖民心。开通涉农、涉军及老年人维权“绿色通道”，对交通事故、拖欠民工工资等涉民生、涉“三农”案件快立、快审、快执，切实加强民生保障。加强基层人民法庭建设，完成全部七个基层法庭的科技法庭改造，最大化便利人民群众参与诉讼。深入田间地头开展巡回办案，累计巡回审判、调解近300场次。实施“法律六进”，落实普法责任，深入乡村、社区、企业、学校送法上门。与县电视台、县融媒中心联办《审执一线》栏目，全方位加强法制宣传。举行“法院开放日”活动，邀请中小学生、《亳州晚报》小记者走进法院，现场模拟庭审，近距离接受法制教育。畅通信访渠道，落实院领导轮流接访制度，坚持带案下访、主动回访，通过集中治理重复访、积案访专项工作，有效化解上级法院和县信访局交办信访积案21件。推进判后答疑工作制度化，全年判后答疑432件，通过辨法析理为群众答疑解惑，有效化解信访苗头和隐患。

【深化法院司法改革】 2021年，利辛县法院组建立案、道路交通、刑事三个速裁团队，推进实施刑事速裁和行政案件繁简分流，依法放宽小额诉讼程序适用。对案件实行繁简分流、轻重分离、快慢分道，实现简案快审、类案同审、繁案精审。速裁团队共计11名员额法官，仅占审判条线法官总数的15.5%，2021年共计审结案件5259件，占全院审理结案数的38.3%。审判辅助事务外包。对于送达、案卷扫描归档等非审判核心业务，通过购买社会服务等方式进行外包，提升审判工作的集约化、信息化程度。集约化送达中心整合直接送达、邮政送达、电子送达、网络公告送达等多种送达方式，其中使用电子送达29541件，成功24619件，成功率83.34%，平均送达时长仅1天，法律文书送达的效率、成本均实现大幅度优化。审判管理。在落实审判权力运行的去行政化，实现“让审理者裁判、由裁判者负责”的同时，做到放权而不放任，确保审判权力在监督和制约下健康运行。出台本院《关于加强案件审限管理的规定（试行）》，严格审限变更审批，加强个案督促调度。健全完善对“四类案件”的识别和监管机制，并严格执行“三个规定”，强调对个案监管的组织化行权和全程留痕，落实“月报告”“零报告”制度，禁止违法过问干预案件。积极融入基层社会治理创新，构建党委领导、政府主导、综治协调、司法引领、社会各界积极参与的矛盾纠纷多元化解工作格局。推动县委政法委牵头联合县妇联、关工委、团县委及公安、司法、民政、教育等部门成立“利辛县家事纠纷多元调解委员会”，由县政府牵头组织县法院、县住建局、县自然资源和规划局等多家单位联合成立利辛县房地产物业矛盾纠纷多元化解委员会，联合县工会设立“劳动争议诉调对接工作室”，与安徽广播电视台《家有好大事》栏目组合作设立驻利辛法院调解室，充分发挥行业调解优势，及时把矛盾纠纷化解在基层和萌芽状态。全年共计委派调解6968件，调解成功4657件。深入开展政法队伍教育整顿和新一轮深化“三个以案”警示教育，铲除形式主义、官僚主义滋生土壤，以身边事教育身边人，引导干警思想上绷紧“防腐弦”，行动上不越“警戒线”，增强反腐倡廉意识。结合中央巡视反馈意见整改，针对司法改革的新局面，全面梳理权力清单，健全廉政风险防控机制，扎紧权力运行笼子，有效防范司法腐败。落实一岗双责，院领导、庭室负责人与干警之间认真开展谈心谈话，加强日常监督提醒。主动接受公众监督，依托审判流程公开、裁判文书上网、庭审直播三大平台，推进全过程、无死角的司法公开。加强人大代表、政协委员联络，邀请代表、委员旁听重大案件庭审、见证重大执行行动、举行工作座谈等175人次，以“阳光司法”促进公正司法。

司法行政

【概况】 2021年是“八五”普法启动之年。利辛县司法局在县委、县政府领导下，坚持以习近平新时代中国特色社会主义思想为指导，认真贯彻落实党中央重大决策部署，扎实开展队伍教育整顿、党史教育、新一轮“三个以案”警示教育、司法行政职能等工作，立足工作实际，坚持法治政府、法治社会一体推进，助力法治利辛建设。

【开展政法队伍教育整顿】 2021年，利辛县司法局高度重视政法队伍教育整顿工作，结合党史学习教育、新一轮“三个以案”警示教育，按照教育整顿要求，开展谈心谈话110人次，自查自纠问题11条，运用第一种形态处理10人，处理律师与司法人员不正当交往6人，召开专题民主生活会1场，重点案件交叉评查3014卷，修订完善规章制度27项。累计为群众办实事13762件，提供便民服务1162件，实施困难帮扶52件。

【法治宣传】 2021年，利辛县司法局通过召开座谈会、发放征求意见函等广泛征求社会各界对“八五”普法规划编制工作的意见建议。开展“法律六进”各类法治宣传教育活动、法治文艺演出60余场，发放宣传资料、民法典宣传画册、一封信等约120000份，在全县城乡产生广泛影响。

【人民调解】 2021年，利辛县

设立县级矛盾纠纷调处中心1个，建立健全一般调委会394个、行业性调委会10个，派驻调解室40个，形成横向到边、纵向到底、纵横交错的组织网络。全县各级调委会共排查各类矛盾纠纷10752件，调处成功10751件，调处成功率达到99%。

【社区矫正】 2021年，利辛县司法局积极开展社区矫正安全隐患排查整治专项活动，推动社区矫正工作健康发展。全县在矫社区矫正对象697人，其中缓刑659人，假释23人，暂予监外执行15人。依法对2名违反规定的社区矫正对象收监，维护社区矫正监管秩序，对其他社区矫正对象起到震慑效果。

【法律援助】 2021年，利辛县司法局提高法律援助的针对性，为农民工、残疾人、妇女、未成年人、老年人、贫困户等特殊群体开通绿色通道，放宽经济困难审查程序。全年，利辛县法律援助中心共受理法律援助诉讼案件1309件。积极稳妥地推进各项公证工作的顺利进行，提升公证服务质量，共办理各类公证事项902件，无一错证、假证。

【法律服务】 2021年，利辛县司法局全面提高律师服务质量，组织律师走进村居、企业开展法律体检。律师陪同县委、县政府领导开展涉法涉诉接访工作成常态化，接访率达100%。全年律师办理民事案件2157件，刑事案件1114件，行政案件69件，非诉案件9件。重大事项合法性审查应审尽审，审查政府常务会议议题、信访复查事项、涉法性文件、合同、土地确权事项等出具合法性审查意见194件。组织开展年度行政执法案卷评查，随机抽查7家行政执法部门案卷开展评查。积极筹划落实行政调解机制，确保群众复议渠道畅通和复议应诉各项工作有序开展，共收到行政复议案件40件，不予受理2件，办结35件。承办以县政府为被告或被申请人的应诉案件共计27件，结案13件，10件案件审理中。

军　事

人民武装部

【概况】 2021年，利辛县人民武装部（以下简称县人武部）在军分区党委坚强领导下，坚持以习近平新时代中国特色社会主义思想和习近平强军思想为指导，以“五个一流”和“争上游、站排头、立潮头”要求为牵引，坚决贯彻落实省军区和市军分区党委的决策部署，按照“固基础、强班子、抓应急、育人才、守底线”建设思路，集中精力抓备战，一心一意谋发展，较好完成各项任务，单位建设保持了向上向好的发展态势。坚持把铸牢军魂作为核心任务，紧跟习主席思想步伐，扎实抓好党的创新理论武装，从思想上政治上建设和掌握部队。贯彻落实《关于加强新时代省军区团级以上党委建设的意见》《党委工作条例》《民主集中读本》，抓好民主集中制学习，强化集体领导、按章办事的意识和能力，严格按程序、按规矩、按民主集中制原则办事，对征兵工作、经费开支等重大问题坚持集体研究，不断提高党委班子凝聚力战斗力建设水平。

【思想政治建设】 2021年，县人武部紧跟党的创新理论步伐，全面学习贯彻中共十九届四中、五中、六中全会精神，始终坚持把深入学习习主席重要讲话精神作为举旗铸魂的政治工程深学细悟。结合庆祝中国共产党成立100周年，组织开展党史学习教育实践活动，党委班子成员带头讲党课、做研讨交流。持续深化固化“不忘初心、牢记使命”主题教育和“传承红色基因、担当强军重任”主题教育成效。抓实党委中心组理论学习，做细党委每季度学习计划和个人每月学习计划，落实经常性学习讨论，撰写心得体会，促进深化理解，做到入心入脑。结合党史学习教育、民兵训练等时机，组织到刘家集烈士陵园进行瞻仰凭吊活动，重温入党誓词，缅怀革命先辈丰功伟绩；组织观看电影《守岛人》，感受王继才夫妇“守岛就是守国”的家国情怀；组织到李奇茂艺术馆参观建党百年图片展，感受党的伟大历程和辉煌成就，汲取奋勇向前的精神力量。积极推进国防教育进党校、军事知识进校园、国防法规进村（社区）活动，增强各级国防意识。持续加大教育宣传力度，充分利用省军区“铸剑江淮”公众号平台资源，组织全体民兵加入公众号，开展网上思想教育。

【练兵训练】 2021年，县人武部以使命任务为牵引，以实兵演练和群众性练兵比武活动为抓手，坚持从严治训、依案施训，聚焦备战打仗，全面提高民兵后备力量遂行任务能力。坚持“立足实案、分步细训”，依案抓好民兵应急、专业、特殊力量训练。1月，完成专武干部和民兵营长训练。4月，完成民兵应急连训练。5月，完成民兵任务分队实装实操训练，不断提高基干民兵应急应战化水平。6月，出动任务分队民兵，联合应急、水利部门组织军地防汛抗洪演练。7月，抽调600名民兵组建抗洪抢险突击队，配齐装备物资器材，做好应急抢险准备。11

月，参加“皖动—2021”演练，组织基干民兵进行实装拉动演练，确保关键时候队伍能拉得出、用得上。

【国防动员】 2021年，县人武部党委始终聚焦任务使命，强化责任担当，不断夯实国防动员基础。充分发挥国动委机构作用，突出人员、力量、阵地、器材、要素等重点内容，推动潜力调查落地见效。3月，组织开展国动委成员单位业务培训，采集上报辖区内潜力数据，摸清经济发展、交通运输、自然资源、退伍军人、基干民兵等潜力底数；6月，完成专项潜力数据调查。先后召开党委会、专武干部会和整组工作部署会，研究部署年度民兵整组任务。结合23个乡（镇）的各自特点，区分应急、专业、特殊3类队伍，完成基干民兵整组任务。针对2021年“一年两征”的新情况，围绕“征优减退”目标，紧盯大学毕业生征集，严格廉洁征兵纪律，强化一线督导。广泛开展征兵宣传，采取多种手段，整合宣传内容，突出重点对象，确保“用心实、内容实、招数实”，组织征兵宣传进学校、进乡村社区、进庙会，利用微博微信、视频短片等新型传媒，增强宣传感染力；发送征兵短信120余万条、印刷征兵宣传册2万份，制作一次性宣传纸杯1万个、宣传小扇子1万把、宣传抽纸盒5000个；在城区市民健身广场、体委大院、五一广场、县医院、汽车站等人流密集处摆放征兵宣传展板，设立咨询台。突出征集重点，最大限度地挖掘大学生征集潜力；突出质量要求，乡镇征兵工作人员进行一对一走访动员，讲清省、市、县出台的激励大学生参军入伍优待措施；组织大学生优先上站体检，并对后续报名应征的大学生随报随检。

2021年12月6日，省双拥模范县考评组副组长、省退役军人事务厅双拥处处长王海礼一行对利辛县创建省级双拥模范县工作进行考评　　（孙家政/摄）

【军民共建】 2021年，县人武部及时传达学习上级系列指示要求，严格落实军委国防动员部“十项防控措施”及省军区“十五项防控措施”和军分区首长指示要求，成立疫情防控领导小组，动态制定防控方案，细化具体工作措施，狠抓防控措施落实，确保部队安全稳定。根据扶贫计划安排，人武部与马店孜镇土楼社区结为帮扶对子，投入5万元扶贫资金，用于解决边缘户、“五保户”日常生活困难，改善村里基础设施。结合实际，成立“四个秩序”规范化建设活动领导小组，制定任务清单，明确任务分工，将战备、训练、工作、生活软硬件建设捆在一起抓，相互结合、相互促进。上半年完成作战室、作战值班室系统改造和荣誉室、办公区环境美化，部队正规化建设层次和水平不断提升。

【作风建设】 2021年，县人武部牢牢把握全面从严治党要求，紧紧围绕服务备战打仗，进一步压实监督职责、突出教育预防、深化问题整改，推动作风建设高水平发展。始终保持“作风建设永远在路上”的政治清醒，毫不松懈抓好党纪党规学习和党的纪律教育，严格落实党委纪委书记定期上党课制度，引导党员把法规、纪律转化为严格自律。定期召开纪委会，学习全面从严治党和依法治军的文件精神，组织研究讨论，打牢思想底线。高标准迎接上级检查“回头看”，对已经整改的继续固化成果，对转入常态的持续跟踪督导；针对上级检查抽查反馈问题，认真举一反三，查纠并举，确保整改落实到边到底。坚持依规办事，严格年度预算执行，严格经费使用程序，所有建设项目签订规范严格的经济合同，做到一事一标一合同，确保合同款项落实，不超预算。

【安全发展】 2021年，县人武部始终保持清醒头脑，加强对安全工作组织领导，认真开展安全大检查与“百日安全”活动。落实安全制度，坚持用制度管人、按规则办事，严格车辆管理和派遣，落实武器装备制度。每季度召开安全形势分析会，认真传达学习上级通报的事故情况，深刻吸取教训，举一反三抓好安全防范。根据工作任务和阶段性特点，突出“人车枪弹密”管理重点，组织安全教育训练，深化隐患排查治理。3月，组织开展条令学习，对人员、车辆和营院进行全方位“拉网式”排查，对照问题清单，明确责任人和整改时限，及时消除不安全因素，确保部队高度安全稳定和集中统一。严格遵守保密规章制度，制定《保密工作集中整治实施方案》，坚持问题导向，查纠问题隐患，清除风险隐患，维护好机关保密办公秩序，确保军事秘密安全。

■ 武警利辛中队

【概况】 武警利辛中队主要担负利辛县看守所外围武装警戒任务。2021年，中队始终坚持以习近平强军思想为统领，认真学习贯彻三级党委扩大会议精神，努力“争创四铁先进单位、争当四有优秀个人”；坚持“稳中求进”总基调，对标“三个过硬基层”建设标准，注重提质增效、厚实底蕴，全力抓落实，着力打基础，部队全面建设呈现稳步前行的良好态势。2021年，利辛中队被亳州支队表彰为“四铁”先进中队，被武警安徽省总队评为“正规化执勤标兵单位”。中队长宋同阳、班长刘欢荣立个人三等功。

【执勤战备】 2021年，武警利辛中队党支部始终把执勤工作摆在首要位置，严格执勤制度落实，定期分析执勤安全形势。扎实开展执勤业务训练，提高官兵执勤能力。扎实抓好执勤制度落实，有效地提高执勤工作落实质量。在狠抓执勤基础设施建设上下功夫，积极协调地方财政20余万元经费用于购买执勤器材、更换哨位门禁、加装刀刺网、安装通道照明灯以及维修粉刷岗楼哨位，进一步优化执勤环境。在狠抓勤务隐患治理上下功夫，扎实开展执勤“四个一”隐患排查整治活动，抓好执勤硬软隐患治理，通过自查、队所联查、上级督查等形式，排查执勤硬隐患，全部整改完毕；通过执勤日讲评、周通报、月总结，及时讲评执勤情况，狠抓执勤安全监控员组勤管勤能力提升，中队执勤常见病、多发病大幅减少，软隐患上得到明显纠治。在抓专勤专训、提高哨兵执勤能力上下功夫，中队两次开展专勤专训，为新同志单独上勤打下坚实基础的同时也夯实老同志的执勤能力；结合周三执勤训练日、周五战备日，扎实开展专勤专训、专哨专训以及方案演练，有效提高哨兵应急处置能力，进一步确保执勤目标安全。为形成执勤工作合力，中队与目标单位严格落实“三共”机制，定期与目标单位召开联席会议，组织联合隐患排查，协同解决看守所办公楼加装防盗窗和监区楼顶加装刀刺网问题，有效提高目标安全系数；定期组织与所方展开联合方案演练，提升队所协同配合处置能力；严格按照用兵要求，配合所方圆满完成武装押解任务。

【军事训练】　2021年，武警利辛中队严格按照新《军事训练大纲》和年度训练计划，坚持贴近实战练精兵。结合军事比武、勤训轮换、教练员集训等大项活动，提高干部骨干的组训能力；通过每周军事会操，找准个人短板弱项，组织强化训练，有效地带动全体官兵军事素质的整体提升。抓好干部骨干组训，中队干部骨干凝聚思想共识，确立“练兵先练官”的抓训思路，训练场上，干部站排头，带头参训，为全体官兵做出表率；着眼干部骨干组训能力弱的问题，中队每月组织干部骨干进行学法考核，尤其是对2021年新晋士官，中队采取集中培训、以老带新的方式，促进干部骨干能力素质的提升。通过组织干部骨干培训，大大提升中队整体教学水平，带动了全体官兵的教学组训热情。中队严格落实军事训练成绩一票否决制，及时完善训练奖惩机制，将成绩与评功评奖、评先创优挂钩，培树训练典型，切实树立训练有为、训练有位观念，有效激发官兵的训练热情，营造良好的军事训练氛围。

退役军人事务管理

【概况】　2021年，利辛县退役军人事务局（以下简称县退役军人事务局）坚持以习近平总书记关于退役军人工作重要论述和考察安徽重要讲话指示精神为指导，牢固树立新发展理念，以推动高质量发展为主题，积极发挥县委退役军人事务工作领导小组协调指挥作用，突出重点任务落实，坚持以退役军人为中心，全面加强退役军人服务保障体系建设。研究印发《贯彻落实〈退役军人工作政策制度改革方案〉重点工作举措》责任清单，建立完善制度机制，切实维护退役军人合法权益。全年争创安徽省双拥模范县和全国示范型军服站创建工作有序开展，初步通过验收。抓好示范型中心（站）创建，打牢退役军人服务基层基础。全县15个乡镇、10个村（社区）顺利通过创建全国示范型退役军人服务站市级互查，完成创建达标任务。将退役军人服务保障体系建设、光荣院项目建设、利辛烈士陵园和零散烈士纪念设施提质改造等纳入“十四五”规划，并启动实施。2021年，投资180万元，完成利辛烈士陵园提质改造一期工程。对各类重点优抚对象、立功受奖荣誉退役军人、退役军人就业创业、党员退役军人、信息采集、光荣牌悬挂、现役军人以及60周岁以下退役军人就业情况等分级分类建立服务台账，对困难退役军人、重点优抚对象建立“一人一档”，做到底数清情况明，增强服务的针对性，全面提升“两站”建设水平。

【优抚优待】　2021年，县退役军人事务局持续开展困难退役军人帮扶援助，制定《利辛县困难退役军人帮扶援助工作实施方案》《利辛县困难退役军人帮扶援助实施细则》。县财政每年预算200万元建立困难退役军人帮扶援助“资金池”，专项用于退役军人、现役军人家庭因重大疾病、突发灾害、意外伤亡、生活贫困等方面的救急救难。组织开展“老兵永远跟党走，把党的关爱送进老兵心中”慰问活动。“七一”前对烈士遗属（含老年烈士子女）、荣立二等功以上的退役军人及生活困难的退役军人党员进行走访慰问。开展“七一”走访慰问“最美退役军人”“模范退役军人”活动，切实让先进典型得荣誉、享关爱、受尊重。联系县医院对企业军转干部进行体检，切实加强企业军转干部、军休干部服务保障，营造崇尚军人职业良好环境。2021年，利辛县现役军人荣立二等功1人，荣立三等功26人，获评优秀士兵（官）335人。

【双拥活动】 2021年，县退役军人事务局积极争创新一轮全省“双拥模范县”，制定印发《利辛县2021年创建全省双拥模范县责任清单》，建立双拥工作每季度重点工作事项清单制度，落实成员单位工作职责。扎实开展双拥“六进”活动，组织开展送政策进军营。“七一”前夕开展慰问活动，走访慰问烈士遗属49人、荣立二等功以上的功臣模范53人、困难退役军人党员100人。依托晴岚溪景观带和园景天下广场，增加双拥元素，打造具有鲜明时代气息的双拥主题公园。12月6日，顺利通过省双拥考评组初步验收。开展“最美退役军人”系列评选表彰活动，制定下发《关于开展“最美退役军人”“最美拥军人物”“好军嫂”“优秀兵妈妈”“退役军人创业之星”评选表彰活动的通知》，评选表彰“最美退役军人”46名、“最美拥军人物”17名、“好军嫂”13名、“优秀兵妈妈”14名、“退役军人创业之星”20名。组织党员干部、退役军人、中小学生、社会各界人士在清明节、“八一”、“9·30”烈士纪念日等时间节点，开展爱国主义教育和党史学习教育。2021年，全县烈士纪念设施接待瞻仰人数10000多人次，开展现场活动320余场。组织网上“守护2021·清明祭英烈”祭扫活动，县英烈褒扬网站的访问量达110874人次，累计献花106487束。挖掘红色资源文化内涵，开展庆祝建党100周年系列主题活动。进一步加大红色文化资源的挖掘、保护和开发力度，开展“老兵讲故事”“英烈事迹展”等系列宣传活动。积极为利辛烈士陵园申报安徽省第六届爱国主义教育基地。实施烈士陵园提质改造工程，为该项目申报社会服务设施兜底线工程2021年中央预算内投资烈士纪念设施建设项目。县政府批准利辛城北烈士陵园、利辛苏湾烈士陵园为县级烈士纪念设施。开展县级以下烈士纪念设施管理保护专项行动，联合县检察院制定并印发《利辛县县级及以下烈士纪念设施管理保护专项行动方案》；联合县委政法委、县委宣传部等10部门下发《关于建立利辛县英雄烈士保护部门联动协调机制的通知》，将位于望疃镇的刘宗寅等12位烈士遗骸迁移安葬至利辛烈士陵园内。

2021年7月，市退役军人事务局对利辛县展沟镇退役军人服务站进行验收
（县退役军人事务管理局/供）

【退役士兵安置】 2021年，利辛县做好退役士兵安置工作，对符合安置条件、选择政府安置工作的退役士兵，按照“三公开、三监督”原则进行“阳光”安置，转业士官全部一次性成功选岗，安置率100%，选岗率100%。

【退役军人管理】 2021年，县退役军人事务局积极引领退役军人回报社会，会同县委组织部等单位制定下发《关于进一步发挥退役军人在基层社会治理中作用的实施意见》，加大“兵支书”培养使用力度。全县361个村居中，“兵支书”有81人，占22.4%。将优秀退役军人党员纳入村居后备力量人才库，结合村居“两委”换届，引导优秀退役军人充实村居“两委”班子。制定《组建成立退役军人志愿服务队工作方案》，县、乡镇、村居三级按照一县、一乡镇、一村居要求分别组建一支退役军人志愿服务队。全县组建“红耀江淮”退役军人志愿服务队385支、4260人，在急难险重、应急抢险、疫情防控和服务困难退役军人等方面发挥积极作用。

2021年7月29日，利辛县召开“最美退役军人”“最美拥军人物”“好军嫂”“优秀兵妈妈”“退役军人创业之星”先进典型表彰会

（县退役军人事务管理局/供）

【就业创业】 2021年，县退役军人事务局多措并举创新服务，大力促进退役军人就业创业。对60周岁以下17101名退役军人建立就业台账、创业台账、失业台账、技能培训台账、技能培训专业需求台账，全县退役军人实现创业1120人，创办专业合作社168个；落实退役军人扶持就业专项岗位、公益岗位、“线上线下”服务、专场招聘、定向招聘“五项措施”，促进退役军人就业创业。全年开展专场招聘4次，达成就业意向307人。开展学历层次提升和就业技能培训，积极设立针对退役军人的培训计划，组织实施退役士兵技能培训339人，完成率130.4%。连续两年开展退役军人“创业之星”评选表彰活动，评选表彰退役军人“创业之星”69名，激发退役军人就业创业激情。6月11日、7月23日，利辛县在省广播电台上线《就业赢未来》节目，得到社会各界及广大退役军人好评。办理应征入伍服兵役高等学校学生国家教育资助申请400余人。

经济综合管理

综述

【概况】 2021年，利辛县生产总值366.8亿元，同比增长9.2%，经济保持较快增长。营商环境进一步优化，交易监管体制机制进一步完善。2021年，利辛县开展工程建设项目招投标领域串通投标等突出问题专项整治，建立由住建、交通、水利、城管执法等部门参与的联防联控机制，共开展4次标后履约监督检查，发现问题111个，均整改到位。进一步压实各方主体责任，优化标后监管工作机制，促进标后监管工作的标准化、制度化、规范化。交易便利化程度进一步提升，全年共有152个项目通过“不见面”开标系统完成开标。进一步优化项目登记流程，减少资金证明办理，节省项目注册时间30%以上。2021年，完成公共资源交易项目292个（标段），成交金额49.3505亿元，节资（增值）金额9.5221亿元。产权交易45宗，底价金额0.0144亿元，成交金额0.0355亿元，增值金额0.0211亿元，增值率146.53%，其他交易项目3个。在承接产业转移方面，充分发挥利辛县粮食主产区、劳动力、煤电资源、消费市场等优势，围绕传统主导产业延链、补链、强链，引进了一批龙头型、科技型、高成长型项目。安徽君翰纺织科技有限公司年产1200万件针织服装及5000吨聚乳酸基纤维色纺纱智能生产线项目，总投资5.18亿元，项目部分投产。江苏立华年出栏60万头生猪产业化项目，启动生猪养殖项目建设工作。明峰纺织、东越纺织、诚盈纺织、润天纺织、亿腾布业、新琛纺织等纺织企业分别引自江苏吴江、浙江绍兴等地，项目在建设中。三泰服饰科技有限公司服装加工项目，投资1.08亿元，建成投产。

【重点项目建设】 2021年，全县共纳入省、市、县重点项目295个，总投资786.7亿元，其中续建项目105个，计划新开工项目164个，租赁厂房项目26个，年内计划完成投资265.3亿元。1—9月份，续建项目复工101个，竣工项目47个；164个计划新开工项目，开工83个，开工率50.6%；完成投资185.4亿元，投资完成率达69.9%。全年共有42家单位申报项目286个，总投

7月31日，全市加快打造创新平台暨2021年全省第七批重大项目集中开工动员会在利辛县举行。图为开工现场（县委宣传部/供）

资521.26亿元；谋划和储备项目311个，总投资696.9亿元，其中储备项目165个，拟投资413.93亿元，谋划项目146个，拟投资282.97亿元。1—9月份，参加省集中开工项目15个，总投资43.48亿元，年度计划投资10.1亿元；全县专项债券项目14个，总投资48.5亿元。

【固定资产投资大幅增长】 2021年，全县固定资产投资上报88.2亿元，同比增长22.6%。其中，工业投资上报16.9亿元，同比增长49.1%；房地产开发投资上报48.2亿元，同比增长28.9%。全县固定资产投资项目在库182个，其中投资项目144个（5000万元以上109个，5000万元以下35个），房地产项目38个。全年完成投资95亿元，同比增长12%以上。2021年，获批保障性安居工程中央预算内投资项目4个，其中老旧小区改造项目1个、棚户区改造项目3个，总投资54399万元，其中中央预算内资金14400亿元。

【开展粮食购销领域腐败问题专项整治】 2021年4月，利辛县粮食和物资储备局会同中储粮亳州直属库驻利辛巡查组、亳州市农发行组成联合监管巡查组，按照“有仓必到、有粮必查、查必彻底”原则，对利辛县辖区政策性粮食储存库点进行普查。本次检查共检查收储企业16个，库点40个，仓口273个。其中，安徽省粮油储运公司1个库点，9个仓口；安徽省国粮植物油1个库点，3个仓口；中粮贸易安徽有限公司1个库点，2个仓口；委托收储企业37个库点，259个仓口。本次检查以2021年3月31日统计结报日为检查时点，共检查政策性粮食实时库存数量为568477吨。其中，2014年107043吨、2015年23536吨、2016年117408吨、2017年59011吨、2019年191815吨、2020年69664吨。除拍卖正在出库、正在熏蒸仓口及移库后尚未验收的仓口，其余仓口均通过查验仓内验收和库存检查时预留的标记线，未发现粮堆有明显变动，认定粮食数量总体真实、账实相符。9月25日，利辛县召开粮食购销企业法人代表参加的利辛县粮食购销领域腐败专项整治工作再动员部署会，截至10月7日，共排查问题24项。对企业全面开展自查自纠，围绕着粮食购、销、存、财各环节工作中易发腐败风险，全面梳理。通过“利辛县粮食购销企业廉政风险点防控工作流程图”对照问题进行逐项排查和整改，完善修订企业内部管理制度20项、应急预案4项。

【推进社会信用体系建设】 2021年，利辛县建立全县社会信用体系建设联席会议制度，成立以常务副县长为召集人，县直单位分管负责人为方的联席会议，建立信用信息共享服务群，发布省市相关文件和通知要求，搭建全县信用工作交流平台。参照市相关规划和制度，结合利辛县实际，相继出台县级信用体系建设相关制度，推动全县社会信用体系建设的规范化和标准化，为下一步工作扎实基础。加强信用信息归集共享。全县30余个设新部门依

2021年，利辛县固定资产投资大幅增长，全年完成投资95亿元，同比增长12%以上 （县发展和改革委/供）

托社会信用信息服务平台，加快推进社会信用记录体系建设，加强对社会信用信息的记录和整合。截至12月底，全县共向共享服务平台报送信用目录218820条，行政许可和行政处罚公示194296条，守信联合激励和失信联合惩戒典型案例5052例。积极开展信用承诺制。根据上级有关部门统一部署安排，利辛县建立《主动公开信用承诺书》，在餐饮、住宿、运输、娱乐、批发零售等行业积极开展信用承诺工作，培育健康市场主体，促进企业依法诚信经营。

■ 发展与改革

【军民融合发展】 2021年，利辛县发展和改革委员会编制《利辛县军民融合“十四五”发展规划》，系统总结“十三五”期间全县军民融合发展开展情况，提出全县“十四五”军民融合发展的指导思路、基本原则及发展目标，从产业发展、主要任务及保障体系建设等方面明确利辛县军民融合发展的重点工作。根据省国防动员办公室安排，开展国防动员潜力统计、国民经济动员摸底及2021年度民参军发展潜力调查工作。

【公共资源交易监督管理】 交易便利化程度进一步提升。2021年，共有152个项目通过“不见面”开标系统完成开标，投标人在“线上”开标体验良好。进一步优化项目登记流程，将公共资源交易平台与财政一体化管理平台衔接，减少资金证明办理，节省项目注册时间30%以上。落实上级会议精神，3次召开会议研究深化招投标制度改革工作，列出工作任务16项，制定工作措施16条，对于重点建设项目，积极与项目单位沟通，提前对接项目注册和招标文件编制等工作，优先项目受理“专项债”项目和“重点项目”，提醒各环节工作人员给予重点关注，确保重大项目顺利实施。协助亳州市开展药都电子供应商征集2次，征集范围扩大到8个工程类别和36个中介服务类，网上商城货物类供应商增多，小额工程施工企业专业类别齐全，部分中介服务机构入驻，服务功能进一步拓展。

营商环境进一步优化。自2017年起在全县范围内取消招标文件发售费用，所有投标人均可免费获取招标文件，全年可为投标人节省投标成本约375余万元。2021年，利辛县做好市场主体库全省互认工作，实现市场主体信息“一次注册，全省共享”，CA数字证书“一地办理，全省通用”，打破地区壁垒，避免投标人“一地一个身份证”方便投标人在全省范围内参加交易活动。改变保证金的缴纳方式，投标人可以根据自身情况以现金、银行转账、保函、电子保函等多种方式缴纳保证金，降低资金占用，减轻企业投标成本，全年使用非现金方式提供保证金的比例大幅上升。使用市里修订完善交易文件范本64个，其中政府采购类12个，产权交易类5个，工程建设类47个，打造模块化、标准化的招标条款，防止“量身定做、量体裁衣”。升级改造交易系统，优化交易流程，推进全流程电子化交易，2021年，依法必须招标项128个，全程电子化交易率达100%。按照市里制定《亳州市工程建设项目招标文件负面清单》《亳州市政府采购文件负面清单》规定，梳理各方主体共计74项禁止性条款，其中工程建设项目26条，政府采购项目48条，严禁招标文件中负面条款出现。加强对交易文件的审核把关，清理取消各类限制民营企业、中小微企业参与公共资源交易的规定。会同有关部门按照《亳州市进一步培育和壮大建筑业企业的若干措施》规定，采取合理设置资格条件、合理设置企业业绩、合理划分标段等有力举措，推进全县建筑业企业持续健康发展。建设工程项目按项目个数省内企业中标率为81.25%；按项目金额省内企业中标率为46.51%；政府采购项目按项目个数省内企业中标率为75.18%，按项目金额省内企业中标率为90.12%。药都电子商城中省内施工企业中标率为100%。办理推进“政采贷”，进一步加大政策支持力度，助力企业健康发展。

交易平台功能进一步健全。2021年，利辛县立足公共服务职能，持续完善平台系统功能。发挥远程异地有利于评标专家资源共享、减少人为干预的优势，投入资金6万元建设远程异地评标工位5个，成功接入全省远程异地评标调度系统，并完成与颍上、谯城、蒙城、亳州等地的对接、联调工作。2021年，共同完成45个项目的远程异地评审工作。完成公共资源交易项目384个（标段），成交金额66.4亿元，节资（增值）金额15.01亿元。其中，完成建设工程招投标进场交易项目共137个标段，招标控制价约53.13亿元，中标价约41.7亿元，节约资金约12.24亿元，节约率达29%；政府采购完成项目165个，采购预算2.37亿元，中标金额2.1亿元，节约资金0.27亿元，节约率12.85%；土地交易项目27宗，起始价24.614亿元，成交总价21.29亿元，增值金额2.7亿元，增值率12.68%。产权交易47宗，底价金额0.13亿元，成交金额0.093亿元，增值金额0.0409亿元，增值率44%，其他交易项目8个。

【长三角一体化建设】 高水平推进承接产业转移集聚区建设。2021年，利辛县认真落实国家支持皖北承接产业转移集聚区政策措施，印发《利辛县贯彻省市〈落实国家促进皖北承接产业转移集聚区建设若干政策措施任务分工方案〉任务分解方案》（利长三角办〔2021〕2号），根据国家24项政策措施，制定利辛县65项落实举措。4月7日，县发改委主持召开“利辛县贯彻国家促进皖北承接产业转移集聚区建设若干政策措施推进情况工作会”；9月8日，召开“利辛县支持集聚区建设和皖北地区高质量发展系列配套政策举措座谈会”。制定《利辛县〈关于贯彻落实习近平总书记在全面推动长江经济带发展座谈会上重要讲话精神加快建设新阶段现代化美丽长江（安徽）经济带的意见〉任务分解清单》《关于贯彻落实习近平总书记在扎实推进长三角一体化发展座谈会上重要讲话精神的实施意见》《利辛县贯彻落实中共中央〈关于新时代推动中部地区高质量发展的意见〉的任务分解清单》《利辛县贯彻落实〈亳州市深度推进“一带一路”建设实施方案〉重点任务分解清单》等文件。

全面提升园区承载能力建设。2021年，利辛县制定《利辛经济开发区转型升级发展规划》及《利辛县“十四五”规划重点项目库》。制定并印发《利辛县实施长江三角洲区域一体化发展规划纲要工作方案2021年工作要点》（利长三角办〔2021〕1号），4月16日和8月6日，召开工作调度会议，督促各成员单位按序时进度积极落实工作要点，积极报送2022年度长三角一体化

重点项目建设监督 （县发展和改革委/供）

2021年，利辛县推动“放管服”改革迭代升级、“一网一门一次”延伸扩面，同时加强项目实施的事前、事中、事后监管　　（县发展和改革委/供）

中央预算内投资项目。

加强重大创新载体建设。2021年，利辛县按照产业布局和产业集群发展要求，重点围绕食品加工、轻纺服饰、新能源三大产业集群，加大对长三角地区的招商引资宣传力度，聚焦主导产业，拉长产业链条，壮大产业集群，与沪苏浙地区签约亿元以上工业投资项目13个，落地签约亿元以上工业投资项目9个。

【物价管理】　2021年，利辛县根据国家、省、市收费标准的调整，对《涉企收费清单》和《行政事业性收费清单》进行四次动态调整，并在政府信息公开栏目进行公示。下发收费、价格各类文件20份；办理服务价格登记证28本；商品房备案24宗；民办幼儿园收费备案8起；按照省市发改委要求和工作需要，开展全县城镇污水处理成本监审和农村自来水成本调查工作；如期完成省发改委要求的垃圾处理收费有关情况调研、公证服务收费情况调研、化肥价格调研、农资价格调研、中小学生课后延时服务收费调研、义务教育阶段学科类培训机构收费情况调研、物业收费调研、养老机构服务收费调研、交通价格管理调研、燃气价格调查和亳州市财税工作小组减税降费政策落实情况督查调研；积极有效推进农业水价综合改革工作；按照上级业务部门和县发改委2021年岗位责任目标要求，对全县供水、供电、供气行业收费情况进行3次大督查。截至12月底，价格认证中心共完成价格认定案件199件，涉案认定金额387.7万元。为县纪检监察、司法办案机关提供客观公正的价格依据，保障办案机关工作的顺利进行，有效提供公共服务，维护公共利益。

【粮食管理】　2021年，利辛县共有国有粮食企业16个，从事粮食购销业务的单位13个，2个不具备粮食购销职能的粮食企业分别是利辛县粮油食品商厦、利辛县粮油工贸总公司；1个不从事粮食购销业务的自收自支事业单位利辛县粮食质量监测站（利辛县粮油军供站）。全县粮食库点46个，仓点445个，其中存粮仓口207个，空仓238个，库容106.55万吨。2021年，实际库存粮食57.422万吨（政策性粮食37.4678万吨，市场粮19.9542万吨）。严格执行国家粮食收购政策，多渠道开展夏粮收购工作。小麦在收购前，仓房做到房屋不漏雨、地坪不返潮、墙体无裂缝、门窗能密闭。小麦收购期间，认真执行国家收购政策和质量标准，采取“一卡通”收购，严把质量、严控水分、不收人情粮、不把不符合质量标准和高水分小麦入库，为后期的小麦安全保管打牢基础。小麦在保管期间，坚持“一三七”查粮制度，即安全粮一星期检查一次，半安全粮三天检查一次，不安全粮天天检查，风雨雪后及时查，查有分析、有记录，发现问题及时采取有效措施，确保不出现坏粮事故。2021年度因新麦上市价格高于国家保护价格，托市粮收购未能启动，政府引导企业积极开展市场粮收购，确保农民不出现卖粮难。截至12月30日，市场收购小麦34万吨，为农民增产增收提供优质服务。落实“两个安全”责任，确保储粮安全。为认真贯彻落实《粮油储存安全责任暂行规定》《粮油安全储存守则》《粮库安全生产守则》（合并简称“一规定两守则”）的相关规定，进一步强化“两个安全”责任，促进“两个安全”作业与管理行为规范，推动相关制度标准贯彻落实，切实守住不发生严重霉粮坏粮事故和重特大生产安全事故的底线。按照“党政同责一岗双责齐抓共管”要求及“管行业必须管安全”的相关规定，进一步加强粮食行业“两个安全”责任。严格落实国家托市粮政策、中储粮各项管控制度、粮食质量安全巡察机制、强化信息化管理等四项举措，有效保证入库、库存、出库全过程粮食的安全。

【煤电建设】 2021年，板集煤电一体化实现联产。中煤新集板集煤矿井田共有煤炭资源54094.3万吨，设计可采储量20642.2万吨，设计生产能力300万吨/年，2021年3月底矿井开始联合，服务年限51年。中煤新集利辛发电有限公司装机规模为3320兆瓦，分二期建设，一期工程2×1000兆瓦超超临界燃煤发电机组于2016年10月建成投产，周发电量约2亿千瓦时；二期工程2×660兆瓦超超临界燃煤机组于2021年1月获得核准，二期工程是安徽省“十四五”规划建设重点项目。煤电一体化项目将新采集煤炭就近打捆配送火力电厂，缺口由基地外配送。

【新能源建设】 光伏发电项目。信义新能源（亳州）有限公司在利辛县阚疃镇茨淮新河两岸利用荒废的河滩地投资建设3座光伏电站，包括：信利光伏电站、信茨光伏电站、大李集光伏电站，装机容量共190兆瓦。2015年9月，信利光伏电站建设完毕并成功并网；2016年1月，信茨光伏电站建设完毕并成功并网；2019年3月，大李集光伏电站建设完毕并成功并网。每年发电量约2.27亿千瓦时。惠民集中光伏电站装机容量32兆瓦；村级电站装机154兆瓦；其他并网15兆瓦。2021年，各并网电站运行平稳，未发生重大安全事故。

风力发电。锐风新能源利辛县汝集风电场项目、庆春新能源利辛县中疃风电场项目、泰达恒信利辛县利泰风电场项目已建成，装机总容量150兆瓦，2021年12月底并网。华能利辛县胡集风电场项目、皖能新能源利辛纪王风电场项目、华润利辛县江集风电场项目、华润利辛县程家集风电场项目等正按计划进度抓紧建设。

垃圾发电资源循环利用。2020年10月23日，利辛县生活垃圾焚烧发电项目顺利建成投产。项目占地约70亩，一期工程配置为1×500吨/天机械炉排炉，1台10兆瓦凝汽式汽轮发电机组，年处理垃圾约20万吨。二期工程正在进行前期工作，预计2023年将投入生产。

生物质能运用前景广阔。生物质能是世界上使用最为广泛的新能源，能够有效缓解经济增

板集电厂 （县发展和改革委/供）

长和环境保护之间的压力。2021年，利辛县农林生物质热电联产项目有序实施，项目占地约200亩，建设130吨/小时生物质焚烧炉配备相应汽轮发电机组+烟气处理系统，预计2022年4月可投产。

■ 审计监督

【概况】 2021年，利辛县审计部门紧紧围绕审计机关是政治机关、党的工作部门和宏观管理部门的定位，把讲政治贯穿审计工作全过程。围绕深入学习贯彻习近平总书记关于审计工作的重要论述和重要指示批示精神，中央、省、市、县审计委员会会议精神，扎实开展审计工作。强化县委审计委员会办公职能，提请县委审计委员会定期召开会议，建立健全成员单位工作协调、联络员会议、专题研究会议等制度。健全完善重大事项和重要文件起草报送机制，重大事项督察督办机制、做实规范日常运转工作机制等，积极向县委审计委员会报送《全县领导干部经济责任审计结果报告》《全县领导干部经济责任审计综合报告》《全县领导干部经济责任审计存在的问题及对策的调研报告》。结合工作实际起草并印发《利辛县“十四五”审计工作发展规划》《利辛县经济责任审计结果运用实施细则》《利辛县领导干部履行经济责任风险防范清单》《利辛县审计机关2021年度审计项目计划》《中共利辛县委审计委员会2021年度工作要点》等文件。《利辛县领导干部履行经济责任风险防范清单》被县委列为2021年深化体制机制改革重点事项，发挥县委审计委员会办公职能和县委对审计工作的集中领导作用。2021年审计部门共实施审计项目28个，其中，财政预算执行和部门预算审计项目5个；政策跟踪审计项目4个；政府投资跟踪审计项目6个；专项审计和专项审计调查项目2个；领导干部经济责任审计项目9个。年度审计结束的项目中，审计查出管理不规范资金11824万元，促进整改资金6746万元，移送审计线索106件。受市局委托，完成对县人民法院原主要负责人经济责任审计项目1个，完成对谯城区粮食系统交叉审计项目1个。报送省厅《审计简报》1篇，县委《审计专报》2篇。

【政策跟踪审计】 2021年，利辛县政策跟踪审计项目4个，分别是：根据《安徽省审计厅关于印发2021年全省重大政策措施落实情况跟踪审计工作要点的通知》（皖审财〔2021〕6号）要求，派出审计组，于2021年3月20日至29日，对利辛县加强公共卫生体系情况进行跟踪审计，对利辛县重大疫情救治、应急物资保障体系建设情况、县级公立医院改扩建和乡镇卫生院标准化建设情况、公共卫生服务体系建设补助资金分配与使用情况等方面进行重点调查；6月10日至25日，对利辛县推动就业优先政策落实情况进行跟踪审计，对利辛县落实援企稳岗等稳就业政策落实情况、创业培训补贴、公益性岗位补贴、就业见习补贴等就业补助资金方面进行重点调查；9月10日至25日，对利辛县推进三大污染防治工作政策措施落实情况进行跟踪审计，对利辛县打好污染防治攻坚战、城镇污水处理提质增效三年行动等方面进行重点调查。第四季度由省审计厅组织对中央财政直达资金进行异地审计。

【政府投资审计】 2021年，利辛县政府投资跟踪审计项目6个，分别是利辛县职教园区建设PPP项目、交通运输局PPP项目跟踪审计、利辛县城市基础设施建设PPP项目、县大数据中心配套设施工程项目、交通运输局S338一期和S250重点项目跟踪审计、利辛县第二人民医院新区建设审计。同时，按照审计署要求，积极清理以前年度政府投资审计工作遗留问题，规范政府投资审计行为，强化对中介机构的管理、监督。

【经济责任风险防范】 2021年，利辛县梳理分析近年来全县审计发现的苗头性、普遍性问题，参阅相关资料，编写出台《利辛县领导干部履行经济责任风险防范清单》，列出13个风险领域（9个常规领域，4个专项领域）、68个风险点、242种主要表现形式，170条适用法律法规，提出预防措施，此项内容列入县委2021年深化改革重点事项之一。县委巡察办、县审计局联合下发通知，要求各单位加强对清单的学习，发挥清单参考提醒作用，对照清单制定方案、查摆问题，列出问题清单和整改清单。全县报送的84个单位，自查自纠发现问题316个，涉及13个风险领域，整改问题251个，未整改问题65个，清理不规范资金736.07万元，上缴财政资金25.6万元。

【开展“巡纪审联动”】 2021年，利辛县不断将“巡审联动”向纵深推进。县审计部门与县委巡察办主动对接、共同协商，实施“七个一同”联合行动。实施“县委常规巡察”“小微权力专项巡察”“粮食领域专项巡察”等，联动期间，审计部门按照程序向有关单位移交了问题线索。积极探索“纪审联动”新机制。2021年3月，启动对全县行政村（居）的财务收支审计。通过向县纪委监委发送“协助”函和召开专题会议的形式，积极收集被审计行政村相关信访案件线索，经过会商确定审计重点。依托县纪委监委在乡镇协作区办案点作为审计现场，增强审计威慑力。截至审计项目结束，县纪委监委已受理审计部门移交问题线索99件，进一步扩大审计覆盖面，强化审计监督，对侵害群众利益的微腐败行为起到打击和震慑作用。

【审计整改】 2021年，利辛县严格落实《关于建立健全审计查出问题整改长效机制的意见》规定，推动形成审计整改闭环工作机制，努力实现从“当下改”向“长久立”的转变。在整改期限内，累计审计发现490个问题，完成审计整改489个，整改率99.79%，达到“审计一点，规范一片”的效果。列出“问题清单”。按照县委、县政府的要求，将审计发现的问题登记造册，建立问题清单、责任清单和整改清单，分解落实到被审计单位，积极开展审计整改。定期“审计回访”。整改过程中，审计局按期召开审计整改专题会，按照分工，由班子成员带队，组成审计整改专班，分赴被审计单位，现场调度和指导。“县长例会”调度。根据县政府主要负责人安排，将审计整改工作纳入县长周例会议事内容，由分管副县长汇报其分管部门整改工作进度。及时“整改督办”。对未按期完成审计整改任务的纳入全县重点工作四季度专项大督查范围，集中利用一个半月时间，对未完成整改的单位进行实地督查调度，下达“审计整改督办函”，限期整改，并根据整改情况分别进行约谈、通报和移交纪检部门处理，把整改结果纳入对单位的年终考评。

■ 统计管理

【统计服务】 2021年，利辛县统计局扎实做好经济运行动态监测与预判分析，精准研判发展趋势、精准分析运行特点、精准查找问题、精准提出对策建议，紧盯重点领域、重点行业、重点企业、重点指标，加强预警预判，及时发现苗头性、趋势性问题，为县委、县政府精准调控经济提供决策依据。拓展统计服务广度。利辛县统计局每两个月召开1次由局分管负责人及各专业人员参加的经济形势分析会，专业人员详细、具体汇报企业生产经营中、项目建设中存在的突出问题，分析产生问题的原因，提出解决问题的办法。拓展服务县委政府、服务企业公众、服务经济发展的多维服务方式，定期编辑出版《利辛统计年鉴》《统计月报》。拓展统计分析深度。充分运用大数据加强对统计数据的综合分析，围绕工业发展的主导产业、推进乡村振兴的主要思路、商贸及服务发展的整体布局，以及县委、县政府重点工作和县领导关注的热点问题，加强专题调研，深入分析数据背后的原因，提出针对性、可操作性强的对策建议。全年共撰写统计分析25篇，统计专报2篇。其中，4篇被县委、县政府主要领导批示有关县领导及部门落实；1篇工作建议被县委主要领导批示有关县领导及部门落实。积极撰写统计信息，51篇统计信息被市局采用，被县政府网站采用70余篇。积极开展“为基层企业指导服务”实践活动。各专业工作人员深入企业宣传统计法律法规知识，对如何规范统计工作、提升统计工作水平、指导统计人员解决网络平台登录不畅等问题，以及对投资项目上报存在的问题，提出合理化的建议。按照统计工作规范化建设的要求，帮助企业统计人员整理、归档统计基础资料。通过上门服务，实地了解企业发展现状及问题，提高企业统计能力，夯实企业统计基础，以实际行动践行为企业、为基层“办实事”的要求。帮助县经开区2家企业贷款、1家企业收购倒闭企业、2家企业租赁厂房、4家企业出租厂房、4家企业申请优惠政策兑现。

【第七次全国人口普查】 2021年，利辛县统计局大力完成普查数据的重名审核、跨表审核等工作，确保数据质量精确精准。发布《利辛县第七次全国人口普查公报》，对全县常住人口情况、人口性别构成情况、人口年龄构成情况、人口受教育情况、城乡人口情况进行公告。做好县内170名百岁老人回访工作。了解和探讨人口长寿经验及老年人的养老保险、卫生保健、赡养等一系列问题，为政府制定相关政策以及开展老年问题的战略研究提供可靠的统计依据。利辛县统计局获得第七次全国人口普查省级先进集体。

【统计监督】 2021年3月，利辛县统计局按照省政府出台的“三个规范”文件要求，始终将抓好统计基层基础工作作为根本。加强队伍建设。县统计局从县人社部门为乡镇统计人员争取专业技术岗位73个，其中，高级职称11个，中级职称30个，初级职称32个。将乡镇首席统计员配备情况纳入县政府对乡镇考核统计工作的重要内容，有效地稳定乡镇统计人员队伍。保障统计工作经费投入。2021年，在县直单位年度预算工作经费减半的大环境下，县财政为县统计局预算的工作经费只增不减；县财政按每乡镇1万元（城关镇2万元）统计工作经费列入年度财政预算的24万元也没有减少，统一划拨到县统计局，由统计局根据每个乡镇统计工作需求，及时下拨，更加有效地保障乡镇统计基础工作的开展。2021年预算的人口普查经费剩余400余万元。严格对乡镇统计基础工作的考核。县政府将统计基层基础工作的考核纳入对乡镇政府的目标管理考核，每季度进行1次，并将考核结果及时报县政府，对考核中发现的问题及时要求整改，对存在的薄弱环节，要求及时补充完善。

【业务能力培训】 2021年，利辛县统计局着力提升统计人员的业务水平，按照全省统计工作会议围绕“四个强化”、打造“四型队伍”的要求，切实把抓好统计人员队伍培训作为统计工作迈上新台阶的重中之重。积极开展爱国主义读书活动、统计专业技能比赛，做到统计宣传常态化，统计服务基层化。注重自身素质提高。要求统计局各专业人员认真学习国家统计局、省统计局统计规章制度，熟练掌握统计工作流程，通过国家局、省局内网学习借鉴外省、外市、外县统计分析，提高为领导决策服务的能力。在专业人员对乡镇、企业统计人员进行业务培训前，必须认真备课，做好培训课件，并在全局公开试讲，经评定认可后方可进行业务培训。加强对基层统计人员的培训。2021年，利辛县统计局对投资、工业、商贸、服务业、建筑业和农业等专业，共组织培训36次，比上年增加11次，累计参加人数达1600余人次。

【数据质量管控】 2021年，利辛县统计局把提高统计数据质量作为抓好统计的中心工作，牢牢抓在手上。建立县统计局各专业岗位首席统计员制度。为明确各专业统计调查的任务、内容和范围，进一步提高统计数据质量，对国家统计局、省统计局有专门报表制度的专业，县统计局党组研究，报县政府分管负责人同意，从2021年开始，建立专业岗位首席统计员制度，明确首席统计员聘用的条件，动态管理办法等，并给予首席统计员岗位补助。根据专业人员的工作态度、责任心，以及对业务工作的熟悉程度首次聘用7名专业岗位首席统计员。首席统计员的聘用，有效地提升专业人员工作的积极性、主动性和责任感，促进统计数据质量的提高。开展统计“大调研”。结合省局开展的“统计服务千企”活动，把全部“四上”企业、所有5000万元以上固定资产投资项目和乡镇全部调研走访一次，要求每个专业根据本专业应调研数量，每月至少调研走访十分之一。6月，集中对23个乡镇的统计基础工作、乡镇范围内的“四上”企业、固定资产投资项目进行集中调研走访，对发现的问题，分专业、分乡镇逐一通报，限期整改。9月，对问题整改情况进行一次“回头看”，确保发现的问题及时整改到位。全年调研企业或项目445家（个）。充分运用大数据提高数据质量。利用企业用电、用能、税务等匹配性指标，做好工业企业数据质量“事前、事中、事后”全流程审核。要求“四上”企业、固定资产投资项目等统计人员，在上报统计数据前必须把支撑材料准备齐全，随时接受上级统计部门对数据质量的查询和县统计局深入现场调研核对。强化即报即审，对当月上报数据出现异常的，立即进行现场核实，运用关联信息进行数据、资料核对，有效地提高统计数据质量。全年新入库投资项目112个，资质以上建筑业11家，限额以上商业企业9家，大个体户27家，规上工业企业20家。

【统计执法“双随机”抽查】 2021年，利辛县加大统计法规宣传力度。县政府召开各乡镇政府、县直有关单位主要负责人及乡镇统计人员会议，传达学习习近平总书记对统计工作的批示指示精神，传达学习省委书记郑栅洁、市委书记杜延安及县领导对统计工作的批示和要求，学习《中华人民共和国统计法》等统计法律法规。开展统计法治进党校活动，2021年在党校3批次培训学员175名。县统计局结合有关专业集中培训会议，加强对企业统计人员统计法律法规的宣传教育，进一步提高依法统计意识。积极开展“12·4”《中华人民共和国宪法》宣传日和“12·8”统计法宣传日活动，发放宣传资料600余份。认真开展统计执法“双随机”抽查工作。利辛县统计局大力开展统计执法“双随机”抽查工作，共对37家企业进行统计执法“双随机”抽查，超额完成上级下达执法检查任务的23.3%。其中立案1起。

统计调查

【劳动力调查】 2021年，国家统计局利辛调查队为及时反映全县劳动力资源、摸清就业结构及分布情况，按照样本轮换方案，选调15名村级调查员，进行6轮学习培训，顺利完成样本扩点任务，并通过实地入户调查、电话回访核实、就业跟踪调查等方式，稳步推进各项工作。2021年利辛县城镇调查失业率总体稳定。

【农业统计调查】 2021年，国家统计局利辛调查队与北京二十一世纪空间技术应用公司合作，利用“高分一号”卫星进行全县农作物播种面积遥感测量，结合无人机遥感测量和实地实割测量，实现“天、地、空”多维度、一体化调查。据数据反馈，2021年利辛县全年粮食总面积332.51万亩，同比增长0.41%。其中小麦总面积162.36万亩，玉米总面积136.13万亩。全年粮食总产量138.58万吨，同比增长2.33%。其中，小麦总产量80.68万吨，单位面积产量496.91千克/亩；玉米总产量53.46万吨，单位面积产量392.71千克/亩，实现连续多年稳产和丰收。

【畜牧业调查】 2021年，国家统计局利辛调查队顺利完成畜牧业统计调查工作，此专业在安徽调查总队业务考核中连续两年列全省县级队第1位，专业人员被评为全省调查队系统“青年专业带头人”。2021年末，利辛县生猪存栏49.712万头，同比增长29.6%。其中，能繁母猪5.514万头，同比增长28.2%。全年生猪出栏80.4065万头，同比增长38%；生猪产量6.88万吨，同比增长39.88%；牛存栏4.17万头，全年出栏2.39万头；羊存栏24.57万只，全年出栏76.28万只；家禽存栏399万只，全年出栏1295.8万只，禽蛋产量2.205万吨。畜牧业发展总体稳定，产量稳步提升。

■ 市场监督管理

【优化营商环境】 2021年，利辛县实施“证照分离”改革，对532项涉企经营许可事项分别按照直接取消审批、审批改为备案、实行告知承诺、优化审批服务4种方式，创新和加强事中事后监管。持续推行登记注册全程电子化，不断巩固企业开办1日办结成果。全年新增各类市场主体14403户，其中，新增私营企业4534户、个体工商户9869户。开展“四送一服”、助企融资工作。主动联系企业，收集、上报、解决企业难题46件；积极搭建银企桥梁，办理股权出质、知识产权质押共16件，共融资6.54亿元。对接县财政局，对在标准化、专利、科技创新等方面取得成绩的企业，及时兑现奖励资金，提振企业做大做强信心。

【企业信用监管】 2021年，利辛县实施“双随机一公开”监管。印发《关于做好2021年“双随机一公开”监管工作的通知》和《利辛县市场监管领域2021年度部门联合抽查工作计划》，全县建立检查事项清单大类161项，检查事项清单细类362项；检查对象库73874户；执法人员库1155人。25家单位开展“双随机一公开”部门及部门联合抽查工作，抽查部门任务74个，发起联合抽查任务14个，接收联合抽查任务29个，使用信用等级35个，完成任务52个，公示企业423家。

【食品药品安全监管】 2021年，利辛县组织开展猪肉市场、高中考期间、春季学校食堂、进口冷链食品、药品春风行动、新冠疫苗质量、化妆品质量等一系列专项整治。利辛县市场监督管理局关注风险高、隐患大、社会关注度高的食品安全监管工作，完成抽检普通食品1497组，合格率97.6%；食用农产品抽检1988组，合格率97.18%，无不合格检测结果报告。完成药品日常抽检30批次和监督抽检35批次，上报药品不良反应、医疗器械不良事件、化妆品不良反应共3000余例。加强进口冷链食品监管。按照“三专四证一报备”要求，全县314家冷链食品经营单位入驻安徽冷链追溯平台，对涉及进口冷链食品的9家生产企业，8家食品加工小作坊进行多次排查。8月5日，进口冷链食品监管仓建成，12月6日正式启用。开展大型食品安全宣传5场，“五进”活动16场次，对全县78家食品生产企业、460家学校食堂、33个新冠疫苗接种点、208家美容美发经营户进行全覆盖检查，办理各类食品药品违法案件共470件。

【产品（商品）质量监管】 2021年，利辛县以红盾护农、消防器材、电器产品、蓝天保卫战等工作为抓手，对全县19家生产许可证获证企业监督检查全覆盖，建档率达100%。流通领域商品完成监督检查644组：定量包装52组，工业产品监督抽检100组，肥料173组，成品油155组，流通领域产品抽检162组。

【特种设备安全监管】 2021年，利辛县制定下发《2021年度特种设备安全日常监督检查计划》，以气瓶充装、盛装危化品的压力容器（压力管道）、大型游乐设施、电梯、锅炉等为重点，举办防灾减灾日、“6·18”安全生产日、特种设备安全知识“五进”、电梯安全警示教育培训、国际防灾日等宣传活动，开展全县特种设备信息普查、元旦春节期间特种设备安全隐患排查整治、高中考期间电梯安全保障、为期半年特种设备安全专项整治、电梯鼓式制动器安全隐患专项排查治理、瓶装液化气安全专项整治、液氨泄漏事故应急救援演练等专项行动，对全县402家特种设备使用单位进行检查，特种设备数据清洗率达到100%，办理特种设备投诉举报60件，排查出各类隐患445处，拆除违法违规安装使用大型游乐设施7台，查封各类违法使用特种设备45台，办理各类特种设备违法案件14起。

【专利及商标注册】 2021年，利辛县践行质量强县战略，举办知识产权宣传周、计量日、认可日等活动，健全组织领导、宣传引导、政策扶持、人才培养等各项机制，推进企业高质量发展。2021年，全县拥有发明专利733件，每万人口发明专利拥有量从2020年3.8件增加到6.19件；有效注册商标拥有量从2020年的8338件增加到11658件；获得安徽省专利优秀奖3件；立项国家标准2个，地方标准5个，均报送至省局。

【消费维权】 2021年，利辛县在县城五一广场隆重举行“守护安全、畅通消费”为主题的2021年纪念“3·15”国际消费者权益日宣传咨询活动，县法院、消保委、市场监管局、司法局、烟草专卖局等10余家县直有关单位及部分知名企业参与纪念活动。2021年，共受理消费者投诉举报3126件。其中，“12315”平台1774件，“12345”热线1352件，为消费者挽回经济损失60余万元。充分发挥“12315”指挥中心作用，做到快速分流、快速初查、快速反馈、快速回访，形成投诉举报受理及时、流转通畅、处理快捷、查办有力的工作格局。下发《利辛县市场监管12315平台投诉举报管理办法》，针对性强，奖惩落实，受到省、市“12315”指挥中心的肯定认可，在全市系统推广。

农 业

综述

【概况】 2021年，利辛县坚持农业农村优先发展总方针，着力于粮食生产、生猪稳产保供、高标准农田建设、特色产业发展、农产品质量安全、农村人居环境整治、农村产权制度改革等中心工作，抓重点、补短板、强基础，各项工作均取得良好成效。围绕中央一号文件和中央、省农业农村工作会议精神，制定《中共利辛县委、利辛县人民政府关于全面推进乡村振兴加快农业农村现代化的实施意见》《利辛县现代农业发展奖补工作实施意见》《利辛县加快建设长三角绿色农产品生产加工供应基地实施方案》《关于促进现代农业发展实施意见奖补细则》《扩大农业农村有效投资加快补上“三农”领域突出短板的实施方案》和《中共利辛县委农村工作领导小组关于调整完善县委农村工作领导小组（县委实施乡村振兴战略领导小组）暨设立“五大振兴”专项小组的通知》等文件，为全县农业农村工作提供有力的政策支撑。根据县政府工作报告，制定利辛县农业农村局2021年岗位目标任务，明确工作任务、工作措施，顺利完成年度各项目标任务。

9月23日，2021年亳州·利辛“中国农民丰收节”在市民健身广场举行

（县委宣传部/供）

【深化农村改革】 2021年，利辛县继续深化农村基本经营制度改革。完善承包地“三权分置”制度，支持发展土地流转、股份合作等多种形式的适度规模经营。全年共培育农民专业合作社4771家，其中县级65家、市级125家、省级18家、国家级7家；培育家庭农场7598家，其中县级85家、市级79家、省级33家。深化农村产权制度改革。巩固农村集体产权制度改革成果，提高农村“三变”改革质量，盘活各类农村资源，发展壮大村级集体经济，增加农民财产性收入。全县355个村完成集体资产清产核资工作，共核实集体资产总值42.09亿元；全县成立村级经济组织355个，其中股份经济合作社346个、经济合作社9个；321个村（社区）实施“三变”改革工作，276个村（社区）与各类经营主体实施388个“三变”改革项目，村级投入资金17843.5万元；村级经营性收入50万元的村达到34个、村级经营性收入40万～50万元的村有72个。深化要素保障机制改革。构建财政优先

保障、金融重点倾斜、社会积极参与的支农保护制度。加快农村金融体制改革，撬动金融和社会资本合力支持农业农村发展，促进城乡要素平等交换、双向交流，加快释放农村土地制度改革红利，让土地增值收益更多用于“三农”，切实增强农民获得感。

【高标准农田建设】 2021年，利辛县根据农业发展实际情况，投资27214.7万元，实施12万亩高标准农田改造提升工程；整合资金2237.0万元，实施63.76万亩土地深翻。

【农机装备】 2021年，利辛县购机补贴分配资金4553万元，共计受理补贴各类机械（具）7047台套，受益农户6831户。午季托管面积175.2693万亩，托管率达到95.58%，共投入小麦联合收割机4835台，大中型拖拉机6518台，打捆机1537台，大豆播种机4456台，玉米播种机12533台，引进收割机、打捆机1097台套。秋季托管面积172.6万亩（玉米、大豆及其他作物），落实玉米收割机2318台，大中型拖拉机5779台，秸秆打捆机1095台，播种机械20758台套。2021年实现全县机械总动力181万千瓦，综合农作物机械化率96.15%。

【特色种植】 2021年，利辛县从事蔬菜生产的主体350家，蔬菜生产面积达34.43万亩，在地8.02万亩，产量52万吨，产值超16.4亿元。食用菌生产主体6家，占地面积324亩，总产量1400吨，产值超1200万元。全县水果品种主要有桃、梨、葡萄、草莓、冬枣、草莓等，水果种植面积3.8135万亩，产量6.7万吨，产值2.97亿元，从事水果种植的主体240多家，初步形成具有地方优势的特色水果生产基地。全县种植中药材10.7万亩，产量5.7万吨，产值3.354亿元，从事中药材种植规模以上的中药材种植企业（合作社、家庭农场）142个，其中市级以上龙头企业2个，农民合作社71个，家庭农场69个。

【企业培育和品牌建设】 2021年，利辛县按照“三产融合”“三品联动”“三加递进”的全产业链发展要求，持续实施农产品加工业“五个一批”工程，累计培育市级以上龙头企业92家，其中国家级龙头企业1家、省级龙头企业6家；规模以上农产品加工企业31家；建设食品产业园区1个，先后入驻农副产品加工企业56家。实施绿色优质农产品品牌塑造工程，大力培育“皖”字号、“亳”字号、“利”字号知名品牌，“三品一标”有效认证79家、161个产品。全年完成新型职业农民培训806人，培训率达到100.75%；遴选、验收并挂牌益农信息社346个，覆盖率100%，依托益农信息社或平台电子商务累计成交额10452万元。2021年12月，利辛县被农业农村部绿色食品发展中心认定为“第六批全国有机农产品基地”称号。

【农产品质量安全】 2021年，利辛县立案查处各类涉农违法案件120起，其中，私屠滥宰25起、动监19起、农产品安全4起、渔政11起、种子37起、农药19起、兽药1起、肥料4起。涉嫌犯罪移送公安机关8起；申请法院强制执行1起，案件立案数量位居全市第一。完成结案53起，合计行政处罚806788.8元、没收违法所得2114元；没收猪肉产品3864.31千克、屠宰工具77把；没收鸭子3250千克；没收电瓶5只、电捕器5套。2021年5月，利辛县顺利通过省农业农村厅复查验收，继续取得“安徽省农产品质量安全县”称号。

■ 种植业

【粮食生产】 2021年，利辛县着力落实省市有关粮食绿色增产模式攻关各项技术措施，重点落

2021年，利辛县大力开展良种推广、科学播种、测土配方施肥及病虫害绿防统防技术，使用无人机喷洒农药防治农作物病虫害　（县农业农村局/供）

实良种推广、科学播种、测土配方施肥及病虫害绿防统防4项关键技术，有效降低全县农作物受灾程度。利用项目资金杠杆，抓好高产创建工作。全县共落实优质小麦单品种整建制推进乡镇1个、单品种优质专用小麦万亩示范片23个、千亩示范方21个、玉米万亩示范片9个、大豆万亩示范片1个。2021年，全县粮食种植面积332.51万亩，比上年的331.17万亩增加1.34万亩，增长0.41%；总产138.58万吨，比上年的135.43万吨增加3.15万吨，增长2.33%。面积和产量增幅均位居全市第二。

【秸秆综合利用】　2021年，利辛县根据亳州市民生工程领导小组办公室《关于印发2021年分项目民生工程实施办法的通知》等文件精神，圆满完成15个标准化秸秆收储中心建设任务。2021年秸秆综合利用率达93.77%，无重污染天气，总体环境质量明显优于往年，社会各界对全年的秸秆禁烧和综合利用效果反映良好。秸秆综合利用民生工程产业化利用任务9.6万吨，完成10.8万吨，超额完成任务。

林业

【林长制工作】　2021年，利辛县大力推进林长制工作机制。印发《利辛县重点生态功能区域县级林长分工方案》《利辛县林长巡林相关规定》《利辛县2021年度深化新一轮林长制改革实施情况考核办法》《关于建立“林长＋检察长”工作机制的意见》《关于全县公安机关施行森林警长制的指导意见（试行）》，压紧压实各级林长责任。2021年，县、乡、村三级林长开展巡查4355次，解决问题1488个。印发《利辛县2021年林长制工作要点》，编制年度林长制项目任务清单，细化目标任务和时间节点，加快推进现代林业治理体系和生态文明建设。印发《利辛县2021年春季植树造林实施方案》，在严禁违规占用耕地绿化造林、严禁超标准建设绿色通道等严禁占用耕地“非农化”“非粮化”的条件下，进一步将任务分解细化到道路、沟河、村庄等具体地段，切实抓实抓细。充分利用电视、广播、会议等多种形式，广泛宣传习近平生态文明思想及林业增绿增效、美化家园的重大意义，广泛宣传县委、县政府关于植树造林的决策部署，将义务植树活动与乡村振兴、人居环境整治和“四旁四边四创”国土绿化提升行动有机结合起来，营造全民参与的植绿、护绿的浓厚氛围。县林长办抽调专人，进行实地督查，定期进行通报。

【造林绿化】　2021年，利辛县以推进西淝河“引淮济亳”生态廊道建设、农村人居环境整治、高标准农田建设等为抓手，推广乡土树种，开展“四旁四边四创”，绿化道路沟渠2826条、自然村庄270个，建设森林生态廊道15.1千米，创建省级森林城镇

1个、森林村庄8个，完成造林1.62万亩，平均苗木成活率92%以上，增绿成效明显提升。

【森林资源保护】　2021年，利辛县聚焦林长制改革“五个一”服务平台建设，规范选续聘建档立卡贫困人口生态护林员1028名，县级建立护林大队、乡级建立护林中队、村级建立护林小队，实行“一林一员”网格化管护，构建基层护林体系。落实“一林一警”责任制度，建立“林长+检察长”工作机制，推进林业行政执法与刑事司法有效衔接。开展森林防灭火应急演练，成立林业执法中队，强化日常巡查、重点检查，查办打击毁林、非法捕猎林业行政案件20起，罚款5.61万元，责令补种236棵。设立野生动物保护救助站，救助各类野生动物66只。全面开展林业有害生物调查监测、防治避让区排查和起落点选址，实施森林病虫害防治29.6万亩，其中飞机防治23.2万亩、地面防治6.4万亩，无公害防治率100%，护绿成效明显提升。

【林业管护】　2021年，利辛县加强湿地公园生物多样性本底调查监测，开展负氧离子动态检测，推进林业固碳能力调查监测，建立森林、湿地、木质林产品等林业碳库现状及动态数据库。严格公益林采伐，探索建立公益林保险机制，巩固提升国家级公益林15188.44亩。投入15.6万元，试点实施杨柳絮防治4560株；繁育优良品种无絮杨苗木30万株、试点推广无絮杨栽培200亩，“风景林”“用材林”结构进一步改善，管绿成效明显提升。

【林业经济】　2021年，利辛县大力发展薄壳山核桃种植产业，建设薄壳山核桃产业发展示范村6个，带动全县发展薄壳山核桃种植3.6万亩，茨淮新河、阜蒙河堤坝种植的美国薄壳山核桃开花结果，平均株产达到2千克，最高株产达到10千克，茨淮新河薄壳山核桃种植基地林长制改革示范点建成，产业生态化样板逐渐成形。发挥林业生态优势，做好“水文章”、打好“森林牌”、念好“生态经”，立足保护优先，注重生态修复，大力推进西淝河国家湿地公园林长制改革示范点建设，“科普植物园”、西淝河森林生态廊道、巩店“梨花节”、马店孜“榉树湿地生态林”、程家集“黄桃产业园”成为生态旅游品牌，生态产业化样板逐渐成形，用绿成效明显提升。充分利用林下空间，适度开发林下资源，促进以短养长、长短结合，发展林下经济3.2万亩，茨淮新河薄壳山核桃林下套种油用牡丹长势良好，汝集镇林下套种红薯喜获丰收，永兴镇林下套种洋葱“葱”满希望，全县林粮、林油、林蔬、林药、林禽、林蜂、林游等新业态持续向好。优先使用扶贫苗木近200万株，除个别零星群众承诺不再享受林业扶贫政策外，全县扶贫苗木基本使用完成。明晰新造林苗木产权，增加乡村振兴村

2021年8月10日，市自然资源和规划局对利辛县一株二级皂荚古树进行修复
（县农业农村局/供）

级集体经济收入来源渠道；完成林权交易1宗，办理林权首次登记4件、登记面积1040.07亩，转移登记1件、登记面积10.39亩，抵押登记4件、抵押面积697.71亩、抵押金额2570万元，林业“三权分置”和“三变”改革形势持续向好。“一林一技”、林业科技特派员持续跟踪技术指导服务，活绿成效明显提升。

■ 畜牧业

【生猪稳产保供】 2021年，利辛县生猪存栏55.2万头，能繁母猪存栏6.25万头，生猪累计出栏85.32万头。有畜禽规模养殖场728家，规模养殖比重达到87%，畜产品总产量达15.43万吨，畜牧业总产值达81亿元。稻渔共作面积1.5万亩，水产品总产量达0.8万吨，总产值达1.2亿元。

【畜禽粪污资源化利用】 2021年，利辛县实施畜禽粪污资源化利用整县推进项目。该项目是2019年申报，2020年1月完成“一场一策”第三方服务公司招标，2021年完成项目验收审计。2021年，全县386家养殖场（36家养殖场自愿放弃补贴）及3个有机肥处理中心粪污资源化改造项目基本能满足生产需求，符合条件，奖补资金全部打卡发放到位。根据《安徽省农业农村厅办公室关于印发2021年度省财政畜禽粪污资源化利用和商品有机肥推广利用项目实施方案的通知》（皖农办牧函〔2021〕223号）精神，县畜牧中心积极开展肥水管网进田工作，挑选出29家年出栏2000头以上且基础建设条件好，养殖场主积极性高的规模养殖场作为此项目实施主体。邀请安徽省农业科学院专家团队对实施肥水管网进田的规模养殖场进行“一场一策”设计和技术指导。2021年底，28家主体工程全部竣工，20%的预拨资金打卡到位。

■ 水利

【水利工程项目建设】 2021年，利辛县积极践行节水优先、空间均衡、系统治理、两手发力的治水方针，围绕“水利工程补短板、水利行业强监管”的工作要求，加快推进全县水利工程项目建设。完成阜蒙河治理三期工程后续工程，实施生态护坡工程，新建阜蒙河生态护坡0.6千米、驻马沟生态护坡280米。实施北凤沟中小河流治理工程，计划疏浚北凤沟河道长度17.23千米，加固北凤沟堤防长度14.33千米，疏浚支沟8条，新建涵闸6座，配套桥梁19座。河道治理完成20千米，建筑物全部进场开工，完成投资2700万元。实施城区生态水网工程，计划疏浚龙吟河上段马闫沟3.3千米，新建涵闸2座、抽水泵站1座、桥梁3座，12月底开工建设。完成基础产业配套水利工程建设。更新改造涵闸、泵站8座，加固涵闸15座、桥梁3座。完成茨淮新河灌区续建配套与节水改造骨干工程郑沟站建设。装机4台714千瓦，改善灌溉面积2.5万亩，排涝面积23.9平方千米。

【防汛减灾】 2021年，利辛县切实增强做好防汛工作的责任感和紧迫感，坚决克服麻痹思想和侥幸心理，及早部署，提前准备，防汛各项准备工作有条不紊地展开，各项防汛抗旱工作扎实有效。汛前，水利局组织15名技术人员成立检查组，对23处国有排灌站、26处乡镇管理排涝站、133座中小型涵闸和堤防工程进行排查。共排查出堤防开口工程5处，施工围堰2处，按照要求建立问题清单、整改措施、明确责任人，5月初全部完成整改工作，确保工程安全度汛。

【“河长制”工作】 2021年，利辛县要求各级河长严格按照《利辛县全面推行河长制河长巡查制度》的要求，运用“河长通”APP开展巡河。1—11月份，各级河长巡河20673次，其中县级河长巡河26次，乡级河长巡河2555次，村级河长巡河18092次，巡河排查APP上传问题3346个，整改问题3037个。开展清河行动。坚持水岸同治、标本兼治、全民共治的目标，对河道“四乱”现象进行集中整治，集中整治河道问题641个。做好城乡水面保洁工作。按照城乡环卫一体化的要求，在做好西淝河、茨淮新河等七条主要河道河面保洁工作的基础上，全面做好乡镇中小河流水面保洁工作，保障西淝河主要支流河道常态化保洁，确保水面干净，水质安全；完成省级幸福河湖建设，2021年10月通过市级初验，2021年11月9日通过省级校验。

【水资源管理】 2021年，利辛县水土保持费用征收入库55条，入库金额430.08万元。做好行政许可工作，共计办理取水许可47家。100%完成水利部、省水利厅反馈水土保持图斑整改问题。加大水资源费征收力度，做到应收尽收，全年征收481.5万元。完成市下达节水型企业创建任务，创建节水企业2家，节水企业水平衡测试已送审。开展水行政执法工作，河道巡河出动船只144次、人员576次，巡河5760千米；陆地巡河出动车辆72次、人员288次，巡河4320千米。发现水事违法案件7起，共计罚款2.80万元。开展自备井封闭工作，全年共计封闭13眼井。

【农村饮水安全】 2021年，利辛县持续加强农村饮水安全监管，对农村饮水厂开展每月不少于1次巡检，保障农村饮水安全。对巡查发现的问题进行报告及核查，及时掌握全县农村饮水安全工作。

2021年，利辛县大力推进乡村振兴，开展碧水行动等环境整治工作，乡村面貌不断改善　（县农业农村局/供）

工　业

综述

利辛经济开发区位于宁洛高速利辛北出入口西侧，园区占地约9平方千米
（县经开区管委会/供）

【概况】 2021年，利辛县工业增加值同比增长16.3%。工业园区新进规模企业20家。全县获批市级专精特新企业6家，获批省级企业技术中心1家，获批省级工业设计中心1家。开展"两化"融合管理体系贯标试点企业申报6家。开展中小企业培育专项行动，新入库成长型中小企业15家。全年全县工业投资累计增长50%。2021年，全县技改投资累计增长51.6%，获批安徽省新产品4个，获批安徽工业精品1家，获批省级绿色工厂1家。利辛县承办安徽省工业设计大赛2个专项赛。全县企业登云签约11家，开展企业人才培训11场410人。2021年，利辛县围绕轻纺服饰、食品加工、汽车装备制造、能源及新型建材四大产业，新培育企业14家。管理部门为强化企业服务，利辛县经信局出台《关于持续深入开展"四送一服"强化服务企业工作的实施意见》《关于开展"四送一服"集中宣传月活动的通知》，落实全员包保联系企业，全年走访企业510家（次），解决问题24个。

【经济指标稳定增长】 2021年，利辛县园区共有规模以上工业企业78家。规上工业总产值86.23亿元，同比增长10.63%；规上工业增加值18.45亿元，同比增长10.48%。固定资产投资36.08亿元，同比增长30.8%。其中，工业投资13.16亿元，同比增长55.7%。

【项目建设】 2021年，利辛县按照"签约项目早落地、落地项目早开工、开工项目快建设、建成项目早投产、投产项目早达产"要求，坚持每周二、周四"集中办公＋现场调度"工作法，进一步凝聚县直单位服务工业经济的合力，提高服务效率。针对新供地企业，做到"项目不过夜""拿地即开工"，进一步缩短审批流程。全年召开招商研判会11次，通过工业项目61个，其中亿元以上项目34个；召开工业项目规委会12次，研究通过32个项目的规划设计方案（含修改方案）。2021年，经开区共有在建项目55个，其中新开工项目20个，续建项目35个，计划总投资近74.58亿元。积极实施"标准地"出让工作，按"标准地"模式共出让土地14宗547.6亩。灵活采用"破产重组、二次投资、依法收回、股权转让、代建代租”等模式，对症下药，有效盘活闲置资源。协同县自然资源和规划局、县法院、县经侦大队、县税务局等11家单位先后召开闲置低效用地企业专题研究会议8次，集中或分散约谈企业负责人14次，盘活“僵尸”企业14家，清理低效闲置土地683亩，追回资金2680万元。

【优化营商环境】 2021年，利辛县秉承“墙头外的事包办，墙头内的事帮办，随叫随到，不叫不到，服务周到，说到做到”的原则，常态化开展“四送一服”工作，帮助企业协调解决建设发展中出现的问题。全年共走访企业300余家次，现场协调解决问题200余个；完成“四送一服”平台交办问题49条，办结率和满意度均达100%。有序开展经开区赋权工作，有效承接县自然资源和规划局、县住建局等5个部门涉及审批、办证的54项下放权力，抽调6名专职全程代办人员进行系统培训，打造经开区工业项目签约后，所有手续全程代办帮办团队。帮办土地不动产权证15宗，开展放（验）线活动68次，代办用地规划许可证和工程规划许可证36项，彻底解决企业建设过程中依赖第三方办理的不满意现象。多次召开企业家座谈会，了解企业所急所盼，始终坚持企业反映问题清单制，加强调度，按时逐个销号。积极引导企业增强“亩均论英雄”观念和履约精神，推动园区高质量发展。打造优惠政策兑现“免申即享”平台。成功上线经开区“免申即享”模块，让政策兑现实现真正的零“门槛”、零距离。搭建银企和校企对接平台，帮助企业解决融资难和用工难问题。

■ 经济开发区

【概况】 利辛工业园于2003年5月19日经亳州市政府批准设立，2006年2月经安徽省人民政府批准设立为省级开发区，2014年11月更名为安徽利辛经济开发区。截至2021年底，园区占地约9平方千米，入驻工业企业360家。2021年，利辛县全面落实上级有关部署要求，统筹做好疫情防控和复工复产，做到疫情防控和复工复产两手抓、两不误。深入实施工业强县战略，全力推进轻纺服饰、能源、食品加工、装备制造等产业发展，积极引导传统产业转型升级，统筹做好稳增长、调结构、促转型、强创新各项工作，全县工业经济保持了稳中有进、稳中向好的发展态势。2021年，全县续存规上工业企业105家，工业增加值同比增长16.3%；工业投资同比增长50%，技改投资同比增长51.6%。

【助力企业提质】 推进“两化”融合，提升中小微企业信息化水平。晖翔塑业、杰达纺织、婉约纺织、鸿坤美思家具、金宜食品、万礼食品、犸尚食品、乐盛纸制品、鸿瑞祥织造、图革家居、春禾粘胶制品11家企业开展“企业登云”认定；兰奇织造、兰飞化纤、九州天极、艾可舒医疗、信义新能源、伯希和6家企业开展国家“两化”融合管理体系标准评定。

【加强品牌建设】 大力实施增品种、提品质、创品牌“三品”战略，组织实施一批质量攻关项目，提升重点工业产品质量水平。伯希和、京威纺织、阳光药业、和邦纺织获批消费品工业“三品”示范企业，凯盛汽车、翰联色纺获批2021年安徽省新产品（第四批），骄阳软门获批2021年安徽工业精品。推动绿色发展，舒香食品获批省级绿色工厂。

【强化技术创新】 积极开展企业技术中心培育工作，鼓励企业积极申报国家级、省级制造业创新中心，以及国家、省、市级企业技术中心、工业设计中心。天润建工获批省级企业技术中心。

利辛县金凤凰纺织产业园由安徽省金凤凰纺织科技发展有限公司全额投资建设，项目总投资5亿元人民币，总体规划用地为300亩，可容纳5000台喷水织机（县经开区管委会/供）

和邦纺织、艾可舒获批省级工业设计中心。兰飞化纤获批2021年省级数字化车间。积极培育申报安徽省服务型制造示范企业。安徽京威纺织服饰有限公司获批2021年第四批省级服务型制造示范企业，翰联色纺获批省第七批信息消费体验中心。支持安徽骄阳软门有限公司和亳州市艾可舒医疗科技有限公司举办安徽省工业设计大赛专项赛，有效提升全县工业产品的知名度。加强企业人才队伍建设，实施企业经营管理人才素质提升工程，积极开展培训工作，先后举办培训7场410人次。

【加大企业培育力度】 开展“个转企、小升规、规挂牌”培育，建立拟入规企业培育库，指导企业做好入规申报工作。2021年，新进规上企业20家。按照“众创业、个升企、企入规、规上市”和育龙头、聚集群路径，加快企业提档升级，培育一批“专精特新”企业、专业化“小巨人”企业。2021年，获批市级“专精特新”企业6家、省级专精特新企业1家、工信部专精特新“小巨人”企业1家，“专精特新”重点“小巨人”企业1家。全县共有市级专精特新企业6家，省级专精特新企业18家，工信部专精特新“小巨人”2家。开展中小企业培育专项行动，培育新入库成长型中小企业。培育入库企业16家：杰达纺织、鼎基桥梁、凯亚家具、泉鑫建材、润馨纺织、健翔食品、鸿沣新材料、跃腾工艺、东恒鞋业、巨创化纤、伟恒工艺、博泽服饰、君瀚纺织、利丰面业、润天纺织、慕达斯。围绕四大产业，新培育企业14家：杰达纺织、锦丰纺织、鹏耀纺织、新琛纺织、润天纺织、禾丰食品、健翔食品、高康食品、传旗重科、泉鑫建材、三星商砼、传旗重科、四叶花、皖能发电。

【推进项目建设】 利辛县经信局以重大工业项目投资计划摸排表、统计部门在统项目和已备案未入库为抓手，细化目标、明确责任，定期开展督办检查，督促工业项目有序实施。2021年，全县新备案技改项目14个，总投资3.47亿元。认真研究国家、省、市促进工业发展政策，指导企业积极谋划、申报省市工业发展专项资金项目，做好县工业发展专项资金工作。推荐申报2021年市工业发展专项资金项目99项、1496.93万元，获批2021年制造强省建设政策奖补项目、省中小企业（民营经济）政策奖补项目、工业互联网发展政策奖补项目8项、841万元。

【做好安全生产、环境保护工作】 2021年，利辛县按照安全生产专项整治三年行动攻坚阶段工作要求，进一步压实企业主体责任，促进安全生产形势持续稳定。结合岁末年初安全大检查、冬春火灾防控、“小火亡人”专项治理、消防安全大检查、安全生产月、消防宣传月及各重要时间节点专项活动，开展隐患排查治理。2021年，共检查企业112家，排查隐患485条，全部督促整改。联合县消防救援大队、经开区管委会、市场监管局等单位组织消防培训、疏散逃生演练4场，90余家（次）企业，220余人次企业负责人、安全管理人员参加培训和演练。为确保全县空气污染得到有效控制，空气质量逐步改善，按照窑厂转产文件要求，全县拆除砖瓦窑厂6家，3家长期停产。按照《亳州市经济和信息化局、亳州市生态环境局关于亳州市2021—2022年秋冬季砖瓦窑厂调整生产计划的通知》要求，督促全县窑厂进行轮转作业。按照中央环保督察及“回头看”要求，扎实推进砖瓦窑厂环保整治工作，落实包保责任制，针对历次信访反映问题及交办件，重新梳理、核验、查改情况，严防问题反弹。

【提升服务水平】　利辛县经信局按照市“企业服务年”要求，出台《利辛县经信局关于持续深入开展“四送一服”强化服务企业工作的实施意见》《利辛县经信局关于开展“四送一服”集中宣传月活动的通知》，落实全员包保联系企业，深入企业督促疫情防控，宣传中央和省市县支持工业发展及减负政策，开展工业经济大调研，及时了解掌握经济运行、技术进步、节能减排、中小企业发展等方面情况，“一企一策，一企多策”地解决企业发展中的难题，进一步优化企业发展环境。2021年，共走访企业510家（次），解决问题24个。

【防疫物资保障】　园区根据疫情防控工作需要，建立以政府采购、企业代储、社会捐赠相结合的疫情物资保障体系。通过政府采购、企业代储和社会捐赠物资：普通口罩236万只、医用口罩10万只、医用N95口罩1万只、医用防护服5000套、医用隔离面罩1020个、医用隔离衣2000套、额温计1500个、核酸检测试剂盒8000个；额温枪1000支、护目镜3000副、高浓度酒精5吨、防护服3000套。

■ 重点企业选介

【安徽君翰纺织科技有限公司】
安徽君翰纺织科技有限公司系盘活原“僵尸”企业华鲁酒业重新组建的一家企业，公司成立于2020年6月，占地217亩，总投资5.18亿元，一期建设投资3亿元，二期投资2.18亿元。由上海华翔羊毛衫有限公司和安徽翰联色纺股份有限公司共同投资建设，主要从事高档针织服装研发、打样、生产和销售，产品在供应国内市场的同时，出口数十个国家与地区，长期为Burberry、ANN、A&F、H&M等欧美国际知名品牌提供优质货源。公司选用国内外最先进的生产设备、织造工艺、纺纱工艺，生产过程实现智能化、自动化、信息化、高速度、高产量、高质量。在织造、纺纱的各个工序使

县经济开发区企业君翰纺织科技有限公司工人正在进行服装加工
（县经开区管委会/供）

用在线智能检测、自动调节等机器视觉识别技术，实现设备工艺参数、运转数据、设备耗能等综合信息自动分析、故障自诊、报警处理、实时反馈等功能。采用的电脑横机、紧密纺新型纺纱技术具有世界先进水平，成纱主要质量指标达到乌斯特公报（2013版）国际先进水平。项目年产1200万件针织服装、5000吨聚乳酸基纤维纱，实现营业收入8.87亿元，年上缴税收达5700万元，提供就业2000余人。安徽君翰纺织科技有限公司作为承接长三角纺织产业转移示范企业，对同行上、下游关联企业落地利辛产生积极影响，带动一批轻纺企业来利辛投资兴业，促进本地区纺织上、下游行业，如纺纱、针织、物流等相关行业快速发展。

利辛经济开发区纺织企业生产车间　　（县经开区管委会/供）

【利辛县明峰纺织科技有限公司】利辛县明峰纺织科技有限公司始建于2020年3月，占地82.5亩，总投资2.6亿元，其中固定资产投资2.3亿元，建筑面积56000平方米。公司拥有国内高端喷水织机860台（套），整浆并生产线2套，主要从事高级羽绒服内衬及外面料加工，其生产的几种特色产品涤塔夫、春亚纺、高弹等性能在业内领先，主要为波司登、雅鹿、阿迪、耐克等提供原材料。公司采用国内纺织行业最先进的生产技术，基本实现智能化、自动化、信息化，每人可同时操作40台机器，大大降低人力资源成本。全年可生产高级面料布及内衬布6000万米，年销售收入2亿元，年纳税总额达1200万元，解决就业岗位150个。明峰纺织作为长三角产业转移排头兵，成功带动19家长三角纺织企业落地利辛，其中吴江产业园一期企业12家，占地410亩；二期企业7家，占地306.8亩，共引进喷水织机4300台，电脑横机2000余台，新添加整浆并智能流水线3条（明峰纺织2条，新琛纺织1条），填补了皖北地区纺织链条中整浆并这一空白，进一步带动利辛轻纺服饰产业上下游配套产业的发展，大大提升全县轻纺服饰产业的链条完整度、产业集群度。

商　贸

综述

【概况】　2021年，利辛县积极发展商务经济。加强业务培训。组织开展限上统计业务知识培训，以新入库企业为重点，进一步规范企业统计员数据填报工作，确保数据精准入统。组织企业参加第130届广交会、第31届华交会、第八届中国国际技术进出口交易会等展会，开办《区域全面经济伙伴关系协定》RCEP专题培训班等各类政策业务培训。全面做好走访服务工作。对全县重点商贸企业实行包保，每季度走访了解限上商贸经济发展情况，及时掌握全县经济运行动态。按照“一企一策”的办法，帮助解决企业经营中遇到的困难和问题。结合“四送一服”开展日常走访活动，向企业做好最新外贸政策的宣传，为企业提供一对一精准服务。利用微信群，将省、市、县相关政策、展会、业务培训等信息及时传递给企业，并促成企业之间信息互通。积极培育限上商贸企业。摸排限上商贸企业，重点摸排稳定、优质且发展前景好的企业，不断扩大限上企业基数。全年摸排商贸企业30家、工业企业10家、个体工商户20家，符合条件将纳入2022年度限上企业库。

【商贸体系平稳运行】　内贸工作有序开展，外贸进出口增速企稳回升，电商公共服务功能巩固提升。完善城乡市场体系建设，加快市场主体培育，保障市场供给，确保商贸企业安全运行。强力保障限上商业政企直通车平台运行正常，做到专人负责，及时办理投诉问题，全年受理投诉54余件，全年100%办结。做好商贸行业常态化疫情防控工作。按照疫情防控工作部署，成立领导小组，印发商超、农贸市场疫情防控指南5000份，抽专人包保指导城区11家大型商场超市、11家快递企业和2个农贸市场等做好常态化疫情防控工作。

国内贸易

【内贸流通】　2021年，利辛县社会消费品零售总额249亿元，增长19.9%。全县在库限上商贸企业共149家，法人企业53家，个体工商户96家。

【城乡市场体系建设】　2021年，利辛县继续开展“两中心、一连锁”项目建设，动员有实力的商贸企业开展商贸中心、配送中心、连锁直营店建设。利辛粮厦、美韵发超市、美惠佳超市等商贸企业发展便利店10家。完成（粮厦）1家乡镇商贸中心改建任务。加快市场主体培育。对扬天汽贸城、皖北商城、金汇装饰城、徽商大市场进行规范管理，特色打造，加大元力购物广场商业综合体运营力度。

【保障市场供给】　2021年，利辛县认真开展市场实时监测，及时掌握市场需求动态；指导全县各大型超市和商贸流通企业做好商品备货及供应工作，全力保障生活必需品市场稳定；强化市场监督，规范市场交易；加大巡查力度，做好行业安全风险防范和隐患排查整改，强化商务行业安全生产管理。限上商业政企直通车平台运行正常。限上商业政企直通车平台做到专人负责，及时办理投诉问题，全年共受理投诉

54余件，全部办结。完善全县成品油供应网络体系建设，全县新建改建15座加油站（点）。

对外经济贸易

【外贸进出口】 2021年，利辛县实现进出口总额3652.86万美元。新增备案实绩出口企业7家。全年完成利用外商直接投资5009万美元，投资企业是安徽邦泰集团。

【外贸经营主体培育】 2021年，利辛县纺织服饰行业以骄阳、富亚、亿隆、翰联等龙头企业为主，出口企业总体交易额超三分之一。家居用品行业，以鸿坤美思、枫邦家居、凯亚为行业代表，2021年，鸿坤美思家具公司出口800万美元以上。宏祥工业、凯盛汽车等汽车制造、改装行业占有三分之一进出口交易额。

电子商务

【电商孵化】 2021年，利辛县加强电商公共服务中心在业务咨询、策划运营、人员培训、电商孵化、产品展示等方面的服务功能，为小微电商企业入驻提供减免房租等优惠政策，中心累计入驻和孵化电商企业70余家。进一步完善农村快递物流体系建设，配合县邮政管理和交通运输等部门持续推动电商快递协同发展。加强村级电商服务网点运营管理，实现农产品供销信息统计、本地特色农产品收购以及为村民代购代销功能，方便群众生活，增加农户收入。全县现有农村电商服务网点145个，综合点61个，便民点84个。新增电商经营主体181家，完成电商培训2043人次；培育电商示范镇2个（汝集镇和巩店镇），电商示范村8个。积极培育限上商贸企业。摸排限上商贸企业，重点摸排稳定、优质且发展前景好的企业，不断扩大限上企业基数。对摸排的30家（企业10家，个体户20家）商贸企业，将纳入2022年度限上企业库。2021年，全县电商交易额31.44亿元，同比增长7%；上行农村产品网销额16.25亿元，同比增长8%。其中，农产品网销额13.84亿元，同比增长703%。

【业务指导培训】 2021年，利辛县组织开展限上统计业务知识培训，以新入库企业为重点，进一步规范企业统计员数据填报工作，确保数据精准入统。组织企业参加第129届和第130届广交会、第31届华交会、第八届中国国际技术进出口交易会等展会和《区域全面经济伙伴关系协定》RCEP专题培训班等各类政策业务培训。对全县重点商贸企业实行包保，每季度走访了解限上商贸经济发展情况，及时掌握全县经济运行动态。按照“一企一策”的办法，帮助解决企业经营中遇到的困难和问题。结合“四送一服”开展日常走访活动，向企业宣传最新外贸政策，为企业提供“一对一”精准服务。同时，利用微信群，将省、市、县相关政策、展会、业务培训等信息及时传递给企业，并促成企业之间信息互通。

重点项目建设

【农贸市场建设】 2021年，利辛县规划建设农贸市场4座，分别是前进路农贸市场、文竹园农贸市场、科技路农贸市场、文州路北建设路东（上上美食城原址）农贸市场。

【加油站点新建改建】 2021年，利辛县新建8座加油站，分别是中石油诚信路加油站、城投加油站、中石油巩店加油站、张村小李集加油站、江集平运加油站、中石化子胥大道加油站、中石油淝河路加油站、城投（孙庙加油站）。改建7座加油站，分别是张村周靖加油站、陶集陶然加油站、中石化行万里加油站、中石化双桥加油站、中石化利辛加油站（国税局对面）、中石化阚疃加油站、蒋疃刘超加油站。

【世界制造业大会签约项目】2021年，世界制造业大会签约项目企业8家，均为民营企业，计划总投资28.3亿元。分别是：年产100万支医疗器械、300万盒保健品项目；辽宁禾丰牧业股份有限公司年屠宰100万头生猪及12万吨肉制品深加工与冷链物流产业化建设项目；安徽君翰纺织科技有限公司年产1200万件针织服装、5000吨聚乳酸基纤维纱项目；安徽四叶花环境技术有限公司年产10000台环卫机具生产线项目；安徽鼎利绿色建材科技有限公司年产120万立方米蒸压加气混凝土砌块、1.5亿块蒸压砖及100万立方米一体板生产线建设项目；安徽荣龙管业科技有限公司年产1亿平方米纺织品生产项目；上海良延环保科技发展有限公司投资1.5亿元，建设建筑垃圾处理与资源化利用项目；广信诚国际贸易通有限公司投资2.6亿元，建设年产2万套军工产品、专用车辆及环卫器具项目。世界制造业大会签约项目还有：2019年，签约项目企业3家。合同引资总计17.4亿元，资金到位率39.1%。注册率和开工率66%。其中，广东省东莞市瀚辉石墨有限公司投资5亿元的石墨和石英制品生产项目建成，正在安装设备。江苏无锡武飞纳米塑胶有限公司投资1.8亿元的纳米墙板生产项目各项建设完工，并投入生产。安徽银峰工业投资有限公司智能终端电子生产项目投资资金链断裂，该项目土地摘牌。2020年，签约项目企业6家。其中央企项目2个，民企项目4个，合同共引资总计21.94亿元。资金到位率70%，注册率100%，开工率100%。其中，利辛德清源农业科技公司建设的金鸡产业建设项目竣工；5个项目建设中，分别是：安徽传旗重科装备制造有限公司投资的新能源环卫装备产业园建设项目、安徽慕达斯光电科技有限公司建设的光电生产项目、安徽巨创化纤材料有限公司投资建设的化纤生产项目、安徽亿捷环保科技有限公司投资的亿捷环保科技生产项目、利辛县西潘楼货场扩建项目。

供销合作经济

【概况】 2021年，利辛县供销合作全系统累计实现商品购进总额40.2亿元，同比增长9.8%；商品销售总额44.2亿元，同比增长9.1%；资产总额8.6亿元，所有者权益3.5亿元，利润总额3562万元；社会贡献总额29.2亿元。

【综合改革】 2021年，利辛县供销社深入进行综合改革，力推基层组织提质扩面，因地制宜推进基层社改造新建，健全治理结构，盘活闲置资产，化解历史包袱，解决发展问题，补齐发展短板。通过“供销社+”模式，深入推动村社共建，高标准建设张村孟寨村合作社有限公司等，不断提升基层组织服务功能。完成年度深化改革工作目标任务，新建、改建基层社3家；新建、改建为农服务中心2家；新增土地托管等农业社会化服务面积2万亩；新建、改建农村综合服务社10家。

【“新网工程”建设】 2021年，利辛县供销社逐步完善县机关主导的行业指导体系和社有企业支撑的经营服务体系，构建以供销系统为依托、上下贯通、规范运行的新型为农服务合作经济组织体系，不断增强供销社可持续发展能力。县光华供销合作社有限公司冬枣种植基地项目、小李集供销合作社有限公司连栋日光蔬菜大棚建设项目，发展绿色蔬菜等优质农产品生产，服务乡村振兴战略，推进产业融合发展，打造利辛县供销系统现代农业生产的新标杆。

烟草专卖管理

【概况】 利辛县烟草专卖局成立于1983年，2000年7月1日正式归属亳州市烟草专卖局（公司）

管辖。2001年9月1日起取消县局级法人资格。2021年，实现卷烟销售2.8万箱，同比增幅0.5%；实现销售收入9.3亿元，同比增幅5.3%；销售毛利2.4亿元，同比增幅6.3%；单条均价132.3元，同比增幅4.6%。上缴地方税收3402万元。2021年，查处各类涉烟违规案件482起，查获各类违规卷烟21284.8条，案值441.2万元，罚没款44.1万元，立案389起，结案391起，刑拘9人、逮捕8人，判刑1人。2021年，利辛县烟草专卖局获得省级荣誉9个、市级荣誉35个、县级荣誉8个，各项工作扎实推进，在全市系统响亮发出“利烟声音”。

【专卖管理】 2021年，利辛县烟草专卖局深化打假联席机制，全年破获二级国标网络案件1起、省标网络案件2起。强化市场监管，与卷烟打假协作单位不定期开展联合、错时检查，全年相继开展“云网”2021、“五一”市场治理、“守护成长”等专项行动。狠抓卷烟非法流通治理，充分发挥“信息情报员”作用，打造“立体化”卷烟外流防护网。全年查处非法收购卷烟案件11起，移送公安机关立案2起，查获涉案卷烟31.644万支。强化大户监督管理，及时清查辖区无证经营户。与协作单位加大对中小学、幼儿园周边和电子烟市场监管力度，保障未成年人身心健康。修订落实《烟草制品零售点合理布局方案》，全面推行“5日办证、5日可订货”新型卷烟零售许可证服务模式。开展“送法到基层”“3·15”等系列普法活动，切实做到学法、守法、用法。

【卷烟营销】 2021年，利辛县烟草专卖局持续开展雪茄营销活动。新建5户王冠雪茄吧，安装18户“红脸谱”店招，建成40户雪茄终端，多维度建立雪茄消费渠道。持续推进终端建设，新建星级终端268户、合作终端10户、农村示范终端8户，新型E客终端1户，增强农网终端软实力，助力乡村振兴。持续优化客户服务，调整优化送货线路，开展“优质示范线路”评比，持续提升营销服务质量。

财政 税务

财政

【概况】 2021年，利辛县坚持以习近平新时代中国特色社会主义思想为指导，调整优化支出结构，大力压减一般性支出，落实“六稳”“六保”任务，坚持兜住民生底线，全县财政收入实现稳中有升，为全县经济社会发展提供坚实的财政保障。财政收支平稳运行。全年一般公共预算收入完成18.0073亿元（其中税收收入12.6564亿元，非税收入5.3509亿元），完成全年预算收入任务数（18亿万元）的100%，同比增长13.21%。一般公共财政预算支出66.5215亿元，其中：教育等13类民生支出578936万元，较上年同期（55.0824亿元）支出增长5.1%。服务经济发展。落实国家金融支持小微企业政策，县财政向信宜达担保公司注资0.140253亿元，提高县担保公司担保能力。支持企业发展，拨付企业挂牌奖励资金0.025亿元、翰联色纺公司贷款贴息0.074亿元、城投光伏贷款本息0.6347亿元；累计发放财政过桥资金5.35亿元，周转次数16.96次，扶持企业474家。推进城乡协调发展，拨付城市棚户区改造资金0.7777亿元、老旧小区改造资金7.1967亿元、农村饮水安全巩固提升项目资金0.8884亿元，拨付地表水厂建设资金0.4亿元、乡镇污水管网三期建设资金0.5亿元、城市道路资金0.2905亿元、地下管网改造资金0.3亿元、中水提升资金0.5亿元。安排本级预算资金2.66203亿元，主要用于环卫一体化0.739298亿元、道路护栏更新0.3846亿元、城建尾款0.568089亿元、农饮除氟0.06亿元等。

【保障基本民生】 2021年，利辛县一般公共财政预算支出66.87亿元，其中：教育等13类民生支出58.24亿元，占全年支出87.09%。32项民生工程计划投入资金46.23亿元，实际拨付45.75亿元，占计划投入资金的98.96%，全部按时完成年度目标任务。拨付省级以上专项资金0.9153亿元，支持实施紧密型医共体建设；安排非标债及抗疫特别国债0.5387亿元，用于县级公立医院基础建设及设备购置。投入0.3278亿元，用于疫情防控和疫苗接种工作，支持全县常态化疫情防控工作开展。

2021年3月，利辛财政局利用逢古会人多面广的有利时机，组织县直各民生工程牵头单位，大力宣传民生工程惠民政策 （县财政局/供）

【支持乡村振兴】 2021年，利辛县安排巩固拓展脱贫攻坚成果与乡村振兴有效衔接补助资金6.37亿元（其中：中央财政1.39亿元、省级1.09亿元、市级2.19亿元、县级1.7亿元），主要用于产业发展3.58亿元、基础设施建设2.5亿元、教育扶贫0.1101亿元、金融扶贫0.12亿元。投入县级基本财力保障机制奖补资金0.0992亿元和整合涉农资金0.035亿元，主要用于支持建设产业园区基础设施综合配套0.0872亿元、红色文化修缮项目0.012亿元和升级改造乡村道路项目0.035亿元。投入水利建设资金0.4299亿元、农田建设资金1.91亿元。拨付农业生产社会化服务资金0.1196亿元、小麦赤霉病防治资金0.1850亿元、现代农业奖补资金0.496093亿元。拨付秸秆收储及综合利用奖补资金0.4084亿元、农机购置补贴资金0.4553亿元、农业支持保护补贴资金1.65亿元、实际种粮农民一次性补贴0.39129亿元、稻谷目标价格补贴0.0049亿元。

【争取债券资金】 2021年，利辛县做好非标专项债、棚改债的申请入库和发行工作，成功入库5个非标债项目。全年发行专项债券资金17.26亿元，其中，发行非标专项债券资金13.74亿元，发行2个棚改项目专项债券资金3.52亿元。采取有效措施加快新增债券资金支出，截至2021年12月末，2019年新增债券资金支出完成100%，2020年新增债券资金支出完成93.56%，2021年新增债券资金支出完成65.95%。

【国有资产管理】 2021年，利辛县加强国有资产制度建设，印发《利辛县县属企业重大决策事项管理暂行办法》（利政办秘〔2021〕5号），出台《利辛县行政事业单位国有资产处置管理暂行办法》《关于县属企业领导班子成员办公用房标准的规定》。规范资产处置形式，对公车和房产处置采取竞价拍卖，汽车设备类处置收入0.006581亿元，房地产类收入0.0598亿元。印发《利辛县资产资源及收益规范管理工作实施方案》，组织人员清查国有资产资源及收益，经清查统计，国有资产共计61.46亿元。

【预算绩效管理】 2021年，利辛县先后出台《利辛县县级预算绩效管理办法》等9个文件，明确财政支出绩效评价工作的管理职责、预算绩效监控管理的对象和内容、绩效目标、绩效管理指标、评价标准和方法、组织管理、操作流程等相关要求，完善全过程预算绩效管理制度建设。按照“全面覆盖、突出重点、权责对等、约束有力，结果运用、及时纠偏”的原则，对县级预算部门2021年项目支出绩效运行情况进行全面自查自纠，对偏离绩效目标的项目分析原因，采取纠偏措施。县本级预算单位开展绩效自评项目共347个，金额22.78亿元，占编制绩效目标的本级项目金额90%。在预算单位自评的基础上，采取聘用第三方评价方式，对30个重点项目实施开展重点评价，涉及资金13.38亿元。选取县农业农村局、城市管理局和民政局3个单位实施部门整体绩效评价。

【其他工作】 2021年，利辛县开展惠民惠农财政补贴资金“一卡通”专项检查，对检查中发现的问题立行立改。出台《关于进一步加强利辛县惠农补贴资金“一卡通”管理发放工作的通知》（利财〔2021〕26号），巩固整改成果。全年通过惠农补贴“一卡通”系统发放补贴类资金19大类共计9.16亿元，惠及31.4万人（户）次。推进预算管理一体化建设，全县280个预算单位完成阶段工作任务，为2022年系统全面上线提供保障。全县“三公”经费支出0.161381亿元，同比下降3.6%，“三公”经费支出继续保持下降态势。落实“小金库”治理长效机制，全年完成内控制度检查20家单位，开展“小金库”检查20家单位，未发现“小金库”现象。

■ 税务

【概况】 2021年，利辛县税务部门在抓好税费收入主责主业的同时，积极应对新冠肺炎疫情对组织税费收入的影响，不折不扣落实减税降费政策，优化税收营商环境，服务“六稳”“六保”大局，对县域经济和社会发展做出积极贡献。为支持疫情防控和经济社会发展，税务部门持续拓展“非接触式”宣传辅导和办税缴费渠道，通过税企直联互通平台精准的为83192户次纳税人推送46次税费政策等各类宣传辅导信息，网办事项达97.2%、网上申报率99%以上，发票“非接触式”领用比例达99%。落实省局联合长三角4省市制定的办税缴费“最多跑一次”清单，税费服务事项一次办结比例提升至100%。

【税收收入】 2021年，利辛县完成各项税收收入23.28亿元（含海关代征增值税、消费税，未扣减出口退税），比上年增加0.51亿元，增长2.2%。其中，税务部门组织收入23亿元，增加0.53亿元，增长2.4%；办理出口退税0.28亿元，减少0.02亿元，减幅6.6%。2021年实现税收收入的15个税种中有9个税种有不同程度上升，其中土地增值税增势强劲，增值税、个人所得税增长较好。土地增值税入库1.1657亿元，同比增收0.3929亿元，同比增长50.8%；增值税入库10.4938亿元，同比增收0.2875亿元，同比增长2.8%；个人所得税入库0.6109亿元，同比增收0.1472亿元，同比增长31.7%。单税种收入上亿元的有增值税、企业所得税、土地增值税、契税和车辆购置税，五大税种合计入库19.7985亿元，占税收总收入的85.1%。分行业看，房地产业入库6.1703亿元，2020年同期为5.8151亿元，同比增收0.3552亿元，增幅6.1%。制造业入库4.0702亿元，2020年同期为4.0794亿元，同比减收0.0092亿元，减幅0.2%。金融业入库2.8466亿元，2020年同期为2.47亿元，同比增收0.3766亿元，增幅15.2%。电力热力燃气及水的生产和供应业入库2.6943亿元，2020年同期为2.9419亿元，同比减收0.2476亿元，减幅8.4%。

【社会保险费】 2021年，利辛县征收社会保险费12.78亿元，比上年增收0.22亿元，增长1.78%。其中，企业职工基本养老保险费3.15亿元，增收-0.09亿元，下降2.83%；城乡居民基本养老保险费1.58亿元，增收0.32亿元，增长25.67%；机关事业单位基本养老保险费2.78亿元，增收0.3亿元，增长12.23%；职工基本医疗保险费3.71亿元，增收2.34亿元，增长170.79%；城乡居民基本医疗保险费0.27亿元，增收-3.26亿元，下降92.23%；失业保险费0.52亿

2021年9月21日，县税务局开展纳税信用宣传月活动，活动主题是“加快信用体系建设、助推营商环境改善，以法规建、以用促建、信用利辛、惠及你我”
（胡屹东/摄）

2021年5月，县税务局组织青年党员走进包保企业，送政策，送红利，帮助企业解决生产经营和纳税申报中遇到的问题，切实为纳税人办实事

（于秀娟 胡屹东/摄）

元，增收0.46亿元，增长811.86%；工伤保险费0.0897亿元，增收0.02亿元，增长32.12%；生育保险费0元；其他社会保险费0.68亿元，增收0.13亿元，增长22.78%。

【非税收收入】 2021年，利辛县实现非税收收入11.64亿元，比上年增收10.9亿元，增长1472.3%。其中：教育费附加0.34亿元，增收0.02亿元，增长7.9%；地方教育费附加0.24亿元，增收0.02亿元，增长10.4%。残疾人就业保障金0.0038亿元，增收0.0004亿元，增长11.8%；文化事业建设费0元，增收-0.0012亿元，下降100%；水利建设基金0.24亿元，增收0.02亿元，下降10.4%；税务部门无罚没收入。

【税收法治】 2021年，利辛县全面落实行政执法“三项制度”，行政执法公示制度机制不断健全，执法行为过程信息全程记载，重大执法决定法制审核全覆盖。全年共计公示准予行政许可1980件，行政处罚1303件；梳理归档执法音像记录368条；重大执法决定法制审核21件。

【办税缴费服务】 2021年，利辛县税务部门全面落实“便民办税春风行动”，深化“放管服”改革，优化税收营商环境，进一步提高办税服务质效。纳税人年度纳税时间压缩至100小时以内、纳税次数减少至6次，基本实现企业办税缴费全部网上办理，个人办税缴费事项可全部掌上办理，主要限时办结业务平均办理时长比国家税务总局规定时限缩短35%。落实对全县A级纳税人的联合激励措施，推广“税信通”服务。2021年，利辛县享受政策激励34户；优先参加工商联企业负责人座谈培训会10户；优先给予财政奖补28户，金额0.22043亿元；为3户企业通过税信通贷款，共计0.04223亿元。

金　融

■ 综述

【概况】 2021年，利辛县银行业金融机构各项存款余额544.95亿元，较年初新增77.91亿元，同比增长14.30%，完成全年任务的155.82%；各项贷款余额427.49亿元，较年初新增76.64亿元，同比增长17.93%，完成全年任务的117.91%；全年存贷比78.45%，新增存贷比98.37%。信宜达融资担保公司累计担保贷款542笔、金额12.66亿元，完成全年任务的84.4%。众诚小额贷款公司累计发放贷款48笔、金额1.21亿元，完成全年任务的54.91%，期末贷款余额3670.9万元。2021年，全县办理“4321新型政银担”业务458笔，累计担保额8.30亿元，完成全年任务的83%，期末在保余额8.03亿元。全县“税融通”业务累计发放贷款3.80亿元，支持企业272家。全年累计发放财政过桥资金6.19亿元，过桥资金周转次数19.6次，扶持企业175家；通过“我要贷款”平台发放贷款9.94亿元，支持企业487家。2021年，组织全县部分企业参加省、市、县举办的各类资本市场培训8次，进一步提高企业参与资本市场的积极性，促进企业转型升级、做大做强。全年有19家企业在安徽省股权托管交易中心成功挂牌，其中科创板2家、农业板11家、医药板2家、文旅板4家。2021年，全县中小微企业贷款户数35697户，贷款余额101.39亿元；当年新增贷款户数570户，当年新增贷款余额3.57亿元，其中，首贷户数1606户；信用贷款金额9.58亿元，无还本续贷金额9.27亿元。农村承包土地经营权抵押贷款累计发放350笔，金额1.11亿元；“劝耕贷”累计发放贷款1.64亿元，贷款户数283户；发放“农信担”72笔，金额2218万元；“小微担”107笔，金额6672万元。

【金融运行稳定】 2021年，利辛县积极开展金融放贷领域扫黑除恶常态化斗争暨防范非法集资工作，印制《防范和处置非法集资条例》1000份发至各乡镇和金融机构，张贴在城乡主要街道、学校、医院、各金融机构营业网点以及村委会和社区办公地点等公共场所，进一步提高人民群众了解、防范和识别非法集资的能力。县地方金融监管局联合县市场监管等部门设立宣传台，集中开展防范非法集资宣传活动，现场发放宣传彩页800余张、宣传品1200余份，通过现场解答、以案说法等方式，进一步提升公众对集资诈骗等违法行为的甄别能力。坚持常态化开展金融风险排查和监测工作，组织相关单位在全县范围内开展专项检查和全面排查，从源头上遏制非法集资蔓延势头，守住不发生系统性金融风险的底线，维护全县良好的金融生态环境。

【“四送一服”活动】 2021年，利辛县坚持常态化开展“四送一服”活动，及时办理“四送一服”平台转办融资等事项34件，解决企业融资贷款5440万元。普惠小微贷款综合融资成本比上年普遍下降8个百分点。企业获得信贷的满意度比以前有较大幅度的提高，大力推动全县企业的发展，进一步创造良好的营商环境。

■ 金融管理

【概况】 2021年，中国人民银行利辛县支行充分激发干部职工活力，认真贯彻落实党中央、上级行党委各项工作部署，精准落实货币信贷政策，切实维护区域金融稳定，防范金融风险，促进地方经济金融良性互动发展。认真开展“优制度、强执行、防风险、促履职”制度完善活动，梳理并新增制度1条，废除制度1条，修订制度10条。继续保持打击电信网络诈骗高压态势，建立部门协作机制，持续开展“断卡”行动，从严管控开户，从严管控交易，从严联防联控。强化抓反假工作力度，与县委政法委、县总工会联合开展辖内银行系统反假货币知识竞赛活动，组织辖内银行机构广泛开展反假币工作宣传。推进国库信息化建设，实现跨省（市）电子异地缴税。持续强化反洗钱工作，全年开展反洗钱业务宣传6次，辖内各机构开展各类宣传培训活动33次。以反洗钱工作为抓手落实扫黑除恶专项斗争工作任务，会同县委政法委开展扫黑除恶及反洗钱工作推进会议及培训会，对辖内11家义务机构进行监管走访。

【金融服务实体经济】 2021年，中国人民银行利辛县支行认真执行稳健货币政策，加强多发协作形成合力，全年召开10余次专项信贷工作会议，实现信贷总量持续增长，全年存贷款增速连续多月居亳州市首位。年末，全县银行业金融机构各项存款余额545亿元，同比增长16.7%；各项贷款余额427.5亿元，同比增长21.8%。用足用好货币政策，压实金融机构服务实体经济责任，撬动优惠金融信贷资源集约投入，延续两项直达实体经济货币政策工具运用，惠及企业3448户，实现助企纾困解难。落实扶贫再贷款“过渡期”政策安排，加大对脱贫地区产业发展的信贷支持。年末，利辛县各类再贷款余额11.78亿元，其中扶贫再贷款6.21亿元，支小再贷款5.37亿元，支农再贷款0.2亿元。

【金融支持重点行业】 2021年，中国人民银行利辛县支行重点围绕金融支持稳企业保就业、普惠金融、绿色信贷、科技金融、金融支持乡村产业振兴等工作持续发力，开展金融支持稳企业保就业集中对接行动。组织金融机构先后开展板集电厂专项政银企对接活动、金融支持稳企业保就业暨绿色集中对接等多项对接活动，配合中支开展全县金融支持乡村振兴推进会，提升金融支持乡村振兴水平。其中，开展“农民丰收节”专题新型农业经营主体现场宣传和对接活动信息被中国金融教育发展基金会采用。

【防范化解金融风险】 2021年，中国人民银行利辛县支行将存款保险宣传及巡查列为年度重点工作任务，先后开展存款保险进校园、进社区及“农民丰收节”集中宣传等多项活动，实现辖内乡镇存款保险宣传覆盖率达100%。持续防范化解金融风险，做好风险监测评估，先后两次对利辛农商银行不良贷款处置情况进行调研，跟踪了解农商行不良贷款情况；开展全县银行机构企业不良贷款情况调研，维护辖区金融稳定。2021年末，利辛县不良贷款率为0.8%，同比下降0.14%，低于全市不良贷款率0.38%。

【金融消保】 2021年，中国人民银行利辛县支行持续开展金融消费者教育与金融知识普及活动，年内牵头组织开展多次金融知识综合宣传活动。针对客户对银行售卖保险理财产品出现投诉过多问题，组织召开金融机构专题会议，深入金融机构调研，化解和处理矛盾纠纷。切实发挥利辛县金融纠纷多元调解委员功能，全年接收调解案件123件，其中调解成功66件，有效提升人民群众金融获得感。

■ 金融机构选介

【中国农业发展银行利辛县支行】 2021年，利辛县农发行以服务乡村振兴为抓手，强化政策性金融“逆周期、当先导、补短板”职能，善于在挑战中抓住机遇，积极作为，全力支持利辛县巩固脱贫攻坚成果与乡村振兴有效衔接，全行业务实现跨越式发展。全年累放贷款22.14亿元，年末各项贷款余额56.78亿元，较年初增长18.89亿元，贷款增幅同比增长52%，超额完成省分行及县政府下达的目标责任考核任务。全年累计审批利辛县农村土地综合整治项目、利辛县尚居雅苑项目等中长期项目2个，金额合计14.05亿元。纳入省农发行项目库管理的项目4个，金额合计26.07亿元。其中，利辛县尚居馨苑安置房项目、利辛县智慧电商物流产业园项目完成现场调查评估。

全力保障国家粮食安全。2021年，利辛县农发行坚决落实国家粮食宏观调控政策，保障国家粮食安全，切实做好粮食收购资金供应与管理工作。做好政策性粮食库存监管。加强与粮食主管部门、中储粮、粮食收储企业沟通联系，做好县区内存量最低收购价、地方储备粮食监管，加快超期存放粮食出库。严格按照规定进行现场查库并利用远程监控做好政策性粮食的库存监管。全年累计投放地方储备贷款1300万元，完成5000吨县级储备小麦轮换工作。持续支持市场化收购。对县政府认定的市场化收购主体及时做好资格认定和评级授信工作。在贷款风险可控的情况下，利用市场化收购信用保证基金方式支持辖内优质国有粮食购销公司进行市场化粮食购销贸易经营，为深化国有粮食企业改革助力。全年累计投放市场化收购贷款7660万元，支持收购粮食23491吨。其中，定购贷模式1700万元，支持收购粮食5000吨。全年累计发放购销储贷款8960万元，支持收购粮食28491吨。

助力乡村振兴。2021年，利辛县农发行聚焦助力乡村振兴，强化政策性金融支农职能，主动担当，积极作为。全年累计完成利辛县城市基础设施建设PPP项目、金鸡扶贫计划工程、知行学校建设项目、2019年增减挂钩项目、2020年增减挂钩项目、2021年农村土地综合整治项目等6个项目的贷款投放工作，金额合计21.04亿元，同比增长37.52%。中长期贷款投放金额为历年之最，且全部为帮扶贷款，有力地支持利辛县农村经济社会发展和乡村振兴战略。

县农业发展银行工作人员现场调查评估利辛上居雅苑安置房项目
（县农业发展银行/供）

【中国工商银行股份有限公司利辛支行】 2021年，工商银行利辛支行坚持“服务地方经济、服务中小企业、服务广大市民”的市场定位，坚持“48字工作方针”的工作思路，结合国家产业政策相关要求及地方产业经济发展特点，持续推行“个人抵押经营贷款”“农保贷业务”“税务贷”“个人按揭贷款”“扶贫小额贷款”和等信贷产品，新推出个人消费抵押贷款，为县域经济的发展提供有力支撑。

业务主体指标。2021年，工商银行利辛支行各项存款余额172617万元，较年初增加4362万元。其中：储蓄存款余额达成123302万元，较年初增加4969万元；机构存款余额达成15197万元，较年初增加4230万元；公司存款余额达成12707万元；保证金余额达成21312万元，较年初增加16515万元。各项贷款投放力度增大：各项贷款余额190150万元，其中公司贷款余额达成22258万元，个人贷款余额达成167892万元。经营效益稳定：利息收入9966万元，较上年同期增加2562万元；中间业务收入264万元，较上年同期增加18万元；实现经营利润5561万元，较上年同期增加1065万元。内控外防取得成效：杜绝各类重大差错事故和案件的发生，全年安全无事故。

金融服务实体经济情况。2021年，工商银行利辛支行创新小微企业服务手段，支持一批小微企业发展。通过积极走访县政府、金融监管局、发改委、市场监管局、开发区管委会等单位，掌握利辛县经济基本情况、支柱产业以及规模以上企业经营状况。在风险可控的前提下，筛选一批优质客户，建立信贷合作关系，给予融资支持，累计发放小企业贷款6683万元。全年发放农保贷4825万元；发放扶贫小额贷款89万元。2021年，继续把支持利辛县房地产业发展放在突出位置，与13家房地产开发公司建立长期合作关系。全年累计发放住房按揭贷款51923.7万元，真真切切地为老百姓搭建购房融资平台。

【中国农业银行股份有限公司利辛县支行】 2021年，农业银行利辛县支行有员工126人，内设综合管理部、个人金融部、公司业务部，下辖12个营业网点。全行内控评价连续六年保持一类行，党风廉政建设考核连续六年全市排名第一，2021年全省20家乡村振兴重点帮扶县穿透式考核排名第二位，全省金融服务乡村振兴2021年行动计划排名第十位。

业务主体指标。2021年末，农业银行利辛县支行人民币各项存款余额93.54亿元，较年初增加10.07亿元。其中，个人存款余额79.84亿元，较年初增加8.65亿元；对公存款余额13.70亿元，较年初上升1.42亿元。各项贷款余额47.65亿元，较年初净增11.90亿元。其中，个人贷款余额32.52亿元，较年初增加8.73亿元；对公贷款余额15.13亿元，较年初增加3.17亿元。实现营业收入2.53亿元，净利润1.44亿元。

金融服务乡村振兴情况。2021年，农业银行利辛县支行为全县城镇化投放置换贷款0.69亿元，为利辛县人民医院、第二人民医院投放贷款0.32亿元，为利辛县板集电厂投放贷款2亿元，为国电投利辛风电项目投放贷款0.91亿元，为农业产业化龙头企业禾丰食品投放贷款0.43亿元。稳步推进金融服务实体经济，为恒盛实业、佳辉服饰、百盛源等带动贫困户脱贫致富的小微企业投放贷款9320万元；为71户小微企业办理线上贷款，累计发放5068万元。截至2021年末，全口径普惠贷款余额3.36亿元，较年初增加1.88亿元，增长率127%。全面服务县域三农。2021年，农业银行利辛县支行累计投放乡村振兴带头人贷款9.54亿元，余额3.42亿元，涉及行政村333个，覆盖率91.74%，切实解决农户在经营过程中的资金问题，打通农村金融服务“最后一公里”。

【中国银行利辛支行】 中国银行利辛支行成立于1993年，2021年有员工49人，内设综合管理部、业务发展部、营业部，下辖青年路支行和城南支行。2021

5月3日，中国银行利辛支行开展网络安全宣传周活动（中国银行利辛支行/供）

年，中国银行利辛支行紧紧围绕全年工作目标，以业务发展为重点，以强化内控为保障，以提升服务为抓手，加强经营管理，提升服务质量，各项业务和管理工作进展顺利。

存款业务稳步发展。2021年末，中国银行利辛支行各项存款余额320385万元，较年初增长17327万元。其中，储蓄存款余额206959万元，较年初增长12619万元。公司存款余额113425万元，较年初增长4708万元。

贷款规模高速增长。2021年末，中国银行利辛支行各项贷款余额373438万元，较年初增长72738万元。其中，公司贷款余额108521万元，较年初上升32540万元；个人贷款余额264917万元，较年初增长40199万元；普惠贷款余额27750万元，较年初增长8229万元（个金条线余额19890万元，较年初新增4129万元；普惠条线余额7860万元，较年初新增4100万元）。

资产质量保持优良。2021年，利辛支行不良贷款余额468万元，不良率0.18%。公司和中小企业不良余额为0，涉及清收化解贷款1笔。与2020年相比不良余额有所上升，整体风险可控，资产质量保持优良。获2021年亳州分行A类单位。

【中国建设银行利辛支行】 2021年，建设银行利辛支行坚决贯彻落实县委县政府的工作要求，坚持疫情防控和业务发展两手抓，统筹推进疫情防控和服务经济社会发展，努力配合县政府工作，有效响应实体经济需求，有序实现自身快速发展，在打赢疫情防控阻击战和带动利辛县经济社会发展方面展现国有大行的担当和责任。

存款规模持续领先。2021年底，建设银行利辛支行实现一般性存款余额310603万元，比年初新增34423万元。其中，对公存款余额114873万元，比年初新增3368万元；个人存款余额195729万元，比年初新增31055万元。一般性存款日均余额331375万元，比年初新增73046万元，增速28%，日均新增在全省县支行中位居第二，增速位居第三。其中，对公存款日均余额145893万元，比年初新增39464万元，增速38%。对公存款日均新增在全省县支行中位居第一，增速位居第二。个人存款日均余额185482万元，比年初新增33582万元。

资产业务稳中有进。2021年，建设银行利辛支行各项贷款余额294542万元，比年初新增76807万元。其中，对公贷款余额49014万元，新增12713万元；个人贷款余额245528万元，新增64095万元，个人贷款新增居全省县支行第四位。住房贷款余额223316.75万元，本年新增余额60264.18万元，余额新增居全辖第一位。新发放个人住房贷款89221万元，个人公积金住房贷款余额75097万元，当地占比46.98%；新发放贷款20761万元，当地占比51%。全年普惠金融贷款余额41865.65万元，当年新增9873.51万元。

大力支持乡村振兴战略。2021年，建设银行利辛支行以裕农通业务为抓手，深耕乡村广阔蓝海市场。裕农通服务点369个，活跃率100%，长期不动点数量为零。全年共发放“春风行动”个人类农担贷4户，合计金额323.2万元；企业类农担贷7户，合计金额381.3万元。

政银企三方合作管理平台建设。2021年，建设银行利辛支行扎实做好租房租赁业务的推广工作，成功搭建政银企三方合作住房租赁管理平台，与县城投公司签订初期合同，争取打造成标杆样板。完成智慧政务服务模块进网点、招投标系统升级、国库集中支付签约上线，与公积金管理中心合作的公积金快贷与薪金云贷加快上线落地。与利辛县智慧停车项目签订协议，该项目总投资10763.81万元，20余个停车场，2000余个停车位，覆盖利辛县90%的停车位，一期4个停车场、二期7个停车场全部完成建成使用。

【徽商银行利辛支行】 徽商银行股份有限公司利辛支行成立于2013年，2021年底有员工30人，内设市场部、零售银行部、营业部、办公室，下辖利辛淝河路支行。徽商银行支行坚持“服务地方经济、服务中小企业、服务广大民众”的市场定位，各项业务取得一定发展。2021年度，徽商银行利辛支行荣获“2021年度对公业务旺季营销竞赛活动先进支行”“2021年零售业务旺季营销竞赛活动先进综合支行”“优秀小企业支行”荣誉称号，利辛淝河路支行荣获“2021年零售业务旺季营销竞赛活动先进普惠支行”称号。利辛支行员工李凯、李影花荣获“徽商银行2021年总行级先进个人”荣誉称号，王春光、袁相楠、孙龙飞荣获“徽商银行亳州分行2021年旺季营销优秀客户经理”、叶慧荣获“徽商银行亳州分行2021年旺季营销优秀理财经理”、刘雅茹荣获“徽商银行亳州分行2021年旺季营销优秀大堂经理”、高圣楠荣获“2021年最美螺丝钉”荣誉称号。

业务发展。截至2021年末，徽商银行利辛支行各项存款合计为25.4亿元，较年初增加9.17亿元，增幅达到56.5%，市场占比4.65%，较去年增加1.22%。其中，对公存款为16.03亿元，较年初增加6.19亿元，增幅为62.91%，市场占比13.48%，较去年增加4%；储蓄存款为9.02亿元，较年初增加2.98亿元，增幅为49.34%，市场占比2.15%，较去年增加0.47%。表内各类贷款余额为43.59亿元，较年初增加6.68亿元，增幅18.1%，市场占比10.15%。其中，公司贷款余额为32.48亿元，较年初增加4.9亿元，增幅为17.77%；小企业贷款余额为3.05亿元，比年初增加了0.71亿元，增幅为30.34%；个人贷款余额为7.86亿元，较年初增加1.08亿元，增幅为15.93%。表外投放余额14.7亿元。内控外防取得成效，杜绝各类重大差错事故和案件的发生，全年无安全事故。

工作亮点。2021年，徽商银行利辛支行实现对利辛城投集团2021扶贫公司债券三期合计10.75亿元的投资，支持利辛城投公司债券的成功发行，徽商银行利辛支行表外投放余额达14.7亿元；成功实现利辛城投集团及其子公司利辛交投、利辛众宜置换贷固定资产贷款1.93亿元的投放，为城投集团解决部分隐性债务到期难题；利辛县职教园PPP项目贷款累计实现投放4.6亿元，有力地支持地方科教文卫事业的发展。认真梳理“十四五”规划所涉及利辛县的77个项目，在经过与利辛县经信局、招商服务中心、住建局等单位沟通后，徽商银行支行最终筛选5个项目，其中3个项目实现投放。

【邮储银行利辛县支行】 2021年，邮储银行利辛县支行以全年业务发展目标为指导，均衡发展各项业务，着力提升服务能力，加强风险管控，全面强化基础管理，各项业务保持持续、平稳、较快发展势头。2021年底，邮储银行利辛县支行共有员工58人，下设综合管理部/风险合规部、零售金融部、公司金融部，辖有营业部、和谐支行、胡集镇支行3个网点。年末，贷款结余22.16亿元，较2020年同期新增3.28亿元；人民币存款余额21.45亿元，新增2.7亿元；累计对公有效账户结存547户，时点余额4.58亿元，全年累计完成收入10733万元，实现利润7416万元，分别较去年增长1440万元、654万元。

经营发展情况。2021年，邮储银行利辛县支行结合“惠农合作项目”及“农业农村系统”拓户专项活动，主动服务农村市场，农村网点信贷人员全面下沉，提升在农村市场的服务能力。紧跟政府步伐，树立“三农”理念，着力打造特色助农信贷业务，大力发展“邮担云通”贷款，以“党建引领·码上办”为载体，服务于小农户、家庭农业主、小微企业主等经营主体。全年累计走访600余次，开展推介会60余场，搜集客户信息500户，成功转化授信客户286余户。全年实现放贷9800万元。加强本地特色产业对接和支撑力度，结合利辛县特色丝网纱门及其延伸的电商产业，发展一批优质小企业客户。2021年累计发放丝网纱门产业类贷款1859.8万元，累计发放电商产业类贷款321万元。落实“未还本续贷”工作，2021年发放无还本续贷800万元。落实小企业贷款新产品，实现放款1480.8万元。

取得荣誉。2021年，邮储银行利辛县支行荣获2021年度全省十优县支行、利辛县2020年度金融机构支持地方经济发展二等奖、全市创建文明行业先进单位、2021年度运营管理工作先进集体、一级支行绩效考核优胜单位、2020—2021年全市跨年度营销活动移动支付综合贡献奖等奖项。

【利辛农村商业银行股份有限公司】 2021年，利辛农商银行以服务“三农”、服务县域、服务社区、服务小微为市场定位，立足于服务绿色照明、服饰外贸、农产品深加工和丝网纱门四大支柱产业，深推拎包银行、流动银行工程，坚持“服务创优、产品创新”，积极实施服务乡村振兴战略，为全县经济社会平稳健康发展注入金融新活力。相继被授予中国精准扶贫十佳县域银行、中国农村金融十佳服务民营企业机构、中国服务县域经济领军银行和安徽省脱贫攻坚先进单位等荣誉称号。

主要业绩。2021年，利辛农商银行各项贷款余额131.1亿元，较年初增加18.18亿元，增幅16.1%，同比高0.47%；各项贷款占总资产比例为55.23%，较年初上升0.98%；各项贷款占存款比例为66.03%，较年初上升1.08%。电银支持普惠金融增量，全年累计发展POS机特约商户

2021年，利辛县农商行全力支持乡村振兴，全年涉农贷款余额98.87亿元，支持91户家庭农场、专业合作社等新农业主体发展壮大。图为利辛县汝集镇秦良家庭农场 （利辛农商行/供）

1710户，投放POS机具1833台；累计开通企业网银1057户，较年初净增75户；累计投放ATM机及CRS机114台；累计投放BST机具37台，其中自助终端26台、自助发卡机10台、自助回单机1台；累计布放金农惠民宝110台，金农e助手91台。建成金农信e家112家，实现对全县城乡的全覆盖。

企业责任。2021年，利辛农商银行梳理完善三大体系21个信贷产品，涉及支农、支微、支企三大县域实体领域，为全县人民生活、生产和消费提供便利。积极投放“道德模范”贷款，以各级好人、道德模范为贷款对象，让“好人办贷不再难”。创新研发“全家乐”“军属乐”“金土地”等贷款品种，解决军属及农民融资难题，填补信贷产品空白。

【利辛湖商村镇银行】 利辛湖商村镇银行成立于2013年4月，注册资本6000万元，2021年有员工144名，营业网点12家。先后荣获全国村镇银行综合服务能力百强单位、安徽省劳动保障诚信示范单位、安徽省非公企业示范工会和省级“巾帼文明岗”及亳州市2020年度金融机构支持地方经济发展先进单位三等奖等荣誉。

各项业务发展状况。2021年，利辛湖商村镇银行各项存款余额88620万元，较年初增加15072万元，其中储蓄存款余额50057万元，较年初增加15189万元；各项贷款余额92668万元，较年初增加12164万元；小额贷款余额70059万元，较年初增加11877万元。主要监管指标符合监管要求，连续3年监管评级2级。

加大信贷投放，助力乡村振兴。2021年，利辛湖商村镇银行坚守市场定位，着力发展普惠金融。以普惠小微企业“两增两控”和普惠涉农贷款“一个不低于”目标为工作导向，持续加大普惠小微企业和农户信贷投放力度。大力推广随借随还小额信贷产品“惠农贷”，构建“数据+走访”的高效率办贷模式。依托该产品，全面开展整村授信活动，深耕细作农村金融市场，提升金融服务水平。加大农村土地承包经营权抵押贷款投放力度，完善乡村振兴金融服务，拓宽农村有效抵押物范围。

2021年3月12日，利辛湖商村镇银行全体党员干部参加义务植树活动
（利辛湖商村镇银行/供）

坚持审慎经营，加强内控建设。2021年，利辛湖商村镇银行完善制度建设，狠抓各项制度落实。为满足现有业务拓展及各级部门管理要求，持续构建流程清晰的内控制度体系，对各项规章制度进行修订、完善，建立包括基本管理制度、操作规程、专项管理制度三大方面的内控制度体系，内控体系完整、合理、有效。

科学规划网点，扩大服务范围。2021年，利辛湖商村镇银行在旧城镇和马店孜镇新设两家营业网点，营业网点达到12家，实现城关、阚疃、张村、王人、望疃、江集、巩店、胡集、旧城、马店孜10个乡镇金融服务覆盖。

【人保财险利辛县支公司】 中国人民财产保险股份有限公司利辛支公司（以下简称“人保财险

人保财险利辛县支公司于2021年春节开展扶贫慰问活动
（人保财险利辛县支公司/供）

利辛县支公司”）成立于1980年，是利辛县域内成立最早、规模最大的国有控股商业性财产保险公司。公司对外开办的险种有各类财产保险、责任保险、信用保险、意外健康险、车险及农业保险等，业务覆盖非寿险市场的所有领域。公司先后荣获“全国保险先进单位”“纳税先进单位”“税收突出贡献奖”“保险支持地方经济发展（财险类）第一名”“全国系统标杆县支公司和明星县支公司”“亳州市劳动保障诚信A级单位”“亳州市放心消费示范单位”等称号。

经营情况。2021年，人保财险利辛县支公司实现保费收入2.847亿元（其中，社保业务1.33亿元、车险1.32亿元、农险137万元、商团1253.6万元、个非583.9万元），累计缴纳税收1716.3万元，业务规模、纳税额均居利辛财产险行业首位。

服务社会。人保财险利辛县支公司年承担各类风险数百亿，全年AAA服务评级中理赔案件处理率为92.76%，案均报案支付周期8.38天，同比提速17.76%。车险纯人伤案均33469.98元，人伤调解率82.75%，同比提升10.63%；人伤诉讼占比6.31%，同比下降9.31%。累计完成稽查减损成效2035303.61元；科技理赔减损943833元；营改增获票率114.75%。2021年承保利辛县光伏发电项目财产险，为全县光伏发电设备提供14.3亿元风险保障，发挥社会稳定器作用。

助力脱贫。人保财险利辛县支公司连续七年承办利辛县新农合大病医疗保险，当年合同金额1.33亿元，较上年同期增长12.12%。截至10月底，医保系统显示，大病保险结算57638人次，金额1.32亿元。公司健康险系统理赔50857人次，理赔金额1.12亿元。公司大病保险专项赔款人数多达18人。农险项目育肥猪共承保3.45万头，签单保费137.78万元。全年理赔662.77万元，受益农户8480户次（其中“深贫保”理赔556.36万元，受益8278户次；育肥猪赔款106.41万元，受益202户次）。

【中国人寿保险股份有限公司利辛支公司】 中国人寿保险股份有限公司（以下简称“人寿保险利辛支公司”）2021年在编员工23人，个、银、团架构营销员队伍445人，服务网点45个，保险业务覆盖全县23个乡镇。2021年，人寿保险利辛支公司严格依法合规经营，强化风险管控，公司各项业务健康持续发展，全年实现总保费收入17754万元。

【中国人寿财产保险股份有限公司利辛县支公司】 中国人寿财产保险股份有限公司利辛县支公司（以下简称人寿财险利辛县支公司），2014年7月由安徽保监局批复同意设立。办公地点位于利辛县前进西路嘉和阳光城南门西侧，设立综合岗、车辆保险部、理赔、非车险部、农村业务部等。2021年荣获市级放心消费示范单位、亳州市守法诚信A级单位、安徽省分公司先进集体等荣誉称号。

业务开展。2021年，人寿财险利辛县支公司实收保费7074.56万元，缴税782.06万元；车险理赔有效报案件数4497余件，赔款308.97万元；农险理赔案件数1518余件，赔款616.78万元；非车险理赔案件数147余件，赔款155.91万元；全险种理赔案件数6162件，赔款386.23万元。

服务社会。2021年，人寿财险利辛县支公司在疫情防控期间为支持企业复工复产，针对零售业、服务业、餐饮业推出“助服保”，保障包括火灾爆炸等意外事故造成的固定资产损失，及法定传染病疫情防控导致营业场所应政府要求隔离和倒闭造成的营业中断损失。针对安徽省内生产型企业，提供“助微保”。疫情防控期间向政府单位疫情防控一线工作人员免费提供50万元意外保障保险。提供安全生产责任险，涉及建筑行业、加油站、运输行业等。开展“敬老情系你我他，国寿青年进万家”活动，向孤寡老人赠送生活必需品及日常换洗衣物等。

【华安证券股份有限公司利辛青年路营业部】 华安证券股份有限公司利辛青年路营业部于2015年经中国证券监督管理委员会批准设立，是利辛县第一家合法证券经营机构，隶属于华安证券阜阳分公司管理，内设财富管理中心、运营管理部、合规风控部等。

主要业绩。2021年，华安证券利辛营业部在县委县政府及公司的领导和支持下，业务得以良性有序地发展。全年新增客户823户，较年初增幅24.98%；缴纳税费比2020年增长约21%。营业部在保持原有传统经纪业务发展的同时，为广大投资者提供资产保值增值配置方案，金融产品销售金额比上年同期增长近一倍。加强同工、农、中、建、邮储银行的合作，联合开展营销活动，共同开发客户。继续做好当地企业机构客户的服务，定期走进企业，为企业发展中遇到的问题，提出金融专业人员的建议、解决方案。新冠疫情给大部分企业带来冲击，营业部主动为利辛挂牌新三板企业做好股权质押手续，为企业正常经营提供支持。

助力乡村振兴。2021年12月，利辛县人民政府和华安证券股份有限公司正式签订《全面合作框架协议》，华安证券利用专业优势，为利辛县政府、企业融资保驾护航。华安证券公益基金每年将向利辛县助学、乡村振兴项目无偿捐助资金、物资等，为利辛乡村振兴贡献一份力量。

【国元证券利辛营业部】 国元证券股份有限公司利辛淝河大道证券营业部是2017年经中国证券监督管理委员会安徽证监局批准设立的营业部，隶属国元证券股份有限公司亳州分公司。公司坚持以客户为中心，以客户需求为导向，积极与县里各企业及城投公司沟通对接，了解需求，匹配服务。

业务开展。2021年，国元证券利辛营业部新增客户2000余

国元证券利辛县营业部开展金融知识进万家活动（国元证券利辛营业部/供）

户，成功推荐利辛县6家企业在安徽省股交中心挂牌，包括科创板企业1家、农业板1家、现代中医药及健康产业板企业2家、文旅板2家。2021年7月19日，承揽利辛县城乡发展建设投资集团有限公司企业债券首次成功发行，创2021年安徽省内同评级企业债券发行利率新低，获得县领导和发行人的一致好评。在2021年地方政府专项债券项目申报业务中，承揽申报的项目通过率达到90%，助力解决多个项目的建设资金问题。

宣传工作。2021年，国元证券利辛营业部共计开展投教户外宣传活动9次，宣传内容涉及金融知识、防范非法证券活动、反洗钱等，活动范围涉及广场、小区、社区等众多地方，帮助更多利辛民众树立正确投资理念，保护自身合法权益。

【利辛县城乡发展建设投资集团有限公司】 2021年，利辛县城乡发展建设投资集团有限公司（以下简称“利辛县城投集团”）通过实施一系列改革举措，取得历史性突破、标志性成果，全年缴纳经营性税费8600万元。集团子公司顺利完成县政府交办的各项任务，利辛县尚居置业有限公司完成世纪新城及家和苑项目竣工及交付；安徽一原建设有限公司建设的科创园标准化厂房荣获2021年省建筑安全生产标准化示范工地及市级优质工程“芍花杯”奖项；利辛县信息传媒投资有限公司完成政务网好差评系统安装项目、智能交通一期项目及乡村视频全覆盖项目，初步实现项目经营性收益；利辛县城投智泊停车运营有限责任公司完成7个平面停车场及3个立体车库建设并开始运营；利辛县博悦文化旅游有限公司积极开展研学游及假期活动等工作，研学游突破4000人次。

国企三年改革卓有成效。2021年，利辛县城投集团推动党建工作进公司章程，结合实际制定党组织前置研究讨论事项清单和党组织议事规则，并在章程中明确规定党组织研究讨论董事会、经理层决策重大问题的前置程序。加强董事会、监事会建设，制定董事会、监事会议事规则，落实董事会、监事会职权。通过制定董事会授权管理制度和总经理办公会议事规则，保障经理层依法行权履职，充分发挥经理层经营管理作用。在产业布局优化和结构调整方面，公司聚焦主责主业投资发展，通过集团开发、建设一体化公司组建方案，组建利辛县城市开发建设有限公司，实现纯安置小区开发到商业小区开发的突破；取得建筑施工总承包甲级、房地产开发二级、造价乙级、测绘乙级资质，提升了集团市场竞争力。通过产业重组，对集团所属企业进行撤并整合，初步形成城乡建设、交通物流、能源、产业投资四大板块业务格局。寻找优质项目和企业进行股权投资，实现投资效益最大化。利辛县聚能建设发展有限公司分

2021年6月30日，利辛县城投集团开展庆祝建党百年“重温入党誓词”活动（秦凯/摄）

2021年，利辛县为解决城区停车难的问题，投建一批智慧停车场。图为县城投智泊停车场试运营

（县城投集团/供）

别与中国华能集团有限公司安徽分公司、安徽省新能创业投资有限责任公司、华润电力投资有限公司华东分公司进行风力发电合作，发展新能源业务；退出不具备优势的非主营业务，对“弱、小、散”公司进行清理整合，注销利辛县国厚资产管理有限公司等，促进规模化、集约化发展。在深化混合所有制改革方面，公司在房建、电力、信息传媒、智慧停车、建材生产、勘测等领域都进行混合所有制探索和尝试，建立新机制，激发新动力。2021年，集团公司制定《关于控股子公司的管理办法》《关于进一步强化参股企业管理的实施办法》，规范参控股企业的运作，切实防止只投不管。在健全市场化经营机制方面，建立科学合理的选人用人机制，通过规范招聘管理办法、印发中层管理人员选拔任用工作实施办法和末位淘汰制管理办法等方式，形成能者上、优者奖、庸者下、劣者汰的用人导向。深入推行市场化薪酬分配制度改革，通过制定薪酬管理制度和绩效管理制度，继续推进和完善全员绩效考核，建立按照业绩决定薪酬的分配机制，按岗定薪，破除“高水平大锅饭”。

拓宽融资渠道。2021年，利辛县城投集团成功发行6亿元企业债和12亿元公司债，直接融资规模创历年来最高水平，对集团公司拓宽融资渠道、优化资本结构、降低融资成本方面发挥积极的推动作用。

加快项目建设。2021年，利辛县尚居置业有限公司通过与安徽省建设投资有限责任公司合作，新增3个共347亩安置小区开发项目以及1个154亩商业小区开发项目，与利辛县宝城置业有限公司合作开发1个256亩商业小区开发项目。利辛县尚居置业有限公司克服困难，开发的雅苑、馨苑、政通苑、仁和苑项目按照省市县要求如期开工建设；利辛县城市开发建设有限公司新增1个104亩商业小区开发项目，集团开发板块业务实现质的飞跃。集团全年承担12个新建、续建项目，完成投资12.5亿元，较好地完成年度工程项目建设任务。

交 通

■ 综述

【概况】 2021年，利辛县5个PPP交通重点项目建设顺利实施。S310利辛段改建工程二期、S247马胡桥改建工程、G329利辛绕城段新建工程、S416利辛段改建完成，工程交工验收并试运营。投资1.64亿元的西淝河邵渡口大桥建设项目完成工程总量的53%。其他重点建设项目有序推进，投资1.1亿元的S310利辛段改建项目一期工程，8月份主体工程完工；投资6117.90万元的S250城父至张村段改建项目，完成工程总量的30%；投资3978.15万元的西潘楼火车站货运场站建设项目，货运站工程完工验收；投资5950万元的利辛火车站客运场站建设项目，实施站前广场征拆工作；投资1.59亿元的西潘楼站周边配套设施建设项目，进行设计招标；S306马店大桥、S312王市大桥维修项目开展初步设计工作；投资1.28亿元的亳州港利辛港区项目，2021年8月份开工建设。

【城乡道路公交一体化】 2021年，利辛县对全县的城镇、镇村公交进行优化调整，开通张村镇、巩店镇等10个乡镇17条镇村公交线路；加快农班车公交化运营改造、提升公交化运营比率，全面完成全县在营农班车的收购工作。全年新增通公交乡镇9个，实现全县所有乡镇通公交。2021年，全县开通城乡公交线路22条、镇村公交线路47条，投入新能源电动公交车辆395辆，全县乡镇、建制村通客车率100%。

利辛县交通运输局常态化开展出租车客运市场整治工作（县交通运输局/供）

【运输安全】 2021年，利辛县交通运输局按照《亳州市安全生产“三年行动”工作实施方案》制定攻坚方案及措施清单，检查生产经营单位862家次，排查一般隐患数量2310个，整改完成2310个，下发《利辛县交通运输局事故隐患整改通知书》7份，上报省市县安委会和道交联督办整改报告24份。落实水路运输企业安全主体责任，规范市场主体经营行为，按照上级部署，对8家水路运输企业开展检查及年度核查。全年共发生道路运输事故4起，死亡1人，受伤2人。与上年同期相比，事故起数和受伤人数持平，死亡人数下降87.5%；

水上交通和交通工程建设持续零事故，交通运输行业安全生产形势基本平稳。

【交通运输管理】 2021年，利辛县交通运输局联合交警开展联合执法20余次，严厉打击非法营运行为，重点整治不按规定路线行驶、不进站发班、站外上下客等违法经营；常态化进行路面巡查，严厉查处超限行驶车辆，实施执法检查3960余次，精检货车291235辆，交警、交通联合查处295辆，卸载货物6300.47吨，查处严重超限车辆5辆，分别给予3万元罚款。受理违法案件822件，非现场执法案件364件，共计罚款406.265万元；组织执法检查413次，对辖区水域安全检查16次，吊销道路运输证3本、营运证3本，发责令改正通知书33次，收到企业整改报告33份；加强运输市场投诉办理，接到投诉执法、出租车、班线车、黑头车市长热线106件，投诉举报信22件，所有案件均按照规定期限办理回复。召开企业座谈会4次，研讨解决企业“急难愁盼”事项1项，具体办理“僵尸车”退出运输市场1305辆；办理运政服务事项68000余件，实现业务办理零投诉。集中约谈35家严重违法失信的运输企业（全县35家运输企业存在1155条严重失信行为），并进行信用修复培训，31家公司1142条失信行为完成修复清零。

利辛县爱心企业看望慰问疫情防控卡点一线执勤人员 （县交通运输局/供）

【疫情防控】 2021年8月，按照县疫情指挥部的统一安排，利辛县交通运输局抽调170余人，在9个疫情检测卡点，历时33天，劝返异地车辆6225台（次），劝返异地人员15241人次，处置异常人员2719人，移送接种人员181人。对3个客运站客运车辆、公交车、出租车每天进行疫情防控，督促乘客进行扫码、戴口罩、量体温，有效防控疫情传播。

■ 公路建设

【公路保洁】 2021年，利辛县公路建设部门加大道路保洁力度，积极做好大气污染防治工作，公路中心每天用洒水车、清扫车对所管养的路段进行洒水清洗，尤其对穿集镇路段、城乡交界路段、高架桥等重点路段加大清扫力度，确保路面无扬灰，并对路肩整修、绿化进行修剪，有效保证路面的清洁。

【干线公路修复和预防性养护】 2021年，利辛县公路建设部门对所管辖的道路路面出现裂缝、坑槽等病害及时进行处理，完成冷补料挖补坑槽160平方米，沥青挖补坑槽、沉陷1245平方米，沥青灌缝7.52千米。2021年第一批路面养护项目G329路面修复工程，5月竣工验收；第二批项目S245线路面修复工程，9月完工验收。完成农村公路县乡村道大、中、小修工程170.177千米。

【道路工程建设】 2021年，利辛县公路建设部门圆满完成省厅下达计划任务。建设村道生命安全防护工程160.30千米，完成投资1270.9万元；投资160.4万元，完成东钱郢桥农村公路危桥改造。完成县委政府一般债券建设任务：投资5330余万元，实施农村公路扩面延伸工程52.27千米；投资340余万元，改造农村公路危桥8座。加强桥梁日常养护，及时对桥梁的护坡、锥坡杂草进行清理，对护坡和锥坡淤泥等进行清除，对桥梁泄水孔、伸缩缝进行疏通，确保桥梁运行安全。

【道路安全管理】　2021年，利辛县公路建设部门按照《亳州市安全生产“三年行动”工作实施方案》要求，加大管养道路安全隐患排查整治力度，及时清理公路沿线乱摆摊、乱堆放及占道行为，对缺失或损毁的道口桩、警告标牌等安全附属设施，进行增补、修复，确保设施齐全、功能完好。全年下发整改通知单66份，施划道路标线约1400平方米、震荡标线600余平方米，埋设临水路段波形护栏1400余米，更换、新增道口桩近160根、标志牌42块，修复道路沉陷2处，整治隐患83处，累计投入资金86.58万元。公路中心会同涉路的5个辖区交警中队开展道路安全隐患排查整治活动，开展路警联合排查17次，对发现的隐患及时告知整改单位并要求整改。开展农村公路安全隐患治理。公路中心成立四个农村公路应急养护巡查班组，着力排查农村公路通行安全隐患，结合县道交联下发的道路交通安全隐患整改文件，市、县审计部门对农村公路建设项目审计发现的问题，共消除农村道路通行安全隐患60余处，补设、修复警示标牌76块，补设、修复警示桩、道口桩426根，增设、维修爆闪灯15套，新增、维修广角镜7处，安装、修复临水路段波形梁护栏3440余米，修复路面标线1860平方米，共计投资约80余万元。加强铁路涵洞安全巡查。公路中心成立5个铁路涵洞日常管理组，对全县49个铁路下穿涵洞进行日常通行安全管理，及时疏通排水管道，维修更换排水泵，联系供电部门检修供电线路，确保铁路涵洞通行安全，共计投资约27万余元。完善应急预案，储备应急物资。针对夏季汛期、冬季冰冻等恶劣天气致使发生路肩坍塌、路面结冰等突发事件，公路中心储备编织袋1000条、融雪剂20吨、砂石400余吨，要求应急队伍对装载机、打桩机、发电机、除雪铲等应急设备及机具进行检修，确保其处于良好状态，以备应急使用，全力以赴做好恶劣天气下各项准备工作。

■ 水路运输管理

【机构改革】　2021年3月1日，经利辛县编制委员会办公室批准，利辛县地方海事处正式更名为利辛县地方海事（港航）管理服务中心，隶属县交通运输局，机构规格为正科级的事业单位。原阚疃海事所10名执法人员工作关系转隶到县交通运输行政综合执法大队。

【水路运输企业管理】　2021年，利辛县地方海事（港航）管理服务中心督促水路运输企业严格落实安全主体责任、规范市场主体经营行为，对8家水路运输企业开展检查及年度核查，要求企业扎实开展船舶水污染防治工作，并对辖区1200总吨以上船舶受电设施改造进行摸底。全县船舶拥有量441艘，船舶运力达84.9369万吨。全年对航运企业检查40家次，确保水运市场平稳发展。

【通航水域水上水下施工许可审批】　2021年，利辛县地方海事（港航）管理服务中心审批马胡桥改建工程施工单位因施工需要在主航道内设置钢管桩的拆除工作；配合引江济淮江水北送段H001标施工单位做好茨淮新河侧围堰和钢管桩拆除施工方案，并落实海事（港航）管理相关规定，以确保航道通航安全。严格按照行政许可程序，严格审核申请材料，协助县交通运输局政策法规股做好通航水域水上水下施工许可工作。5月19日，办理中国能源建设集团安徽电力建设第二工程有限公司申请的跨越茨淮新河线路施工许可；11月30日，办理安徽交通航务工程有限公司申请的亳州港利辛港区一期工程水上水下施工许可；做好亳州港利辛港区一期工程相关协调和服务工作。

利辛县西淝河驳运　　（县委史志研究室/供）

【“我为群众办实事”活动】2021年，利辛县地方海事（港航）管理服务中心提高航运公司安全与防污染管理水平，保障水上交通安全，防止船舶污染水域环境；加强老旧运输船舶管理，优化水路运力结构，提高船舶技术水平，保障水路运输安全，逐步提高节能、标准化船型在运输船舶中的比例，促进全县水路运输事业健康发展。海事中心对辖区航运企业开展送“法律知识”“江淮普法行”和“八五”普法活动，共计走访企业24家次，上门送法律读本50余本，为群众办实事4件。广泛宣传和普及灾害常识、防灾减灾知识和避灾自救互救技能，全面提高群众的风险防范意识、知识水平和避灾自救能力。5月12日，在县城五一广场开展“防震减灾集中宣传”活动，现场发放宣传资料200余份。

邮政 通信

■ 邮政

【概况】 2021年，中国邮政利辛县分公司总收入16787.63万元，增幅16.38%，完成市公司计划进度100.79%。收入规模在全省县分公司中排名第11位，较上年同比提升4个位次。函件专业实现收入280.01万元，完成率106.87%，同比增长12.28%，提前2个月完成市分公司下达的专业计划。报刊专业实现收入308.11万元，同比增长1.61%。在报刊收订旺季营销中被省公司评为20强县分公司，王市、张村支局被评为“百强网点”。集邮专业实现收入247.89万元，完成率103.72%，增长率25.04%，提前1个月完成市分公司下达的专业计划。电子商务专业实现收入49.13万元，完成率102.35%，提前2个月完成市分公司下达的专业计划。分销专业实现收入935.77万元，完成率100.62%。分销业务积极融入市场化运营，建成复合肥旗舰店3家，旗舰店助农秋肥销售达500余吨。利辛县黄花菜项目获全省邮政“扶贫邮我”优秀项目称号。代理金融专业实现收入12263.86万元，完成率101.35%，同比增长14.46%。2020—2021年跨年度旺季营销活动期间取得较好成绩，全县新增总资产15.88亿元，完成市公司下达计划的114.41%。其中，新增日均余额11.8亿元，完成市公司下达计划的129.63%；新单标准保费2.8亿元，新增期交保费4170万元，非货币型基金销量0.78亿元，新增日均理财保有量0.5亿元。2021年，全县AUM新增19.9亿元，列全省县分公司第4位，完成市分公司下达计划的161.77%；同比多增6.13亿元，列全省县分公司第2位，同比增长44.52%。2021年余额新增12.25亿元，新增市场占有率20.38%。年末，余额规模83.19亿元，列全省县分公司第7位。获得省公司“犇牛奖”“比学赶帮超进位奖”2个奖项。获得市公司“突出贡献奖”“基金理财优胜奖”“渠道业务发展奖”3个奖项。永兴营业所获得“全国千佳网点称号”，望疃、永兴、汝集营业所获得省公司“百强网点奖”。永兴等12个网点获得市公司50个奖杯。全县保险业务累计新单保费2.56亿元，列全市第2位，增长率26.57%。全年，全县期交保险累计新单保费4417万元，增长率23.14%。寄递业务实现业务收入2648.25万元，规模居全省第24位，增长率32.62%。其中，邮政账收入完成1742.52万元，增长率28.73%。速递账收入完成905.73万元，增长率40.38%。成功与利辛县法院签订“一体化送达”协议，实现年收入126万元。身份证邮寄率达68.59%，全省排名第4。2021年，渠道平台部荣获集团公司“农村电商优秀组织奖”。利辛县分公司荣获省、市分公司“先进单位”称号；望疃营业部荣获省、市公司“先进集体”称号；理财经理冯奥妹荣获省公司“先进个人”称号。金融业务部荣获市分公司“先进集体”称号，李鑫浩等7人荣获市分公司“先进个人”称号。

【提升服务质量】 2021年，利辛县邮政部门培训举办营投业务规范等专项服务提升培训3场，增强工作人员“软”服务能力。强化监督检查，深入建制村、村级代投点，以问题为导向，聚焦薄弱环节，防止问题反弹。提升服务水平，以文明用语为抓手，通过宣贯教育、晨会演练、检查巩固，逐步培养窗口员工文明用语习惯。在第三方用户满意测评中，用户满意度得分稳定在92分以上，稳居全市第2名。利辛人民路营业部被集团公司评定为千佳“全国邮政服务示范窗口”称号。

【财务管控】 2021年，利辛县邮政部门加强末端机构收入与成本核算，从最小单元注重企业效益，全年完成利润5816.58万元，利润完成率112.90%，规模列全省第7位，同比上升4位。加强预算执行管控，对重点成本费用实行预算管理，重点成本归口部门做好管理，加大管控力度。规范应收资金管理，认真落实应收资金定期检查。开展个人账户归集营收资金等检查，加强资金风险管控。对欠费按月分析重点监控，实施常态化分析监控体制。做好闲置资产盘活和分类核算基础数据清理。

【网点建设】 2021年，利辛县邮政部门持续加快推进网点改造计划全覆盖，不断改善生产经营环境。全县批复能力建设项目6处，其中网点改造1处（向阳所）、场地改造1处（大学生宿舍）、网点房屋购置3处（马店、张村、新桥，其中新桥网点房屋购置完成）、网点翻建1处（展沟）。

【优化人力资源配置】 2021年，利辛县邮政部门开展“三鹰”人才队伍建设，全县共9名员工被纳入2021年青年人才库管理。开展2020—2021年代理金融旺季百优百强网点专项转招工作，完成3名员工转招工作。加强队伍建设，持续配优配强网点负责人队伍，以选强选优为原则调整网点负责人4人。引进大学生3人，录用石邮毕业生2人。人事回避调整员工3人。加强理财经理队伍建设，淝河路营业所理财经理冯奥妹获得全国十佳理财经理奖项。

【助力乡村振兴】 2021年，利辛县邮政部门充分利用自身优势，帮助农民解决“融资难”“物流难”“销售难”问题。积极与政府对接，获得政策支撑。2021年3月，与县商务局签订战略合作框架协议，商定依托邮政网点共建镇级运营中心，挖掘镇级特色农产品，共同做好每月爆款农品线上销售工作。成立惠农专班组，全年走访合作社4422户，个人农户1.14万户，农户授信贷款100余户，授信金额1070万元，全省净增放贷排名第6。惠农寄递6.7万笔，寄递费达40.08万元。

■ 电信

【概况】 中国电信股份有限公司利辛分公司是中国电信集团公司在利辛县境内唯一一家国家主体电信运营企业，是利辛县行政区划内主导电信运营商和信息化建设的排头兵、主力军。2021年，各类从业人员280多人，下辖13个农村营业部和4个城市营业部。利辛电信分公司建成以光纤和移动通信为主，卫星和数字微波为辅的全方位、立体化、大容量、高速率的宽带智能网络体系，为客户提供包括移动通信、宽带互联网接入、信息化应用及固定电话等产品在内的综合智能信息解决方案，通信设计、施工、监理和系统集成等业务成功拓展。中国电信利辛分公司作为推动利辛信息化建设的主导力量，得到政府和社会各界的充分肯定，公司多次荣获“市级文明单位”“重合同守信誉单位”“纳税先进企业”“消费者信得过单位”等荣誉称号。2021年，利辛电信公司主营业务收入完成1.45亿元，完成年初预算的104.96%，相比2020年增长2900万元，增长率为20.12%。其中，农村市场完成收入8500万元，同比增长率为20.3%。移动业务净增15890部（其中5G套餐净增50298部）、宽带业务净增22210部，移动+宽带收入占比达到78.5%。

【深化服务体系改革】 2021年，利辛县电信公司秉承“用户至上、用心服务”的服务理念，遵循“企业价值与客户价值共同成长”的经营理念，以提升用户满意度为指引，以关键服务环节为切入，以感知测评为手段，强化差异化服务优势。积极参与政风行风建设，加强用户信息安全、网络安全和信息化建设。完善五大体系，强化服务质量管控。即通过投诉预防体系、集中服务工单管控体系、投诉处理定责评估体系、客户服务分析管控体系、客户体验及感知管控体系，做好服务事前防范、事中监督和事后管控，避免客户同一个问题反复投诉，压降服务升级事件的发生，为企业发展保驾护航。2021年，利辛电信公司分别在城市区域和农村区域建立起两支专业化销售服务队伍，结合“服务进万家”和“服务进万企”活动拓展销售服务渠道，促进城市市场和农村市场健康、有序发展。

【加强网络建设及能力保障工作】 2021年，利辛县电信公司积极配合城市道路改造、市容整治、美丽乡村建设等，强化光网和无线网深度覆盖，新铺设光缆1286皮长千米，进一步改善农村局部区域覆盖。为满足本地网宽带流量不断提升的需求，利辛电信出口带宽从560G扩容到660G。2021年，完成无线网络建设4G、5G基站和小微站建设共计189个，城区室内分布网点建设21个。民营区域新增FTTH光端口4.0万个，局建端口新增0.25万个，合计新增FTTH端口4.25万个，累计FTTH光端口达29.83万个。网络承载能力中继扩容主干12条，配线中继扩容21条。

■ 移动

【概况】 中国移动通信集团安徽有限公司利辛分公司是亳州市移动公司的下属县分公司，成立于1999年6月。2021年，有员工120余人，下设综合部、市场经营部、建设维护部、政企客户部、乡镇网格五个部门，在全县有300余家移动服务网点，网络实现无缝覆盖。拥有基站近2000个，其中窄带物联网100余处、5G基站超300个、4G基站超1000个，4G网络覆盖率达到99.95%，实现县城城区、农村、高速、市县间主要公路以及市县至高速连接线的连续覆盖。有线宽带新增超3万户，投资资源重点覆盖乡镇和农村区域，致力实现贫困区域的宽带全覆盖。集团专线建设新建200余条，依托企业上云，服务于利辛宝璋医院“5G

10月，中国电信利辛分公司开展“迎国庆，宽带服务进万家”活动（李欲龙/摄）

移动护理”、利辛二院“企业上云”、利辛智泊停车、乡村振兴等国家重大战略及民生企业。2021年，利辛分公司积极响应县委县政府号召，参与结对帮扶慰问、选派驻村工作队长、麦秸禁烧宣传、禁毒宣传、高考志愿服务、文明城市创建等活动。工会论文获评集团公司三等奖；足球比赛获得省公司第二名、市公司第二名；篮球比赛获得市公司冠军；羽毛球比赛获得省公司第三名。利辛分公司展沟、王人、巩店、江集、城关网格荣获市公司“十佳网格”称号。党支部连续3年获得安徽公司“十佳示范党支部”、亳州市移动公司“先进基层党组织”等荣誉。

2021年11月，中国移动利辛分公司搭建完成县政府、乡镇政府云视讯平台，全县政府部门实现了可实时高清视频会议、视频监控、视频直播的交互应用场景
（中国移动利辛分公司/供）

【服务社会】 2021年，利辛县移动公司在马店镇镇政府等地开展“智能产品”科普讲座，现场面对面、一对一开展老年人5G智能终端及常规软件培训。同时，向老年人进行防范通信网络诈骗宣传，帮助老年人掌握防骗知识和技能，提升老年人使用智能手机的信心。“适老服务”受客户认可，利辛分公司用实际行动助力老年客户群体跨越数字鸿沟。利辛县汝集镇街南村是利辛移动公司的结对帮扶对象，经过利辛移动驻村“第一书记”管云峰调研后，与村委商量建设街南村“平安乡村”项目。该项目组成超高清后台监控画面＋智能喇叭＋区域警戒＋人脸识别智慧联防模式，构筑村庄治理的数字化基础，不仅可以监控回放、还可以实时电子巡逻，结合大喇叭又可以实现语音喊话，对村庄的环境整治、生产生活秩序、防溺水等工作有更为显著的推动，让群众实实在在享受移动乡村振兴举措的社会效益。利辛分公司组织实施巷道建设，新修一类水泥路面巷道13条，共计3727平方米，切实解决村民出行最初的几步路。利辛分公司快速响应助力疫情防控，对全县边境线路及高速路口防疫检查站开展4/5G手机信号、网络质量及跨境网络切换测试，排查周边站点网络配置，及时进行网络扩容，确保跨境网络切换正常，为防疫工作人员扫码查验健康码及行程码等工作提供有力支撑。发送相关疫情防控等短信48万余条，助力打赢防控阻击战。

■ 联通

【概况】 中国联通利辛县分公司是亳州联通公司的下属分公司，成立于2000年9月。2021年，有员工80人，下设公众营销中心、建维中心、政企营销中心、综管中心、大客户中心5个部门，城乡建设自有营业厅26家，社会渠道服务网点80余家。网络质量大幅改善，城区及重点乡镇开通5G信号，用户可随时随地享受到联通高速上网、业务办理快捷的高品质服务。开展“落实高品质服务，提升客户满意度”专

中国联通利辛分公司营业部积极为全县节能降碳活动做宣传（联通公司/供）

项行动计划，从网络覆盖、网速提升和故障维修等方面推动网络服务感知。中国联通利辛县分公司党支部多次荣获“安徽联通先进基层党组织”，党员个人荣获“安徽联通优秀共产党员”等荣誉。2021年，全年净出账收入同比增长12.8%（其中创新业务同比增长275%），移动+宽带发展同比增长78.6%。

【网络安全建设】 2021年，利辛县联通分公司大力营造安全稳定的网络环境，有效防范化解重大安全风险，专门制定安全生产工作方案，严格落实安全生产责任制，加强安全隐患排查整治和现场管理，对易燃易爆物危险品、用电安全、机房、重点施工场景进行安全隐患排查，发现隐患立即整改；强化汛期雨季安全管理，加强网络巡查、风险预警、安全防范，完善应急处置准备；加强安全生产宣传教育，开展“安全生产月”宣传教育活动，组织开展应急预案演练，提升员工的风险辨识、逃生自救能力和安全意识。

■ 安广网络

【概况】 2021年，中国广电安徽网络股份有限公司利辛县分公司完成年度收入3277万元，完成年度计划109%。2021年末，分公司在网基本数字电视用户6840户，基本用户发展实现正增长，净增长率为3.55%。全年利润完成2100万元，完成年度计划1528万元的137%。

【业务开展】 2021年，安广网络利辛分公司会同讯飞公司及时跟进县财政预算落实情况。通过省、市、县三级联动，共同促进回款落实，全年资金回款到位。立足自有网络，实现周围扩散。上半年完成阚疃村社整转，新增用户383户；下半年完成城北镇南片区用户整转，新增用户446户。公司在保证视频数据平台正常运维的情况下，积极寻求其他项目突破，在全省率先完成风华和悦智能化及铂锐府小区汽车充电桩项目的落地，拓宽分公司集客业务范围。2021年，利辛分公司新建小区、天网项目迁改等工程共计申报立项资料66项，总投资246.5万元。其中，小区工程21项，投资58.5万元；天网迁改工程45项，投资188万元。全年完成决算工程82项，省公司审计11项工程质量全部达标合格。

城乡建设与管理

■ 综述

【概况】 2021年，利辛县统筹划定“三线”，根据初步调整划定方案，生态保护红线面积2641.05公顷、永久基本农田红线面积123170.50公顷、城镇开发边界面积17398.76公顷。开展专项规划、村庄规划编制工作，推进农村土地综合整治，促进占补平衡。编制土地征收成片开发方案，节约集约体用土地；加强项目推介，做好土地出让。全年累计举办12次国有建设用地使用权拍卖会，成交土地88宗、面积2439.09亩，成交总价316197.47万元。根据用地需要，做好土地划拨，累计划拨土地38宗，面积1380亩。推进“标准地”制度改革。完成利辛县企业投资工业项目“标准地”工作指引、投资建设协议、出让实施细则编制，按“标准地”出让工业用地3宗，面积122.4亩。做好城乡地价制定与更新，完成城区、城镇国有建设用地基准地价（城区、乡镇）编制工作。加强土地储备监测监管系统管理。清理批而未供土地606.45亩，处置率17.94%；处置闲置土地3662.7亩，处置率为55.82%。聚焦修复好土地，推进生态文明建设。做好济祁高速临时用地复垦工作，对县境内13个取土坑进行回填。实施耕地质量提升（旱改水）项目，项目涉及展沟镇苏桥、苏湾、顺河3个行政村，总规模9300多亩。深化新一轮林长制改革。做好森林病虫害防治工作。

【改善人居环境】 2021年，利辛县积极实施乡村振兴工程，大力提升城乡人居环境和生活质量。农村危房改造，全年开工233户，全部竣工并通过验收。实施乡镇污水管网二期、三期工程建设，完成投资约7500万元。完善城市基础设施建设。新建、续建、改建高新路、泰鑫路、国强路、光明北路、和平南路、经四路、长春路等城市道路，铺设雨污水管网11.4千米。结合沟河治理，实施景观绿化建设，巩固国家园林县城创建成果，新

利辛县城西部新区一隅　（县委宣传部/供）

建绿道4千米，新增绿化面积约21.5万平方米。开展扬尘治理工作，检查在建工地80次，移送处罚12件。做好混凝土搅拌站整改工作。对已取得资质的13家经营性搅拌站，开展扬尘和环保符合性检查，对发现的搅拌站个别环保问题及时督促企业进行整改。

【城乡环境整治】 2021年，利辛县以创建省级文明城市为抓手，深入开展城市管理“四序”整治。强化经营秩序管理。从治乱治堵，规范秩序着手，采取错时上班、延时加班、集中与分相散结合的措施，加大对出店经营、流动经营与占道经营整治力度，经营秩序明显改观。全年共查处流动摊点2170余处，出店经营260余处，占道经营1230处。强化交通秩序管理。采取施画停车泊位，宣传教育和强制拖离相结合，强化人行道非机动车辆停放管理，共拖移非机动车1677辆，非机动车乱停乱放行为得到根本扭转。强化广告秩序管理。注重统一规划，加强审批监管，积极推进特许经营权转让，户外广告得到进一步规范，拆除陈旧、破损大型户外广告牌7处、破损广告190余处、违规户外条幅700余处。深入开展违法建设整治工作，强化日常巡查监管，完善控违拆违工作机制和违法建设有奖举报制度，对违法建设发现即拆，形成违法建设拆除的高压态势。全年共开展集中整治7次，拆除违法建筑25处，拆除违法建设4025平方米。畅通群众信访投诉渠道，解决居民“急难愁盼”问题。全年共办理市长热线投诉2469件，涉及噪音投诉的669件，市容市貌1133件，其他投诉636件；办理人民网留言、新浪微博留言等网络舆情回复90余件，受理来信来访33件次，办结率100%，满意率达到95%以上。处置数字城管信息采集问题。信息采集案件上报62621件，立案62586件，立案率99.94%；处置60777件，处置率97.11%。市互联互通案件共转交2841件，处置率为100%，按期结案率100%。2021年10月，开展以“清垃圾、清水面、清杂草”为内容的环境卫生综合整治活动，重点围绕县城城市建成区内的主次干道、河道、背街小巷、河道、公园广场、老旧小区（院落）、城中村和城乡接合部的环境卫生；乡镇重点围绕国省县乡道路、集镇街道广场沟塘、7条主要河流和村庄的环境卫生，切实改变清理保洁不到位而造成的“脏、乱、差”的现状。县城市管理局、县环境卫生外包服务公司共计投入人力3200余人次、打捞船只70余只、清运车辆10台，清理垃圾、杂草20余吨。

■ 城乡规划

【概况】 2021年，利辛县坚持以习近平新时代中国特色社会主义思想为指导，围绕省市自然资源和规划管理部门决策部署，一体化推进党的建设、自然资源和规划（林业）事业发展，各项工作取得明显成效。森林病虫防治检疫站获评2021年度先进国家级中心测报点；刘若森荣获第四届“文州英才”称号。

【建设规划编制】 2021年，利辛县自然资源和规划局积极开展国土空间总体规划编制，完成国土空间现状保护开发评估、现行空间规划实施评估、基本农田与生态红线优化评估、建设用地布局优化和城镇开发边界划定、产业发展及空间布局5个专题研究；完成村庄规划布局优化；完成国土空间规划城市体检；完成《利辛县煤电产业（大宗固废基地）总体规划（2019—2030年）》、西淝河国家湿地公园总体规划（2021—2025年）、阚泽省级湿地公园总体规划（2021—2025年）的编制；西潘楼郭楼市级试点和展沟苏桥、胡集陈营县级试点“多规合一”村庄实用性规划编制成果通过评审。《利辛县矿产资源总体规划（2021—2025年）》、城南片区控制性详细规划、高铁片区城市设计形成初步成果。编制报批物流园、经开工业、北部、西部及城北工业东、西片区土地征收成片开发方案6个，总面积9436亩。召开自然资源和规划管理委员会26次，审议通过工程项目规划设计方案98个，控制性详细规划3个，专项规划2个，美丽乡村规划11个。办理用地预审和选址27件，用地规划许可45件，工程规划许可86件。现场验线及验±0.000单体建筑446栋、核实竣工备案单体建筑246个，核发建设工程规划核实证10件。

揽翠河绿道　　（县城管局/供）

■ 城市建设

【概况】 2021年，利辛县全力推进征迁工作，推动城市基础设施建设项目顺利实施。年度计划中的文溪路、光明北路、经四路、长春路、淝河路、红丝沟西路（国强路—永兴路）、开源路等道路施工完工；泰鑫路、国强路等新建、续建、改建城市道路基本完工；光明路（阜蚌路—永兴路）长度2.096千米、子胥大道（富强路—政通路）长度3.95千米、晴岚东路（永兴路—醉月北路）长度2.75千米、永兴路（光明路—政通路）长度5.7千米、淝河路（长春路—阜蚌路）长度2.6千米、青年路（文州路—阜蚌路）长度1.72千米、长春路（光明路—淝河路）长度2.988千米、人民路（阜蚌路—淝河南路）长度1.7千米，共8条水泥路基本完成沥青铺设。和平南路部分工程完工；高新路按计划施工。新建、改建雨污水管网22千米。

【园林县城创建】 2021年，利辛县基本完成揽翠河沟河治理，完成揽翠河景观绿化约18万平方米、绿道4000米；治理红丝沟沟河500米，完成红丝沟景观绿化约9万平方米、红丝沟绿道1千米。完成怡秀游园景观绿化约2.5万平方米，其他道路绿化约5.5万平方米。

■ 城市管理

【概况】 2021年，利辛县城管部门深入推进城市管理创新和改革，扎实开展“党史学习教育”，以为群众办好实事的担当作为，全面提升城市管理水平。创新开展城管行政执法向乡镇延伸工作，23乡镇全部成立城市管理行政执法队伍，配备执法车辆、执法记录仪和执法服装，在城市管理行政执法局指导下开展集镇执法管理工作，提升县域城市管理总体水平。坚持学法、用法相结合，推进依法行政，构建法制城管。有计划地组织执法人员积极参加省、市举办的法律和业务工作培训，不断提高执法人员的法律知识和业务能力；开展“强基础、转作风、树形象”执法队伍纪律作风整顿，提升执法能力和水平；严格落实行政执法“三项制度”，实施执法全过程记录。全年，共立案1651件。

【环保整改】 2021年，利辛县城管部门强化餐饮油烟治理，动态监管城区餐饮饭店945家，完成中央环保督察组交办11件问题的督查整改工作；抽检城区73家餐饮油烟排放是否达标情况，处罚未达标餐饮企业19家。强化扬尘污染治理，每天洗扫、洒水和抑尘不少于4次。强化渣土运输管理，共立案查处违规运输渣土车辆202台次，罚款金额计33.92万元。

【市容管理】 2021年，利辛县城管部门持续开展城市管理各项活动，对城区经营、卫生、交通、建筑等秩序开展全面整治提升。以为民办实事为抓手，排查整改问题和隐患576个，城市管理水平和群众的满意度明显提升。深入开展无违建县创建活动，共开展集中整治7次，拆除违法建筑25处，拆除违法建设面积4025平方米。

【环境卫生】 2021年1月，利辛县城乡环卫一体化项目特许经营协议签约仪式在县城市管理局三楼会议室进行，受县政府委托，县城市管理局作为业主单位，与项目两个标段的中标单位侨银城市管理股份有限公司、无锡市金沙田科技有限公司分别签订《利辛县城乡环卫一体化工程项目特许经营协议》。该项目的落地，是利辛城市管理体制改革中的又一项成果，也是全县环境卫生工作统筹推进城乡一体，走向市场化服务的里程碑。

【市政维护】 2021年，利辛县完成人行道维修2.80万平方米、铺路侧石3.50千米；更换检查井盖3988套，新增地下管网1.30千米，累计清淤检查井约2.10万座，清淤检测污水管网386千米；清理道路两侧斜坡230余处。启动实施城区沟河广场提升工程，绿化补植约2万平方米，建成简易公厕14个；建成平面停车场11个、智能立体式停车场2个，新增公共停车泊位2000个以上。城市管理水平和群众“满意度”明显提升，营商环境进一步优化。

新建创业南路 （县住建局/供）

美丽乡村建设

【概况】 2021年，利辛县坚持规划引领，依据乡村产业发展需求与村民意愿，统筹集镇和村庄规划建设，围绕“产业兴旺、生态宜居、乡风文明、治理有效、生活富裕”二十字方针的总体目标，坚持因地制宜、科学规划、突出重点、分类推进的基本原则，按照“推进在建、启动新建、管好建成”的建设思路，将美丽乡村建设与脱贫攻坚巩固、乡村振兴、农村人居环境整治和乡村治理“四大板块”有机融合，强化基础、完善配套、健全功能、创优环境，不断积聚乡村发展新动能。截至2021年底，全县已建和在建乡镇政府驻地建成区22个；省级中心村116个，其中通过省级验收94个，在建22

个（2021年度10个、2022年度12个）；已建市、县级自主建设中心村55个。所有建成示范点都实现“走平坦路、喝干净水、上卫生厕、住整洁房、居优美村”的目标。利辛县被授予“全省美丽乡村建设先进县”称号。

【科学布局】 利辛县科学布局乡村生产生活生态空间，分类推进村庄建设。杜绝重建轻管，坚持建管并重，按照“五有”要求，建立政府主导、社会参与、农民自筹的资金筹措机制，健全管护长效机制，强化考核监督，实现乡村建设由一处美向处处美、一时美向长久美、外在美向内在美、风貌美向风尚美、环境美向发展美转变，真正让农村成为安居乐业的美丽家园。2021年，制定出台《利辛县乡村治理试点示范工作方案》，持续推动全县乡村治理制度创新和能力建设，提升治理体系和治理能力现代化水平。按照“五清一改”“五净一规范”的要求，充分发挥农民主体作用，坚持数量服从质量、进度服从实效，求好不求快，扎实推进农村户改厕、美丽乡村、巷道建设、人居环境整治工作。

【资金投入】 2021年，县财政投入资金3220万元，完成23000户改厕工作。全年整合项目资金5000万元，建设10个美丽乡村省级中心村，年末完成总工程量的80%。出台《利辛县农村巷道建设奖补暂行办法》，县财政整合资金1.2亿元，实施11740条504.6万平方米入户巷道硬化建设，建成3283条226.34千米，很大程度改善群众出行条件，提升农村人居环境整治效果。

房地产管理

【概况】 2021年，利辛县上报房地产开发投资56亿元，较上年同比增长35.86%；在建续建开发项目38个；施工面积402.32万平方米；新开工面积111.62万平方米。全年，批准预售86件，面积110.84万平方米，同比下降24.98%。其中，住宅9238套103.81万平方米，同比下降24.98%；非住宅839套（间）7.02万平方米。12月，批准预售7件，11.99万平方米，其中住宅1014套11.53万平方米，非住宅54套（间）0.46万平方米。2021年，商品房销售套数8976套，同比下降4.47%；销售面积98.85万平方米，同比下降3.65%；合同备案金额68.90亿元，同比下降0.96%。其中，住宅销售套数8223套、同比下降2.61%，面积92.28万平方米、同比下降3.44%，合同备案金额61.34亿元、同比下降2.77%；非住宅销售753套（间）、同比下降20.99%，面积6.56万平方米、同比下降6.82%，合同备案金额7.01亿元、同比增长8.51%。商品住宅销售均价5672元，同比下降16.55%。截至12月末，扣除一些老项目，全县35个开发项目库存可售房源6438套64.11万平方米。其中，住宅4579套51.31万平方米，非住宅1859套（间）12.88万平方米。

【保障性安居工程和老旧小区改造】 2021年，利辛县按照省、市要求，棚户区改造任务是5119套，完成5168套，完成率101%。住房租赁补贴发放任务是50户，遵照“应保尽保”的原则，全年发放廉租住房租赁补贴120户，发放补贴资金28.87万元。

推进公租房社会化专业化运营。根据《关于进一步加强政府投资公租房运营管理的指导意见》（建保函〔2019〕1615号）精神，2021年5月，利辛县采取政府购买服务、委托第三方运营形式，将公租房运营交有城投公司进行管理。移交后，随即对城区公租房开展集中入户核查和清理工作，截至10月底，实现对县城区11个小区、乡镇3个小区，共计8049套公租房的全面排查，维修公租房100余套；追缴拖欠租金149户37.12万元；清退公租房59户。

老旧小区改造情况。2021年，利辛县对港口新村、振兴小区等11个老旧小区的雨污管网损坏、部分外立面脱落、道路损坏等方面进行改造，改造建筑面积33万平方米，投资1.2亿元，惠及居民3194户。通过采取征求居民意见、强化工程质量管理、优化设计方案等措施，改变了居民居住环境，小区旧貌换新颜。

【物业企业管理】 2021年，利辛县共有物业服务企业27家。其中，外地企业6家，本地企业21家，服务57个物业小区。成立业主委员会的住宅小区有8个，新建商品房的物业服务覆盖率100%。全县累计归集物业专项维修资金4.27亿元。为加强物业行业监管，县房地产管理部门对各小区物业公司实行每月一督查、每季一考核、年终总评比的方式规范服务工作。

■ 住房公积金管理

【概况】 2021年，利辛县住房公积金管理部认真落实市住房公积金管理中心决策部署，围绕年初制定的工作目标，抓重点、促改革、补短板、惠民生、防风险，以人为本，全力做好公积金各项工作。全年归集住房公积金4.20亿元，支取3.15亿元，贷款发放1264户4.06亿元。全年实现增值收益0.29亿元。

【公积金归集扩面和贷款发放】 2021年，持续改进公积金归集扩面工作，管理部构建多元化的宣传体系，通过网络媒体、广播电台、电视新闻、各大报刊持续宣传公积金惠民政策。充分应用社保等多部门信息数据，加大对全县应建未建公积金制度、停缴欠缴公积金的单位核查催缴力度，尽力实现尽建尽缴。全年新开单位账户67户，新开个人账户5901人。全年贷款发放总额达15.98亿元，突破历史新高，存贷比高达120.85%，公积金贷款实现在售楼盘全覆盖。

【公积金运行安全】 2021年，利辛县住房公积金管理部大力打击公积金骗提骗贷，建立有效的沟通及交流机制。提出“办前严防、办中严查、办后严惩”的要求，办理前实行现场提交资料，签署购房真实性保证书；办理中通过电话联系当地不动产中心、给购房所在地不动产中心发查询函、国家税务总局官网查询发票真伪等方式遏制骗提公积金现象；办理后骗取行为一经查实，取消当事人3年内提取住房公积金、申请住房公积金贷款资格。重点针对同一个人多次变更婚姻关系购房、多人频繁买卖同一套住房、异地购房尤其是非户籍地非公积金缴存地购房、非配偶或者非直系亲属共同购房等申请提取公积金的，严格审核住房消费行为和证明材料的真实性，防止提取公积金用于投机炒房。对于个人贷款业务，签订贷

县城西部绿荫河畔迎日出晨景 （县委史志研究室/供）

款承诺书，根据贷款资料有异常情况约见客户带着相关原件资料核实。婚姻情况去婚姻登记处核实、个人收入情况有异常的去银行核实或通过手机银行核实。每周定期开展业务学习，增强防范意识，提升甄别能力，有效防止骗提骗贷现象的发生。

■ 国土资源管理

【耕地保护】 2021年，利辛县坚持保护优先，层层签订2021年度耕地保护责任书，将耕地保护工作纳入乡镇目标责任考核，严格落实“村（居）为主、乡镇负责、属地管理、党政同责”土地管理机制。依据土地变更调查结果，全县耕地保有量142245.13公顷，划定永久基本农田面积123170.53公顷，均超额完成指标任务。严格执法监察，加强日常巡查，及时发现、制止、查处、整治违法占地违法建设行为，发现违法占地违法建设13个，及时整治拆除13个。严格依法办案，申请强制执行52件，下达处罚决定书63件，处以罚款227.73万元。严格耕地“非农化”排查治理，排查占用耕地从事非农建设问题2个，面积1.02亩，全部整改到位。严格临时用地管理，办理临时用地8宗、63.29亩。严格设施农用地管理，上图入库备案380宗、3552.76亩，其中：2020年前182宗、816.66亩；2020年59宗、1619.1亩；2021年139宗、1117亩，补划基本农田83.73亩。加大土地卫片执法检查发现问题整改力度，2021年，卫片执法检查下发图斑149个，完成整改67个。严格开展“大棚房”和违建别墅问题清查整治“回头看”，巩固拓展整治成果。

【农村乱占耕地建房清查整治】 2021年，利辛县成立乡镇农房整治办，健全组织体系，深入开展农村乱占耕地建房问题专项清理整治再排查再审视，补录数据2644条，全部纳入农村乱占耕地建房问题清理整治清单；开展大排查，累计摸排在建房屋5693处，发现2020年7月3日之后新增乱占耕地建房问题9处，全部拆除复耕。

【田长制改革】 2021年，利辛县印发《利辛县田长制工作实施方案》及相关配套制度，成立田长制办公室，召开县田长制会议1次、县田长办会议1次；督导各乡镇1轮次，印发督查通报1份，县乡村三级田长制责任体系和相关制度基本建立，横向到边、纵向到底、全覆盖无死角的耕地保护新机制基本形成，“田长制”工作开展良好。

【农村土地综合整治】 2021年，利辛县整改2020年城乡建设用地增减挂钩项目问题327个，通过验收2013亩；实施2021年项目3660.6亩，全部取得省政府立项批复；实施新增耕地项目771.39亩、新增耕地748.73亩；完成验收工矿废弃地复垦项目462.70亩、新增耕地421.58亩。大力推进旱改水项目，展沟镇“旱改

2021年7月21日，安徽省督导组到利辛县督查“大棚房”问题专项清理整治“回头看”工作 （利辛发布/供）

水”试点项目总面积9362.44亩，累计完成投资1676.5万元，完成总工程量的18%。大力推进临时用地复垦，济祁高速临时用地复垦完成土方277.5万立方米，占总进度的98.20%。大力推进土地报批，建立土地报批流程图，细化工作任务，实化完成标准，量化办理时限，提升报卷质量。2021年，组卷上报35个批次、8775.67亩，累计取得批复23个批次6211.20亩，省、市在审查11个批次2564.47亩；征收土地3906.31亩。

2021年10月22日，市委常委、市政府副市长钟治峰调研利辛县济祁高速取土坑复垦和棚户区改造工作（利辛发布/供）

【土地供应】 2021年，利辛县完成土地出让94宗、2768.72亩，出让金额32.46亿元。其中，按“标准地”标准供应工业用地5宗、面积305.45亩，占出让县经开区产业用地总面积的55.80%；办理国有划拨用地42宗、1566.72亩，划拨价款69.46万元。提高土地利用效率，清理批而未供土地，处置675.93亩，处置率19.36%；依法收回国有建设用地使用权5宗、52.62亩；处置疑似闲置土地3875.85亩，处置率59.08%。

【不动产登记】 2021年，利辛县开展不动产登记提升行动，办理各类不动产登记日常业务39779件。其中，不动产权证书31171本，预告证明14683份，抵押证明6519份。抵押面积241.76万平方米，抵押金额60.78亿元；协助征税2.4亿元；提供各类档案查询服务5.28万人次。开展“难办证”专项治理。总计7054套房屋，实现整改治理项目“清零”、首次登记转移登记无障碍“清零”、制证发放到群众手中“清零”、补缺“清零”；易地扶贫搬迁安置房2042户同步治理到位，全部办证发证到户。开展“难安置”问题专项治理。全县共摸排上报安置小区项目9个，总计579户、1091套、12.36万平方米。其中，逾期2—5年项目有5个，总计287户、538套、5.95万平方米；逾期6—10年项目有4个，总计292户、553套、6.41万平方米，分类制定解决方案，明确时间表、路线图。开展“房地一体”农村宅基地和集体建设用地使用权确权登记颁证。发证36.05万宗，基本完成权籍调查；首批发布利辛县房地一体不动产登记公告11.98万户，总宗地面积2618.61万平方米、批准面积2277.26万平方米、建筑面积2381.73万平方米，户均宗地面积218.52平方米、批准面积190.03平方米、建筑面积198.75平方米。

【自然资源领域改革和依法行政】 2021年，利辛县开展工程建设项目“多测合一”改革，印发《利辛县工程建设项目“多测合一”工作办法（试行）》（利政办秘〔2021〕14号），建成全县工程建设项目“多测合一”平台。开展自然资源统一确权登记，印发《利辛县自然资源统一确权登记总体工作方案》（利政办秘〔2021〕8号），完成黑土沟、背沟统一确权登记发证。严格矿产资源管理和地质灾害安全生产防治，清理过期展沟煤矿勘查区探矿权，举办地质灾害防治工作培训班、桌面推演演练、防灭火应急演练等，完成自然灾害综合风险普查、1∶50000地质灾害风险调查评价。开展信访事项“大起底、大化解、大督办”专项行动。受理各类信访案件1087件，办结1022件，集中治理，化解信访积案22件。开展“双随机一公开”检查，制定抽查工作计划，建立“一单两库”，随机抽查9家，联合抽查3家，发现档案管理不规范并督促完成整改1家；归集涉企信息34条。开展法治政府建设，聘请专业法律团队提供法律服务；梳理编制权责清单目录255项、公共服务清单目录60项、行政权力中介服务清单目录19项；梳理审查规范性文件10项，废止2项，继续使用8项；合法性审查重大事项128件，法制审核重大执法决定28件；办理行政复议案件46件，行政诉讼案件69件，行政机关负责人出庭应诉率达100%。加强学习培训，编发《利辛县自然资源和规划（林业）乡镇工作指导手册》，举办全县干部专业能力提升班（第一期）暨全县自然资源和规划管理法律法规业务培训班、全县巩固拓展脱贫攻坚成果同乡村振兴衔接专题培训班、利辛县乡镇自然资源管理法律法规政策及工作务实培训班（共10期），提升镇村干部履职能力；印制“八不准”“六严禁”“两规范”“一处罚”和《致全县广大干部群众的一封信》，全覆盖张贴到自然村、主要交通路口、群众聚集场所及学校等企事业单位，“村村通”广播持续播放。利辛县第三次全国国土调查成果顺利通过市自然资源和规划局、省自然资源厅验收。

■ 林业资源管理

【概况】 2021年，利辛县以深化新一轮林长制改革为抓手，绿化道路沟渠2826条、自然村庄270个，建设森林生态廊道28.1千米，创建省级森林城镇1个、森林村庄8个，植树造林1.62万亩；茨淮新河薄壳山核桃种植基地、西淝河国家湿地公园林长制改革示范点建设全面建成。县乡村三级林长开展巡林4188次，协调解决问题1355个。实施森林病虫防治29.6万亩，其中：飞机防治23.2万亩、地面防治6.4万亩，无公害防治率100%，主要林业有害生物成灾率为零；美国白蛾虫株率为1.9%，虫害失叶率为4.6%。审批林木采伐许可证132件，采伐林木2.18万立方米。立案查处乱砍滥伐林木、非法捕猎野生动物行政案件18件，处以罚款5.61万元、责令补种236株，没收猎获的动物21只。设立野生动物保护救助站，救助野生动物66只。选续聘建档立卡贫困人口生态护理员1028名。培育林业经营主体2家，发展乡村林业经济2500余亩。办理林权登记4件、登记面积1040.07亩；抵押登记4件，抵押面积697.71亩，抵押金额2570万元。优先使用扶贫苗木200.55万株，林业产业扶贫工程全面完成。

【古树名木保护】 2021年，利辛县古树名木目录公开发布，全县存活各类古树40株。其中，一级古树7株，二级古树9株，三级古树24株，均实行挂牌保护。

■ 供水

【概况】 2021年，利辛县严格执行供水法律法规，切实履行社会服务承诺，公开办事流程、收费标准。在开通微信公众号、支付宝、我家亳州、商超网点等收费渠道的基础上，实现全县农商银行代收服务全覆盖。2021年，城区用户信访件421件，全部办结。对城区供水主管道进行4次地毯式查漏，处理DN100以上管道漏点14处。全年共处理服务电话5163个，回复率100%，群众满意率98%。全年城区供水营业收入5300万元（较上年增加309万元）；农村饮用水水厂收入1750万元，支出2550万元。上缴各种税收520万元（较上年增加168万元）。城区新增用水户4467户，改造老旧小区1300余户。解决贫困人口饮水安全问题330件，其中，新安装143户，维修164户，解决水压、水质等问题23户。

【城区供水】 2021年，利辛县城区总供水1533万吨（较上年增加供水116万吨），抄回1471万吨，抄表回收率95%以上。县城地表水厂与城区管网实现贯通，日均供水2.8万吨，城区供水不足的压力减轻。完成家和苑四期、万峯汇小区（永辉超市）、国宾府御园小区、文德艺墅小区三期、师大学府小区、中南新悦府小区二期、风华和悦小区一期、龙泊湾、清华书香小区等14个小区施工任务，铺设DN63以上主管线32.70千米，安装远传水表3899只。完成二中开发楼、城南一职高、建行家属楼、土地局家属楼、荷青馨苑小区的分户安装任务，安装DN63毫米以上供水管道7千米，水表箱（井）200余座、水表1300余块，有效解决老旧小区管网跑冒滴漏、水费缴纳困难等问题。完成吉安路、环翠东路、诚信路、经六路、醉月南路、醉月北路、长春路等20余条道路主管道铺设，累计铺设DN63毫米以上管径的主管道13.49千米，安装消防栓60余台（套）。客服中心全年共调试安装智能水表4573只，替换超年限故障水表860只。维修大小管网600余次。

【供水水质检测】 2021年，利辛县多次开展水质检测专题会议，制定完善水质检测、规范操作等管理制度，强化供水水质日检、月检、年检检验项目和频率的有效落实。加强对水质化验人员的业务培训，对农村饮用水水质在线监测设备的使用及维护进行2次培训；抽调骨干参加省农村饮水安全工程管理培训班3期。全年公司化验室抽检县城出厂水和末梢水日检水样329个，委托第三方抽检县城出厂水和末梢水月检常规项42项21个，半年检地表水厂出厂水106项1次，西淝河水源水6次。配合县卫健委抽检县城出厂水6次、末梢水30次。抽检农村饮用水日检262次，每月对常规项抽检农饮水出厂水和末梢水共1464个，委托第三方检测公司抽检郁湖水厂、贾桥水厂、东马水厂地表水厂半年检出厂水106项共3个，月检出厂水常规42项30个，抽检茨淮河水源水4个。配合县疾控中心抽检农饮水厂出厂水、末梢水共69个水样的常规42项。

【城乡供水一体化工程】 2021年，利辛县为提高农村供水保障率，改善供水水压、水质，继续实施农村饮水安全巩固提升工程，总投资1.13亿元，涉及全县23个乡镇62个农饮水厂，新打深

副县长张军带队督查乡村安全饮水工作　（利辛发布/供）

水井16眼，安装及改造水泵100余台、新建井房22座，新建清水池2座，安装消毒及除氟设备27台，更换变压器29台，架设10kV线路1.5千米，配套改造软启动控制柜、LCU柜等设施共95台，安装消防栓10余台，安装DN63以上的管道448千米，安装水表35000余只，入户改造25825户。项目的实施，改善了150余万人安全饮水问题。为加强营业管理，提高水费回收率，摸清用户底数，核实用户信息，供水各分公司组织人员进村入户进行大排查，并对核实的用户进行用户信息钉牌。全年摸排用水户25多万户，钉牌15.2万余户。对水费收缴情况及时在村、庄人口密集的地方进行公示，确保公正、公开。建立完善农饮工作周汇报、月提醒、季通报、年汇总的考核机制，强化监督管理。

■ 供电

【概况】 2021年，利辛县供电公司推行“阳光业扩”，进一步压减办电时长，高、低压客户平均接电时长压降至27.5天、1.63天。持续推进“三零”“三省”，压减客户办电成本210余万元。扎实推动政企联合，实现用电业务办理“一网通办”，简单业务“一次都不跑”。落实电价改革部署，制订代理购电工作实施方案，完成2154户专变客户用电协议签订及4.2万代理购电客户电费核算发行工作。保障全县一般工商业用户全部进入市场，居民、农业用电价格保持稳定，代理购电平稳落地。全年总购网电量16.83亿千瓦时，同比上升11.31%，售电量15.98亿千瓦时，同比增长12.54%；综合线损率5.1%，同比下降0.4%。供电可靠率99.89%。资产总额10.39亿元，同比增长9.26%；营业收入10.15亿元，同比增长15.10%。公司蝉联“国家电网公司第七届文明单位”，被授予“省公司服务脱贫攻坚先进集体”、亳州市“三大攻坚战”先进集体、亳州市“青年文明号”荣誉称号；公司企业文化阵地被省总工会授予安徽省“职工书屋”“阳光家园”示范点、市总工会“职工阅读站”。郑俊生荣获“安徽省优秀党务工作者”称号；曹晴霁荣获省公司脱贫攻坚“突出贡献个人”称号；冯建华荣获省公司“优秀共产党员”及“亳州工匠”荣誉称号。

【安全生产】 2021年，利辛县供电公司统筹推进安全生产专项整治三年行动、建立“五查五严”管理机制，共排查各类隐患435项，按周推进销号整改。开展全员安规培训870人次，安全技能认证考核144人次。严格落实“四个管住”，狠抓计划刚性执行，完成作业计划6610余项。查纠违章现场112起，处罚及约谈337人次，共处罚金12.27万元。贯彻落实国家节能减排和全市能效双控工作任务，编制有序用电及“双高”企业轮停方案，积极落实错避峰限电措施。科学合理

3月22日，在县城永兴路与泰鑫路交叉口，利辛供电公司带电作业班开展首次10千伏立杆、撤杆带电作业施工（刘喆/摄）

安排电网运行，2021年度冬度夏期间，全县电网运行安全平稳，电网最大负荷突破44万千瓦，再创历史新高。圆满完成庆祝建党100周年、高中考、“两会”等重大保电任务。

【电网建设】 2021年，利辛县供电公司根据城乡发展和用电负荷增长需求，完成县域电网主干网架升级规划方案研究，滚动修编10千伏配电网、“十四五”农村电网巩固提升规划。“十四五”期间，新建500千伏变电站1座、220千伏变电站2座、110千伏变电站4座。坚持“投资问效”理念，严格把控项目质量，110千伏于寨变、35千伏程家集变提前建成投运。完成农网工程总投资1.05亿元，建改项目96个，新增改造10千伏配变121台，建改10千伏线路165.2千米、低压线路725.98千米，惠及客户1.2万余户。完成频停线路治理21条，低电压台区改造217台。开展不停电作业623条次，减少停电3.12万时户，用户平均停电时间9.15小时，同比降低10.99%。

■ 供气

【概况】 利辛县海特燃气有限公司成立于2006年5月9日，是重庆海特环保（集团）有限公司旗下重庆海特能源投资有限公司投资的全资燃气子公司，注册资金1000万元。2006年3月7日，重庆海特能源投资有限公司与利辛县建设委员会签订特许经营协议，利辛公司取得利辛县现行城市范围及利辛县县城区管道燃气30年特许经营权，主要投资、经营、管理利辛县城市燃气管道基础设施，向当地居民、商业、工业用户输送天然气；建设和经营LNG、CNG汽车加注站等。利辛公司下设总经办、办公室、生技科、财务科、安全科、客服中心、城市供气门站、LNG汽车加气站等科室站，2021年拥有员工61人。2021年，利辛县海特燃气有限公司建设天然气门站1座，CNG加气站1座，LNG综合站1座；铺设中压管线145千米、庭院管线419千米；安装燃气覆盖43个居民小区，用户75680户，工商业用户810户，日供天然气10万立方米左右，全年缴纳税费473.73万元。

利辛县燃气车辆城南加气站　　（海特燃气/供）

【天然气建设工程】 城南王六庄门站。该站位于城关镇王六庄，占地4.8亩，建设一套进出站输配调压计量工艺装，设计进口压力1.6兆帕，出口压力0.4兆帕，小时供气能力20000标准立方米。气源由安徽省天然气销售有限公司、中石油西气东输安徽销售分公司、利辛县南方博能燃气有限公司长输管道供气。

城南王六庄加气站。该站位于城关镇王六庄，占地为4.61亩，建设一套进压缩设备，设计进口压力1.6兆帕，出口压力25兆帕，小时供气能力3000标准立方米；有两台压缩机、三口储气井8立方米容积、两台加气机、一台干燥机、一台冷却塔、两台槽车加气柱及相关配套设施，加气规模为20000Nm³/d。气源接城南王六

海特燃气利辛营业部　　（海特燃气/供）

庄门站管道供气。

利辛县世纪大道储备调峰综合站。该站位于利辛县世纪大道东侧、迎宾大道北侧，占地为8.9亩。LNG气化灌装工艺：2座100立方米LNG储罐，总容积为200立方米（折合气态天然气约120000标准立方米），两台小时气化量为5000标准立方米汽化器，两个储罐增压撬，一个气化复热撬，一台调压计量撬。生产辅助区：1座1层的183.52平方米办公辅助用房，1座1层的164.04平方米消防泵房，一座400立方米的消防泵房及其他相关设施。门站工艺：建一台进出站输配调压计量撬，设计进口压力4兆帕，出口压力0.4兆帕，小时供气能力35000标准立方米。气源包括：深圳市燃气集团股份有限公司宣城LNG液化工厂、江苏如东LNG接收站及周边的LNG液化工厂，利用LNG槽车将液化天然气运输至岳西县LNG综合站。场站距离LNG气源较近，LNG供应充足，并且运输距离短，LNG气源有保障。

国家管网西气东输一线利辛分输站至利辛县世纪大道储备调峰综合站高压长输管道。该项目新建输气管道长度13千米，主要管径为DN400、DN300、DN200，设计压力4.0兆帕，年输气为4.28×10^8标准立方米。管道起点：国家管网西气东输一线利辛分输站（利辛县中疃镇），终点：利辛县世纪大道储备调峰综合站（利辛县迎宾大道北侧、世纪大道东侧）。上游高压管道情况：利辛县境内有长输管道国家管网西气东输一线，安徽省天然气开发股份有限公司利阜线、利颍县、利亳线、利淮线，利辛县南方博能国帧燃气有限公司利阜线等，基本建成国家管网西气东输一线利辛分输站至利辛县世纪大道储备调峰综合站高压长输管道。下游管网情况：铺设有主管径为De250、De200、De160、De110等的中压管网145千米，各类庭院管网419千米，基本覆盖利辛县城区、经开区及周边郊区。

教　育

■ 综述

【概况】 利辛县教育局是全县教育事业的行政主管部门，下设办公室、干部人事股、计划财务股、基础教育股、综合业务股、监察审计股、县人民政府教育督导委员会办公室等7个股室。2021年，全县共有各级各类学校610所，在校学生26.91万人。其中，普通高中9所、学生2.79万人，职业中学2所、学生0.53万人，初中69所、学生6.58万人，小学260所、学生12.14万人，幼儿园269所、学生4.81万人，特殊教育学校1所、学生467人；专任教师1.53万人。2021年各级各类教育事业稳步发展，学前教育三年毛入学率达91.6%，九年义务教育阶段巩固率96.42%，高中阶段毛入学率93.1%。

【教育项目建设】 2021年，利辛县新建、改扩建城区幼儿园9所，实施中小学建设项目81个、建设面积15.35万平方米，新建、改扩建前进路、淝河路小学等义务教育学校5所，改善提升4所普通公办高中办学条件，新建、改扩建利辛县第二完全中学、安徽师范大学附属利辛学校等2所高中，新增学前教育学位1530个、义务教育学位3870个、高中学位5000个。

2021年9月，利辛县锦绣路初级中学举行新学期军训活动　（县教育局/供）

【教育民生工程】 2021年，利辛县积极做好巩固拓展脱贫攻坚成果同乡村振兴有效衔接工作，发放各类资助资金5052万元，资助贫困学生49779人次，免除义务教育阶段19.7万名学生学杂费、教科书费用；利辛县营养餐受益学生103789人（动态），供餐学校309所，涉及23个学区、1所特教学校，食堂供餐率100%。拨付膳食补助资金7022.8万元，食堂从业人员工资1159.1万元。实施学校覆盖率和受益学生覆盖率均为100%，做到应享尽享。2021年完成乡村中小学智慧学校建设108所，累计覆盖率达100%。

【教学质量】 2021年，利辛县有18.2万名学生参加课后服务活动，实现义务教育学校和有需求的学生全覆盖，初中学校工作日晚上开设晚自习率100%。组织582名教师开展学科优质课评选活动，择优推荐26名教师参加市级评选；组建“三名”工作室，王瑜、郑涛、徐梅等35个名校长、名师被聘为工作室领衔人；广泛开展“双讲、双带、双提升”、名校长和名教师抓教研等系列活动，全面提升教育教学质量，实现教师业务水平、课堂教学效果、学生学习成绩“三个提高”。全县参加普通高考8120人。一本达线1766人，较2020年增加415人、增长2个百分点；本科达线4569人，较2020年增加404人。共计52名学生被985高校录取，216名学生被211学校录取。

【教师队伍建设】 2021年，利辛县公开招聘中小学、中职教师404人，招聘特岗教师288人，招聘编外幼儿教师100人，聘用2017年初中起点专科层次、2018高中起点本科层次定向培养乡村教师50人。招聘的义务教育阶段教师全部分配到农村学校任教。全县引进县外在编在岗教师53人，2018年“特岗教师”期满留任入编77人。招生定向培养初中起点专科层次乡村教师150人，高中起点本科层次“优师计划”39人。

【教师交流轮岗制度】 2021年，利辛县共交流轮岗中小学教师956人。其中，从县域内农村学校公开遴选265名教师到城区缺编学校任教。为推进教育高质量发展，提高教师的业务水平，2021年继续实施国培计划、教师全员培训、新任教师入职培训等，参训教师达1.3万人次。大力提高乡村教师待遇，及时足额发放乡村教师生活补助资金902.15万元，惠及3529名乡村教师。加强教师师德、师风建设，全县共评选表彰优秀（先进）个人550人。其中，县级优秀教师200人、县级先进教育工作者80人、县级优秀班主任50人、县级师德标兵50人、市级优秀教师75人、市级先进教育工作者10人、市级师德标兵8人、市级“2535”名师66人、药都最美教师2人、市第二届乡村创新创业领军能人4人、省最美教师2人、省优秀班主任2人、省优秀校长1人。

2021年教师节表彰活动　　（县教育局/供）

学前教育

【概况】 2021年，利辛县大力发展公办幼儿园，通过政府补贴、购买服务等方式，积极发展多元普惠幼儿园，学前三年毛入园率93.7%，普惠性幼儿园覆盖率为88.16%。全县新建、改扩建幼儿园9所，总投资454万元，建设面积3800平方米，新增学位1530个。23个乡镇公办中心幼儿园覆盖率100%。利辛县幼儿园被评为省级一类幼儿园，第四幼儿园被评为市级特优幼儿园，阚疃学区中心幼儿园等23所被评为市级一类幼儿园，全县幼儿园办园水平不断提升。

【幼儿园选介】 利辛县幼儿园。利辛县幼儿园创办于1965年，是一所具有五十多年办园经验的安徽省一类幼儿园、亳州市特优园。近年来，在县教育局的大力支持下，办园规模进一步扩大，逐渐发展成为1园6区的幼教集团。2021年，共有51个教学班（其中，托班1个），基本解决辖区内的适龄幼儿“入托难”的问题；在编教职工150余名，其中，省特级教师2名，市特级教师、药都名师4名，市学科带头人7名，市级以上名师14名。园内老师参加的论文、自制教玩具、优质课、娃娃乐故事、自主游戏、微游戏等比赛中，多次在全国、省、市获奖。利辛县幼儿园以“游戏性、生活性、发现性”的教育理念引领保教工作，秉承着“游戏重自主，学习重有效，运动重全面，生活重规范，教研重真实”的教育方针，以“融合、共享、发展”的理念促进6个园区各富特色的发展，各项工作都取得显著成效。先后荣获“安徽省家教名校”“安徽省幼儿教育先进集体”“安徽省巾帼文明示范岗”“亳州市语言文字示范校”等称号，2019年被命名为“全国足球特色幼儿园”。

■ 义务教育

【概况】 2021年，利辛县加快城乡办学联盟步伐，提高办学水平，缩小校际差距，推进县域义务教育迈向优质均衡。全县投入各级各类资金近亿元，实施中小学建设项目81个、建设面积20.83万平方米，新建教师周转宿舍学校2所。超大班额和起始年级大班额全面消除，义务教育九年巩固率达到96.42%。

【中小学校选介】 利辛县实验小学。利辛县实验小学座落在利辛城关镇文化路91号，学校创建于1958年，原名利辛县第一小学。2012年秋季，利辛县委县政府将城关文州希望学校，原利辛四小与利辛县实验小学进行整合，成立利辛县实验小学联盟校，从此，实验小学框架为一校三区。2021年，学校有112个教学班，在校学生5886名，在职教师294名，其中安徽省特级教师4名，安徽省教坛新星1名；亳州市药都名师、特级教师、学科带头人、骨干教师、教坛新星43人，中小学高级教师26名，一级教师183名，拥有大学本科和专科学历教师占99%以上。学校配有250米塑胶跑道，2个标准的篮球场，阅览室、电脑室、美术室、舞蹈室、科学实验室、少先队活动室、留守儿童之家、心理健康咨询室等各种功能室和活动室，拥有各类艺术、体育、科学器材、班班通等教育教学设备。学校围绕“以质量为根本，以特色谋发展，以文化促内涵”的理念，关注每个细节，关爱每个孩子，深化课程教学改革，努力提高教育教学质量，促进孩子全面发展。学校先后荣获全国家教工作先进单位、全国优秀少先队集体、安徽省读书育人特色学校、科普示范学校等称号。

利辛县第四中学。利辛县第四中学2017年9月投入使用，学校位于县城向阳路与科技路交叉口，规划占地总面积5.23万平方米，总建筑面积3.29万平方米，项目总投资额约8000万元。第四中学学区覆盖阜蒙河以北，晴岚溪以西，前进路以南，城关镇境内。学校秉持“让每个生命都绽放，让每个家庭都幸福”的办学宗旨，扎实开展各项教育教学工作，把“以有效课堂点燃激情，奠定学生终身发展；以社团活动激发潜质，展现学生个性特长；以传统文化滋养心灵，奠定学生道德根基；以自我管理锻造情商，促进学生阳光成长”四个方面作为学校发展的突破口，各项工作初见成效。2021年，第四中学在校学生2900余人，54个班级。有专任教师152人，其中，荣获“省级优秀教师”荣誉称号1人、“市特级教师”1人、“市学科带头人”4人、“市教坛新星”20人；荣获市级优秀表彰31人，县级优秀表彰53人。学校先后被授予安徽省防震减灾示范校、亳州市共青团规范化建设十佳学校、利辛县教育工作先进单位等称号。

普通高中教育

【概况】 2021年，利辛县实施高中普及攻坚计划，通过扩大教育资源、加大经费投入、完善扶困助学政策、加强教师队伍建设、改进招生管理办法等措施，加强学校建设，提升办学水平。2021年，全县高中阶段教育毛入学率达到93.07%。新建、改扩建高中2所：利辛县第二中学教学楼建成使用（更名为利辛县第二完全中学），安徽师范大学附属利辛学校建成使用，新增学位5000个。2021年度实施普高改善计划学校4所，总投资350万元，建设面积11430平方米，建设内容为教学楼、宿舍楼维修、消防设施改造、运动场看台等附属工程。

【高级中学选介】 利辛高级中学。利辛高级中学坐落于利辛县城东北部永兴路状元河畔，前身为利辛二中高中部。2010年8月，新校园建成。之后，实施高、初中分离，高中部整体迁入新校园。经县委、县政府和市教育局批准，命名为利辛高级中学。学校占地227亩，总建筑面积70000平方米。2021年，拥有教师360人，在校学生5300人。现有高级教师146人，一级教师128人，研究生学历35人，市级以上教坛新星、骨干教师、学科带头人、药都名师等39人，省市县优质课获奖者达一百余人。学校育人环境优美，教学设施一流，建有深秀园、淝水书院、艺术中心、孔子广场、邓琳琳体育馆、标准化田径场。学校每年举办桃花节、读书节、体育节、校园文化艺术节、英语节等。社团活动丰富多彩，文学社、科技创新社、心语社、朗诵社、篮球队、乒乓球队等已成为对外品牌。学校始终坚持“质量立校、特色兴校、文化强校”的发展战略，先后被评为安徽省示范高中、全国特色学校、全国重点实验学校、全国文学社团示范学校等。

中等职业教育

【项目建设】 2021年，安徽亳州新能源学校规划建设一栋光伏农学实训基地，面积3600平方米，10月15日中标单位进场开工建设。利辛机电科技学校新校区学生宿舍楼、食堂、教师公寓进入装饰阶段，体育馆和图文信息中心封顶。

【学生操作技能培训】 2021年，利辛县高度重视职业教育实践技能的培养，不断完善实训设施设备，增加实训课时比例，积极组织师生参加各类技能大赛，为师生技能展示提供各种平台。在2021年省级“三优”评选中，获一等奖1个、二等奖2个、三等奖4个；在市级“三优”评选中，获一等奖5个、二等奖17个；在市级“教师教育教学信息化优秀作品”评选中，获一等奖2个、二等奖1个、三等奖1个；在市级“中小学幼儿园教育教学论文”评选中，获二等奖7人、三等奖10人；在亳州市第六届“四有”好老师教育教学征文评选中，获二等奖1人；在市级职业

亳州新能源学校主教学楼　（县委史志研究室/供）

学校教育教学技能竞赛和班主任业务能力比赛中，获一等奖1组、三等奖2组；在迎接建党100周年校园文化会演活动中，获得县一等奖6个、市三等奖4个；在市级全民阅读主题演讲大赛中，获一等奖；在市级学生信息素养提升实践活动中，获一等奖3个、二等奖5个、三等奖9个；在市职业技能大赛中，获一等奖18人、二等奖27人、三等奖63人。

【学校办学条件不达标整改】2021年，利辛县根据中央第五巡视组巡视安徽反馈意见，按照安徽省教育厅、安徽省财政厅《关于切实做好中职学校办学条件不达标整改工作的通知》（皖教秘职成〔2021〕11号）、安徽省人民政府教育督导委员会《关于进一步压实整改责任扎实推进中职学校办学条件不达标整改工作的通知》（皖教秘督〔2021〕7号）等文件要求，为确保2022年9月完成整改工作，县教育局积极组织人员对辖区内两所中职学校进行排查，建立情况一览表、工作清单和方案，共排查出10项基本办学条件不达标项目。其中，安徽亳州新能源学校存在“生均占地面积不达标”“生均校舍建筑面积不达标”“聘请有实践经验的兼职教师不达标”“领导班子配备不达标”4项问题，利辛机电科技学校存在“在校学生数不达标”“生均图书（册）不达标”“报刊种类（种）不达标”“阅览室座位占比不达标”“专业教师数不达标”“双师型教师不达标”6项问题。年底，新能源学校“生均占地面积不达标”“生均校舍建筑面积不达标”“领导班子配备不达标”3项问题正在整改，其余7项完成整改工作。

■ 民办教育

【概况】 2021年，利辛县共有民办学校223所。其中，民办高中4所、在校学生5623人，教职工518人，专职教师341人；民办义务教育学校31所，在校生42645人（小学15所，在校学生10766人；初中3所，在校学生4560人；九年一贯制13所，小学生11381人，初中生15938人），教职工合计2788人，专职教师数1887人（小学教职工1474人，专职教师972人；初中教职工1314人，专职教师915人）；民办幼儿园189所，在园幼儿27158人，教职工2873人，专职教师（有教师资格证）1366人，保育员（有证）862人，其他工作人员645人。民办普惠园158个。

【民办学校年检】 2021年，利辛县共有209所民办学校参加年检工作。其中，幼儿园178所，小学14所，初中3所，九年一贯制14所。4所幼儿园和1所中小学未申请年检，6所幼儿园因审批时间不足6个月未参加年检。154所幼儿园合格、12所基本合格、2所不合格；中小学20所合格、10所基本合格。

【普惠性学前教育】 2021年，利辛县进一步做好普惠性民办幼儿园认定工作，规范普惠性民

利辛县实验幼儿园“园丁”合影　　（县实验幼儿园/供）

办幼儿园的管理，引导民办幼儿园更好地向社会提供公益性、普惠性学前教育服务。按照亳州市教育局《关于做好2021年度普惠性民办幼儿园认定工作的通知》（教基函〔2021〕7号）精神，根据利辛县教育局《关于开展2021年度普惠性民办幼儿园认定工作的通知》（教综函〔2021〕8号）要求，结合民办幼儿园申请及2020年度年检结果，全县共认定2020年度普惠性民办幼儿园28所，经亳州市教育局审核，同意本次认定的普惠性民办幼儿园，有效期为3年。

非法园治理工作。利辛县按照亳州市人民政府办公室《关于印发亳州市清理整治非法办学机构专项行动实施方案的通知》（亳政办秘（2019）21号）要求，根据安徽省教育厅《关于进一步加强无证幼儿园分类治理的通知》（皖教秘基〔2020〕28号）精神，全县继续加大清理力度，对非法办学机构进行分类治理。2021年7月，全县开展新一轮摸排工作，经过摸排共有37所无证园，在园幼儿2736人，教师302人，保育员79人，班级118个。年底，自行停办1所，存36所。

市一类园认定工作。利辛县为全面贯彻落实党的教育方针，提升幼儿园整体办园水平，发挥优质幼儿园的示范引领作用，进一步加强幼儿园规范管理，促进全县学前教育健康和谐发展，按照亳州市教育局《关于开展市级一类幼儿园申报评估和复评工作的通知》（教基函〔2021〕6号）要求，开展全县市级一类幼儿园办园水平申报评估和复评工作。经验收专家组初步评估，利辛县共有3所民办园通过市局复核。其中，2所复评，1所新申报。截至2021年5月，全县共审批民办幼儿园10所，在很大程度上解决公办幼儿园的就学压力。

市级二、三类幼儿园认定工作。2021年10月，按照亳州市教育局《关于开展市级一类幼儿园评估和复评工作的通知》（教基函〔2021〕6号）要求，利辛县教育局组织评估小组对利辛县4所申报市级二类园的民办幼儿园进行初评。评估小组对照亳州市教育局下发的《亳州市幼儿园办园水平评估指标体系》，结合利辛县2020年度民办学校年检情况进行评估。经评估小组初步评估，拟推荐利辛县大李集学区同心幼儿园、孙庙学区红蜻蜓幼儿园、城关学区博苑剑桥、城关学区振兴幼儿园为市级二类幼儿园。2021年底，通过市教育局复核认定。

【民办义务教育】 2021年，利辛县根据《中共中央办公厅、国务院办公厅〈关于规范民办义务教育发展的实施意见〉的通知》《安徽省教育厅关于切实做好规范民办义务教育发展工作的通知》精神，按照亳州市规范民办义务教育发展工作会议要求，对全县民办教育进行规范管理。2021年5月底，全县共有民办义务教育在校生45344人，占全县义务教育在校生的23.24%。2021年秋季，通过减少2021年秋季民办义务教育学校起始年级招生计划的方式，全县民办义务教育在校生减少至42645人，占全县义务教育在校生的22.1%。

■ 利辛县特教学校

【概况】 利辛县特教学校创办于2010年，2011年建成投入使用。学校坐落于县城长春路与光明路交汇处，占地24000平方米，建筑面积11192平方米。校园环境优美，设施齐全，设备先进，有教学楼3栋、学生公寓2栋，有标准运动场、儿童游戏场、食堂、多功能报告厅等。2021年，学校在校学生427人，设21个教学班，任课教师78人，在编教师65人，教师专业合格率100%。招收学生已覆盖学前康复教育、义务教育，并对全县适龄重度残疾儿童进行送教上门。2021年，利辛县教育贯彻落实“办好特殊教育”政策，全面保障残疾儿童入学教育。2021年全县义务教育在校残疾儿童少

2021年9月，特教学校听障儿童表演的舞蹈《给自己一个微笑》参加亳州市的残疾人节目会演　（利辛县特教学校/供）

年1302人，适龄残疾儿童入学率95.04%，达到国家标准。新建望疃学区特殊教育资源教室1个，普特融合教育条件进一步提高。

【教育教学】 学校坚定“抓好中间，延伸两端”兼具“区域特色”的办学目标，积极提升学校发展内涵。附设幼儿园已经设立，预职部正在筹办之中。现已开设汽车美容、面点烘焙、家政服务、手工制作、舞蹈、电脑绘画等校本课程。建校以来，学校先后荣获“中国特色学校创建与发展战略研究”课题研究一等奖，获“安徽省文明校园”、“安徽省绿色学校”，市级“绿色学校”“安全文明校园”“青年文明号”“教育系统先进单位”“法治示范学校”“语言文字规范化示范学校”“美丽校园”“五星基层党组织”等称号，成功举办“皖北片特殊教育学校办学经验交流会”“特殊教育国培班名师访名校”“肥西师范特殊教育专业毕业生见习”等活动，学校被亳州市教育局定为“特殊教育教研基地”，被市委组织部定为“五星远教站点”、党建工作领航计划，被淮北师范大学设为“特殊教育专业实践基地”等。2021年，利辛县特教学校成功举办全市特殊教育工作会议和特殊教育素质教育会报演出。荣获“安徽省青年文明号”“安徽省文明校园”等称号，1篇教学设计入选国家人教版听障教材。

■ 利辛县广播电视大学

【概况】 利辛县广播电视大学是亳州广播电视大学在利辛设立的县级工作站，是以现代信息技术为主要教学手段，面向全县开展现代远程教育的新型高等学校。经过多年的发展，学校学科门类多样，教学设施完备，形成多层次学历教育（中专、大专、本科）办学体系。学校秉持“立足全县，面向基层、面向行业、面向企业、面向社区、面向农村，服务社会”的办学使命，为县域经济社会发展做出突出贡献。

【招生工作】 2021年，利辛电大拓宽招生渠道，创新招生形式，建立有效的招生机制。组织人员认真研究招生政策，统筹安排各类招生工作。招生管理规范有序，充分利用电视台、手机短信、张贴宣传图、微信公众号、车体广告等媒体，动员全体教职员工积极参与招生宣传工作，分组深入乡镇分发招生简章，宣传招生政策，解答招生疑问，收到较好的效果。招生期间，每周一例会，公布招生进度，两周一阶段，总结招生工作，表彰先进，激励后进，总结经验，明确目标。2021年度各类招生总量稳中有序，全年招生400余人，在籍各级各类学生2400余人，为学校可持续发展奠定良好的基础。

科学技术

■ 综述

【概况】 2021年，利辛县科学技术局在县委县政府强化政策引导下，全面深入贯彻科技工作的各项方针政策，狠抓科技进步，推动科技创新，进一步凸显科技在经济社会发展中的支撑引领作用。2021年，先后召开创新培训班、创新平台申报、高新技术企业认定、研发投入指导、科技型中小企业评价等线上线下定向培训班，尤其是深入重大企业进行点对点的创新知识培训，成效明显，企业反应积极。全年有序组织开展高新技术企业申报工作，获批高新技术企业23家，认定的高企总数达到45家，占规模以上工业企业的40%以上，在全市处于较高水平。全年指导科技型中小企业入库40家，累计入库科技型中小企业53家，参评、入库占比逐年提升。

【研发经费归集】 2021年，利辛县科学技术局以县内规上工业企业、服务业、建筑业为重点，加大研发经费数据归集的培训和指导，做到应统尽统，应报尽报。4月16日，为加大对研发经费投入的引导力度，利辛县人民政府印发《关于引导全社会加大研发投入的实施意见》（利政秘〔2021〕45号），激发各类创新主体和社会力量进行研发投入的积极性，进一步增强科技创新对经济高质量发展的支撑作用。全年全社会研发经费同比增长66.8%，增速居全市第一。规模以上工业企业中有研发活动的企业占比达到60.3%，较往年有较大突破。

【高层次人才引进】 2021年，利辛县高层次人才引进工作实现新突破，安徽翰联色纺股份有限公司与安徽农业大学共同搭建的省级博士后工作站成功获批（含2名博士后）；安徽阳光药业集团公司与上海交通大学仲晓晴和兰州大学李建银组建的博士后团队共同打造的四季花海5G智慧特色农业科技示范园正式运营；安徽禾丰农牧与合肥工业大学联合组建的肉品联合研发中心成功挂牌。利辛县有关单位和企业与省内外大专院校、科研院所30名以上高层次人才签订合作协议，其中博士后2名。积极进行技术开发、开展成果转化活动，高层次人才的引进为利辛县科技创新奠定坚实的基础。

【产学研合作】 2021年，利辛县共组织5次校企科技成果转化

2021年7月15日，县科技局工作人员到中益科技有限公司，与高校教授、企业负责人开展座谈，帮助对接博士后科研工作站建设　　（利辛发布/供）

见面会，先后促成20家企业与有关院校签署技术合同金额达3000余万元，登记科技成果100余件，公示37件。2021年，利辛县安徽和邦纺织科技有限公司1项市级“揭榜挂帅”攻坚任务榜单向社会张榜发布。

【战略性新兴产业发展和传统优势产业转型升级】 2021年，利辛县拥有国家级星创天地1家、省级科技特派员工作站2家，市级科技型众创空间2家、市重点实验室2家，引进博士后工作站1个。与安徽工程大学联合组建科技成果转化基地1个，企业与大学、科研院所联合组建技术研究院和成果推广中心等创新平台6家。2021年，利辛县“辛创云众创空间”成功获批省级众创空间备案。

【科技成果】 以创新为基础，以知识、信息为核心，大力拓展企业与高校及科研院所的项目合作领域，盘活科技资源。2021年，全县共组织5次校企科技成果转化见面会，先后促成20家企业与有关院校签署技术合同，金额达3000余万元。登记科技成果100余件，公示37件。2021年，利辛和邦纺织科技有限公司1项市级“揭榜挂帅”攻坚任务榜单向社会张榜发布。

■ 气象

【概况】 2021年，利辛县根据气候年景等级评估，全年属于“较好”的气候年景。年总体气候特点是：气温偏高，日照正常，降水正常，年内高温干旱、暴雨洪涝、低温冰冻等灾害性天气频发。年平均气温16.3℃，较历年平均偏高1.2℃，年极端最高气温38.5℃，出现在6月7日，年高温日数17天，年极端最低气温-10.1℃，出现在1月7日。年日照时数1952.7小时，比历年平均偏少53.6小时，年日照百分率为44%。年降水量926.2毫米，较历年平均值偏多22.7毫米，各月降水不均，7—9月降水偏多（7月偏多168.9毫米、8月偏多36.5毫米、9月偏多0.4毫米），其他均偏少，特别是12月降水量为0。年内出现1次暴雨，1次大暴雨，均出现在7月，年一日最大降水量126.4毫米，出现在7月28日。重大气候事件：盛夏（7—8月）多雨寡照，高温日数仅2日，为2008年以来最少；10月3—4日出现高温天气，最高气温达36.7℃，突破10月高温极值；台风“烟花”侵袭，给全县带来明显风雨影响，造成严重灾害；年初年末出现大范围寒潮。

【气象服务】 2021年，利辛县气象局强化网络安全管理，优化西淝河湿地公园国家站网络，全年数据稳定运行率提高到99.98%。48个区域自动站常态化维修维护305次，数据稳定运行率99.79%。气象监测站网不断优化，新建8套城市雨量站，升级改造原国家站为城市七要素自动气象站，新建1套城市公园六要素自动气象站，完成3套国家

4月24日，《亳州晚报》百余名小记者走进利辛县气象局学习气象科普知识
（县气象局/供）

局补短板项目六要素站的选址，国家站新增冻土观测仪1套。完成全县区域站新型无拉线风杆更换，杜绝风杆安全隐患。全年共发布各类预警信号214次，《重大气象信息专报》35期，《气象信息专报》80期，通过决策短信息服务平台发布各类气象信息725次583万条。准确预报“7·3”暴雨和“7·28”台风“烟花”来袭。“7·28”台风“烟花”来袭前一周，每天向县委县政府主要领导汇报，7月28日当天与县委县政府主要领导电话汇报11次，为科学决策提供可靠的气象保障。

【执法监督】 2021年，利辛县气象局加强施放气球行业监管。6月30日，成功对一起非法施放气球行为进行制止，杜绝安全隐患。对全县天然气分输站、液化气站、加气站等燃气企业开展防雷安全隐患专项检查1次。开展中高考考场防雷公益检测。通过“安徽省事中事后综合监管系统”，采取不定向抽查的方法，组织防雷安全双随机联合检查6次，责令整改3家。在检查中为利辛县平运加油站有限公司挽回损失3000元。2021年，发放防雷安全行政许可3家。其中，防雷装置设计核准2家，防雷验收1家。

【重大及异常天气气象事件】 2021年重大气候事件：1.盛夏（7—8月）多雨寡照，高温日数仅2日，为2008年以来最少；2.10月3—4日出现高温天气，最高气温达36.7℃，突破10月高温极值；3.台风“烟花”侵袭，给全县带来明显风雨影响，造成严重灾害；4.年初年末出现大范围寒潮。

2021年5月，县地震局组织开展地震应急演练　（县地震局/供）

■ 地震

【概况】 2021年，利辛县紧紧围绕防震减灾目标任务，重点做好地震监测、防震减灾宣传、科普创建、抗震设防核定等中心工作。严格执行应急值守制度，严格按照操作规范要求，实行24小时跟踪监测，确保仪器正常运转，数据连续可靠，传送及时准确。主要监测手段有：水温、水位（143米深水温水位测量井）、测震（403米深测震井）。利辛县初步建成地震宏观异常测报、地震灾情速报、防震减灾科普宣传等网络。在全县设置18个宏观观测点，并明确23个乡镇政府民政办主任任防震减灾助理员，各学校明确由安全员任防震减灾辅导员。加强“三网一员”管理，5月，对宏观观测员、乡镇防震减灾助理员、学校防震减灾辅导员进行防震减灾综合业务培训；6月，对18个宏观观测点和观测员进行现场核查，要求观测员要进一步提高防震减灾认识，加大对宏观异常现象的观测力度并及时上报观测结果。

【防震减灾宣传】 2021年，利辛县始终坚持防震减灾宣传“积极、慎重、科学、有效”的原则，以开展防震减灾宣传“七进”（进社区、进机关、进农村、进学校、进家庭、进医院、进公共场所）活动为抓手，开展丰富多彩、多种形式的科普宣传活动和多种层次的应急演练，提高全社会防震减灾意识以及自救互救能力。联合县教育局、县科协在县青少年活动中心召开防震减灾专题会议，培训防震减灾科普知识，部署2021年度防震减灾科普宣传周活动及防震减灾科普示范学校的创建和申报工作，成功创建3所市级和1所省级防震减灾科普示范学校；先后开展防震减灾科普知识、地震应急第一响应人、村镇民居建筑工匠等培训6场次；积极组织全县中小学幼儿园因地制宜开展地震应急演练。2021年，全县共组织开展应急演练187场次，参加演练的学生达10.6万人，广大师生的防震减灾意识增强，师生的避险和自救互救能力得到提高。运用新媒体宣传防震减灾知识，通过短信平台编发防震减灾宣传短信1.2万条，县广播电视台播发防震减灾宣传片和新闻7期受众达22万人次。加强部门联动，广泛开展宣传活动。“5·12”防灾减灾日，县应急管理局、县地震局等30多家防灾（震）减灾成员单位集中开展防灾（震）减灾宣传活动，摆放宣传台26多个、50多块，悬挂条幅宣传条幅38条，发放各种宣传资料10万份，接受群众咨询近2000多人次。

【抗震设防核定】 2021年，利辛县认真做好建设工程抗震设防前置把关，实行网上并联审批新建、扩建、改建建设工程的抗震设防项目。做好日常抗震设防监管，积极主动与住建部门协作，不定期到建设工程施工现场实地检查抗震设防核定落实情况，全年组织2次监督检查。5月，为更好打造营商环境，完成经开区“标准地”区域性地震安全性评价工作，为工业园区规划布点以及新建、扩建、改建建设工程提供详细抗震设防核定技术指标参数。印发利辛县“十四五”防震减灾专项规划，修编利辛县地震局地震应急响应预案，完成地震现场工作队拉练，有效提高应急处置能力。

文化 旅游 体育

综述

【概况】 2021年，利辛县文化旅游体育事业立足实际，按照文化旅游体育多层次融合的发展思路，以“利辛县·嘉年华”文化旅游体育年系列活动为主线，加强公共文旅体基础设施建设，开展丰富多彩的群众性文体活动，全县文化旅游体育市场平稳有序发展。

【公共文化服务】 文化惠民工程稳步推进。送戏进万村活动完成节目征集、评审、招标等工作，两轮招标共8个演艺团体入围，全年完成送戏进万村演出活动15场。县文化馆完成春季免费培训，开设二胡、扬琴等10个专业培训课程，招收学员480人；暑期免费对二胡、扬琴等16个专业课程开展培训。

举办系列文化活动。2021年“双节”期间，举办各类线上线下群众文化活动20场，庆元旦文艺会演5场，非物质文化遗产进校园2期，送图书、送书画进社区、进企业、进学校系列活动3场。结合中共党史学习教育，开展“建党100周年送文艺进基层”等线下群众文化活动8场，举办“庆祝中国共产党成立100周年‘唱支山歌给党听’群众歌咏活动”演出、“利辛县2021年广场舞展演暨广场舞大赛”等大型群众活动，开展“建党百年、峥嵘岁月”建党百年讲座等线上活动11期，利辛“非遗”展播15场，线上、线下服务人次突破18.4万人次。县图书馆购置红色书籍400余册，设置红色图书馆专柜。县博物馆在全县范围内开展革命历史文物征集、茨淮新河纪念馆文献实物征集等活动。

做好“非遗”、文物保护等工作。2021遴选出“担花挑”等5项县级非物质文化遗产作为申报亳州市第八批非物质文化遗产名录项目，推荐“利辛坠子”等4项“非遗”项目申报第六批省级非物质文化遗产代表性项目。积极开展文物领域“文物法人”违法案件、打击“文物犯罪”“文物维修工程”三项治理（行动），对两起违法（大李集、孙庙）案件下发整改督办函。完成文保单位直接责任人公示牌安装。

加大文艺作品创作支持力度。出台《利辛县原创文艺作品创作的扶持管理办法》，提升了

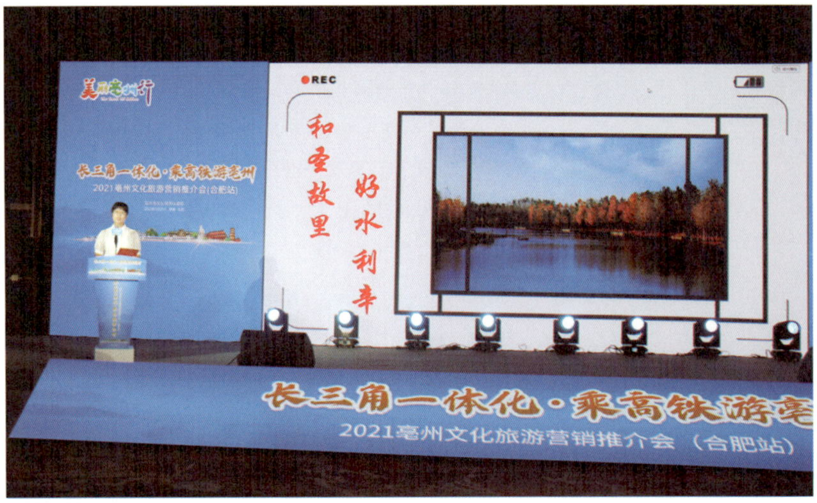

4月7—9日，“长三角一体化·乘高铁游亳州”2021亳州市文化旅游营销推介会召开
（县文体旅游局/供）

基层院团的积极性。泗州戏《童心可贵》成功入选安徽省戏剧创作孵化计划。亳州市戏剧创作孵化计划完成申报，有5部小戏进行创作。推荐王传荣等5人参加全市第二届乡村创新领军能人评选。推荐安徽骄阳软门有限责任公司参加第七批安徽省文化产业示范基地评选。

【发展乡村旅游事业】 2021年，利辛县加快发展乡村休闲和农业观光旅游，结合引江济淮西淝河清水廊道项目建设，编制了西淝河茨淮新河景观带建设性规划。重点围绕“两河”打造旅游产业规划体系，进一步确定全县旅游产业特色定位、发展导向。加快阳光四季花海游客中心、观光农业大棚、景观道路提升、生态停车场、5G智慧农业示范园等项目施工建设；推动润成科技果菜亲子农场项目对外运营；推动印象江南与云南优客莱游乐有限公司投资合作，提升景区品质。持续推动乡村旅游项目实施。王人镇曹店村、程家集阳光四季花海、永兴解集乡村旅游与乡村振兴衔接项目获批。加大四级联创工作推进力度。

【大力发展体育事业】 2021年，利辛县制订《2021“利辛县·嘉年华”文化旅游体育年活动方案》，进一步完善全县全民健身制度机制、体育公共服务设施布局，加大社会体育指导员的培训力度，推动全民健身和全民健康深度融合。先后举办利辛县安徽省篮球省市县三级联赛暨利辛县第九届职工暑期篮球联赛，2021年全民健身广场舞展演暨广场舞大赛，利辛县竞技麻将友谊赛等各类全民健身活动8场。全面推进体育场地设施建设，完善休闲、娱乐、健身城区“15分钟”便民圈，逐步形成亲民、便民、利民的全民健身体系。会同县自然资源和规划局、城关镇等部门意向选址11个社区文体中心。县体育中心项目（一场一馆）加快建设进度，年底完成主体工程建设。2021年，全面完成运动员注册任务，共计165人。积极组队参加各类赛事活动，先后参加安徽省健身气功站点网络联赛；大舞、易筋经、太极养生杖等赛事活动。

【加强文化市场监管】 加强行业专项治理。县文化旅游体育局始终将文化市场行业治理工作摆在重要位置，研究制订《2021年度全县文化旅游体育市场综合执法计划》，明确工作目标，细化工作措施，分解工作任务，扎实有效推进文化市场专项整治工作。全年共组织出动执法人员1850余人次，开展联合执法检查11次，检查文化市场各类经营场所640余家，收缴非法出版物530余本，立案11卷，办结6卷，行政处罚13700元。开展“双随机一公开”检查1次，配合县公安局开展“双随机一公开”检查1次。

2021年1月1日，县文化旅游体育局文化市场综合执法大队值班人员到王人印象江南景区等经营场所进行综合检查 （县文体旅游局/供）

开展非法卫星接收设施专项整治行动。对辖区内生产、销售、安装和使用非法卫星电视接收设施进行联合执法行动，全县共排查8076户，依法拆除收缴、置换2442余户，检查经营场所56家次，依法收缴卫星电视地面接收设施5套。开展宣传活动26次，悬挂横幅20条，制作宣传展牌4块，共发放宣传单近6000余份。

扎实开展互联网＋政务服务。积极开展7×24小时不打烊“随时办”服务，进一步优化、简化各类政务服务流程。全年办理文艺表演团体设立1家，文艺表演团体延续18家。办理出版物经营许可20家，出版物经营延续2家。批准互联网经营场所设立1家。娱乐场所设立2家，娱乐场所延续9家，娱乐场所变更法人1家。

强化市场监督，落实行业监管责任。认真落实部门行业安全隐患排查整治责任，建立安全生产隐患整治问题登记制度，问题清单交办制度，要求严格按照规定的整改时限，排查发现隐患160个，整改到位160个，确保文化经营场所安全。

■ 文化事业

【文化惠民工程】 2021年，利辛县按照文化惠民工程任务要求，完成“送戏进万村”文化惠民活动490场，占任务的141.6%；开展“戏曲进乡村”演出活动138场；完成“永远跟党走”村级文艺演出346场；做好346个农家书屋的运行维护、图书更新工作；完成村级“读党史、守初心、担使命”主题阅读活动1384场。为23个乡镇购置广场舞服装，组织开展“广场舞培训走进乡镇分馆”10场；对旧城镇陆暗楼村损毁的大舞台进行维修。选取6个交通便利、基础较好的书屋进行功能提升，按照实际需要，配备了饮水机、空调、阅览桌椅、书柜、书籍等，积极引导群众养成阅读习惯。图书馆双休日、节假日不闭馆，每周开放时间不少于56小时，每天接待读者和自习生近100人。2021年，在工业园区建设1个馆外图书点，打造阅读空间，引领全民阅读，助力书香利辛建设。文化馆全年举办免费培训班15个专业，77个培训班，培训学员1500余人。开展“戏曲进校园”活动2期。完成23个乡镇文化分馆文化云技术员培训。

【文化活动开展】 2021年，利辛县在严格按照疫情防控要求的情况下，举办“迎新春、送春联”“2021年母亲节送戏进敬老院”“花艺讲座”“庆祝建党100周年送文艺进基层”“端午节曲艺进社区”“禁毒宣传进万家活动”“利辛县2021年广场舞展演暨广场舞大赛”“利辛县第三届青年歌手大赛”等53场线下文化群众活动；乡镇综合文化站完成“我们的中国梦——文化进万家”“庆祝建党100周年”文艺演出30余场；非物质文化遗产进校园2期、“非遗日非遗图片展”线下展览15场；完成“文化进万家，云上过大年”利辛“非遗”展播线上活动15场，“利辛县2021年元宵灯谜竞猜”“利辛县第五届春联创作大赛”“建党百年、峥嵘岁月”建党百年讲座10期等线上活动27场，在省文化云平台发布自办活动信息126条；审查各分馆发布乡村活动1300条。发布“春游江淮请您来”利辛文旅活动信息103条。开办牛年新春生肖文物图片联展、精品文物展等线上活动13期；开展“文化活动进机关、进社区、进乡村、进校园”“亳州市革命图片展”等文化志愿服务活动55场次。为庆祝中国共产党成立100周年，积极参加亳州市“千秋伟业、百年风华”经典剧目展演、亳州市红色经典朗诵大赛；选送城关镇、永兴镇等单位参加市委宣传部主办的“颂歌献给党”歌咏比赛；组织省级“非遗”项目阚疃板鸡、杨氏面塑参加亳州市“非遗传承展绝技　百年华诞颂党恩”

2021年6月20日，利辛县举办庆祝中国共产党成立100周年“奋斗百年路，启航新征程”职工合唱比赛 （县委宣传部/供）

“非遗”展示活动；完成“永远跟党走”——利辛县2021年新创优秀剧目展演、“在希望的田野上——最美颂歌献给党”利辛县2021年农民歌会、利辛县2021年“庆丰收、感党恩”戏曲展演等系列活动。组织开展线上阅见美好（网络书香、新春荐读）读书活动，“雷锋精神伴我行”线上知识竞赛答题活动，红色故事绘——“党史上的今天”系列推荐活动，连环画里的中国共产党成立100周年系列阅读线上活动等。举办文化旅游嘉年华活动——送图书、送书画进企业、进学校系列活动8场；举办各类讲座、展览、培训等活动累计46场（次），送书下乡6次，累计送书2000余册。图书馆新增图书5000余册，购置大型图书流动电子借阅设备，内容涵盖文学、党史、哲学、经济、艺术等各个方面，不断充实馆藏书量和读者阅读量。

【文化遗产保护】 2021年，利辛县加大“非遗”项目申报和文物保护力度，积极进行保护性考古发掘。“非遗”项目保护取得新进展。实施扁担戏老艺人抢救性采录及扁担戏书词整理项目；组织杨氏面塑参加“新生活、新传承”第五届中国非物质文化遗产传统技艺大展、“2021年长三角水上运动节暨京杭大运河（杭州）运动·文旅嘉年华活动”；组织阚疃大块板鸡参加“走进澳门——安徽美食周活动”。完成第六批县级“非遗”和第八批市级“非遗”申报工作，乔氏卷馍制作技艺、担花挑、潘氏正骨推拿法、点翠阁古旧字画揭裱修复技艺、莲花落等项目成功获批第八批市级“非遗”项目。全县文物保护工作成效明显。4月，县烈士陵园、马店烈士墓、苏湾烈士墓、阜北县革命旧址、城北镇烈士陵园、杨玉林烈士墓等被列为安徽省首批不可移动革命文物，国务院奖状被列为安徽省首批可移动革命文物。完成文保单位直接责任人公示牌安装和建筑类文保单位的安全隐患排查。开展文物领域“文物法人”“文物犯罪”“文物维修工程”违法犯罪行为专项治理，完成省保单位伍奢冢遗址保护范围内的乱搭乱建和围墙修整工作，对汛期省、市级文保单位阚疃天主教堂和纪家塔出现的安全隐患整体排查并进行维修。完成县城经开区、胡集、城北开发区（标准地）文物资源区域评估工作。面向社会公开征集革命历史文物工作，征集茨淮新河纪念馆的文献实物。开展第五批县级文物保护单位的调查申报工作。2021年，利辛县文物所实施田野考古调查4次。9月，城关镇老旧小区改造项目（大杨家属院）施工过程中发现地下古墓葬，经省考古所初步认定为汉代古墓，按工作要求进行抢救性发掘，发掘清理古墓葬3座，出土文物9件。

【文艺作品创作】 2021年，利辛县文艺工作者聚焦脱贫攻坚、乡村振兴、建党100周年等重大主题，创作一批优秀作品。泗州戏《童心可贵》入选安徽省2021年戏剧创作孵化计划，完成排演。大戏《老有所依》、小戏《不忘初心的嫂子》入选亳州市2021年度戏剧创作孵化计划。乐器表演《地道战》、京歌旗袍秀《中国脊梁》等参加利辛县庆祝中国共产党成立100周年“永远跟党走”晚会。9月，《共产党领导就是好》《民法典挽回这个家》《淝河情缘》等15部作品通过创作评审；《悔恨》等3部小戏入围亳州市优秀法治文艺作品。组织参加“安徽省少儿书画大赛”，获一等奖2幅、二等奖4幅；参加“长三角文化馆美术摄影作品展”“跟着画笔学党史——安徽文化馆联盟金寨写生作品展”；组织开展“芜湖弋江——亳州利辛‘结对帮扶、文化同行’公益培训活动”。申报国家艺术基金项目5个。韵扬拉魂腔剧团等3家文艺院团获得“安徽省民营院团百佳院团”称号；梁国英等20人获得安徽省首批“乡村文化带头人”称号；杨攀峰等3人获得亳州市第二届乡村创新创业领军能人（优秀乡村文化技艺能人）称号。

【县图书馆建设】 利辛县图书馆1978年建馆，原址坐落在县城黄湖路3号。2014年4月，图书馆搬迁至县城文州大道777号新址。新馆建筑面积近2200平方米，藏书近13.5万册，年订阅报刊4百余种，外借书刊7万册次，累计发放借书证7100余个，年接待读者近16万人次。图书馆内设图书借阅室、期刊阅览室、少儿阅览室、电子阅览室、视障室、读者自修室、多功能报告厅等公共设施场地。常年开展文献借阅、信息检索与咨询、举办公益性讲座和展览、基层辅导、数字文化服务、利用流动图书车送书下乡、开展流动服务等项目。2021年，利辛县图书馆是全县唯一县级公共图书馆。

利辛县图书馆　　（县委宣传部/供）

【图书馆总分馆制建设】 2021年，利辛县根据安徽省文化厅《关于开展县级公共图书馆总分馆制建设的通知》精神，按照“政府主导、统筹规划、分级管理、资源共享”的原则，构建以县图书馆为总馆，23个乡镇综合文化站图书室为分馆，346个行政村农家书屋为服务点，以及流动图书服务车为补充的图书馆一体化网络服务体系。总馆和分馆是一个统一的整体，构成公共图书服务网络，其图书业务管理集中于总馆，由总馆实行统一采购、统一编目、统一配送，形成全面覆盖、均等便捷、实用高效的公共图书服务网络。加强人员分级培训和业务指导。县级总馆负责乡镇分馆、基层服务点图书管理员的业务培训，提升其专业素养和服务技能。加强统计监管，充分利用县乡总分馆自动化管理平台加强统计监测和服务管理，运用数据分析，合理调配，精准服务。指导乡镇分馆服务点做好借阅册次登记和借阅人员登记，按照村、乡镇、县逐级上报书刊借阅册次和服务人次，各乡镇分馆每季度汇总报送总馆。

【公益性文化服务】 2021年，利辛县累计举办各类文艺讲座、展览、培训等活动46场次，送书下乡10次、3000余册。结合乡村振兴做好送书画下乡和送图书进社区、进广场、进军营、进校园、进乡村等活动。利用双休日，在广场、社区、学校等场所举办流动借阅服务，通过现场办证、现场借阅、现场阅读，为广大群众提供更加便利的图书服务。

【全民阅读】 2021年，利辛县促进学习型社会与利辛文化建设，推动全民阅读活动持续健康发展。县图书馆与利辛人民广播电台983协作举办“朗读有你”广播电台诵读活动。为进一步丰富居民的精神文化生活，营造“读好书、好读书”的良好氛围，先后推出“新书推荐”“畅读开学季、好社好书享不停”“期刊速递”等推读，倡导全民阅读，建设书香利辛。

【县博物馆建设】 利辛县博物馆始建于2015年6月，展馆面积800余平方米，由文物展厅和孙逸久艺术馆两部分组成，馆藏各级文物200余件、孙逸久相关艺术作品40余件。2021年，利辛县博物馆举办“了解利辛博物馆”线上展1次，“利辛博物馆精品文物线上展”6次，“牛转乾坤——牛年新春生肖文物图片展”系列7次。2021年5月1日—7月31日，举办“我在博物馆画文物”全市少年儿童绘画大赛获奖作品展。6月11日，举办“我们的节日——品味端午，传承民俗”趣味包粽子活动。7月1日，举办“庆祝中国共产党成立100周年——百位英雄模范人物图片展”。开展博物馆社教活动及进校园、进基层志愿者服务18场次。博物馆接待参观人数2万余人次。

■ 广播电视

【概况】 2021年，利辛县广播电视台（融媒体中心）坚持以习近平新时代中国特色社会主义思想为指导，主动服从服务于县委、县政府中心工作，积极占领意识形态主阵地，始终坚持“团结稳定鼓劲、正面宣传”为主的方针，在疫情防控、乡村振兴、经济社会发展等多方面提供舆论支持，为建设经济强、百姓富、生态美的新阶段现代化美好利辛营造了良好的舆论氛围。县级融媒体中心改革积极稳妥推进。获批“互联网新闻信息服务许可证”“信息网络传播视听节目许可证”，传播资质进一步齐全。

【信息发布平台多样化】 2021年，利辛县广播电视台（融媒体中心）按照媒体传播规律和工作要求，重新对各平台进行定位，将“利辛发布”微信公众号定位于县委政府的喉舌，代表县委政府的声音，以发布权威新闻信

2021年9月10日，县广播电视台实时报道“全国科普日”启动仪式，并参加城关镇和谐社区举办的共建活动 （县广播电视台/供）

息和县委政府重大决策部署为主要内容；“利辛融媒”微信公众号定位于县级媒体的新闻信息平台，以发布自采新闻和自办节目为主，内容包罗万象，更贴近群众、贴近生活，形式多样，话语也更加轻松活泼。“利辛发布”抖音号突出社会热点话题，一天可以推送一期，也可以视需要推送多期，以短视频形式对当下宣传主题进行渲染和强化。2021年，利辛发布微信公众号拥有“粉丝”9.4万，利辛融媒微信公众号拥有“粉丝”1.3万，利辛融媒抖音号拥有“粉丝”4.7万，利辛发布视频号拥有“粉丝”9.4万。

【内宣工作】 2021年，利辛县广播电视台（融媒体中心）围绕县委县政府中心工作，统筹安排，实现“统筹策划，一次采集，多种生成，多平台发布”的目标。发布《利辛新闻》279期、1569条。开办《淝河农苑》52期、《今日利辛》52期、《政在回应》7期、《利辛先锋》12期、《利辛廉政》7期、《利辛警方》21期、《审执一线》8期。摄制专题片、短视频15部，完成现场直播7次。新开办广播直播节目《政风行风热线》，直播36期，36家单位上线，架起沟通政府和群众的桥梁。利辛融媒APP和利辛新闻网各发布信息5918条，利辛发布公众号发布信息2481条，利辛融媒公众号发布信息2110条，利辛融媒抖音发布信息284条，利辛发布视频号发布信息102条，利辛新闻抖音号发布信息89条。积极播发各类公益广告，利辛广播983共播出公益广告4920分钟，利辛广播电视台综合频道共播出公益广告总时长4000分钟。

【外宣工作】 2021年，利辛县广播电视台（融媒体中心）加强新闻策划，有的放矢，积极向上级主流媒体推送稿件，努力在外部宣传利辛，推介利辛。全年，开展新春走基层采访活动10次，对乡镇通讯员现场指导6次。多篇新闻稿件被上级媒体采用，安徽新闻联播采用97条（电视），全省新闻联播采用44条（广播），亳州新闻联播采用158条（电视），中央电视台采用8条。省台电视新闻采用量位居全市第一，广播新闻采用量位居全省第三、亳州第一，亳州新闻联播采用量位居全市第一。《亳州大小喇叭齐上阵、疫情防控宣传入脑入心》获得安徽新闻奖广播类三等奖和安徽广播新闻奖二等奖。

【网络意识形态安全责任制】 2021年，利辛县融媒体中心认真学习贯彻落实习近平新时代中国特色社会主义思想和党的十九大精神，特别是习近平关于网络强国论述摘编，深入贯彻党中央和省、市、县委关于意识形态工作的决策部署，牢牢把握正确的政治方向，严守政治纪律和政治规矩，以强烈责任感和担当精神把党管宣传、党管意识形态的要求落到实处。认真落实意识形态安全责任制主体责任，党委会定期听取意识形态工作汇报，研究会商意识形态工作。强化管理，确保阵地安全。严格落实利辛县《关于切实改进新闻报道及文风的意见》，认真执行《关于进一步加强新闻宣传工作的通知》，制定并严格执行广播电视节目和新媒体发布三审制度、重播重审制度、应急处置制度等，完善新闻发稿、节目下载上传审查审核制度，加强对利辛发布、利辛融媒、利辛融媒APP、利辛融媒抖音等网络媒体平台的审查和管理，确保舆论导向正确。加大投入，设施设备通过二级等保测试验收，运转良好，保障有力。

■ 图书发行

【概况】 2021年，新华书店利辛县分公司在集团公司和市公司的指导下，在县政府各部门的关心支持下，教育板块全年完成营业收入8135.79万元，完成全年预算的100.01%。其中，教材销售2982.2万元，完成全年预算的99.92%；教辅销售4769.96万元，完成全年预算的103.78%；大中专教材销售324.09万元，完成全年预算的133.49%；教育其他业务收入完成50万元，完成全员预算的23.47%。实现利润1405.80万元，完成全年预算利润的107.72%。2021年，文化消费完成营业收入815.87万元，完成全年预算利润77.70%。其中，主营业务图书销售589.66万元，多元化业务完成销售151.39万元。门店其他完成70.79万元，完成全年预算的100%。2021年，为给市民提供更舒心的阅读环境和更丰富的阅读体验，在原人民路店基础上新开皖新文化广场店，新店共投资900多万元，营业面积2000平方米。新店从单一业态转化为多业态的文化平台。设置少儿书店、文教书店、绘本阅读区，以及阅读共享区，可以举行汇报演出、讲座、阅读分享等。

【图书发行主渠道建设】 2021年，利辛县新华书店高度重视党和国家重要文件文献的发行工作，在做好系统订购与门店销售的同时，主动开拓市场，教育板块和文消板块协同作战，对党政机关及县直单位实行区域网格化管理，销量显著增加。党史学习教育指定学习书目习近平《论中国共产党历史》《毛泽东、邓小平、江泽民、胡锦涛关于中国共产党历史论述摘编》《习近平新时代中国特色社会主义思想学习问答》《中国共产党简史》累计征订发行19.53万余册，码洋519.50万元。党史学习教育重要参考书目《中华人民共和国简史》《改革开放史》《社会主义发展简史》发行1.2万余册，码洋40余万元。全县党员图书覆盖率97.96%。其中，县直单位覆盖率85.85%，乡镇覆盖率101.44%，教育系统覆盖率87.03%。认真履行国有文化企业的社会责任，通过开展文化进机关、进社区、进企业、进学校等活动，进一步丰富群众的文化生活内容，充分发挥新华书店作为发行工作的主渠道主阵地作用。

【农家书屋出版物更新】 2021年，利辛县新华书店圆满完成2021年农家书屋出版物更新项目。完成20760册图书的分拣、加工和全县各乡镇346个农家书屋图书配送工作，为建设书香村庄、增强文化自信、活跃农村文化生活、方便农民学习科技知识、振兴乡村文化贡献一份力量。

【农村发行网点建设】 2021年，利辛县新华书店完成三年推进计划，共有望疃、阚疃、张村、巩店、江集五家乡镇发行网点，网点乡镇覆盖率超20%。努力提升新华书店社会形象影响力，积极开展“我们的中国梦”——文化进万家及“千家书店庆国庆”文化惠民等各种主题流动售书和送书上门服务。全年开展农村流动售书和送书上门服务共计300余次。农村流动售书达23个乡镇，实现农村流动售书乡镇全覆盖。获得省新闻出版局“2021年全省图书销售惠民月活动先进集体”称号。

新华书店利辛分店 （新华书店/供）

体育

【概况】 2021年，利辛县组织开展各级各类全民体育健身活动20余项次，先后举办文化旅游体育局徒步走活动、利辛县庆祝中国共产党建党100周年暨利辛县庆五一第34届男子篮球比赛、利辛县第一届“芍花节”、利辛县第六届“美丽乡村行”骑行活动、第三届“皖北水乡淮上江南”音乐帐篷节、利辛县第九届职工暑期篮球联赛、2021年8月8日全民健身日活动、2021年“世界健身气功日”暨利辛县“百城千村健身气功交流展示”活动、全民健身季系列活动暨“宝璋杯”全县职工羽毛球赛、庆国庆第36届体彩杯男子篮球邀请赛、利辛县“兴发世纪宏府杯”第25届足球联赛、2021年安徽省百万老年人习练健身气功五禽戏大联动（利辛分会场）活动、利辛县职工首届“顾家家居杯”太极拳比赛、象棋棋王争霸赛、2021年全国老年人健步走大联动活动，开展2021年利辛县国民体质监测（检测人数达800人）、高危险经营性体育项目检查。举办利辛县文化旅游体育局健身气功（五禽戏）培训班，全县三级社会体育指导员（篮球）、（健身气功五禽戏）培训班，全县共培训校园五禽戏人数达2万人。

【群众体育】 2021年，利辛县代表队参加山西竞技麻将月赛第三期比赛，黄超敏获得冠军；参加亳州市第三届运动会乒乓球、篮球、羽毛球、足球、掼蛋比赛，获得掼蛋比赛第一名，获得羽毛球团体甲组一等奖、乙组三等奖及乒乓球男子团体第三名；参加安徽省健身气功站点网络联赛，获得健身气功·大舞线上二等奖、太极养生杖线上三等奖。

【竞技体育比赛】 2021年，利辛县代表团参加亳州市第三届运动会跆拳道比赛，获得5块金牌、11块银牌、18块铜牌；参加亳州市第三届运动会青少年散打比赛，获得1块金牌、3块银牌、16块铜牌；参加亳州市第三届运动会青少年武术比赛，获得2块金牌、1块银牌；参加安徽省跆拳道比赛，获得1块银牌、1块铜牌；参加安徽省摔跤比赛，获得1块金牌、1块铜牌。

【公共体育设施建设】 2021年，利辛县提升改造农村体育设施35处，涉及全县23个乡镇，服务总人口40万余人，投入资金约80万元。更新、维护40处群众体育设施，投入资金约60万元。建设乡镇室内全民健身中心2个、多功能运动场2块，投入健身器材约100万元。

旅游

【概况】 2021年，利辛县以打造“五个一批”精品旅游工程、持续开展“四级联建”工作为重点，以提升旅游扶贫重点村“八个一”工程建设为目标，深入推进旅游厕所“一厕一码”建设，不断完善旅游基础设施，提升旅游服务质量。全年接待游客327.4万人次，较上年同比增长15.7%；实现旅游收入30.2亿元，同比增长17.1%。

【旅游项目】 2021年，利辛县结合引淮济亳西淝河清水廊道项目建设，完成西淝河——茨淮新河景观带建设性规划编制，新增阳光四季花海游客中心、观光农业大棚、景观道路提升、生态停车场、5G智慧农业示范园等项目，以及润成科技果菜亲子农场项目。印象江南景区投资610万元，新建水上乐园项目。

【旅游景点创建】 2021年，利辛县阳光四季花海获评国家AAA级旅游景区，世朋生态农庄被评为安徽省四星级“农家乐”、汝家饭庄被评为安徽省三星级“农家乐”，新培育休闲农业与乡村旅游精品线路2条、休闲农业与乡村旅游示范点1处。

【旅游宣传】 2021年2月8—17日，利辛县旅游部门配合市电视台成功举办“印象江南梦幻音乐”灯光展、“治未病养心园时光”隧道灯光秀等红红火火过大年活动；清明节期间举办了西淝河“春游踏青美食文化节”活动；4月7—9日和9月28—29日，分别参加“长三角一体化·乘高铁游亳州”2021亳州市文化旅游营销推介会（上海站和合肥站）推介活动；5月1日—6月4日，在西淝河湿地文化园成功举办以“走进神秘的恐龙世界”为主题的大型恐龙科教展活动；5月1—7日，在阳光四季花海成功举办2021文化旅游体育嘉年华开幕式暨利辛县首届芍花节活动和第六届美丽乡村骑行活动；10月16—17日，在西淝河湿地文化园景区举办第三届西淝河湿地音乐帐篷节活动。收集整理全县32道利辛地方特色美食，参加全市特色旅游名吃评选活动；11月底完成全省“皖美好味道·百县名小吃”美食评选拍摄制作工作，全县共推荐15道美食名吃、3家特色美食名店和2条特色美食精品线路参加全省美食评选活动；选派县文旅公司讲解员参加全省红色旅游讲解员亳州赛区选拔赛等。

10月16−17日，第三届西淝河湿地音乐帐篷节在西淝河湿地文化园景区成功举办
（县文体旅游局/供）

卫生医疗

综述

【概况】 2021年，利辛县根据人民群众日益增长的卫生健康需求，工作重心从“以治病为中心”向“以人民健康为中心”转变，实现广大人民群众就近享有公平可及、系统连续的预防、治疗、康复、健康促进等健康服务。全年聚焦面临的老难题和新挑战，积极用好省级支持皖北地区高质量发展配套政策举措，不断加大卫生健康事业投入，补齐卫生健康事业发展短板。

2021年，利辛县委、县政府非常重视卫生事业的健康发展，认真贯彻习近平总书记关于“要坚持正确的卫生与健康工作方针，以基层为重点，以改革创新为动力，预防为主，中西医并重，将健康融入所有政策，人民共建共享”的理念

图片来自利辛发布

【常态化新冠肺炎疫情防控和疫苗接种工作】 2021年利辛县坚持“外防输入、内防反弹、人物同防”的防控策略，压紧压实四方责任，严格落实常态化疫情防控各项措施。及时处置六安、合肥、南京、郑州等地疫情输入风险，特别是7月20日南京禄口机场发生聚集性疫情后，利辛县迅速进入应急状态，升级交通管控措施，加强重点人群排查管理，严格重点场所管控，有效阻止疫情在利辛的输入蔓延。2021年，利辛县累计接收协查函136份，省、市指挥部门推送利辛县重点数据9212条，涉及全县人口3786人。

强化医疗机构院感监管。坚决守住“院内零感染，院感零容忍”的底线。坚持每月至少一次全面督查，根据疫情形势及时调整督查频次，发现各医疗机构院感漏洞，及时跟踪整改，严守院感底线。对存在问题较多的机构，约谈相关负责人或采取强制措施。2021年，共约谈医疗机构7家，责令86家个体诊所（社区卫生服务站）停业整改，暂停21家村卫生室诊疗服务，对1名未落实个人防护且输液操作不规范的村医给予停岗处理。

加大进口冷链食品核酸监测力度。累计检测重点人群542715人次，其中境外返利人员314人次，发热门诊患者9071人次，新住院患者及陪护人员147235人次，医疗机构工作人员90682人次，监所工作人员2558人次，羁押人员2382人次，社会福利养老机构人员5577人，省外返利人员167502人次。冷冻食品累计采集12066份（其中肉类2385份、水产327份、其他食品16份，外包装4369份、环境746份、人员4223人次），检测结果均阴性。

全力推进新冠病毒疫苗接种工作。截至2021年12月31日18时，全县完成全程免疫接种731053人，累计完成率为90.28%。3~11岁第一针累计接种157004剂次，完成率为77.42%。18岁以上加强针接种56041人，累计完成率为89.83%。

【深化医药卫生体制改革】2021年，利辛县深化公立医院综合改革，落实公立医院药品零差率补助600.3万元，县级公立医院临床路径管理比例达76.37%、三类及以上手术占比达76.5%。通过组建紧密型县域医共体，促进县乡一体、乡村一体管理，结合落实省市“百千万”工程，下派专家技术帮扶，实现优质资源共享，基层诊疗量占比达70.54%；按照《利辛县城乡居民基本医疗保险基金紧密型医共体包干管理办法》《利辛县基本公共卫生服务经费紧密型县域医共体包干管理办法》要求，探索医共体医防融合服务模式，牵头医院组建慢性病管理中心，建立县、乡村“1+1+1”组团模式的健康服务管理团队，统筹辖区居民的健康管理，2021年，全县家庭医生有偿签约服务的续约率达86.63%，高血压、II型糖尿病等慢性病规范管理率分别达到64.45%、72.18%；建立考核机制，于2月和7月分别完成紧密型医共体2020年度和2021年上半年绩效考核，牵头医院制定内部绩效考核方案及分级诊疗奖惩办法，逐步建立有利于调动医务人员积极性的薪酬分配制度。落实国家基本药物制度，县级公立医院、乡镇卫生院国家基本药物采购占比分别达45.65%、77.18%。

【重点项目建设】2021年，利辛县深入实施医疗卫生健康事业“三年提升、两年巩固”行动，县医院传染病区改扩建项目竣工验收，中央预算内投资县二院门诊住院楼建设项目主体工程完工，疾控大楼项目建设规划设计挂网招标。服务能力提升项目：孙集、大李集、旧城、马店卫生院投入使用。改扩建项目：江集、新张集两镇卫生院项目竣工验收。整体搬迁项目：汝集、中疃、王市三镇卫生院项目主体工程均完工。永兴卫生院完成工程招标，潘楼卫生院进行规划设计，纪王场卫生院规划设计挂网招标。宝璋医院二期工程开工建设。

【民生工程建设】2021年，利辛县卫生健康委承担幼儿托育、妇幼健康和职业病防治，城市社区卫生机构和村卫生室标准化建设，出生缺陷防治，城乡适龄妇女“两癌”免费筛查4项民生工程任务。截至2021年12月底，全县在运营的托育机构8家，有托位610个，落实普惠性托位415个。婚前医学检查2096对，检出各种疾病2181人，婚检率为96.05%，疾病检出率达9.01%。适龄儿童免疫规划疫苗接种

县委副书记、县长怀颖检查疫情防控工作（县卫健委/供）

167191剂次，22剂次报告接种率均在95%以上，建卡率达98%以上。职业健康检查894人次，微型企业从业人员培训116人次。产前筛查5231人。174所卫生服务站和村卫生室建设达到标准化要求，乡村医生岗位培训1447人，具有执业（助理）医师的村医进修66人，政府办社区卫生服务中心进修1人。宫颈癌筛查11919例，乳腺癌筛查3275例。

【爱国卫生运动】 2021年，利辛县积极开展第33个全国爱国卫生月活动，紧紧围绕“文明健康、绿色环保”主题，开展集中宣传和“文明健康始于心”科普宣传，共发放《文明健康绿色环保生活方式手册》科普资料6000余册，科普宣传海报1800余张，宣传手册300余本，各种健康知识册页和宣传品550余份，义诊100余人次。积极开展创卫工作，2021年创建9个省级卫生先进单位，2个省级卫生社区。

【中医药服务能力建设】 2021年，利辛县大力开展中医药适宜技术推广。连续5年举办全县中医药知识竞赛，评选全县名中医和基层名中医各10名。组织100名村医赴安徽中医药大学进行脱产跟师培训，取得较好的培训效果。加强中医药知识传承创新。积极挖掘县内在脾胃、妇科疾病有影响力的民间传统医术有专长人员1名（孙学友），安排2名青年中医跟师学习。

【人口计划生育和老龄工作】 2021年，利辛县全面加大对现行生育政策的宣传力度，积极鼓励群众按政策生育。切实做好人口信息监测预警工作，截至9月底，全县人口出生率6.47‰，出生人口性别比111.8，人口自然增长率3.6‰。与财政、市场、住建、妇联等部门协调，统筹社会力量，加大3周岁以下婴幼儿托育服务民生工程、母婴设施建设和高龄高危孕产妇救治、救助力度，不断完善生育配套措施，减轻群众生育、养育成本。加强老年健康服务体系建设。推进基层老年群团组织规范化建设，努力打造老年人乐享晚年生活的主阵地。大力推进“敬老文明号”评选宣传活动，进一步浓厚“敬老、助老、孝老”的良好氛围；深入开展“智慧助老”活动，逐步消除数字鸿沟，切实解决老年人出行难、购物难等问题。

■ 卫生健康

【概况】 2021年，利辛县卫生健康部门积极争取财政项目资金，加大医疗卫生投入，引进社会资本投入卫生领域，新建、改扩建卫生院12家，引进民营医院5家。全县共拥有各级各类医疗机构587家。其中，医院16家，基层医疗卫生机构567家（卫生院24家、社区卫生服务中心站29家、村卫生室410家），专业公共卫生机构3家，其他卫生机构（血透析）1家。全县拥有县级公立医院三级1个、二级2个。共有病床5709张，每千常住人口拥有医疗床位4.8张。各级各类卫生技术人员6798人，其中，执业（助理）医师2819人，每千常住人口拥有执业医师（助理）2.37人；注册护士3056人，医护比1∶1.08。

【中医药服务】 2021年，利辛县卫生健康部门认真贯彻落实中医药“一法一条例”，加强县、乡、村三级中医药综合服务区（中医馆）建设，指导县中医院创建三级中医医院，旧城镇卫生院、汝集镇卫生院、王市镇卫生院建设示范化中医馆。在全县所有村卫生室配备四种以上中医药适宜技术设备基础上，投入40万元，为195个村卫生室增配中医诊疗设备，强化基层中医药服务能力。完成65岁以上老年人中医药健康管理服务179872人次，完成率达到96%。开展0～3岁儿童中医药健康管理服务43539人次，

11月22日，由县总工会、县卫健委主办，县中医院承办的2021年利辛县中医药岗位技能竞赛成功举办　　（县卫健委/供）

管理率达到93%。大力开展中医药适宜技术推广，对全县基层医疗卫生机构推广10类以上中医药适宜技术。与县总工会联合举办全县中医药知识竞赛，对获得一、二、三等奖选手给予奖励。持续加强全县中医重点专科（专病）建设，截至2021年底，拥有3个省级重点专科、4个市级重点专科，7家乡镇中医馆创建为省级中医特色专科，为群众中医药健康需求提供更多高质量的中医专科服务。严格组织具有中医师承和医术确有专长的人员考核报名和资料审核工作，推荐39人参加中医师承和医术确有专长人员考核。实施中医药健康文化推进行动，将中医药文化建设纳入健康城镇建设，推动中医药进校园、进社区、进乡村、进家庭。

【疾病预防控制】　2021年，利辛县卫生健康部门加强重大传染病防控。按时完成艾滋病综合防治示范区项目目标任务，艾滋病感染者和病人抗病毒治疗成功率为95.26%。做好结核病患者的发现、治疗和管理工作，进一步加强学校结核病疫情监测报告及处置工作，确诊结核病病原学阳性率达到50.97%。做好疫苗预防接种工作，疫苗预防接种完成全年指标的100.87%，新生儿建卡率达100%，入托入学接种证查验率100%。加强全人群死因监测，全年户籍人口报告死亡数7996例，死因监测居民死亡报告率6.33‰。开展卫生应急和传染病管理工作，辖区居民传染病网络直报率、及时率、完整率均达100%。开展严重精神障碍患者摸排筛查和服务管理指导工作，督促乡镇开展健康体检和随访管理服务，全年患者管理率达91.89%。果断处置炭疽聚集性疫情。2021年8月，西潘楼镇郭楼村突发炭疽疫情，发现2例确诊病例，2例临床诊断病例，2例疑似病例。通过积极开展炭疽疫情处置，开展流调、消杀、健康宣教、救治等各项疫防指导工作，使疫情得到快速、精准、及时的处置，阻断疫情的蔓延，为全县人民正常生产生活提供有力保障。

对基层核酸检测人员进行培训　　（县卫健委/供）

【妇幼保健】 2021年，利辛县卫生健康部门开展婚前医学检查工作，婚前医学检查12096对，检出各种疾病2181人，婚检率为96.05%，疾病检出率9.01%，完成全年目标任务的151.2%。

孕前优生检查。完成4960对，完成任务的102.84%；产前唐氏筛查累计完成6831人，完成全年目标任务的116.57%；孕妇咨询随访率为99.02%。

孕产妇保健。完成44219人次，完成全年任务的80.84%；建卡9334人，建卡率为85.33%、早检率为65.97%、产后访视率为96.44%、系统管理率为62.80%，产妇孕产期贫血率为34.08%。

高危妊娠管理。孕产妇妊娠风险筛查阳性3919人，阳性率为43.79%，高危产妇管理率100%，高危产妇住院分娩率100%。

儿童保健。完成132506人次，完成全年任务的121.13%。7岁以下儿童保健覆盖率为90.16%，3岁以下儿童系统管理率为92.13%，新生儿访视率为96.44%。

新生儿疾病筛查。2021年共筛查7754人，新筛率为98.9%。

重大公共卫生妇幼项目工作。2021年全县共发放叶酸16180人次，发放70414瓶，完成全年任务115.57%，全县叶酸服用依从率达95.2%，目标人群增补叶酸知晓率达95.9%；共发放营养包16849人次，合计17816盒，大大改善全县贫困儿童的健康问题。

艾滋病、梅毒及乙肝母婴阻断项目。2021年艾滋病咨询、检测7999人，发现艾滋感染者2例。艾滋病感染者分娩1名婴儿，全部服用抗病毒药物，做HIV早期诊断，均为阴性。梅毒咨询、检测7812人，发现阳性孕妇60人，其中对分娩产妇57人分娩的活产婴儿实施母婴阻断，母婴阻断率达100%。乙肝咨询、检测5732人，乙肝阳性孕产妇348人，乙肝阳性产妇205人，分娩208名新生儿全部接种了乙肝疫苗及乙肝免疫球蛋白，实施母婴阻断。

“两癌”检查项目。2021年共完成宫颈癌检查11919例，进行阴道镜检查1008例，组织病理检查427例，组织病检结果为低级别病变（CINⅠ）96例，高级别病变（CINⅡ—CINⅢ级）65例、宫颈原位癌1例、宫颈微小浸润癌2例，宫颈浸润癌4例，各种急慢性宫颈炎、阴道炎、宫颈肥大、息肉、囊肿等妇科疾病2316例。共完成乳腺癌检查3275人，其中乳腺彩超检查3275人，乳腺彩超检查结果为B2-RADS分级0级、3级以上者共665人，均进行乳腺钼靶X线检查，其中6例进行病理活切检查，确诊乳腺癌3例。

【基层卫生】 2021年，利辛县基层卫生服务能力有所提升。全县有2所中心卫生院达到二级综合医院服务水平；有7所乡镇卫生院通过一级甲等医院的评审；有3家乡镇卫生院达到“优质服务基层行”推荐标准，有8家乡镇卫生院达到“优质服务基层行”基本标准；有7所中心卫生院创建省级中医特色专科。基层服务体系得到加强。通过县级牵头医院与乡镇卫生院、村卫生室组成医疗服务共同体，上级医院加强对乡镇卫生院帮扶，提升基层服务能力，共同为辖区居民提供整合型基本医疗卫生服务。通过信息化手段助力基层服务能力的提升。分别建立县人民医院和中医院远程会诊中心、影像中心、心电图中心等，充分利用县级综合医院的优质技术资源，解决基层能力不足的问题。有序推进基层医疗机构标准化建设。以乡镇为单位，按照省卫生计生委、省财政厅《关于建立村卫生室医疗执业风险分担统筹资金的意见》（卫农秘〔2014〕77号）要求，采取区域内358所村卫生室整体参加医疗责任保险、设立专项基金等多种途径，建立适合基层医疗卫生机构及乡村医生特点的医疗风险分担机制，有效化解基层医疗卫生机构及乡村医生开展医疗卫生服务面临的执业风险。按照《关于加强全省中心卫生院特色专科建设的实施意见》（卫基层秘〔2017〕401号）要求，对照建设标准，王人、张村完成内科、外科特色专科创建任务；望疃中心卫生院完成中医科特色专科创建任务。2021年，县域医疗副中心完成试行标准中80%内容，着重在基础设施、床位设置、仪器设备、专业科室、诊治病种、人员配备六个方面，进行再梳理、再动员、再整改，确保2021年底前达标。汝集、展沟、程家集、永兴、江集5所乡镇卫生院，按照《关于做好2020年优质服务基层行活动的通知》（皖卫基层秘〔2020〕113号）要求，于11月完成市级评价并通过验收。16所一般乡镇卫生院按照《2021年基层卫生健康重点工作实行清单》要求，达到一级医院标准。2021年，加大投入，保障基层医疗卫生机构运行。进一步明确政府资金投入的职责，县财政在十分困难的情况下，继续实施“三年提升、两年巩固”项目，投入3078.69万元，加强基层卫生院基础设施建设。整体搬迁阚疃、中疃、王市、汝集卫生院，改扩建江集、张新集卫生院，提升孙集、旧城、马店、大李集、展沟卫生院基础设施、医疗服务能力。通过项目实施，补齐卫生发展短板，提升基层诊疗服务能力。为满足每万人2名全科医生的需求，根据省财政补助基层全科医生转岗培训方案，开展培训5人，中央财政补助基层全科医生转岗已开展培训20人，有效解决基层全科队伍短板问题。为满足基层卫生人才需求，2016—2021年，累计培养基层定向医学生39人。按照乡村医生培养相关政策，县卫健委与48名参加分类考试考生签订培养协议，先后安置7批订单定向医学毕业生到基层乡镇卫生院工作。2021年，共安置6人，其中本科3人、专科3人。为进一步实现人才流动，利辛县积极创建岗位固定、人员流动、服务持续的“县管乡用”人才管理机制。结合乡镇卫生院实际情况，2021年，全县使用乡镇卫生院周转池编制招聘医务人员38名，充实完善基层医疗卫生人才队伍。积极稳妥推进村卫生室标准化建设。社区服务站和村卫生室累计完成174所，完成率100%；乡村医生岗位培训1447人，完成率100%；具有执业（助理）医师的村医培训66人，完成率100%；政府办社区服务中心进修1人，完成率100%。根据省级财政补助金采取“当年预拨、下年清算”方式，对考核达标的村卫生室和社区卫生服务中心给予奖补，统筹用于基础设施建设（包括业务用房和配套设施、配备相应设备）和开展卫生技术人员培训等。建成6所乡镇卫生院“院办院管”的延伸点（中心卫生室），使村卫生室深度一体化管理得到巩固和完善。4月，预拨付各单位专项资金的50%共计109.5万元，经考核验收达标后拨付剩余的109.5万元，总共拨付219万元，以便各乡镇及时按实施方案要求开展村卫生室标准化建设工作。在此基础上，全县对辖区内未达标的40所村卫生室进行重建，对72所村卫生室进行修缮。县财政

利辛县大李集卫生院医生开展便民医疗服务　（县卫健委/供）

对重建的40所村卫生室每所补助20万元，对修缮的72所村卫生室每所补助3万元。8月，村卫生室标准化建设民生工程考核，利辛县获得全市第一。稳步有序地化解村卫生室债权债务。根据2012年原省卫生厅下发的《关于进一步做好民生工程建设村卫生室使用管理等有关事项的通知》（省农卫秘〔2012〕330号）要求，利辛县组织审计、财政、卫生等部门对村卫生室建设资金进行审计，共审计由村医垫付资金2240万元。2021年，县财政部门化解村医集资建设村室债务款共计2219.05万元，有效解决村卫生室产权隶属关系，明确村卫生室产权隶属于乡镇卫生院固定资产。

【卫生监督执法】 2021年，利辛县公共场所卫生许可公开承诺制全面推进，现场卫生监督验收逐步实现规范化。县卫生健康部门受理232家单位卫生许可申请，发放卫生许可证232个，其中公共场所230家、生活饮用水2家。全面完成586家医疗卫生机构校验监督工作。行政处罚工作实现新突破。通过明确指导任务、会议点评、督促督办等措施，卫生监督员“依法办案、加强多办案”的思想得到统一和加强，全年立案查处医疗卫生案件143起，其中医疗案件84起、生活饮用水案件1起、学校卫生案件14起、公共场所卫生案件43起、职业卫生案件1起。日常监督取得新成效。全面加强对全县862家公共场所经营单位、85家集中式供水单位、345家学校和托幼机构、681家医疗卫生机构日常性卫生监督监测工作，实现监督单位建档率、监督覆盖率、监督信息录入率均达到100%。开展公共场所“四小行业”专项整治，对90%以上单位实行量化分级管理；开展医疗机构依法执业专项监督检查和打击非法行医专项整治，立案查处医疗废物非法处置案25起、非卫技人员和超范围执业案9起、放射案4起、无证行医案12起。疫情防控展现新作为。利辛县卫生健康部门认真落实常态化疫情防控各项工作措施，建立分包机制，分成四个工作组深入各类医疗机构、公共场所开展监督执法，下达卫生监督意见书1200余份，责令整改问题240个。

【重点医院选介】 利辛县人民医院。利辛县人民医院始建于1965年，是一所集医疗、教学、科研、预防、保健、康复、急救于一体的三级综合性医院。占地面积137.5亩，建筑面积15万平方米，编制床位800张。2021年，在职职工1655人。其中，卫生专业技术人员1352人，占全院职工82%；高级职称147人，硕士研究生39人，中级职称458人。开设有临床科室40多个，医技科室10余个。其中，省级特色专科1个，市级重点专科7个。组建有胸痛中心、卒中中心（国家示范防治卒中中心）、创伤中心、新生儿和危重孕产妇救治中心，建有肿瘤多学科会诊中心、甲乳治疗中心，设置县域影像中心、检验中心和心电中心，推进区域医疗资源共享。2021年3月，利辛县人民医院正式成为安徽卫生健康职业学院非直属附属医院，多名同志被聘为临床医学教授、副教授，“双主体”教学高质量推进。4月，县人民医院被安徽省卫健委批准成立“安徽省全科医生培训基地转岗培训基地”。2021年县人民医院继续与上海交通大学附属仁济医院在医疗、教学、科研、医院管理等方面密切合作，不断加强学科建设，积极开展新技术业务，成功开展ERCP、单孔胸腔镜肺叶楔形切除、显微镜下颅内血肿清除及肿瘤的切除等新技术新项目。医院门诊量718265人次；出院患者59372人次，日间手术占比约18.5%（择期手术10619台次、日间手术1966台次）。

利辛县中医院。利辛县中医院成立于1990年，2021年发展成为集医疗、教学、科研、预防、康复、保健、养生为一体的二级甲等中医医院，是安徽省五家名中医院建设单位之一。县中医院占地30余亩，建筑面积36000平方米，开放床位600张；拥有职工662人，其中卫生专业技术人员609人、正高级职称10人、副高级职称61人、中级职称239人、硕士研究生6人、在职研究生17人。医院设置临床科室26个、医技科室12个；设有卒中中心；有省重点中医专科3个（脑病科、骨伤科、糖尿病科），市重点中医专科4个（推拿科、肛肠科、心病科、男科）；拥有省基层名中医1人、市名中医4人、市优秀中医师4人。2021年，利辛县中医院被国家卫生健康委员会医政医管局授予“改善医疗服务示范医院”荣誉称号、“2018—2020年改善医疗服务”先进典型单位，在中国县域卫生第五届“县域医疗榜样力量”评选中获得“最美县医院奖”。2021年，利辛县中医院新成立病理科，可开展常规病理分析；完善眼科、耳鼻喉科、皮肤科等门诊科室的病房建设，先后与上海市第一人民医院糖尿病科、南京市中医院肛肠科、安徽医科大学第二附属医院心血管科、安徽中医药大学第一附属医院神经内科、泌尿外科等5个科室建立医联体专科联盟，医院的诊疗水平明显提升。2021年，全年有效门急诊患者31万人次，住院患者2.26万人次。全年手术3235例，同比增长7.22%，其中三四类手术1259例，占总手术量的38.9%。

利辛县第二人民医院。利辛县第二人民医院成立于1993年，原为利辛县红十字医院，2005年更名为利辛县第二人民医院，是一所集医疗、急救、保健、康复、科教为一体的非营利性二级综合公立医院。县第二人民医院设有临床科室30余个，编制床位260张，职工322人。其中，专业技术人员298人，高级职称14人，中级职称103人。2021年，利辛县第二人民医院信息化建设突破性进展，以HIS、LIS、PACS、EMR四大模块为基础，建有体检系统、网上预约支付、临床路径、抗菌药物管理、合理用药、疾病报卡等辅助系统共计40余个模块，基本实现院内重要科室部门的数据共享。利辛县第二人民医院新区（位于文州路与国泰路交叉口）新病房楼投入使用，住院4379人次，门急诊67517人次，手术272例。

亳州宝璋医院。亳州宝璋医院是民营营利性三级综合医院，2020年12月取得执业许可，2021年1月开始运营。宝璋医院规划建筑面积约20万平方米，建成使用面积10.3万平方米，设置床位500张。医院配置有瑞典医科达直线加速器、后装放射治疗机，德国西门子PET-CT、3T核磁共振、128层智能高端CT、双能大孔径CT、DSA、ECT，荷兰飞利浦超声、监护仪、心电图机，德国德尔格呼吸机、麻醉机等诊断和治疗设备。PET-CT于2021年11月8日投入使用，为全市首台，为可疑肿瘤患者就诊检查提供便利。2021年，医院设有临床科室38个，住院9049人次、门诊105492人次。

■ 医疗保障

【落实脱贫人口医疗保障政策】 2021年，利辛县医保局统筹发挥基本医疗保险、大病保险、医疗救助三重保障综合梯次减负功能，有效治理过度保障，让医保脱贫基础更加稳固、成效更可持续。做好已脱贫人口全员参保工作。2021年，为118523名已脱贫人员代缴医疗保险，代缴金额2963.07万元。与县乡村振兴部门对接，建立每月6日、16日、26日交换动态变化人员信息机制，实现应参尽参，应退尽退。建立返贫预警监测机制。县医保局每月统计个人自付医疗费用大于1万元及以上的脱贫不稳定户、边缘易致贫户、突发严重困难户，并及时反馈县乡村振兴局，由乡村振兴局反馈各乡镇、村，并采取个性帮扶措施。继续执行“三保障一兜底一补充”政策，让脱贫成效可持续。2021年，县医保局为已脱贫人口办理慢性病证1747人，下发不符合告知书383人；全县已脱贫建档立卡贫困户住院补偿51801人次，产生医疗总费用32014.28万元，综合医保支付28202.37万元，支付比例88.1%；慢性病门诊补偿522625人次，产生医疗总费用14786.87万元，综合医保支付13581.01万元，支付比例91.85%。

【城乡居民基本医疗保障】 2021年，利辛县城乡居民基本医保覆盖面巩固扩大。全县实际参保1478567人，参保率达99.63%。财政补助力度不断加大，人均补助标准由2020年每人每年550元提高到每人每年580元。全县参保人员政策内住院费用补偿比例70.4%，大病保险合规费用报销比例61.8%，医疗救助资助参保15.04万人，资助参保金额3792.31万元，待遇水平进一步提升。城镇职工医保、大病保险、公务员医疗补助制度稳步推进。做实做细门诊慢特病医保管理工作。全县严格按照《安徽省基本医疗保险门诊慢性病、特殊病管理办法（试行）》及《亳州市基本医疗保险门诊慢性病、特殊病管理办法（试行）》开展门诊慢性病鉴定及管理工作，居民和职工门诊慢特病分别由原53种和27种全部扩增至63种，实现全县居民和职工门诊慢特病病种范围和病种认定的政策统一。

【医保基金监管】 2021年，利辛县做好市委巡察反馈定点医疗机构无指征检查、过度检查、过度治疗、不合理用药、分解住院、无资质从业等177个违规问题的整改工作，4月中旬全部完成问题整改。重拳出击治理“三假”，按照省、市有关医疗保障基金监管工作要求，县医保局围绕假病人、假病情、假票据“三假”欺诈骗保问题开展重点专项整治，完成首轮全覆盖现场检查，共检查定点医疗机构467家。2021年11月1日起，利辛县医保局成立5个检查组，对全县乡镇卫生院、社区卫生服务中心、村卫生室、社区卫生服务站开展为期1个月的基层医疗机构门诊医保违法违规专项整治行动。2021年，利辛县医保局通过信访举报、上级交办、巡察反馈、专项检查等方式，共检查医药机构685家，处理违规医药机构276家次，暂停违规医药机构医保结算关系49家，解除违规医药机构医保结算关系15家；涉及违规医保基金434.46万元，予以违规处罚899.31万元，共计追缴医保基金1333.77万元；给予医保医师处理365人次。

【医保政务服务】 2021年，利辛县医保局成立3个督导组，对全县城域内200余家定点药房不间断开展明察暗访，实地督导，重点督查各定点药店是否严格落实疫情防控“三件套”。优化医保服务，推进网办不停顿。利辛县医保局全力推进医保政务服务事项网上办理工作，实现安徽政务服务网、皖事通APP、“我家亳州”APP三个平台28个政务服务事项的网上通办，筛选出异地安置退休人员（就医）备案等6个政务服务事项、8个使用频次较高的证明材料实行告知承诺制。量化专项资金，费用保障不间断。严格按照上级部门关于做好新冠病毒疫苗接种费用保障工作的要求，及时足额将专项资金上解至市财政局社保基金专户。2021年8月，上解全县全年疫苗保障资金18696.83万元。

【药品带量采购】 2021年，利辛县公立医疗机构落实采购国家“4+7”药品共五批次218个品种，省级集中带量采购临床常用药品一批次60个品种。按照要求节点分批次将有关药品上传医保系统进行维护，确保参保群众及时享受到集中带量采购政策红利。按照市医保局“双通道”医保定点药店遴选条件，经过发布公告、专家评审、遴选公示，全县范围内确定2家“双通道”定点协议药店，可实现参保人在定点药店购买到国家医保谈判药品和省确定抗癌药品并纳入医保报销。2021年，全县“双通道”定点协议药店产生医疗总费用269426元，医保统筹支付费用232338元，报销比例达86.23%。

【医保支付方式改革】 2021年，利辛县持续推进医保支付方式改革，支持基层医疗机构健康发展。在全县25所基层医疗机构试点“白天住院治疗，晚上回家休息”的“日间病床”试点，确定将14种试点病种纳入医保报销范围，实行按病种付费，实现参保群众更便捷、医保基金可承受和医疗机构得发展的三重工作目标。持续推进按病种付费工作，按病种付费病种由50种到增加到331种，探索开展DRG和DRP付费的数据测算工作。

【医保经办能力建设】 2021年，利辛县医保局围绕“巩固提高、规范服务”要求，完善县医保中心、乡镇医保办、村级医保站三级医保经办服务网络，加大基层医保经办机构硬件投入，为全县16个乡镇医保办安装铝塑板背景墙、柜台、落地宣传架等，累计投入资金17万元。加强业务培训，提升为民办事效率。2021年，对乡镇医保办、村医保站具办人员分批分期进行《医疗保障使用监督管理条例》、国家医保局2号令、国家医保局3号令、医保业务政策等法规政策培训60多场次，参加培训人员3000多人次。7月，医保服务大厅坚持每天5:30—6:00开展业务“小课堂”和技能“大比拼”活动。做实经办服务绩效评价工作，对县医保中心服务大厅工作以月为单位评选出党员标兵和服务之星；对乡镇医保办工作以半年为单位评估出优秀、较好、一般三个等次；对村医保站工作以半年为单位评估出三星级、二星级、一星级三个等次。2021年11月29日，利辛县医保局被省、市医保局推荐作为全省四个县区之一，接受国家医保局组织的医保行风交叉考核评比并取得良好成绩。2021年12月21日，亳州市医保局对利辛县代表亳州市接受国家医保行风建设现场测评并获得好评发函表扬。

社会生活

人民生活

【居民收支调查】 2021年，国家统计局利辛调查队坚持以数据质量为中心，做好调查员的管理、培训和考核工作，认真维护各调查网点正常运行，顺利完成居民可支配收入调查各项任务。2021年，利辛县城乡常住居民可支配收入22962元，同比增幅9.7%。其中，城镇居民可支配收入36438元，同比增幅9.0%；农村居民可支配收入15549元，同比增幅9.4%，城乡居民人均可支配收入保持较快增长。

人力资源管理

【劳动就业】 2021年，利辛县就业局势持续保持稳定。全县城镇新增就业人员10439人；城镇登记失业率控制在5%以内；失业人员再就业人数2142人；累计发放创业担保贷款2.2亿元；开发见习岗位2016个，均超额完成年度目标任务。强化就业服务质量。推进“2＋N”常态化就业招聘活动，重点抓好“周三、周六”主题招聘，为劳动者和企业搭建精准对接平台。2021年，共开展98场就业招聘会，其中，线上19场，线下78场；举办春风行动、就业援助、退役军人等专场招聘会17场，累计参加企业485家，提供岗位30218个，进场求职人数36456人，达成就业意向数3219人。提供技能培训支撑。针对贫困劳动者、农村转移就业劳动者、下岗失业人员、就业困难人员等，实施免费就业技能培训。全县开展就业技能培训8880人次，开展技能脱贫培训381人次；企业新录用人员岗前培训2820人。为利辛粮油商厦、三泰服饰、佳辉服饰、电动公交公司等企业开展企业技能提升培训455人，其中，培训高级工276人、中级工179人；拨付培训补贴82.05万元。开展育婴、保育、养老护理、母婴护理、美容茶艺、汽车维修等高技能人才研修班21期，培训1042人，发放培训补贴126万元。

【人才管理】 2021年，利辛县招聘中小学新任教师374人，选调农村教师进城265人，招聘特岗教师300人；完成县委党校公开遴选教员2人；完成2021年利辛县高校毕业生基层特定岗位补

2021年12月14日，全县人才工作领导小组（扩大）会议召开。会议学习了中央人才工作会议精神，对教育教学类、医疗卫生类等六类10名“文州英才”，乡村企业家、返乡创业之星等九类69名“淝畔乡才”进行表彰 （利辛发布/供）

录30人笔试工作；指导县融媒体中心招聘12名工作人员，指导县四家公立医疗机构招聘166名工作人员。积极做好人才服务工作，引进县外在编教师53人。积极开展职称聘用工作。全县中小学系列助理级认定人员429人，其中，二级教师135人，三级教师294人；评审人员588人。中小学系列中级（一级教师）评审通过人员433人。中小学高级教师评审通过人员306人。工程系列助理级（助理工程师）认定人员82人。完成729人中高级职称网上申报的审批工作。

劳动人事争议仲裁

【概况】 2021年，利辛县劳动人事部门积极维护劳动者合法权益，努力构建和谐劳动关系。加强劳动保障监察执法。受理举报投诉53件，立案34起，涉及645人次，金额1208万元；移交公安机关6起，涉及221人，金额402万元，其中3人落网。与市场监督管理局开展清理整顿人力资源市场秩序专项行动，检查单位8户。开展年度劳动保障书面审查和诚信等级评价工作，依托劳动保障监察网络，审核用人单位17家。全县受理劳动人事争议案件121件，涉案金额232.5万元。

【争议仲裁】 2021年，利辛县劳动人事部门全力做好农民工工资支付保障工作。积极宣传贯彻《保障农民工工资支付条例》，举办培训班5期，发放劳资专管员证书78个。收到“全国根治欠薪线索反映平台”欠薪线索204条，通过省级审核198条，涉及358人次，共535万元，其余5条线索在办理，无逾期未办结线索情况。加强亳州市建设领域农民工实名制登记及工资支付监管平台建设，全县共有54个项目纳入平台监管，实名登记55022人，累计发放工资3276笔，发放90972人次，累计发放金额约5.5722亿元。加强劳动争议调解仲裁。秉持“预防为主、调解为主、深入为主”的原则，坚持维护用人单位和劳动者合法权益，促进劳动关系和谐稳定。

社会保障

【概况】 2021年，全县城镇职工基本养老保险、失业保险、工伤保险参保人数分别达到41333人、37251人、58878人；城乡居民养老保险完成缴费54.3万人，完成年度任务数49.5万人的110%。落实养老待遇调整政策。全县参与企业职工基本养老金调整的退休人数为9759人，人均月增148.08元，调整后全县企业退休人员月人均养老金由2020年底的2300.67元提高到2448.75元。全县参与机关事业单位基本养老金调整的退休人数9809人，人均月增181元。调整后全县退休人员平均养老金由2020年底的4120元提高到4301元。

民政事务

【社会救助】 2021年7月起，利辛县城乡最低生活保障标准由每人每月628元提高到每人每月657元，特困供养分散标准由每人每月500元提高到每人每月550元，集中标准由每人每月700元提高到每人每月750元。2021年，全县共发放各类社会救助资金4.4亿元，惠及困难群众14余万人。其中，农村低保32848户67478人，累计发放30601万元；城市低保1003户1850人，累计发放1102万元；低收入人口572户2325人；临时救助累计1147户，发放500万元；“救急难”65户，累计发放资金106万元；特困供养对象9253人（其中，分散供养7309人，集中供养1944人），累计发放6384万元；孤儿、事实无人抚养儿童1362人，累计发放1623万元；困难残疾人生活补贴40096人，累计发放2273万元；重度残疾人护理补贴22582人，累计发放1651万元。社会救济对象101

人，发放资金65万元。精神病患者医疗救助6人次，累计发放医疗救助资金1万元。严重精神障碍患者监护补贴533人，发放资金128万元。救助流浪其他人员145人次（外籍12人、未成年13人），其中站内照料61人。

【低保审核复核】 2021年，利辛县对城乡享受低保人员共审核复核11次，走访复核2375户，资料齐全率98%，政策符合率90%。

【社会化养老】 2021年，利辛县新增社会养老床位320张，发放一次性建设补助金45.15万元。全县共有社会化养老床位2320张。2021年，完成两个智慧养老服务试点任务，分别是利辛县鸿福老年公寓智慧养老机构和城关镇和谐社区智慧养老社区。

【高龄津贴发放】 2021年，利辛县共有80周岁以上老人34578人，发放高龄津贴603.76万元。

【村（居）委会换届选举】 2021年，利辛县村（居）民委员会换届选举工作全部完成。其中，村民委会成员1493人，女性成员559人，比例达到37.44%，女性村委会主任38人；居民委员会成员共计144人，其中，女性成员97人，比例达到67.36%，女性居委会主任4人。

民政局举办“诵读红色经典，坚守为民初心”诗歌朗诵比赛（县民政局/供）

【婚姻登记】 2021年，利辛县办理婚姻登记16225对，受理离婚申请4922对。其中，办理结婚登记11703对，离婚2244对，补领结婚证1674对，补领离婚证604份。上传婚姻登记电子档案16225余份，受理全国各地协查公函205件次，查阅档案约2136人（次），补录历史婚姻数据51132条，档案电子化扫描173693份。成功办理收养1例，进行婚姻家庭辅导378人次。

【福利彩票】 2021年，利辛县销售福利彩票3829.151万元。

【社会团体管理】 2021年，利辛县新登记社会团体6家、民办非企业单位30家。截至2021年底，共登记社会组织397家，包括社会团体72家、民办非企业单位325家。

【殡葬改革】 2021年，利辛县共火化遗体1116具，火化率为17.1%。惠民殡葬办法实施后，7—12月共惠及827人，涉及资金87.7万元。

■ 关心下一代工作

【概况】 2021年，利辛县以《聚焦组织建设，夯实基层基础，奋力推进关心下一代工作高质量发展》为题的经验材料和《关于进一步加强基层关工组织建设的意见》在全省基层组织建设交流会上被书面交流。全市关工基层组织建设现场会在胡集镇召开。县关工委常务副主任陆吉坤被省关工委、省委老干部局授予2021年安徽省“十佳五老”荣誉称号，全县10个“五好关工委”和10名“五老先进个人”受到市关工委表彰。

【教育引导】 2021年，利辛县关心下一代工作委员会以建党百年为契机，组织开展以“奋斗百年路·启航新征程”为主题的清明节祭奠英烈、党史学习教育宣讲、“党是阳光我是苗”少幼儿书画大赛、主题图片展、主题征文比赛、主题演讲比赛等多项活动，引导广大青少年知党史、感党恩、跟党走。组织参加全省第十一届“党是阳光我是苗”少儿书画大赛，荣获省特等奖1名、一等奖1名、二等奖6名、三等奖10名；15名指导教师被省关工委、省教育厅等四部门授予园丁奖。

【关爱帮扶】 2021年，利辛县关心下一代工作委员会以为党委政府解难题、为青少年办实事为落脚点，联系陶行知教育基金会，积极开展助学、助困、助孤、助残活动。募集资金10万元，救助贫困学生20名；向胡集镇中心学校、利辛四小等学校捐赠智能饮水机20台，并为师生配送保温感应杯，总价值约200万元；向县儿童福利院和特教学校284名孤残儿童每人每天捐赠一瓶牛奶，并持续供应。

县关心下一代工作委员会联合陶行知教育基金会开展助学公益活动
（县关心下一代工作委员会/供）

■ 民生工程

【概况】 2021年，利辛县按照省市有关部署，明确任务，完善方案，落实责任，抢抓进度，民生工程整体工作进展顺利，各项工程全部按时完成年度任务。全县计划投入46.23亿元，实施32项民生工程，截至12月底，累计拨付资金45.75亿元，占计划投入资金的98.96%（美丽乡村建设项目和基本农田加建设为跨年度实施项目，剩余的部分为质保金）。利辛县民政局获得“全国农村留守儿童关爱保护和困境儿童保障工作先进集体”称号。利辛县妇联被推荐为全省妇联系统先进县区。县委组织部、县医保局、县卫健委等多个单位获得全市民生工作综合排名第一等次。

【幼儿托育、妇幼健康和职业病防治】 普惠托育服务建设。2021年，利辛县目标任务：按照政府引导、部门协同、家庭为主、社会参与的总体思路，坚持普惠优先，充分调动社会力量的积极性，努力增加普惠托育服务有效供给，逐步满足人民群众对托育服务的需求。进展情况：2021年，新增托位240个，千人口托位数达到1.2个。

妇女儿童健康水平提升。2021年，利辛县免费婚前健康检查约16000人，婚检率稳定在85%左右；扩大国家免疫规划常规免疫接种约213400剂次，第一类疫苗适龄儿童接种率达90%以上，建卡率达到95%以上。

职业病防治。2021年，利辛县开展重点职业病监测，收集职业病防治收集监测信息904条，完成率180.8%。

【学前教育促进】 2021年，利辛县目标任务：新建改扩建公办幼儿园7所，资助幼儿3545人次，培训幼儿教师350人次。进一步推进学前教育普及和普惠发展，努力提升学前教育服务水平和服务能力。进展情况：完成7所公办幼儿园建设，完工率100%，完成投资额454万元，投资完成率100%；资助幼儿3953人，资助完成率111.5%；培训幼儿教师1636人，培训完成率736.9%。

对学生开展爱国主义教育活动（县教育局/供）

【义务教育经费保障】 2021年，利辛县目标任务：统一城乡义务教育“两免一补”政策，对城乡义务教育学生免除学杂费、免费提供国家规定课程教科书，惠及学生197006人；对家庭经济困难学生补助生活费，补助学生18635人；巩固完善农村地区义务教育学校校舍安全保障长效机制，计划建设面积15.35万平方米。进展情况：免学杂费197006人，补助14368.8万元；免费提供教科书197006人，采购金额1170.16万元；补助困难寄宿生19633人，补助资金693.6万元；维修改造校舍152023平方米，完工率100%。

【中小学及中职学校教师培训】 2021年，利辛县目标任务：组织中小学教师、校长833人次，中职教师22人分层分类参加培训，提高中职中小学教师素质和校长办学治校能力。通过推进重点项目、示范引领、创新培训模式、依托国家级和省级培训基地，切实提升职业学校和中小学教师队伍整体素质和建设水平，加快建成一支师德高尚、素质优良、教学手段精湛、结构合理的高素质中小学和中职专业化的“双师型”教师队伍。进展情况：培训中小学教师1642人，完成率197.12%；培训中职教师24人，完成率109%。

【就业创业促进】 2021年，利辛县目标任务：开发550个公益性岗位，通过购买服务方式，强化就业服务对接，为各类就业困难人员提供就业托底，并按规定落实相关补贴政策；组织326名离校2年内未就业高校毕业生及其他16—24岁失业青年，参加3—12个月的就业见习，并按规定落实相关补贴政策。进展情况：开发公益性岗位619个，完成率111.5%；提供就业见习岗位590个，完成率180.98%。

【农村电商提质增效】 2021年，利辛县目标任务：聚焦农村产品上行，助力农村一、二、三产业融合发展，推动电子商务与打赢脱贫攻坚战和实施乡村振兴战略的有效衔接。新增农村产品上行超1000万元的电商经营主体2家，新增省级电商示范镇2个、示范村7个，新增农村电商经营主体100家，开展电商精准培训500人次以上。进展情况：巩店镇、汝集镇2个镇为电商示范镇培育对象，巩店镇永昌村、荆桥村、巩店村、刘寨村、张乐村及汝集镇中华村、汝园村、秦四庙村8个村为电商示范村培育对象，利辛县梦金祥服饰有限公司、亳州瑞通达电子商务有限公司为超1000万元企业培育对象，工程完成率100%。

【技能培训提升】 2021年，利辛县目标任务：脱贫稳就业技能培训、企业新录用人员岗前技能培训、新技工系统培养。组织实施脱贫稳就业技能培训300人次，培训合格率达到90%以上；组织实施企业新录用人员岗前技能培训2625人次，培训合格率达到95%以上。退役军人技能培训提升。组织实施退役军人技能培训260人，培训合格率达到90%以上。新型职业农民培训。组织开展新型职业农民培训800人，其中，新型农业主体带头人500人、产业扶贫带头人50人、专业生产性人员50人和技能服务型人员200人，培训合格率达到90%以上。进展情况：脱贫稳就业培训384人次，完成率128%；企业新录用人员技能培训2672人次，完成率100%；新技工系统培养由市里统一组织培训。完成退役士兵培训339人、完成率130.38%，培训合格275人、合格率100%。培训新型农民806人，完成率100.8%。其中，培训经营管理型人员552人、专业生产型人员50人和技能服务型人员204人。

【出生缺陷防治】 2021年，利辛县目标任务：积极实施“妇幼健康促进行动”，全面推进出生缺陷综合防治工作，为孕期妇女提供健康安全、优质有效的产前筛查服务，稳步提高产前筛查率。2021年，产前筛查5860人，筛查率达60%以上，孕妇咨询随访率达80%以上。进展情况：完成产前筛查5903人，完成率144.7%，孕妇咨询随访率93.3%。

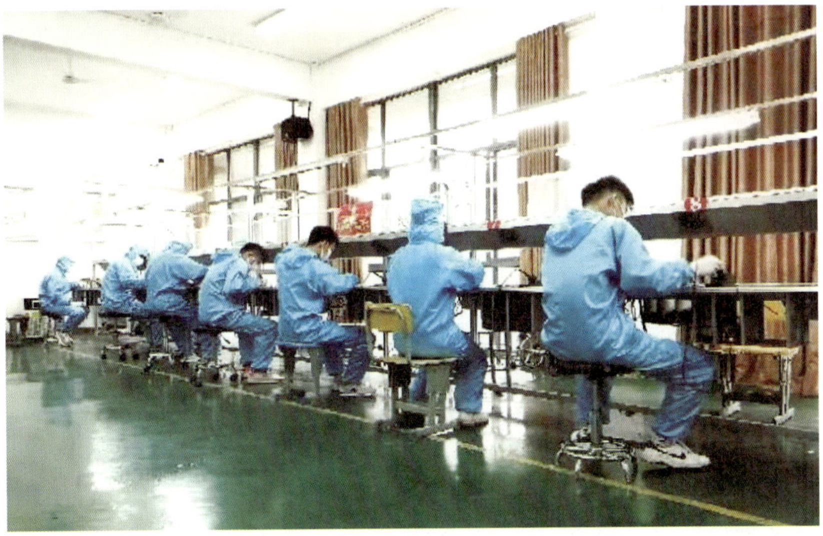

9月25日，利辛县2021年职业技能大赛顺利举办。本次竞赛项目共有35个，包括光伏产品加工、汽车车身涂装、艺术插花、平面模特、焊接技术等
（县教育局/供）

【城市社区卫生机构和村卫生室标准化建设】 2021年，利辛县目标任务：达到标准化建设的城市社区医疗卫生机构和村卫生室数174个；乡村医生岗位培训人数1447人；具有执业（助理）医师的村医进修人数66人；政府办社区卫生服务中心进修人数1人。进展情况：达标城市卫生室数完成174个，完成率100%；乡村医生岗位培训1447人，完成率100%；村医进修人数66人，完成率100%；政府办社区卫生服务中心进修人数1人，完成率100%。

【城乡适龄妇女“两癌”免费筛查】 2021年，利辛县目标任务：农村适龄妇女“两癌”免费筛查，完成10000人35～64岁农村妇女宫颈癌检查，完成3000人乳腺癌检查。城镇低保适龄妇女“两癌”免费筛查，完成150人以上城镇低保适龄妇女“两癌”免费筛查。进展情况：城镇低保适龄妇女宫颈癌检查150人，完成率100%；完成乳腺癌检查153人，完成率102%。完成农村妇女宫颈癌检查1.2万人，完成率119.9%；完成乳腺癌检查3275人，完成率109.2%。

【城乡居民基本医疗保险】 2021年，利辛县目标任务：完善统一的城乡居民医保制度，全面做实市级统筹管理。城乡居民医保参保率达96%以上。落实城乡居民医保筹资政策，稳步提高筹资标准。新增筹资主要用于提高基本医疗保障水平，政策范围内住院费用支付比例达70%以上，逐步缩小与实际住院费用支付比例之间的差距。普通门诊政策范围内报销比例达55%以上，城乡居民高血压、糖尿病门诊用药保障机制落地惠民。深化医保支付方式改革。实施预算绩效管理，加强基金安全监管。进展情况：参保147.9万人，参保率99.6%，参保人员医疗总费用151394万元，基本医保基金累计支付金额79959万元，政策范围内住院费用报销比例70.4%。

【城乡居民大病保险】 2021年，利辛县目标任务：实现城乡居民大病保险制度与城乡居民基本医疗保险合理有效衔接。大病保险制度覆盖全体参保居民，稳步提高大病保险筹资水平、保障待遇，确保不低于上年度实际标准（合规费用报销比例不低于60%），显著减少家庭灾难性医疗支出。实行商业保险机构承办大病保险业务，推进大病保险“一站式”即时结算。进展情况：大病保险待遇享受56061人次，大病保险起付线以上合规费用20767万元，大病保险基金累计支付12840万元，合规费用报销比例61.8%。

【“安康码”应用】 2021年，利辛县目标任务：到2021年底，“安康码”申领量达到110万个，“安康码”累计亮码达到1827万次、核验达到2192万次，对常态化疫情防控和经济社会发展支撑程度较高。在场景拓展方面，支持“一码通办”事项总数达到1448个，新增支持“一码就医”的医院数量达1个，新增其他场景应用1个，企业码场景应用数量达1个。进展情况：“安康码”申领量152.3万个，完成率129%；“安康码”累计亮码7382.5万次；核验4002.8万次，完成率169.3%；“一码通办”事项1751个，完成率121%；新增支持“一码就医”的医院1个，完成率100%。

【养老服务和智慧养老】 2021年，利辛县目标任务：规范养老服务三级中心运营管理。支持家庭承担养老服务功能。支持通过政府购买服务方式落实居家养老服务补贴。开展不少于80户居家适老化改造，鼓励家庭安装智能安防设备。建立老年人补贴制度，全面落实80周岁以上老年人高龄津贴制度，高龄津贴覆盖率达100%。对经济困难的高龄、失能老年人给予养老服务补贴，低收入养老服务补贴覆盖面不低于55%。支持社会办养老机构发展，落实社会办养老机构一次性建设补贴、运营补贴和贷款贴息政策。提高养老服务智慧化水平。进展情况：老年人高龄津贴累计发放34327人，累计发放金额493.26万元，覆盖率100%；低收入养老服务补贴累计发放8427人，累计发放金额692.42万元，覆盖率56.5%；居家适老化

利辛县鸿福养老院开展救助培训　（县总工会/供）

改造完成80户，完成率100%。

【城乡居民基本养老保险】 2021年，利辛县目标任务：当年缴费人数达4924426万人，符合待遇领取条件人员的养老金发放率达100%。进展情况：实际参保53.21万人，完成率108.06%；符合待遇领取条件人员的养老金发放20.85万人，发放率100%。

【农村危房改造】 2021年，利辛县目标任务：全力推进农村危房改造，建立农房动态监测机制，确保农村低收入群体基本住房安全，全面完成2021年农村危房改造190户任务，确保在2021年12月底前农村危房改造任务竣工率达100%。对贫困户住房安全情况实行动态监管，确保发现一户，改造一户，做到动态清零，建立农村住房安全保障长效机制。进展情况：农村危房改造开工190户，开工率100%；竣工190户，竣工率100%。

【棚户区和老旧小区改造】 2021年，利辛县目标任务：棚户区改造。严格评估财政承受能力，严把棚改范围和标准，因地制宜合理确定改造方式，精准实施，稳步推进棚户区改造。棚户区改造新开工5119套（实物安置），基本建成636套。城镇老旧小区改造。计划改造城镇老旧小区11个，涉及住户3194户，房屋总建筑面积33.11万平方米。年底前完成水电路气等基础类改造内容。进展情况：棚户区改造开工5168套，开工率100.96%；基本建成636套，基本建成率100%。城镇老旧小区改造涉及小区11个，完工7个；改造建筑面积30.46万平方米；改造住户2938户，完成率91.98%；累计完成投资10662万元，投资完成率92%。

老城区改造　　（县委宣传部/供）

【困难人员救助暨困难职工帮扶】 农村居民最低生活保障。2021年，利辛县目标任务：将符合条件的困难群众全部纳入低保范围，将农村低收入家庭中的重病、重残人员参照“单人户”纳入低保，做到应保尽保。健全低保标准制定和动态调整机制，推进城乡低保制度统筹发展。进展情况：保障农村低保67447人，累计发放补助资金25129.7万元；月均补助（补差）372.95元，保障标准7884元/年人。

特困人员救助供养及服务机构运行维护。2021年，利辛县目标任务：特困供养人员集中供养率达到55%。将特困救助供养覆盖的未成年人年龄从16周岁延长至18周岁，按照不低于上年度当地居民消费性支出的60%确定特困人员基本生活标准，原则上不低于当地最低生活保障标准的1.3倍，特困人员照料护理标准不低于基本生活标准的10%。推进签订委托照料协议，落实走访照料责任。通过购买住院护理保险等方式，提升特困人员照料护理水平。进一步规范特困人员供养服务机构的运行维护管理，基本清除机构安全隐患，逐步提高供养水平，不断增强特困供养对象获得感、幸福感。进展情况：保障特困供养对象9320人，其中集中供养1960人、分散供养7360人。

孤儿基本生活保障。2021年，利辛县目标任务：完善孤儿基本生活保障制度，保障孤儿和事实无人抚养儿童基本生活权益，按照散居孤儿和事实无人抚养儿童每人每月不低于1050元，集中供养孤儿每人每月不低于1450元的标准，不断提升孤儿基本生活保障水平，实现“动态管理、应保尽保”目标。进展情况：孤儿基本生活保障人数1332人，累计支出资金1317.16万元。

生活无着人员社会救助。2021年，利辛县目标任务：为生活无着流动人员提供临时食宿、疾病救治、协助返回等救助，对流浪未成年人提供特殊优先保护及教育矫治等专业服务，确保其健康成长，确保流浪未成年人应救尽救。协助受助人员及时返乡，帮助走失人员返回家庭，妥善安置返乡受助人员。为陷入监护困境的未成年人提供社会保护服务，为农村留守儿童关爱保护工作提供政策指导和技术支持服务。进展情况：实际救助生活无着人员121人，使用救助资金167万元。

困难残疾人生活和重度残疾人护理补贴。2021年，利辛县目标任务：对符合规定的困难残疾人给予生活补贴，按照补贴对象范围和补贴标准，依规及时发放，并根据各地经济社会发展状况，扩大补贴范围，逐步提高保障标准。规范申请、审核、补贴发放机制，做到应补尽补，确保残疾人两项补贴制度覆盖所有符合条件的残疾人。进展情况：困难残疾人生活补贴，实际救助40898人，发放救助资金1899.17万元；重度残疾人护理补贴，保障23647人，累计发放资金1380万元。

城乡医疗救助。2021年，利辛县目标任务：资助困难群众参保全覆盖，稳定实现特困人员、低保对象、脱贫人口（不含稳定脱贫人口）等全部纳入基本医疗保险、大病保险和医疗救助制度覆盖范围。住院救助和门诊救助应救尽救，以保障困难群众基本医疗权益为目标，最大限度减轻困难群众医疗支出负担。特困人员、低保对象政策范围内个人自付住院医疗费用救助比例不低于70%。进展情况：资助困难群众参保15万人、资助金额3792.3万元，直接救助95475人、救助金额5740.5万元。

困难职工帮扶。2021年，利辛县目标任务：实现符合困难职工建档标准的困难职工建档和帮扶全覆盖。为困难职工提供生活救助5户，缓解困难职工生活困难；为困难职工子女提供助学救助50人，解决困难职工子女上学困难；为符合条件的患病职工家庭提供医疗救助40户，缓解困难职工就医困难，使困难职工家庭解困脱困，不断增强困难职工获得感、幸福感、安全感。进展情况：为困难职工提供生活救助6户，发放资金3.65万元；为困难职工子女提供助学救助54人，发放资金31.4万元；为符合条件的患病职工提供医疗救助40人，发放资金54.52万元。

【农村义务教育学生营养改善】2021年，利辛县目标任务：对国家集中连片特困地区和已脱贫的国家扶贫开发重点县（市、区）农村义务教育阶段学生提供营养膳食补助，实施学校覆盖率和受益学生覆盖率均为100%，做到应享尽享。进展情况：提供营养膳食补助学生112418人，实施学校和受益学生覆盖率100%，累计补助资金6108.06万元。

【家庭经济困难学生资助】2021年，利辛县目标任务：健全家庭经济困难学生资助体系，发放中职学校国家奖学金9人，中职学校免学费补助4126人、中职学校国家助学金2959人、普通高中免

2021年利辛县民生工程——学生营养餐计划，图中学生为城北镇江桥小学学生
（县委宣传部/供）

学杂费1754人、普通高中国家助学金4488人，确保资助资金及时足额发放。进展情况：发放中职学校国家奖学金0人，发放中职学校免学费补助6245人，发放金额1145.65万元；发放中职学校国家助学金3026人，发放金额302.85万元；发放普通高中国家助学金5193人，发放金额865万元；发放普通高中免学杂费3169人，发放金额865万元。

【困难残疾人康复】 2021年，利辛县目标任务：为1900名困难精神残疾人提供药费补助；为220名符合条件的视力、听力、言语、肢体、智力等残疾儿童和孤独症儿童提供康复训练救助；为35名残疾儿童适配假肢矫形器或其他辅具提供救助。进展情况：为5092名贫困精神残疾人患者提供药费补助，完成率249%，发放补助资金509.2万元；为643名残疾儿童提供康复训练，完成率252%。

【城乡困难群体法律援助】 2021年，利辛县目标任务：计划办理法律援助案件1500件，法律援助案件质量符合标准。进展情况：案件审批1537件，案件完成率102.5%。

【党建引领乡村振兴工程】 2021年，利辛县目标任务：为94个村安排办公经费，按照序时进度及时拨付到位。以加强党的建设为带动，有力促进乡村振兴发展。探索开展村党组织书记、村委会主任“一肩挑”考核激励试点工作。进展情况：拨付保障经费190.5万元，资金拨付率100%。

【“四带一自”特色种养业提升工程】 2021年，利辛县目标任务：大力推广“四带一自”产业扶贫模式，建设完善农业特色产业园区，2021年底，符合建设标准、达到带动增收要求的农业特色产业园区（包括非贫困村）达到90个。充分发挥龙头企业、农民合作社、能人大户（家庭农场）等新型经营主体产业带动作用，健全完善利益联结机制、带动激励机制，支持脱贫户特色产业持续稳定发展，主体带动的已脱贫户数（达到主体带动标准）3200户；自种自养的脱贫户13000户。进展情况：累计建成特色产业扶贫园区111个，完成率116.84%；新型农业经营主体带动脱贫户数3854户，完成率120.44%；开展自种自养且达标脱贫户13090户，完成率100.69%。

【美丽乡村建设】 2021年，利辛县目标任务：开展省里下达的省级中心村建设任务，年底前完成项目建设的70%。主要是围绕“生态宜居村庄美、兴业富民生活美、文明和谐乡风美”的建设目标，重点完成垃圾污水处理、饮水安全巩固提升、房前屋后环境整治、道路畅通、河沟渠塘疏浚清淤、公共服务设施建设、村庄绿化亮化等建设任务，打造农民幸福生活美好家园。建设周期一年半，为《安徽省乡村振兴战略规划（2018—2022）》中提出的到2022年所有规划布点中心村达到美丽乡村建设要求打下坚实基础。进展情况：建设省级中心村10个，项目建设进度78.1%（跨年度项目）。

【“四好农村路”建设】 2021年，利辛县目标任务：不断提升农村地区交通服务水平，加快乡村全面振兴步伐，深化农村公路管理养护体制改革，完善“路长制”运行机制，预计实施农村公路养护工程168.4千米。提升农村客运服务品质，逐步推进农村客运班线公交化改造；提升乡镇运输站场综合利用率，逐步增加具备管理、综合服务、客运、公交、货运、邮政、快递等三种以上功能的乡镇运输站场数量。进展情况：农村公路养护提升工程完工168.5千米，完工率100%。

【农村饮水工程维修养护】 2021年，利辛县目标任务：做好2021年度中央财政补助农村饮水工程维修养护经费管理使用工作，加强工程管理维护，保证工程安全运行，维修养护45处，覆盖服务人口55.4万人。主要包括农村集中供水工程及其配套设施修缮，供水设备及元配件、水表等更换，供水管材管件、净化消毒滤料和药剂试剂购置与更换，水质检测监测药剂和易耗品、仪器设备原配件的更换等支出。进展情况：维修养护农村饮水工程45处，覆盖服务人群55.4万人。

【农村改厕及废弃物资源化利用】 2021年，利辛县目标任务：扎实推进农村“厕所革命”，以行政村为单位组织整村实施，高质量完成自然村常住农户改厕任务，厕所粪污基本得到处理或资源化利用。每个市原则上选择1个县（市、区），开展农村改厕提升与长效管护机制示范县建设。示范县要通过1年时间建设，以县域为单位，建立起一套组织领导、工作推进、模式选择、政策支持、监督考核等方面的政策技术体系，实现改厕后粪污资源化利用与长效管护运行有效。进展情况：完成农村改厕23000户，完成率100%。

【农作物秸秆产业化利用】 2021年，利辛县目标任务：科学布局全覆盖的秸秆收集转运体系，大力推广龙头企业带动的产业化利用模式，加快发展以秸秆资源利用为基础的现代环保产业，秸秆综合利用率保持在91%以上，新建标准化秸秆收储中心15个以上，秸秆产业化利用量（年利用秸秆500吨以上的市场主体全年利用秸秆量）达到9.6万吨以上。进展情况：建成标准化秸秆收储中心15个，完成率100%；秸秆产业化利用量达10.8万吨，完成率112.5%。

【水环境生态补偿】 2021年，利辛县目标任务：全面实施地表

2021年，利辛县完成全覆盖的秸秆收集转运体系，初步形成以秸秆资源利用为基础的环保产业 （县生态环境分局/供）

水断面生态补偿，建立健全以市级横向补偿为主，省级纵向补偿为辅的水环境生态补偿机制。进展情况：改善4条河流、4个断面，分别为茨河利辛县芦沟段、茨淮新河阚疃下游港河口、西淝河利辛段和西淝河。

【农田建设工程】 2021年，利辛县目标任务：加快推进高标准农田建设，补齐农业基础设施短板，增强农田防灾、减灾、抗灾能力，提升粮食综合生产能力，全面完成2021年度高标准农田12万亩建设任务，确保在2021年10月底前完成项目建设招投标工作，12月底前年度工程项目开工率达80%以上，为保障国家粮食安全、带动农民增收致富、促进农业农村现代化发展奠定坚实基础。进展情况：开工建设高标准农田12万亩（建设期为2021—2022年度），完工5.8万亩，完工率48.3%。完成年度任务。

【文化惠民工程】 2021年，利辛县目标任务：免费开放1个公共图书馆、1个文化馆、23个文化站，向群众提供基本文化服务项目、公共空间设施场地。“送戏进万村”演出不少于346场。实现应急广播建成县、乡、村三级前端，部署应急广播户外终端所有行政村全覆盖，加强灾害易发生区域等重点区域覆盖，实现与省级应急广播调度控制平台互联互通，建立应急信息发布机制。进展情况：免费开放场馆数25个，其中，开放图书馆1个、文化馆1个、文化站23个；“送戏进万村”演出346场；农村应急广播覆盖346个行政村，覆盖率100%。

2021年，利辛县的高标准农田建设为保障国家粮食安全、带动农民增收致富、促进农业农村现代化发展奠定坚实基础 （县农业农村局/供）

乡 镇

城关镇

【概况】 利辛县城关镇是全县政治、经济、文化中心。2021年，下设城东、城西、城南、城北、园区、滨河6个办事处，共16个城市社区和19个村，面积122.48平方千米，耕地面积7万余亩，户籍人口16.9万人。农村人均可支配收入2.09万元。城镇人均可支配收入3.34万元。地理位置优越，交通便利。305、308省道穿境而过，设有宁洛高速公路出入口；西淝河、阜蒙河、利阚河境内汇流。西气东输利辛分输站、面积5平方千米的利辛县经济开发区均在城关辖区。利辛县城关镇是闻名全国的“筛网之乡”，安徽省“全民创业示范基地”。

2021年，城关镇以习近平新时代中国特色社会主义思想为指导，深入推进“两学一做”学习教育常态化制度化，组织党委理论学习中心组学习15次，研讨8次。全镇3353名党员参加党史学习教育。新发展党员100名，在新非公和社会组织中成立党组织20个。城关镇依法依规操作，顺利完成全镇党组织换届，选配“两委”干部343人，其中新选配书记18人。向阳社区获评全国民主法治示范村（社区）；入选城市领域基层党建工作“领航”计划省级示范库，实现亳州市零的突破；向阳社区党总支书记武雪松获全国优秀党务工作者。和谐社区获评省扫黄打非示范社区。2021年，利辛县城关镇紧抓信访工作，提出“矛盾发现于初期、调解介入于萌芽”的工作思路，严防推诿扯皮。加大政策法规宣传力度，正面引导信访人依法合理表达诉求，维护正常的信访秩序。全年共接到市（县）长热线2510件，全部办结，办结满意率96%以上；网友留言及网络舆情19件，办结率100%；来信来访1222件，办结1194件，其中化解积案34件，化解进京访12件。开展烟花爆竹大盘香禁燃禁放、电动车充电整治、成品油专项整治等活动，全年无重大安全事故发生。

2021年6月1日，县司法局为城关镇向阳社区颁发全国民主法治示范社区奖牌
（城关镇/供）

【环境保护】 2021年，城关镇持续加大污染防治力度。中央、省环保督察反馈涉及辖区的33个问题及排查发现的18座养殖场燃煤热风炉，均全部按标准整改完

成，顺利通过市、县验收。全面持续开展高频次常态化的督查巡查，对中央、省交办件不间断进行“回头看”，对巡查发现的问题，分类建立台账，做到对账销号，2021年市长热线等涉及环境类信访量，较往年下降超过50%。启动潘沟、早阳沟、北沟、阳沟、徐庄北沟及潘沟支流6条沟河清淤工作，累计清淤13.5千米，清淤土方50余万立方米。清理西淝河、阜蒙河、利阚河等主要河道两侧农作物1600余亩，治理沿河排污口13处。规范有序开展有毒有害垃圾收集转运工作，实施美丽乡村中心村常态化管理，实施“两河流域”、沿河两岸1357座旱厕改造，开展户改厕问题集中大排查和问题整改，新建公厕11座。

【乡村振兴】 2021年，城关镇按照上级关于过渡时期脱贫攻坚成果巩固“四个落实”的要求，紧紧围绕10项重点指标进行整改完善，实现脱贫攻坚与乡村振兴的平稳过渡。全镇监测对象共有4552户，人均收入均超过脱贫标准，“两不愁三保障”得到稳步提升。为118户边缘户购买防贫保险，落实低保112户，落实残疾人补贴25户。聘用公益性岗位5636人次，发放工资338万余元；为建档立卡贫困户代缴农合费172万余元，发放特色种养殖奖补资金118万余元。为有发展意向的145户农户发放贷款。针对所有脱贫户，制定“一人一措施，一户一方案”，定期走访，持续监测排查，排查发现问题625条，均整改完毕。全镇4112户脱贫户均未发生返贫现象。

【征地拆迁】 2021年，城关镇围绕出让地块扫尾、未出让地块净地、棚改项目全面完成、基础设施项目全力推进的工作总目标，共征收土地5790.8亩，征收房屋37.5万平方米，迁坟1838余座。全面完成马桥、闫集和西潘楼安置地块、中煤首府地块、锦绣公园地块净地交付工作，后刘安置小区除2户没有拆除外，其余的完成拆迁工作，全面完成棚改工作任务。顺利完成大境城地块、党校西地块、翘楚堂、富利达片区等出让地块的全面净地交付工作。李郢庄、后刘、寨后、北李庄、张前寨等地块征迁进展顺利，完成总任务的86%以上。

【人居环境】 2021年，城关镇扎实开展农村人居环境提升工程。积极推进环卫一体化移交工作，实现城乡生活垃圾第三方处理；规范有序开展有毒有害垃圾收集转运工作，实施美丽乡村中心村常态化管理。投入百万元开展“清洁村庄、美丽家园”行动，对非规划区内自然庄环境整治进行再提升，切实提升农村人居环境水平。有序推进文明城市创建工作。加大小街背巷日常保洁监督检查力度，开展“城中村”旱厕反弹问题排查整改、破损条幅清理、城区农作物清理、路灯排查维修等工作，共维修路灯60余盏；实施种子公司家属院基础设施维护、劳务服务公司家属院雨污分流工程；实施恒盛肉厂拆迁残值拍卖，实现残值收益390万元。

【民生工程】 2021年，城关镇新增城市就业岗位4800余个，城市社区消除“零就业家庭”。为275名大龄就业困难人员申请社保补贴，社保补贴资金150万元。加大城镇灵活就业人员创业就业扶持力度，完成小额贴息贷款3000万元。认真预防化解拖欠农民工工资行为，全年无一例欠薪案件发生。进一步加大城乡居民养老保险工作的宣传力度，截至12月底，养老保险缴费参保率达100%，14192名60周岁以上老人全部享受到养老待遇。严格执行就业扶贫各项政策，为2225名低保户、重度残疾人、计生家庭代缴参保费；为建档立卡贫困户提供520个公益岗位，每月600

元补贴全部按时打卡发放；认真做好疫情防控期间的农民工有序输出，组织近3.5万名农村劳动力外出务工，有序引导贫困户外出就业，实现建档立卡贫困对象外出务工“清零”，增加贫困家庭经济收入。协助县住房发展中心办理廉租住房60余户并申请住房补贴，真正解决特困家庭的生活和住房问题。群众日常办事基本实现网上办理，全年网上办件总数达到20万余件，群众满意率达95%以上。按照县商务局要求，调整电商代办点布局，全镇4家综合点、3家便民点有序运营。

【街道办事处工作】 城南办事处。2021年，完成房屋拆除0.91万平方米，迁坟15座，全面完成复兴社区大项目建设拆迁任务；驻马沟治理租地108亩；完成学府路污水管网租地任务、苏店和蒋庄地表水管拆迁任务、蒋庄污水管网租地任务。全年，接办市长热线200余件、市长接访7件，调处信访30余起，均全部结案。

城东办事处。下辖3个村、4个社区。2021年，完成碧桂园、紫金府项目拆迁任务，实施武元、神州驾校等新项目征迁。金水湾小区拆迁安置工作取得阶段性进展，原拆迁项目遗留问题逐步化解。

城关镇社区各项工作取得优异成绩 （城关镇/供）

园区办事处。下辖4个社区。2021年，完成征地2165.04亩，拆迁15.95万平方米。

城西办事处。下辖6个社区。2021年，对后王进行拆迁，协助城北办事处完成富丽达、五一西路拆迁项目，拆迁3.94万平方米。

城北办事处。下辖3个村、1个社区。2021年，征地约236亩，拆迁面积约0.77万平方米。积极解决遗留问题，做好征地拆迁涉及的信访工作，全年的征地项目顺利实施。

滨河办事处。下辖3个村、1个社区。2021年，征地2700余亩，征收房屋13.5万平方米，迁坟800余座。全面完成马桥、中煤首府地块、锦绣公园地块净地交付工作，打通醉月南路，居民的出行更加方便。

阚疃镇

【概况】 利辛县阚疃镇位于利辛县东南部，距离县城18千米，是皖西北地区通向省城合肥市的东南门户，省道、县间公路及环乡公路四通八达，周边与蒙城县、凤台县、展沟镇、新张集乡、胡集镇、程家集镇、中疃镇等地接壤，国土面积116平方千米，耕地总面积8.74万亩。2021年，阚疃镇辖9个社区居委会、13个村委会，256个自然庄，总人口10.32万人。阚疃镇旅游资源丰富，白鹭洲公园是AAA级风景区，是亳州（曹操华佗故里）—涡阳（老子故里）—阚疃（白鹭洲风景区）—迪沟开发区—八里河风景区旅游专线上的一颗明珠。以白鹭洲公园为龙头，以南海湿地公园、西淝河公园、净

阚疃白鹭洲　　（阚疃镇/供）

梵寺、观音寺、西汉古墓群为重点，以生态村“农家乐”板鸡为品牌的配套建设，带动全镇餐饮、旅游、服装等产业的发展。2009年阚疃镇被安徽省评为“优秀旅游乡镇”。

2021年，利辛县阚疃镇依托党史学习教育主题活动，引导全镇党员自觉开展“我为群众办实事”实践活动共850件，受教育党员2549名。坚持“党建引领”的原则，新成立非公企业支部5个，新发展党员63人。按照省、市、县部署要求，从严、从细对村（社区）“两委”换届工作进行规范，把管理、监督、处理贯穿换届全程始终，推荐村（社区）党组织委员候选人168人，选出正式委员120人，为脱贫攻坚与乡村振兴的有效衔接夯实人才基础。2021年，完成增减挂项目110.4亩，新增耕地项目40.6亩；共制止土地违法行为20多起，拆除违法建设10000多平方米，恢复耕地面积近30亩；土地确权登记全部完成，颁发确权登记证书的有19个村2.9万余户；审批农民建房229宗，保障农民的建房需求。2021年，阚疃镇落地4个企业，计划总投资6500万元，完成投资1200万元。2021年，全镇享受农村低保1823户3946人，“五保”441人，贫困残疾人精神病药费补助207人，贫困残疾人生活救助1874人，申请残疾人护理补贴1110人，为56名孤儿申请补贴，发放老人高龄补贴1669人。城乡居民医疗保险、城乡居民养老保险参保基本实现应保尽保全覆盖。全年把立德树人的根本任务落到实处。阚疃学区本年度教学视导成绩位居全县第一；中考700分以上2人、600分以上133人，位居全县同类学校第一；金石中学通过“全国文明校园”申报，阚疃一小获评“亳州市文明校园”，胡圩小学获评“利辛县平安校园”。获评“安徽最美教师”1人，“名师工作室”3个，市级教坛新星3人。疫情防控常态化，设立集中隔离医学观察点，在省道308阚疃与凤台交界处实施道路交通阻断，在集镇设立值守卡点6个。全年对15个合法宗教活动场所进行房屋和消防安全、疫情防控巡视巡察102次，对宗教活动场所负责人进行《宗教工作条例》培训学习4次，张贴民族宗教宣传条幅190条，镇宗教工作办公室对各村（社区）宗教联络员进行业务培训88人次。取缔非法宗教活动场所2处。2021年，镇纪委共办结各类案件36件，处理党员、干部13人次，全镇党风廉政建设和反腐败工作取得明显成效。

【乡村振兴】　2021年，阚疃镇坚持以乡村振兴为基础谋划农村工作全局，持续开展“大宣讲、大走访、大排解”活动，向农户说清讲透党的政策。坚持“四个不摘”，围绕“两不愁三保障”，建立落实防止返贫监测和帮扶机制，通过排查全覆盖，排查出新增监测户6户22人，制定整改措施1388个，整改1388个，

阚疃镇大力发展现代农业和旅游观光经济　　（阚疃镇/供）

整改率100%；新建防返贫动态监测网格915个，实现镇、村、组三级网格员全覆盖；落实“雨露计划”政策资金36.45万元；落实“深贫保”政策资金5.7万元；发放“特色种养殖”奖补资金91.8万元；落实“小额信贷”资金100余万元，为贫困户自主创业提供了资金支持。进一步加大基础设施投入，全镇新修巷道65条，硬化道路面积16623平方米，极大地改善了群众生产生活出行条件。2021年，利辛县阚疃镇树牢“绿水青山就是金山银山”的理念，时刻谨记生态保护红线，集中力量打好大气、水、土壤污染防治三大攻坚战。重点突出茨淮新河、永幸河、308省道沿线道路及村落，努力实现乡村林果化、廊道林荫化和庭院花园化，完成成片造林1600多亩，植树8万余株，建设绿色长廊6千米。全年接办环保信访问题58件，均整改完毕。上报查封环保问题5件，查处环境违法行为2起，罚款10万余元；全镇15个养殖场燃煤锅炉全部煤改电或者煤改生物质，其余87家养殖企业全部取消锅炉燃煤。依托金沙田公司对阚疃镇辖区内开展环卫精细化管理，认真开展农村人居环境整治，深入推进城乡环卫一体化。秸秆禁烧工作圆满完成，午季和秋季农作物完成秸秆离田率96%以上。在落实茨淮新河、西淝河水源地保护举措上面，始终坚持最严厉的生态保护制度，坚持保护性开发建设。2021年，利辛县阚疃镇打好农村改厕、村庄清洁、污水处理、村容村貌提升四场硬仗，新建厕所391座；抓好涉农项目建设，发展高产优质高效农业，扩大优质订单小麦的种植面积，全镇优质小麦种植面积达6.4万余亩，订单面积达4.4万余亩。

【经济发展】　2021年，阚疃镇持续实施“旅游兴镇、产业富镇、文化强镇、和谐稳镇”发展思路，利用阚疃独特的地理环境和浓厚的历史文化底蕴，精心谋划一批政府类投资产业项目。大力招商，鼓励在外成功人士在家乡投资创业，凸显龙头企业带动成效，初步形成郁会循环农业、

阚疃镇光伏发电项目　　（阚疃镇/供）

益果丰科技农业、南湖鱼牧、五一冬枣、盛世庚源实业、诚农乐太空莲、中益稻米、山核桃、玫瑰花茶的种植和初加工等龙头企业产业群。全镇经济社会实现平稳健康发展，经济指标稳中向好。2021年，全镇完成财税收入4546万元，较2020年同期增长8.28%。配合全域旅游发展，在旅游沿线村，集中连片打造莲子、白芍、玫瑰等中药材种植，面积1800余亩；围绕“高新特优”，在新河、刘圩、镇东等村发展葡萄、冬枣等生态无公害水果种植，面积达600亩。在袁新、宋圩等村发展稻渔综合种养，面积达3000余亩。全年完成检测农残样本1050例、畜禽样本460只、水产品样本240个，有力地保障农产品安全。

■ 张村镇

【概况】　利辛县张村镇位于利辛县西北部，距离县城约27千米，辖区地处西淝河北岸，北接涡阳县，西与太和县隔西淝河而望，南与汝集镇以西淝河为界，东与本县纪王场乡、孙集镇相邻。全镇总面积95平方千米，耕地面积8.8万亩，设置18个村（居）民委员会，274个自然村，总人口8.9万人，其中农业人口7.8万人。省道202线（阜段）在涡路段与省道308线（利太路）在此交会，交通便利，商贸发达，是涡阳、利辛、太和三县的衔接处。著名的文物古迹有：乾溪“阴阳城”遗址、唐置文州故址、一醉三年的刘伶墓、红门寺遗址等。

2021年5月8日，张村镇举办庆祝建党100周年广场舞大赛　　（张村镇/供）

2021年，利辛县张村镇民生工程成效显著，民生支出逐年增长。补偿补助类项目资金按时打卡发放。城乡居民养老保险全面启动，基本医疗保险覆盖率97%。设立张村镇医养结合中心，使“五保”老人有病及时治疗、无病康复养老，解决20名失能“五保”老人安度晚年问题。坚持优先发展教育，完善全镇中小学校的基础设施，教育教学环境不断改善。全面落实安全生产“党政同责、一岗双责”，坚持管行业，必须管安全；管业务，必须管安全；管生产，必须管安全的要求，扎实开展“安全生产月”宣传活动，狠抓隐患排查整治，对中小企业、公共娱乐场所、学校、卫生院、险桥险路、临水路段等进行安全隐患排查，发现的问题全部整改到位。2021年，利辛县张村镇持续抓好常态化疫情防控，结合“邻长制”工作，开展新冠疫苗接种工作，全年累计接种79554剂次。2021年，张村镇成功招引工业企业利辛绒雪织造有限公司落户张村镇工业园区，项目总投资2460万元；引进利辛县犇鑫制冷设备有限公司，项目总投资2000万元。

【乡村振兴】　2021年，张村镇坚决守住脱贫攻坚胜利果实，确保不出现规模性返贫，确保实现巩固脱贫攻坚成果与乡村振兴有效衔接。持续对全镇194户脱贫不稳定户、91户边缘易致贫户进行监测，新识别监测户3户；实

2021年，张村镇党委、政府通过党员干部带头捐款、群众筹资和上级项目资金，投资2000余万元将千溪沟张村集镇段5400米作为重点整治项目，经过整治，达到了水清岸绿景美的整治目标（张村镇/供）

现1658人脱贫人口及监测人口的务工；完成203户425亩受灾农作物理赔工作；完成高老家产业道路、柳东以工代赈道路的修建。建立防止返贫监测网格，共划分镇级网格18个，配备镇级网格员18个；划分村级网格119个，配备村级网格员119名；划分村民组网格661个，配备村民组网格员661个。现代农业取得新发展。调优产业结构，培育富民产业。坚持把特色经济作物作为产业结构调整的主攻方向，以专业合作社为龙头带动，种植各类蔬菜8200亩、中药材3000亩、大棚西瓜1200亩，发展小麦良种繁育13200亩、牲畜存栏9000头、渔业养殖水面600亩。探索发展集中连片、规模高效的新兴产业经营模式，高老家蔬菜生产基地、王寨中药材基地初具规模，集约化生产效应凸显，全镇多元富民产业发展格局日趋完善。持续推进农村巷道建设工作，全镇18个行政村完成120条巷道建设，累计拨付奖补资金131万元。投资350万元对张村集镇主要街道进行改造提升，投资2000万元对集镇千溪沟进行清淤整治。

【绿色发展】 2021年，张村镇深入践行绿色发展理念，坚决打赢“蓝天绿水”生态保卫战。深入开展燃煤锅炉整治，共整治浴池燃煤锅炉8家；升级改造4家砖瓦窑厂，升级监测硬件，有效管控窑厂气体超标准排放。对4家自来水厂开展饮用水水源地环境治理，推动农村水源保护区划定，确保饮水安全。开展农村黑臭水体摸排上报工作，结合农村环境进行综合整治；开展“两河”流域及支流水环境治理工作，整改市、县交办问题185件次。开展违规入河排污口治理，全镇30个入河排污口完成整改。协同县住建局共投入资金1300万元，实施张村镇二期污水管网和李集社区截污纳管工程建设项目，新铺设污水主管网7.9千米、支管网5.2千米。

■ 王人镇

【概况】 利辛县王人镇位于利辛县西部，距离县城27千米。镇域西、南与阜阳市颍东区、颍泉区毗邻，东、北与本县永兴镇、巩店镇接壤。王人镇区位优越，交通便利，202省道由南到北贯穿全境、京九铁路穿境而过，南洛高速、广济高速在镇域设有出入口，地接阜阳市北大门，商贸、物流均较为发达。著名的旅游景点有印象江南景区。2021年，王人镇国土面积74平方千米，耕地面积7万亩，辖9个村委会、6个居委会，总人口6.6万人，常住居民2.21万户。2021年，王人镇加强党的建设，把农村致富能手、工作骨干培养发展为党员，发展预备党员53名。其中，农牧渔民42人，产业工人2人；35岁以下31人；建档立卡贫困村10人；非公企业4人，社会组织1人。培养入党积极分子168

人。全镇15个村党委（支部）全部完成换届选举工作。2021年，王人镇引进安徽固路建筑材料有限公司，在镇曹店工业功能区投资年产20000套污水截流井项目，年产值约1200万元；引进利辛陆特资家庭农场，以种植中药材为主，种植面积2800亩，总投资2200万元。

【巩固脱贫攻坚成果同乡村振兴有效衔接】 2021年，王人镇严格落实“四个不摘”要求。强化监测帮扶、督导调度。持续压实责任，防止出现规模性返贫致贫。抓好脱贫户和监测户务工就业。全镇脱贫劳动力务工就业2897人，提供公益岗位358个。持续推动产业发展。抓好光伏电站运维和管护，光伏产业受益户达2241户。发展特色种养殖脱贫户和监测户490户，发放奖补资金122万余元。发展林业扶贫209户、200.28亩，每年发放生态林补1000元/亩。发放扶贫小额信贷41户、205万元。申报春秋季“雨露计划”377人次。2021年，培育新型农业经营主体，引导产业结构调整，全镇土地流转2.86万亩，同比增长15.70%。全镇共培训新型职业农民272人，培训科技示范户270户，培训有劳动能力贫困户396人。新增设施农业大棚50亩以上的7家，100亩以上的17家，200亩以上的8家；中药材种植100亩以上的6家，200亩以上的6家，500亩以上的3家，800亩以上的2家，1000亩的1家；露天蔬菜200亩以上的3家。

【推进民生保障】 2021年，王人镇农村低保动态调整到农村低保户1108户，2176人；城市低保户9户，13人。“五保”供养人员356人，其中，集中供养142人，分散供养214人。失能“五保”老人护理中心共入住29人。救助孤儿54人。高龄津贴、孤儿生活费、残疾人生活补贴、护理补贴、药费补助全部按标准发放到位。临时救助35户。完成城乡居民基本医疗保险57201人，参保率达100%。城乡居民基本养老保险完成22480人，参保率93%；对52个残疾人家庭实施无障碍设施改造。排查违建墓地17处，全部完成整改。全镇完成增减挂项目385.84亩，是年度任务的1.43倍。收到农民建房申请343户，对符合条件的331户报批准建。2021年，全镇分三批建设巷道592条、32469米、94560平方米，投入资金851万元，其中县补助资金369.4万元。投资15万元，建设辛车村养老服务站。实施“一事一议”项目，铺设王人社区、东李村水泥路4937平方米，投入资金80.2万元。其中，群众自筹资金2.4万元。

【加强生态文明建设】 2021年，王人镇共有工业企业35家，畜牧养殖企业67家。按照每月不低于4次的巡查，发现问题112个，全部完成整改；拆除非法洗砂场3家，并完成土地复垦。对于群众反映的养殖业污染问题，劝拆19

利辛县博泽服饰有限公司坐落于王人镇刘营村，现有员工300余人，日产服装9000余件，工人平均月工资6500元左右。2021年9月14日，安徽省人大原人大常委会副主任陈先森一行到王人镇刘营村博泽服饰有限公司考察 （王人镇/供）

家养鸭场。积极开展生态资源用水保护和“两河”流域水污染防治工作。镇村两级河长巡河768人次，发现问题182个，全部整改；治理“两河”流域河岸3798米；治理入河排污口38个、旱厕32个。辖区内按照县有关规定整改餐饮业饭店42家，督促餐饮经营户进行煤改电，所有饭店均安装油烟净化装置；对镇区主要道路进行每天两次洒水保洁。加大对污水管网维护，不定期对管网窨井进行清理，污水厂每天收水量300吨。

■ 汝集镇

【概况】 利辛县汝集镇位于利辛县西北部，北临西淝河，南靠老母猪港，西与太和县接壤，省道238线从镇境内南北横穿12千米。全镇总面积100.3平方千米，辖16个行政村，182个自然庄，户籍人口75686人。

2021年，汝集镇第十二次党员代表大会胜利召开，成功选举出第十二届党委、纪委领导班子。下半年，16个村党组织换届圆满结束。开展平安社会建设，共排查出各类矛盾纠纷和不稳定因素186起，全部成功调处化解；镇派出所共接收警情1769起，均成功处置，保证全镇社会稳定。扎实推进党史学习教育。2021年，开展“举旗帜·送理论”宣讲活动18场，其中省级宣讲2场，受众共790余人次。开展“举旗帜·送理论·树新风”宣讲活动2场，受众共100余人次。开展庆祝中国共产党建党100周年宣讲教育16场，参与人数500余人次。2021年，汝集镇在全县五大发展暨综合考核中获得先进乡镇称号。

【乡村振兴】 2021年，汝集镇扎实推进项目建设，聚力现代农业和果蔬产业化发展，依托政府和公司共建、公司独立经营、合作社带动周边农户的模式，积极打造中华产业园项目。申请乡村振兴衔接资金764.3万元，建设43个食用菌种植养菌大棚和出菇大棚，配套水、电、路等基础设施。项目年产量2000吨，年产值800万元，纯利润300万元，行政村增加村集体经济收入36万元。带动周边近200名务工人员就业，人均年增收2万余元。2021年，汝集镇小麦平均单产稳定在550千克以上，全年粮食总产5.2万吨。全镇夏、秋两季农机作业服务托管率98%；实施秋季农机深翻整地项目4.5万亩。开展夏、秋季农作物秸秆打捆离田作业，成立收储企业7家、大型秸秆收储中心1家，作业面积14.39万亩。2021年，紧抓农村人居环境综合整治提升五年行动，常态化推进改厕、垃圾、污水的全面整治。坚持月调度评比，采取抓两头促中间的方式，整体调度推进。共疏浚河流9条，完成土方16.6万立方米，拆违拆破149处，清运垃圾0.19万立方米。大力推进自然村常住农户厕所改造，完成改厕1900多户，让农村群众用上卫生厕所。加大工作力度，投入610余万元的汝园村西关美丽乡村项目加快推进，农村巷道建设取得初步成效；13个村39个自然庄共新建一类巷道396条，争取县奖补资金338万元，人居环境进一步改善。

【民生保障】 2021年，汝集镇有社会养老服务机构3所，集中供养“五保户”80人。全镇1422位老人享受高龄补贴政策，总发放金额20.42万元；发放城乡低保资金约1670万元。建设残疾人工作站16个（每村1个）、残疾人之家1个。持证残疾人3755名，其中，享受护理补贴1264人、生活补贴2351人。全年共发放残疾人护理补贴约90万元、生活补贴约130万元。

■ 巩店镇

【概况】 利辛县巩店镇位于县城西部，距利辛县城38千米，南邻本县王人镇、东连孙庙乡、北邻汝集镇、西部与太和县三塔镇接壤。南洛、济广高速出入口设在镇东。2021年，全镇辖11个居民委员会、7个村民委员会，196个自然村，427个村民组，总户数2.7万户、人口8.5万人，全镇总面积98.3平方千米，耕地面积9.9万亩。巩店镇素有“粉丝之乡”“香椿之乡”“食用菌之乡”的美称。巩店镇连续六年在全县综合考评中位列第一方阵，其中，2018—2021年连续四年全县综合评比位居第一。先后获“全国食用菌生产先进镇”“安徽省脱贫攻坚先进集体”“安徽省第七次全国人口普查先进集体”“安徽省乡村治理示范乡镇”“第六届亳州市文明村镇”等荣誉称号。

2021年，巩店镇牢牢把握党的政治建设这个根本，树牢“四个意识”，坚定“四个自信”，做到“两个维护”，全面加强各级党组织和干部队伍建设。全年共发展党员61名，新培养入党积极分子116人；成功组织村党组织换届。2021年，巩店镇投入资金1.1亿元，建设高标准农田4.5万亩，流转土地3600亩，其中，特色种植8100亩。大力扶持合作社、农场、龙头企业发展。2021年，新增家庭农场、合作社26家。基本建成占地近100亩、投资700万余元的魏硕村食用菌生产基地，以及投资360万元的香椿反季节生产大棚及深加工项目。2021年，巩店镇落实城乡居民养老保险、新农合、政策性农业保险等工作，全面提升农村养老服务能力。持续开展低收入人群救助工作，全年新增农村低保114户162人，动态调整154人；新增特困供养3人，新增事实无人抚养儿童待遇23人；办理临时救助58件。做好残疾人办证服务，全镇共有375人新办残疾证。发放残疾人就业创业政策宣传手册60本、种植养殖指导用书50本。继续推进农村危房改造。全年共实施27户危房改造，消灭住房安全隐患。推进农村巷道建设。全镇摸排上报各类巷道共计1685条，合计面积35.5万平方米，修建一类巷道1264条24.59万平方米、二类巷道389条3.36万平方米、三类巷道31条0.85万平方米。通过招商，投资3600万元的安徽金泰医疗器械有限公司在丁寨社区落地。

2021年3月11日，利辛县强英鸭业“平养棚”转产种植食用菌现场会召开，引导群众积极参与，增创收入　（巩店镇/供）

【巩固脱贫攻坚成果】 2021年，巩店镇对所有已脱贫户进行动态监测防止返贫致贫，巩固拓展脱贫攻坚成果，坚决守住不发生规模性返贫的底线。建立完善防止返贫监测网格化管理。按照每20～40户一个网格，共划分镇级网格20个，配备镇级网格员20个；划分村级网格154个，配备村级网格员154名；划分村民组网格515个，配备村民组网格员515个，对网格内所有农户进行监测管理，发现问题及时上报。针对全镇4774户9451人脱贫户和监测户，根据家庭状况、风险类别和帮扶需求，精准制定“一户一方案”。对脱贫享受政策户，对脱贫不稳定户，进一步加大帮扶力度，强化政策落实，确保稳定脱贫不返贫；对边缘易致贫户以及严重困难户，按照“缺什么补什么”的原则，实施单项措施；对生活严重困难、致贫原因复杂的，落实综合性帮扶措施，确保不产生致贫返贫风险。

王市镇抢抓机遇，围绕乡村振兴产业发展，按照“园区+基地”“企业+新型经营主体+村集体+农户”模式，以创建王市现代农业产业园为依托，打造朱新寨、高寨、王营等特色种植基地 （王市镇/供）

■ 王市镇

【概况】 利辛县王市镇地处利辛县腹地，东与西潘楼镇隔西淝河相望，南与马店孜镇为邻，西与孙庙乡接壤，北与孙集镇相连。镇政府距县城15千米，全镇总面积71.14平方千米，下辖10个村、3个社区、186个自然庄，人口18529户、62278人，耕地面积7.24万亩。

2021年，王市镇共发展党员39名，转正党员24名，新培养积极分子128名。开展走访慰问困难党员、“7040”老党员生活补贴发放等活动，共慰问党员、老干部267名，帮助解决问题52个。2021年，全镇13个村（社区）党组织顺利完成换届选举工作，新当选委员71名，书记平均年龄38.4岁，委员平均年龄35.8岁，实现村干部年轻化；大专及以上学历占45.1%，文化水平提高。加强党风廉政建设。全镇共受理问题线索28件，其中初核28件，结案23件；立案5件，涉及党员5人。开展扫黑除恶专项斗争，发放扫黑除恶各类宣传彩页4000余份。党政班子成员共接访672余次，累计调处初信初访94件，带案下访55次。2021年，王市镇推动脱贫攻坚政策举措和工作体系逐步向乡村振兴平稳过渡，用乡村振兴巩固拓展脱贫攻坚成果，确保不出现规模性返贫。严格落实“四个不摘”要求，坚持责任不变、政策不脱、帮扶不弱、监管不松。2021年，王市镇深入实施民生工程，新农保参保44983人；城乡居民医疗保险参保49093人；累计开发公益性岗位150人次；共有城镇低保80户134人，农村低保1534户2552人，分散“五保”供养对象294人，集中供养对象86人；新增28名事实无人抚养儿童；为48户家庭解决临时性困难，发放救助金15.76万元；发放小麦保险64860亩，金额36.6万元；完成育龄妇女孕前检查106人；新增奖励扶助人员48人；申领独生子女保健费511人，发放金额19.01万元；举办农技培训班4期，培训各类技术人才280人次，发放资料10000余份，发布农业信息181条。2021年，王市镇积极开展“违建墓整治”试点工作，坚持分类整治，完成违建墓整治108处。开展“两违”整治常态化巡查，拆除违建3处；对卫片发现的违法图斑及时进行整改拆除，拆除违法图斑8宗，面积8.76亩。实施土地增减挂钩项目215.06亩，复垦林地43.58亩，新增耕地60余亩。

【现代农业产业园建设】 2021年，王市镇围绕乡村振兴产业发展，实施王市现代农业产业园项目建设。该项目一期占地146亩，二期占地300亩，主要进行蔬菜种植和农产品生产、分拣、加工、仓储、冷藏等。园区建设投入资金超5000万元。其中，县财政拨款615万元，用于烘干冷库项目建设；拨款240万元，用于基础设施项目建设。通过“老乡招商、以商招商”形式，成功引进安徽采农鲜、安徽牧宏、临泉兄弟专业种植合作社等7家企业入驻园区。安徽采农鲜农产品产业园有限公司是第一家入驻企业；哥仨兄弟合作社建成200亩育苗智能控温大棚，1600亩大棚西瓜采摘收获，种植辣椒1200亩、露天蔬菜1100亩。黄蜀葵种植加工基地扩展到3300亩。2021年，产业园收益2000万元，带动1000余人务工，人均收入5000元。

【生态环境持续改善】 2021年，王市镇加强生态环境保护工作，严格落实“河长制”“林长制”工作制度。加强对企业和养殖场（户）的日常监管，常态化开展巡查，整改自查问题650个。做好全市水生态环境试点工作。扎实开展“两河”流域旱厕、养殖户、黑臭水体排查，分阶段实施治理工作，全年完成改厕1825户，完成利东沟等14条大中沟清淤。扎实开展“河长制”工作。在全镇范围内巡河156次，发现问题594条，整改问题594条。2021年，王市镇植树造林近千亩，消化991户的扶贫林1947.31亩，投入人居环境整治绿化资金191万元。推行镇村两级林长制。对镇域内的沟、路、渠、塘及西淝河沿线堤坝栽植树木进行绿化，严格护林员管理，开展林业监督执法，实现增绿、用绿、护绿。开展秸秆禁烧工作。采取“控茬打捆、全量离田”的方法，实现夏、秋两季秸秆禁烧“零火点”和秸秆全量离田的目标，为打赢大气污染防治奠定坚实基础。

■ 孙庙乡

【概况】 利辛县孙庙乡位于利辛西部，与本县王市镇、王人镇、汝集镇交界，距离县城18千米，总面积54.5平方千米，耕地面积7.05万亩，辖9个行政村、3个社区，134个自然庄，人口54399人。孙庙乡是“安徽省森林城镇”，孙庙乡富民村、富强村、高堂村获“安徽省森林村庄”称号，民主社区获2021年全省综合减灾示范社区。境内有全省文物重点保护单位——伍奢冢遗址。

2021年，孙庙乡完成乡党委及村党组织委员会、村委会换届工作。加强对村干部法律知识和业务技能的培训，受训人员120余人次。举办农村党员干部培训班3期，受训280人次。全乡新培养入党积极分子36名，发展党员42名。加强邻长制基层组织体系建设。对12个村（社区）邻长制管理员开展业务培训3次。开展深化“三个以案”警示教育和“一月一课一片一实践”活动，组织全乡党员干部观看警示教育片130次，观看人数达10000余人次。严抓党风廉政教育。全年共处置问题线索34件（包含重复件），查结34件；立案审查4人，运用第一种形态处置22人次。其中，提醒谈话17人次，通报批评5人次。开展农村户厕改造项目排查5次25户，农村乱占耕地违建监督检查18次；开展12次节假日监督检查。全年开展安全生产大检查50余次，检查商铺共162家，发现隐患97处，整改97处。开展儿童防溺水工作会议5次，全乡共有220个塘及10条大中沟，设警示牌450块，配备看护员161人，悬挂防溺水横幅100条，投入资金4.9万元。2021年，孙庙乡收到上级交办信访件61件，办结59件。信访积案8件，化解8件。全年排查矛盾纠纷125起，化解125起。开展“4·15”国家安全日宣传教育、禁毒宣传月宣传“六进”活动、反邪教宣传进校园、反电信诈骗宣传进社区、民法典宣传进社区、“12·4”宪法宣传日等宣传活动12次。

【巩固脱贫攻坚成果与乡村振兴有效衔接】 2021年，孙庙乡落实公益性岗位339人；实施危房改造13户，投入资金32.5万元；新识别监测对象5户15人，制定落实帮扶措施38条。全乡光伏发电总金额633.52万元，发放特色种养奖补共472户102.18万元；因“烟花”台风受损的情况，全乡共有195.9亩农作物受灾，补助资金4.79万元；发放小额信贷共83户413万元，有效解决脱贫户和监测户发展生产的需要。孙庙乡荣获“安徽省脱贫攻坚先进集体”称号。2021年，孙庙乡新增设农村电子商务综合网点3个，合计共有5个电子商务服务点，累计交易额1000万元以上。加大生态环境保护力度，发现散乱污企业和养殖业68家，整改68家。乡村两级河长共巡河496余人次，发现上报问题213个，上级通报问题32个，全部整改到位。对辖区10条大中沟进行排查，对赶鸡沟孙庙西街到汝寨庄段共1.2千米进行治理、绿化，投入资金23万元。第三期污水管网建设项目铺设管道10.5千米，惠及孙庙社区、富民、民主3个村（社区）的村民。

孙庙乡民主社区洵粮洼，通过常态化管护，水质澄澈透明，四周风景如画
（孙庙乡/供）

【农业生产】 2021年，孙庙乡开展“三变改革”和“股份制改革”，全年村集体经济收入达967.17万元。新增农民专业合作社、家庭农场等经营主体138家，培育高素质农民35人。4月，投入资金96万元，组织机械统一对6.4万亩小麦进行赤霉病防控。大力推进玉米粮改饲工作，全乡玉米粮改饲面积达到10000亩。强化秸秆综合利用，全年实现秸秆离田率达100%。全乡土地流转面积近30000亩，实现适度规模经营。富民、阳光、前刘、和谐、高堂、民主6村，新增种植牡丹、西瓜、南瓜、栝楼等土地4000余亩。2021年，全乡规模企业、家庭农场、专业合作社42家，检测农产品8个品种1741次，检测结果合格率100%。开展春季动物疫病防控，畜禽防疫45万针次。年出栏肉牛800头、出栏生猪30000头。开展植树增绿行动，共栽植榉树、紫薇、冬青等树种合计18余万棵，成活率均在90%以上。

【发展社会事业】 2021年，孙庙乡共有农村低保户1088户、2199人；城市低保户10户、19人；特困供养户290人；孤儿及事实上无人抚养儿童33人。实施临时救助44人，发放救助资金15.46万元。全乡救急难累计救助6人次，发放救助资金9.8万元。全乡共有高龄老人1258人，高龄补贴按时发放。医保参保率96.59%，医保补偿2.7万人次、981.97万元；意外伤害报销人数610人次，医疗补偿218.72万元；医疗救助33人，补偿金额26.93万元。开展送戏下乡24场、体育活动48场、读书活动60场、送电影下乡100余场。2021年，孙庙乡争取上级支持400余万元，提升办学条件。先后运行智慧课堂设备11处，开展智慧课堂示范课、公开课评选等活动4次，推动智慧课堂在学区内的发展。学区中心学校党支部荣获利辛县五星党支部，2名教师荣获亳州市党员教师示范岗，3名教师荣获“利辛县优秀共产党员”。全年独保费发放资金12.01万元；奖扶对象发放资金31.54万元。人口健康基金计划救助贫困母亲8名，育龄群众综合满意度达95%以上。对口帮扶脱贫人员2193户，家庭签约人群履约率100%。对军烈属、困难退役军人进行慰问，发放慰问金7.25万元。全乡申请宅基地建房224宗，通过220宗；完成土地增减挂新增耕地项目18块，面积140.27亩。积极开展农村巷道建设，6个村修建道路15条、1.61千米，面积5046.7平方米。完成农村户改厕1579户。进行交通隐患大排查11次，整改道路交通安全隐患46个。

2021年，孙集镇党委政府逐村推进人居环境整治工作，创新实施小菜园工程（孙集镇/供）

■ 孙集镇

【概况】 利辛县孙集镇位于县城西北方向，距离县城15千米，与本县西潘楼镇、江集镇、纪王场乡、张村镇搭界。全镇辖9个村（居）委会，121个自然庄，总人口48627人，总面积65平方千米，耕地面积5.8万亩。2021年，财政收入757万元。

2021年，孙集镇各项工作顺利推进。民生保障巩固强化。全镇共有农村低保户838户1629人，城镇低保4户5人，孤儿和事实无人抚养儿童33人，农村特困供养人员278人。其中，集中供养119人，分散供养159人。对全镇80岁以上老人发放高龄补贴；对4位百岁老人，每人每月发放500元补助。共有残疾人1764人，发放残疾人生活补贴64.74万元，发放残疾人护理补贴47.38万元。2021年，孙集镇对因病、因灾、因学等原因导致家庭困难的群众实施“救急难”和临时救助资金补助，对父母双亡、父母均为残疾人的儿童和事实无人抚养儿童进行救助，共实施临时救助95户，发放临时救助资金29.22万元。义务教育成果丰硕。2021年，孙集学区中心学校有8人获得市级表彰，14人获得县级表彰。在各类优质课大赛中，3人次获得市级优质课一等奖，4人次获得市级二等奖；10人次获得县级优质课一等奖，16人次获二等奖。社会和谐稳定。2021年，孙集镇实现重点时段零进京上访的工作目标。全年收到热线问题650个，回复率100%。排查矛盾纠纷70件，调处67件，结案率97.14%。认真开展“安全生产月”、安全生产教育“五进”等活动，发放宣传材料2000余份，悬挂安全标语横幅100余处，取得良好的宣传效果。全年组织开展各类检查50余次，排查并消除安全隐患160余处，其中整改道路安全隐患40余处。

【巩固脱贫攻坚成果与乡村振兴有效衔接】 2021年，孙集镇进一步巩固脱贫攻坚成果。全年发放小额贷款210万元。实施危房改造13户，发放改造补助资金32.5万元。推进“雨露计划”，累计发放补助资金49.05万元，资助贫困学生327人次。全年为贫困户设置开发公益岗位180个，每户年增收7200元；开展技能培训20人次，发放培训补助3万元；累计转移就业劳动力2015人。村小集中光伏受益户963户，阚疃大集中光伏受益户245户，全年光伏发电收入296.93万元。建立三个扶贫基地，帮扶带动脱贫户100余户；累计奖补255户，发放奖补资金7.3万元。推进农村电商扶贫产业，设置扶贫电商网点8个。坚持真实精准开展动态调整。2021年，全镇脱贫户总数为2347户5267人；监测对象182户，自然减少229人，自然增加11人。乡村振兴有力推进。2021年，完成孙集镇交通综合服务站（公交站）建设，新建中心校桥、孙集社区直沟桥2座，新修人居环境整治项目道路10.79千米。农村巷道建设全面启动，修建巷道76条、面积1.41万平方米。全年高标准农田“回头看”工作涉及9个村的292个问题，全部完成整改；修建道路0.6千米，整修道路2.75千米，修复桥涵118座，修整机井173眼。打造辰旭桃园和众兴食品厂两个特色产业发展项目，为乡村振兴提供支撑。

2021年，孙集镇通过稻蟹共生种植模式，实现水稻和河蟹立体开发、互利共生，带动1000余户农户增收致富 （孙集镇/供）

【生态环境保护】 2021年，孙集镇持续做好生态环境保护工作。全年召开环保会议12次，散发传单5000份，制作标语30处。完成中央环保督查“回头看”交办的2个问题整改工作。实行常态化禁烧工作，夏、秋两季秸秆全部离田，全年空气指数位居全县前3名。拆除环境污染严重的强英鸭业平养棚8户28个。对规模化养殖场进行常态化日常性监管。争取项目资金1300万元，完成污水管网三期主体工程建设。推行生态环境保护专项监督长制度，辖区9个村配备9名环境监督长，分别由9个村支部书记担任，每个村还配备2名环境监督员，切实打通生态环境保护和监管“最后一公里”。全年出动巡查320人次，发现涉及散乱污等各类环境问题228个，全部整改到位。

■ 纪王场乡

【概况】 利辛县纪王场乡位于利辛县西北部，距离县城22千米。全乡设11个村（居）委会，有122个自然庄、157个村民组，人口56576人，总面积72平方千米，耕地面积7.8万亩。

2021年，纪王场乡加大工作力度，巩固脱贫攻坚成果。全年外出务工2762人，其中县内825人、县外1937人。落实“雨露计划”134人，资助建档立卡对象义务教育阶段在校学生585名。教育资助、减免政策实现全覆盖，无适龄儿童辍学。实施危房改造6户，投入资金15万元。开发各类公益性岗位383个。特色种养业奖补452户，补贴金额60.5万元；林业产业扶贫1115户，补贴金额232.5万元；光伏收益600万元。253户监测对象顺利通过第三方评估。2021年，纪王场乡被评为全省脱贫攻坚先进集体。全面落实困难残疾人生活补贴和重度残疾人护理补贴制度，做好资格审定、补贴发放工作。全乡共有持证残疾人1996人，2021年新办证155人，动态更新调查2050人，享受残疾护理补贴753人、生活补贴1221人。严格落实社保、低保等惠民政策。2021年，新纳入低保户87户124人，退出低保87人，农村低保1104户2231人。发放高龄津贴80岁以上942人，90岁以上121人，百岁老人4人。全乡分散特困供养人员233人，集中特困供养人员65人。2021年，新增分散特困供养6人，发放临时救助31人次，发放金额12.82万元。建设农家书屋12个、农体工程6个。村村通广播、实现村庄全覆盖。

【农业生产】 2021年，纪王场乡因地制宜，科学谋划，先后培育种粮大户100余家、家庭农场76家、农民合作社51家，流转土地2.8万亩。以打造“五彩纪王场”为着力点，以“红黄白绿紫”五大区域布局全乡，围绕烈士陵园红色产业区、蒙太路绿色产业线，新增流转土地7000余亩，实施纪王场、田湖3000亩高粱种植，田湖、路集1000亩菊花种植，向阳、永丰3000亩大蒜、洋葱种植，和谐、孙老家4000亩红薯种植基地等特色产业项目，高粱红、菊花黄、大蒜白、苗木绿、红薯紫四季辉映，“五彩纪王场”初现缤纷，全乡特色产业种植规模突破万亩以上。2021年度，纪王场乡农业工作取得全县第一的好成绩。

【环境整治】 2021年，纪王场乡围绕“小而精”“小而美”“小而雅”定位，对纪王场集镇和路集集市进行“四大秩序”常态化管理，店外帐篷和小摊贩散乱经营得到有效整治。先后3次开展村庄环境集中整治提升行动，整治垃圾临时集中转运点36处，拆除无功能性破旧房屋268间，清理村庄内沟塘167个；建设巷道211条40989平方米，补贴资金163.9万元；架设高压三相电5000米；新打机井6眼；实施厕所改造1747户，累计进行无害化厕所改造3569户。坚持以中央和省市环保督察反馈问题整改为抓手，全力推动环境保护，落实“河长制”“林长制”“田长制”，生态环境持续改善。强力推进黑臭水体治理，清理村庄内沟塘167面，完成黄龙沟、青龙沟、直沟、安营沟、罗沟5条大中沟共计39千米的治理工作；对6条大中沟全面实施水环境治理，对支流水渠进行水系沟通；对集镇污水管网进行全面排查疏通。首创实施的“小三格+大三格+湿地塘”农村污水处理模式得到省生态环境厅认可，环保工作连续几年获得全县先进位次。栽植苗木23万余棵，并在树下种植波斯金菊、太阳花、格桑花等，形成“春夏有花、秋有鲜果、冬有绿叶”的美好景象。

■ 西潘楼镇

【概况】 利辛县西潘楼镇位于利辛县偏西北方向，距离县城10千米。镇域东南与城关镇相接，东北与城北镇毗邻，北和江集镇搭界，西北与孙集镇相连，西南和王市镇隔西淝河相望。全镇总面积72.9平方千米，耕地面积6.3万亩，辖15个村委员会、372个村民小组、152个自然庄，总人口71950人，其中回族900多人。

2021年，西潘楼镇圆满完成镇村两级换届工作，全镇15个行政村（社区）全部实现支部书记、村委主任“一岗双责”，全部实现有35岁以下干部和女干部。成功召开中国共产党西潘楼镇第十二次党员代表大会，选举产生新一届党委委员和纪律检查委员会委员。2021年，发展党员48名，新培养入党积极分子126人。组织开展新一轮深化“三个以案”警示教育活动，检视问题5个，全部整改到位；认真开展巡视巡察反馈问题整改工作，对照中央巡视组巡视安徽省反馈意见，西潘楼镇在4大项、6个方面、13个具体问题上，全部整改到位；九届县委十轮“小微权力”巡察反馈征地拆迁领域问题13个，整改全部完成。全年收到问题线索77个，共立案13件，给予党纪处分11人。第一种形态处置65人，开展暖心回访65人次。排查调处矛盾纠纷34起，调解成功率99%。排查纠纷50次，预防纠纷20件。收到群众来信来访23件，接待上访群众75批，处理信访案件102起。全年联合开展道路交通专项整顿行动4次，整改辖区内G329道路及其他农村道路“树木遮挡视线”等安全隐患54处。

利辛火车站正在积极建设中，预计2022年年底能够建成投入使用

（西潘楼镇/供）

【巩固脱贫攻坚成果与乡村振兴有效衔接】 2021年，西潘楼镇积极开展脱贫攻坚成果与乡村振兴有效衔接。全镇共有脱贫户3480户7529人，监测户304户708人；“五保”老人391人；农村低保对象1607户、3069人；城市低保对象138户；享受残疾人补助1898人，残疾人护理补助1106人；享受高龄老人补贴1049人。办理临时救助50人。针对国家、省、市、县各级巡视巡查，督查暗访发现反馈的问题，认领中央脱贫攻坚专项巡视反馈问题22类，354＋N问题台账15类，2020年脱贫攻坚成效考核反馈问题2类5个方面问题，开展“大起底、改到位、建机制”专项行动，从脱贫攻坚各个环节进行全方位、立体式的透视检查。全镇共计排查问题458个，全面完成整改。针对特殊群体，创新建立“兜收入、兜生活、兜基础设施建设，落实各项扶贫政策”的“三兜一落实”工作机制，防止返贫和致贫。2021年，落实特色种养殖奖补315户81.92万元，林业扶贫215.0608万元。加强光伏电站维护，保障光伏发电收益持续增收，村级光伏收益764.0537万元，1148户脱贫户获得收益。做好扶贫小额信贷发放工作。2021年，新增154笔，贷款770万元。引进高收益村级产业项目，进一步扩充村集体经济收入。2021年，实施安徽利辛省级粮食储备库扩建3万吨粮食仓库项目，为4个贫困村增加近53.55万元收入；支持9个村申报加工业项目，每村42万元入股共富公司，每村年收益2.52万元。在教育保障上，健全学生资助制度，全面落实学生资助政策，确保无学生因贫失学。2021年，资助义务教育阶段贫困学生968人；春季学期“雨露计划”职业教育资助172人、25.8万元，秋季学期职业教育资助175人、26.25万元。在医疗保障上，严格落实“351”“180”政策，全面推行一站式即时结算全覆盖、贫困人口家庭医生签约服务，实现健

康脱贫政策全覆盖。在住房保障上，对4户农民住房进行危房改造，其中重建2户、修缮2户，全部完工。2021年，投入1212万元，修建“四好农村路”8条；投入资金370万元，改造提升潘楼水厂和魏长郢水厂，彻底解决全镇群众饮水安全问题。完成西淝河马湾套段堤防除险加固和西淝河上段支流旱阳沟治理工程。

【环境治理及项目建设】2021年，西潘楼镇持续整治取缔“散乱污”企业，对木料场、塑料包装、大理石加工厂按县要求进行逐步整改并验收。夏季禁烧推进有力，实现“不冒一股烟、不着一把火”的既定目标。全面落实“河长制”，完成172个问题整改，做好饮用水水源地清水廊道保护工作，加强西淝河及支流在镇域的污染整治，确保流入西淝河的水质提升达标。以“五清一改”村庄清洁攻坚行动作为推进乡村振兴的重要抓手，全面完成陈年垃圾清理任务和年度农村厕所改造任务，全年清理村内沟塘45个、农业生产废弃物500吨、乱搭乱建167户、废旧广告牌36个、无功能建筑面积9000平方米；开展清洁卫生宣传教育活动6次，参与人员852人次。配合县政府实施火车站建设项目，征迁127户，拆除房屋4.87万平方米。

■ 城北镇

【概况】 利辛县城北镇位于利辛县北部，镇政府驻地距县城11千米。城北镇南临城关镇，东毗中疃镇，北与旧城镇、江集镇搭界，西与西潘楼镇接壤，总面积68平方千米，耕地面积6.1万亩，辖10个村委会、3个居委会、132个自然村，总人口5.6万人。辖区内有刘集、侯寨、陆大营3个集贸市场。

2021年，城北镇坚持打特色牌、走特色路，谋划建设一批错位竞争、差异发展的优势项目。加大园区征地力度，推进连片开发报批工作，完成648亩土地规模的两个连片开发报批方案。抓好常态化疫情防控，做好重点时段村庄卡点、高速路口交通卡点“两码一证”查验工作及隔离区防控工作，每日摸排中高风险及中高风险所在城市及境外返利人员及车辆信息。开展新冠疫苗接种，镇卫生院累计接种23941人，12岁以上人员全程免疫接种率81.16%。2021年，城北镇严格落实主要负责人推进法治建设第一责任人工作机制，按照依法行政、建设法治政府的要求，明确政府及相关站、所、室的法定责任，建立岗位责任制，坚决纠正不作为、乱作为，坚决克服懒政、怠政等行为。建立健全镇村便民服务网络，依法公开各项制度和办事程序。深入开展“七五”普法工作，发放各类宣传资料700余份，解答法律咨询50余人次，调解矛盾纠纷15起。

2021年，城北镇聚焦果蔬优势特色产业，大力加强品牌建设，促进一、二、三产业融合发展，努力把城北建成长三角地区优质“菜篮子”“果园子”，打造全省乃至全国重要的设施蔬果种植基地　（城北镇/供）

【巩固脱贫攻坚成果同乡村振兴有效衔接】 2021年，城北镇坚持以习近平新时代中国特色社会主义思想为指导，积极推动巩固脱贫攻坚成果同乡村振兴有效衔接各项工作落到实处。开展防返贫动态监测，发现问题329条，全部完成整改。新识别监测对象2户5人，安排帮扶责任人4名，制定落实帮扶措施10条。全镇共有脱贫不稳定户157户508人，制定措施1640条；共有边缘易致贫户118户261人，制定措施469条。拨付资金20万元，实施低收入群体农村危房改造8户，全部验收合格。大力实施“雨露计划”，2021年春季学期共有143名学生享受“雨露计划”补贴，补助资金21.45万元；秋季学期共有180名学生享受补贴，补助资金28.8万元。全镇共有39座村级光伏电站、205座户用光伏电站，收益金额459.57万元，554户“三无”人员、740个公益岗受益。全镇脱贫人口实现就业人数2833人，其中县内务工1550人，省外务工1098人，省内县外务工185人；易致贫边缘人口及突发严重困难人口实现就业94人。共有2个扶贫龙头企业，带动就业115人，其中带动脱贫劳动力20人。全年发放低保资金1349户、3091人、1096560元，“五保”资金394人、205200元，残疾人护理补贴724人、43440元，残疾人生活补贴1621人、72908.92元。

【优质农产品生产】 2021年，城北镇聚焦果蔬优势特色产业，大力加强品牌建设，促进一、二、三产业融合发展，努力把城北建成长三角地区优质“菜篮子”“果园子”，打造全省乃至全国重要的设施蔬果种植基地。按照“一镇一特（特色产业）”“一村一品”全产业链示范创建要求，优化更新农业产业园种植结构，大力实施“111582”产业发展计划，加快培育以冬枣、栝楼等具有明显特色优势的主导产业，在原有的产业基础上融入新的发展理念，推广规模单品种植，着力在农产品质量安全、品牌培育、单品规模连片上下功夫、找路子。园区新建高标准钢架大棚255亩，新建小型农业生产设备（保鲜库、烘干房、水肥一体化设施、农业物联网应用系统）7套，新增流转土地3700多亩，新发展农产品加工企业1家，新发展电商示范点1家，新发展栝楼种植面积620亩，园区农业总产值超过3.5亿元，带动常年务工人员2600人以上，务工总收入超过3000万元。城北镇绿色果蔬产业园入选国家农村创业创新园区目录。2021年，城北镇入选首批35个安徽省数字乡村试点地区名单。

■ 江集镇

【概况】 江集镇位于利辛县北部，距离县城18千米，北部紧邻涡阳县，是利辛的北大门。全镇下辖16个村（社区）、170个自然庄，总人口81567人，耕地面积9.8万亩。

2021年，江集镇扎实开展党史学习教育，强化基层组织建设，切实抓好党员领导干部这个“关键少数”，结合“三会一课”、主题党日等活动，组织全镇1300余名党员集中开展学习。扎实开展村（社区）党组织换届工作，指导选优配强村（社区）党组织书记、委员共82人，大专以上学历的占38%。积极发挥114位片长、219位组长和683位邻长在矛盾纠纷排查化解、疫情防控、医保电子凭证激活、养老保险筹资、人居环境整治等工作中的作用，邻长制基层组织体系建设成效明显。推深做实“一抓双促”工程，排查新增非公企业110个，发展党员49名，培养积极分子192名，全镇村集体经济收入达874万元。抓好民生工程建设，全年城乡居民养老保险参保26968人，参保率98%；全镇领取养老保险金9664人；安置公益性岗位人员310人、临时性公益性岗位人员85人；开展农民工技能培训322人，其中，开展残

2021年9月28日，芜湖市弋江区白马街道同江集镇签署结对帮扶协议
（江集镇/供）

疾人技能脱贫培训50人；农村低保和特困人群供养工作做到应保尽保，教育卫生医疗水平不断提高。认真做好退役军人服务管理，实现镇域内退役军人登记、服务全覆盖。积极开展矛盾纠纷大排查、大化解、大整治专项行动，按照“四定三包”的要求，发现矛盾纠纷共110起，化解109起；化解信访案件30件，带案下访17次。

【巩固脱贫攻坚成果与乡村振兴有效衔接】　2021年，江集镇围绕乡村振兴目标任务，以习近平新时代中国特色社会主义思想为指导，推动脱贫攻坚政策举措和工作体系逐步向乡村振兴平稳过渡，用乡村振兴巩固拓展脱贫攻坚成果。持续对全镇133户脱贫不稳定户、171户易致贫户边缘进行监测，新识别监测户2户；实现2935人脱贫人口及监测人口的务工；奖补自种自养户403户，发放奖补资金112.25万元。全面核查168户803.5万元存量贷款使用情况，坚持“户借、户用、户还”方向，新增小额信贷3户15万元。实施“雨露计划”，资助372人共55.8万元（其中，春季189人28.35万元，秋季183人27.45万元）。投入资金500万元，建设美丽乡村省级中心村1个。采取群众自愿、政府适度补贴的方式，启动巷道建设试点工作，开工建设5000多平方米。建立镇村组三级网格671个，其中镇级网格16个，村级网格114个，组级网格541个。衔接推进乡村振兴补助资金项目9个（“雨露计划”、职业教育资助、特色种养殖、高标准农田建设、纪伦寨中心村建设、林业扶贫、造林绿化、特色养殖项目以及两笔安全饮水巩固提升工程），资金2665.541万元，到户类项目全部拨款到账，整体项目实施良好。2021年，按照“拓宽思路、分类指导，以村为主、激发活力，因地制宜、突出特色”的工作思路，把发展特色产业作为调整农业结构的重头戏，强力打造江集镇果蔬产业基地，重点打造千亩韭菜绿色蔬菜示范基地。依托利辛县伟祥家庭农场种植韭菜面积近500亩，品种韭仙子亩产1.2万千克，亩收益1万元；常年带动务工800人次，人均收入5000元。突出做好示范及引进工作，江集镇鹏盛家庭农场引进种植优质葡萄30余亩，示范栽培哈密瓜10亩、栝楼50亩。江集镇乾坤家庭农场积极发展蘑菇生产，建棚5个，面积5亩，年生产平菇棒5万个。注重发挥示范带动和典型引导作用，全镇流转土地面积2.4万余亩，特色产业经济蓬勃发展。2021年，江集镇加强硬件建设，围绕道路畅通、河道清淤、桥梁建设等，完善基本公共服务设施，美化人居环境。S338线实现通车，打通江集东西方向干道，县域交通枢纽地位持续提升。投资2000余万元，完成北凤沟及支流清淤工程，断面水质大幅度提升。加大车辙沟清淤及沿岸整治项目力度，项目中心水域的底泥清淤、地形整理、驳岸保护完工，桥梁等构筑物设施基础建设稳步推进。

【生态文明建设】 2021年，江集镇把集中整治环境突出问题作为一项重要工作，加强对矿区企业和养殖场（户）的日常监管，完成规模养殖场畜禽粪污资源化利用设施整改87家，排查出砂石料场14处，关停4处、转产1处。常态化开展巡查，完成中央环保督察“回头看”反馈的15个问题整改工作。采取“控茬打捆、全量离田”的方法，实现秸秆禁烧“零火点”和秸秆全量离田的目标。严格落实“河长制”，镇村两级河长按时巡河。认真做好沟河日常保洁工作，对江集境内的车辙沟、东柳沟、黄龙沟、灶沟、北风沟、西红丝、枣阳沟、驻马沟，进行日常巡查、治理和清淤。大力开展农村人居环境综合整治，投入资金138.18万元，完成987户改厕工作，完成率100%。

■ 旧城镇

【概况】 利辛县旧城镇位于县城东北部，地处利辛、蒙城、涡阳3县交界，镇政府驻地在旧城村前元村民组。镇域东临望疃镇和蒙城县马集镇，南靠中疃镇、城北镇，西接江集镇，面积68平方千米。2021年，旧城镇辖13个村委会，148个自然村，161个村民组，总户数20802户，总人口68119人。

2021年，旧城镇13个村党组织顺利完成支部换届工作，共选配党（总）支部委员、书记、副书记73人。全镇新发展党员41名，新增非公企业党支部3个。陆暗楼村通过“五星”基层党组织及“五星”远教站点验收。2021年，镇纪委会同镇党委召开党风廉政建设专题会议2次；开展村级纪检委员培训11次。镇纪委协同县纪委或经县纪委转批要求上报结果的信访案件共13件，办结9件，3件转立案程序。镇纪委自办23件，给予党纪处分4人，通报批评8人、谈话提醒9人。2021年，全镇共完成固定资产投资总额1000万元，完成招商引资总额3600万元，成功引进安徽盛芯光电科技有限责任公司、纳兰祥家庭农场。2021年，全镇共有在册低保1124户2218人，集中供养“五保”老人158人，分散供养239人；分散供养半失能人员6人；集中供养特困人员半失能22人、全失能11人。开展临时救助30人次，救助金额12.87万元。69名孤儿和事实无人抚养儿童享受孤儿基本生活保障制度。全镇2287人享受残疾人两项补贴，其中困难残疾人生活救助1509人，残疾人护理补贴778人，发放残疾人“两项补贴”约137万元。全镇共有139人享受残疾人精神医药费补助，按每人每年1000元的标准，共打卡发放精神医药费补助13900元。

【农业生产】 2021年，旧城镇共培育家庭农场15家，培训20名新型职业农民；实施小麦统防统治面积1.6万亩；发放小麦赤霉病防治药物2次合计实施14万亩，发放玉米锈病防治药物实施6万亩，发放技术明白纸10000份。培育小麦绿色高产订单生产面积11200亩。培育市级示范家庭农场（合作社）2家、县级示范家庭农场（合作社）5家。实施绿色种养循环农业5800亩，发放自种自养脱贫户补贴255户，培训脱贫户255人。培育药材种植大户3户800亩、特色种植大户6户1500亩。流转土地9000亩，规模经济作物种植面积达800亩，新增设施农业460亩。蔬菜及食用菌播种9557亩、产量27827吨，瓜果类播种442亩、产量756吨，水果类播种50亩、产量25吨。

【巩固脱贫攻坚成果与乡村振兴有效衔接】 2021年，旧城镇共开展4次针对全镇所有脱贫户的集中排查走访，共排查一般户

12143户、脱贫户3276户8372人、边缘户115户267人，累计排查出889条问题，所有问题均整改完毕。高度关注贫困劳动力外出务工动态，做好公益岗位管理、就业技能培训、岗位对接等工作。全年为贫困人口提供公益岗位251个。申报春秋季“雨露计划”367人，帮助贫困学生申领教育补助资金55.05万元。办理扶贫小额信贷188户，贷款940万元。大力发展特色产业，共有发展特色种养殖脱贫户260户，经验收合格后发放奖补资金67.76万元。2021年，争取省资金对镇内北凤沟流域进行疏浚治理，共疏浚沟河6条，疏浚长度27千米。大力推进“河长制”工作。共巡河495次，巡河率100%，发现并解决“四乱”问题159件。对全镇14条河沟开展“清河行动”，排查并解决问题965处。组织开展镇工青妇参与的河沟管护行动志愿者服务4次，及时更新维护镇村公示牌12个。2021年，建立健全环境监督长运行机制，在全镇范围内形成以基础环境监督长为“点”、以河长、林长为“线”、以镇党委为“面”，全面覆盖、重点突出、领导有力的体制机制。实行污染源分类管理，对重点监督单位每周检查一遍，对非重点监督单位每月至少检查一遍，检查方式以突击检查为主。加大污染源现场监督检查及治理力度，对环保设施运行不正常的单位限期整改，依法取缔砂石料厂3家，整改61家养殖场的106个燃煤锅炉。扎实开展“两河”流域整治，共计整改排污口400多个，河坡种植500余处，茨河、凤凰沟清淤工程基本完成；全镇进行5次拆违执法行动，自拆强拆违章建筑5户，面积约900平方米；2个行政村实现整村推进，卫生清洁厕所达到改厕基数85%。

■ 望疃镇

【概况】 利辛县望疃镇地处县境东部，西部与中疃镇、旧城镇接壤，北部、东部和南部与蒙城县交界，面积153平方千米。全镇辖21个村，307个自然庄，521个村民组，20341户，户籍人口108601人。陆路交通发达，省道305连贯全境，与南洛高速和济祁高速互通交叉出入口。

2021年，望疃镇加强党委理论学习中心组学习制度，开展庆祝建党100周年系列宣传教育活动60多场次；开展我为群众办实事项目24项，解决群众急难愁盼问题近200个；党政班子成员走访调研42次，解决问题17个。强化监督问责，开展主体责任谈话363人次，其中廉政谈话352人次（乡科级14人次），提醒谈话10人次，诫勉谈话1人次。镇村干部观看廉政警示教育片12次，接到各类信访件和问题线索52件，其中立案18件，开展走读式谈话13人次，立案数量和走读式谈话数量均位于全县乡镇前列。党政纪处分18人，运用第一种形态处置25件。开展整改督导工作20余次。开展6轮村级“小微权

望疃镇芦沟村蘑菇生产基地　（望疃镇/供）

力”监督检查。构建疫情防控屏障，全员接种新冠疫苗。截至12月底，全镇财税收入1100余万元。2021年，望疃镇共排查各类纠纷94起，调处90起，化解90起，化解率95.7%，无重大群体性事件发生。镇党政主要负责人及班子成员在各自分管领域内带队进行安全检查88次，开展联合大检查12次。党员干部集中学习习近平总书记关于安全生产和消防安全重要论述11次，并观看《生命重于泰山》警示片，学习刑法修正案等，多部门开展“防灾减灾宣传周”、“安全生产宣传月”、防灾减灾“五进”等宣传咨询活动。开展安全生产专项和联合检查40次，出动120余人次，排查隐患总数683处，立即整改153处，采取“回头看”督查整改530处。摸排违规墓地7处，全部整改。

【巩固脱贫攻坚成果与乡村振兴有效衔接】 2021年，望疃镇新识别脱贫监测对象5户21人；实施“雨露计划”职业教育资助234人次；帮扶建档立卡户112户栽植扶贫林212.58亩；投资250万元，建扶贫产业路3千米。全镇实现集体经济收422.161万元，村均20.12万元。投入210余万元，对15.6万亩小麦采取扎实有效的防控措施。顺利推进4.2万亩高标准农田建设。全年流转土地3.1万亩，完成农产品检测1250个。全镇21个村设立秸秆临时堆场18处，共计收储秸秆13.1万吨。全年审批农民宅基地建房359户，未发生乱占耕地建房行为。深入推进绿色发展，人居环境持续优化。完善城乡环卫一体化管理机制，完成砖砌三格式改厕348户。深入落实河长制、环境监督长制度，水、大气、土壤明显改善。4个省市环保反馈问题全部整改到位。对辖区内工业企业、畜禽养殖场、饮用水水源地、污水处理厂、“两河”等每月巡查4次以上，发现问题91个，整改91个。取缔和关停“散乱污”企业2家。建设集镇停车场1座、高标准公厕1座。利用一事一议奖补资金233万元，新修建道路5.4千米。利用县奖补资金144万元，修建巷道12千米。实施增减挂项目139.5亩，新增耕地33亩。新增入库固定资产投资项目3家，分别是利辛县桂勤新能源科技有限公司，总投资5100万元；利辛县庆春新能源科技有限公司，总投资1亿元；利辛县康翔农业科技有限公司，总投资3000万元。

【民生保障】 2021年，望疃镇共有低保1474户3390人，新增低保151户307人；共有分散供养“五保户”521人，集中供养“五保”户92人。救助残疾人1758人次，发放一、二级重度残疾人护理补贴1203人次，每月7.26万元；发放精神病人残疾人药费补贴252人、25.2万元。救助孤儿111人，月发放救助金12.2万元。新增残疾人生活补贴一、二级23人，三、四级39人，护理补贴58人。新增独生子女户和二女户奖励扶助对象47人次，免费为符合生育对象的315对育龄夫妇做孕前健康体检，为1060位已婚育龄妇女免费做“两癌”筛查，免费发放生育服务登记卡78例、生育证2例，发放独生子女保健费18万元，慰问和补助手术并发症和失独及伤残家庭3.2万元。医保受理医疗报销约3200卷，受理医疗救助66人次，办理慢性病本737件。农业保险投保工作实现全覆盖。摸排违规墓地7处，全部整改。教育事业蓬勃发展，中考成绩再创佳绩。为丰富广大农民群众文化生活，开展广场舞活动259场次，书屋开放22520人次，开展送戏下乡服务47270人次，开展读书活动3553人次，开展体育活动25826人次。成功举办第三届农民丰收节，21个村的优质农产品得到推广宣传。

中疃镇

【概况】 利辛县中疃镇位于利辛县东部，距离县城8千米，地

庆春新能源利辛县中疃风力发电场　（中疃镇/供）

处利辛东高速出口（宁洛高速）西侧，阜蒙路、阜蒙河穿境而过。南邻蒙城县三义镇、利辛县程家集镇，北与利辛县城北镇、旧城镇接壤，东至利辛县望疃镇，西与利辛县城关镇为邻。

2021年，中疃镇完成镇党委换届。完成全镇17个村（社区）党组织换届，选举产生新一届村（社区）党组织成员89名，村干部平均年龄下降4岁，大专及以上学历分别提升23.5%和22.8%。全年发展党员47名。加大对非公企业的指导力度，成立非公企业党支部3个、社会组织党支部1个。开展基层党建业务培训9次，培训470余人次；开展入党积极分子和发展对象培训班2期，培训160余人次。全年，镇纪委收到上级转办和自办的信访件和问题线索共35件，办结29件，其中立案5件，开展走读式谈话4次，进行提醒谈话20余人次。加强社会综合治理，开展反邪教警示教育活动，发放各种宣传资料1000余份，受教育人数达3000余人次；加大禁毒宣传力度，全年共铲除罂粟500余棵，召开禁毒培训会议2次，发放禁毒宣传资料1000余份。加大普法宣传力度，深入农村中小学校为青少年学生上法制课10余次。稳步推进环境整治，全年累计处理环保类信访案件16件，全部整改完成，销号生态环保案件12件，强制拆除违法砂石料场企业2家。协助县生态环境分局查封严重破坏生态环境的违法企业2家。设立村级生态环境保护监督长17名，村级生态环境保护监督员304名。全年共下达环境整改通知书36份，拆除有环境问题的平养棚养殖17个，治理黑臭水体1处，整改燃煤锅炉8个，铺设污水管网26.14千米，整改销号环境问题12件。加大水污染防治力度，镇、村河长共巡河484人次，发现和解决问题276个，解决上级巡查交办问题47个，配合县水利执法人员查处破坏茨河坝案例1起。清淤泥沟1074米和姜黄社区门前沟1100米，完成土方约4万立方米。全年共投入打捞人力上千人次，大型作业打捞船只1台，累计打捞河面杂草漂浮物上百吨。严格按照创建全国示范性军服站标准，创建中疃镇退役军人服务站，悬挂光荣牌1016块。投入8.4万元，慰问军烈属伤残及退役老兵、帮扶援助困难退役军人家庭。中疃镇荣获2021年度安徽省第七次全国人口普查先进集体。

【巩固脱贫攻坚成果与乡村振兴有效衔接】　2021年，中疃镇坚持“四个不摘”，开展常态化监测、排查、帮扶，建立健全定期排查和问题快速发现响应机制，全镇建立村级管理网格506个，集中排查整改问题827条，切实做到问题动态清零，扼守不发生返贫致贫底线。为3401户脱贫户、边缘易致贫户因户因人科学制定2021年“一户一方案、一人一措施”，跟踪帮扶措施落实情况。着力抓好产业就业帮扶，加强政策宣传和技能培训，充分激发低收入人群内生动力，提升其发展能力，实现3092名脱贫人口、边缘易致贫人口务工就业。强化光伏扶贫电站后续管护，提升发电效益，全年村级光伏电站发电收入894万元。全面落实教育资助、残疾人两补、健康脱贫“351”“180”等普惠性政策。其中，2021年春季“雨露计划”职业教育资助164人24.6万元，秋季职业教育资助200人30万元。2021年，中疃镇大力培植扶持主导产业，打造区域特色产业。扩大黄牛养殖、大棚蔬菜种植等主导产业的规模，形成具有市场竞争力的特色产业带。发挥龙头带动效应，依托镇保华养殖场、海永养殖场等企业发展订单农业，采用“公司＋基地＋养殖场＋养殖户”的发展模式，大力发展黄牛养殖业，长期为江苏省宜兴市杨巷牛羊屠宰场提供优质肉牛，年销售优质肉牛近万头，产值3亿元左右。推进村集体经济发展，投资420万元乡村振兴资金为武楼社区等10个集体经济较为薄弱的村发展村集体产业，增加村集体经济收入。加强涉农补贴资金的管理发放，对符合奖补政策的457户特色种养户，发放奖补资金131.59万元。利用扶贫基地和园区，全年培训高素质新型职业农民65人，8名技术指导员指导科技示范户56户，辐射带动群众210户。2021年，发放农业支持保护补贴农户12577户，补贴面积10.119万亩，补贴资金845.94万元；发放种粮农民一次性补贴11109户（包括经营主体和种粮大户），补贴面积18.5484万亩，补贴资金200.638万元。搞好农产品质量安全的监管和检测，全年检测样本1738个（任务1600个），开具农产品质量合格证1000余份。实施小麦赤霉病防控面积19.2万亩，防控药剂费用96万元。协助国元农业保险公司与全镇17个行政村做好种植业保险工作，2021年，小麦承保9.17万亩，玉米承保9.11万亩，小麦理赔金额68.57万元。完成569亩成片造林，及768.5亩扶贫林移植任务，帮助154户脱贫户还清971300.49元林业扶贫贷款。招聘生态护林员52名，解决52户贫困户就业问题，发放护林员工资374400元。加大农业招商引资的力度，引进高皇薄荷、花茶加工、张板桥——武楼千亩蔬菜大棚示范区、姜黄——曙光千亩莲藕示范区等优质产业发展项目。着力提升农村双基建设水平，采取农户自筹自建、财政奖补方式推进农村巷道硬化工作，129条巷道完成施工并通过验收，路长10970.87米，总面积达33624.2平方米。扎实推进美丽乡村建设，着力改善农村人居环境。成立城乡环卫一体化工作监督、督查领导小组，加强对侨银公司日常保洁成效的监督，对督查中存在问题建立台账并反馈给侨银公司，督促侨银公司限期整改。2021年，全镇改厕任务数570户，全部完工。做好土地保护，加强土地控违巡查，对违建行为零容

利辛县浙丰农业发展有限公司是一家专业从事脱水蔬菜、食用菌种植及生态农业科技、产品开发的大型综合性现代生态农业企业，2021年在中疃镇流转土地2800亩，建设钢构蔬菜大棚150亩　（中疃镇/供）

忍，全年共制止各类违建行为86起；镇组织力量依法强拆违建2处，通过思想动员违建户自行拆除违建9处，整改消除卫片问题5宗；依法依规审批农民建房宅基地248宗，设施农用地备案9宗。完成土地增减挂138亩，新增耕地面积67亩。

【民生保障】 2021年，中疃镇社会保障能力持续加强。全镇医保参保人数达到68223人，1—10月，全镇共补偿132491人，补偿金额共4372.05万元。全镇意外伤害共补偿307人；办理慢性病证525人；医疗救助23人，提供救助资金34.1万元。新增低保81户124人，新增特困供养人员4人；新申请事实无人抚养儿童18人。开展残疾人培训2次，共有50余名残疾人参与；新办理残疾证135个，申请残疾人两项补贴96人次；7名残疾人申请万人就业项目，发放资金2.8万元；顺利完成年度的残疾人动态更新工作，及时更新2608名残疾人的信息。完成危房改造6户，补助15万元。完成2个村级养老服务站和1个镇级养老服务指导中心的建设，并投入使用。

■ 程家集镇

【概况】 利辛县程家集镇位于利辛县县城东南，与城关镇毗邻，国土面积87平方千米。辖13个村（居）委会，187个自然庄，313个村民小组，2.03万户，户籍总人口6.86万人，可耕地面积9.08万亩。2021年，程家集镇农村居民人均可支配收入约1.2万元。

2021年，程家集镇持续加强党的基层组织建设，顺利完成13个村（社区）党组织换届工作，村（社区）“两委”班子实现年轻化、知识化和专业化。全镇共培养入党积极分子178名，举办发展对象培训班8期，接收预备党员47名。扎实开展“我为群众办实事”实践活动，解决群众“急难盼愁”问题137件。为126名老党员颁发“光荣在党50年”纪念章，发放“7040”老党员生活补贴167名、6.01万元。开展走访慰问困难老党员老村干部活动，共计发放慰问金4.7万元。加强邻长制基层组织体系建设，群众利用邻长制平台反映问题2359件，有效解决2359件。加强党风廉政建设，2021年，镇纪委共处置问题线索33件，查结27件；立案审查3人，运用第一种形态处置26人次。强化社会治安综合治理，全年共排查矛盾纠纷255起，调处255起。扎实推进教育教学工作，狠抓教研活动、师德师风建设，加强常规管理，提升办学质量。继续推进家庭医生签约服务，完善家庭医生巡诊工作制度，延伸服务项目。做好招商引资工作。2021年，累计引资约6500万元，其中引进建设的较大项目有：阳光四季花海、亳州凯亚家具科技有限公司、安徽烨隆塑料制品有限公司、利辛邑利农副产品加工有限公司、利辛县龙洋农业科技发展有限公司、利辛县久莲农业旅游发展公司、

2021年，程家集镇依托良好的水资源优势，推广稻蟹共作、水产养殖产业，努力提高农产品知名度，带动新型农业发展，奠定乡村振兴的产业基础
（程家集镇/供）

利辛县栋祥家具有限公司等。

【农业生产】 2021年，程家集镇种植小麦面积7.8万亩、玉米面积约6万亩，粮食总产达约7万吨，较上年同比增长5.5%；油料产量0.8万吨，增长2%；生猪出栏1.5万头；家禽出栏22万只，增长16.8%；水产品产量约1000吨，增长14.9%；农业总产值23.8亿元，增长22.8%，人均收入稳步增长。粮食生产紧抓基地建设、品种选育和品牌培育，不断引进新品种、新技术，扩大各种名优小麦种植规模。根据中央实行粮种补贴的惠农政策，连续几年引进优质小麦品种。全镇发展设施农业3800亩、药材种植8700亩、露天蔬菜种植8000亩。依托“阳光四季花海”中药材种植园和西部“万亩黄桃”产业园，做大做强本地农业项目，进一步发展中药材、优质果蔬、黄桃种植。依托良好的水资源优势，推广稻蟹共作、水产养殖产业。鼓励种植绿色和有机农产品，进一步提高农产品知名度，带动新型农业发展，提高农业效益，增加群众收入，奠定乡村振兴的产业基础。2021年，全镇培育养殖大户37户，生猪饲养量稳定在3.1万头左右。开展水利工程巡查“回头看”，全镇维修机井183座，投入维修资金170万元。

【民生保障】 2021年，程家集镇共有农村低保户1446户、低保对象2683人；城市低保户2户、低保对象2人。有“五保户”422人，其中，分散供养对象316人，集中供养对象106人。做好孤儿救助工作，发放资金49.96万元。实施临时救助67户，共打卡发放临时救助资金21.74万元；救急难累计救助2人次，发放救助资金2万元。2021年，程家集镇有2所敬老院、1所养老服务中心，均按期完成镇敬老院服务质量提升工作。全面完成全国农村留守儿童和困境儿童信息管理系统信息变更工作，进一步落实儿童督导员以及儿童主任的工作职责。全镇持证残疾人2707人，符合贫困残疾人生活补贴条件的有1568人，享受残疾人护理补贴的有1006人。全镇建立13个村（社区）级残疾人康复站，配备专门的工作人员，为36名残疾人配备辅助器具。全镇共摸底登记上报贫困精神病患者213人，一次性打卡发放精神病药费补助款21.3万元。

■ 展沟镇

【概况】 利辛县展沟镇位于利辛县东南，距离县城36千米，镇政府驻地展沟集。1999年，展沟镇被批准为省级综合改革试点镇。2021年，展沟镇国土面积50平方千米，辖10个村（居）委会、98个自然庄，总人口4.67万人，耕地面积5.22万亩。

2021年，展沟镇新培养入党积极分子80名，举办4期发展对象培训班，发展党员37名。开展基层党组织书记抓党建述职评议1次，开展“一月一课一片一实践”主题党日活动156次，观看警示教育片156部，上党课132次。全镇共计93名符合条件的

展沟镇集市风貌　　（展沟镇/供）

党员获得“光荣在党五十年”勋章。2021年，展沟镇对中央环境保护第三督察组交办的2个问题完成整改；对市县热线办转交生态环境保护信访件，依据环保规定对违规生产企业整改到位。完成25件信访回复以及行业环境标准化整治。对镇域内“两河”流域发现的88个环保问题，全部整改到位。对域内空气污染源进行常态化日常性监管，督促养殖场合规运行，对养殖粪便作无害化处理。加大对餐饮单位、砂石料场的巡查力度，全年空气质量保持在优良水平。

【巩固拓展脱贫攻坚成果】 2021年，展沟镇共有脱贫人口2378户6448人。其中，边缘易致贫户129户322人，脱贫不稳定户19户51人，老弱病残或无劳动能力的脱贫户及监测对象共计736人。加大扶持力度，共计实施产业脱贫（613.91万元）、就业脱贫（185.76万元）、智力扶贫（73.8万元）、社保兜底脱贫（1432.556万元）、健康脱贫（328.59万元）、基础设施建设扶贫（1046万元）、金融扶贫（101.08万元）7大类扶贫工程，总投资3781.7万；光伏发电收益237.46万元；春季“雨露计划”资助125人，秋季“雨露计划”资助145人；开发“四员一工”岗位302个。2021年，全镇享受特色种养补贴户219户。

【重点项目建设】 2021年，展沟镇以项目建设为突破口，重点加大安全饮水、农田水利、道路交通等方面的项目建设力度。在苏桥村、顺河村及苏湾村流转1万亩耕地的“旱改水”项目顺利开工，项目占地面积9362.44亩，工程总投资1.35亿元，建设工期24个月。项目建设内容包括：土地平整工程、灌溉与排水工程、田间道路工程、农田防护与生态环境保持工程，项目区共计新建渠道82条，长34.86千米；新（改）建沟道51条，长24.93千米；新（改）建田间道42条，长20.34千米；新建泵站6座，改建泵站6座；新建梁板桥13座。项目建成后，旱改水面积为8888.84亩，新垦造水田面积为473.59亩。2021年，落实高庄村虾稻共作项目用地1000亩；完成张圩村、和谐村、高庄村4座农产品仓储保鲜冷链设施存储仓库建设的土地流转工作。

■ 新张集乡

【概况】 利辛县新张集乡地处利辛县南部，距离利辛县城25千米。新张集乡东临西肥河，南接展沟镇并于阜阳市颍上县接壤，西与胡集镇相连，北与阚疃镇接壤。乡政府驻地离合淮阜高速颍上入口40千米、济祁高速顾桥入口20千米。西淝河、阚展河南北穿境而过，苏沟横贯东西，S224、展阜公路途经张集。2021年，新张集乡国土面积71平方千米，耕地面积6.63万亩，下辖13个村民委员会、135个自然庄、279个村民小组，总人口60662人。

2021年，新张集乡顺利完成村党组织和村民委员会换届选举工作。加强基础设施建设。张集街道完成自来水管网铺设；4个重点贫困村完成道路畅通工程建设，9个非重点贫困村建设道路21条、21.7千米；向阳村、金桥社区、友谊社区实施农村基础设施“一事一议”项目建设，投资133.1万元，修建水泥路1条、长580米，安装太阳能路灯286盏，新建友谊社区文化广场1座，配套体育器材6套件。完成向阳村、张集社区2个村高标准农田建设，其中，修建高标准农田配套水泥道路13条24.5千米，新建涵井40座，新修建农田桥梁32座。狠抓生态环境保护。着力推进“河长制”“林长制”工作，定期开展“河长制”巡查，严厉打击污染水体等行为。巡查发现问题99个，基本整改结束。持续开展村庄清洁行动，改造旱厕2471余座，建成公厕26座，全乡村庄环境焕然一新。整治违法用地违法建设。通过巡查以及受理信访举报，拆除违法建设养殖大棚2宗720平方米，现场制止并停工未批先建、抢建乱建住宅房屋28处，办理非法取土案件5宗，整改卫片执法检查反馈案件3宗。强化民生保障。2021年，新张集乡共有“五保”供养人员289人，其中，集中供养35人，分散供养254人；有低保户857户、1948人，其中新增低保户54户。累计发放低保金893.34万元，发放低保电费补贴4.79万元。临时救助10人次，救助金额4.31万元。发放残疾人护理补贴47.16万元，发放残疾人生活补贴64.62万元。全乡散居事实无人抚养儿童50人，发放生活费56.41万元。扎实推进平安建设。统筹推进“平安家庭”创建、“双提升”、“扫黑除恶”、防范非法集资和电信诈骗等工作，化解矛盾纠纷180余起，受理来信来访150余件，做到件件有着落。积极做好新冠肺炎疫苗接种工作。新张集乡3周岁以上人群新冠肺炎疫苗一针接种23412针次，二针接种18131针次，三针接种5794针次。

2021年，新张集乡以努力增加农民收入为整体思路，进一步优化产业结构，全年共流转土地1.53万亩，培养种粮大户75个、种植企业9个、专业合作社40个、家庭农场42个　（新张集乡/供）

【工业提质增效】 2021年，新张集乡随着板集煤矿和板集电厂的建成使用，为经济发展带来全新的机遇和动力。遵循“接受煤矿辐射，主动寻求发展”的建设思路，新张集乡加大招商引资力度，辖区企业蓬勃发展。完成电厂二期工程建设征地组卷工作，开展项目建设；安徽蓝岛环保产业有限责任公司板集电厂工业固废综合利用项目开工建设，项目占地213.53亩，一期投资2.9亿元，二期投资2.59亿元；投资530万元的利辛县艺城橱柜有限公司顺利投产；一批纺织服装等优质项目投产运营。

【农业提档升级】 2021年，新张集乡以努力增加农民收入为整体思路，立足资源禀赋，坚持优势优先、扬长避短、主动作为，实施农业“特”“优”战略，进一步优化产业结构。加大土地流转力度，大力推广适用型农业，提高种养殖综合效益。全年共流转土地1.53万亩，培养种粮大户75个、种植企业9个、专业合作社40个、家庭农场42个。全乡新建猪场6家，共有畜牧养殖企业和专业合作社19家，年末生猪存栏3.4万头，牛存栏1.8万头，山羊存栏6.9万只，鸡存栏26.8万羽。

■ 胡集镇

【概况】 利辛县胡集镇位于利辛县南部，南与颍上县接壤，西与阜阳市颍东区毗邻，辖12个行政村和7个居委会，国土面积111.8平方千米，耕地面积10.85万亩，人口10.36万人。胡集镇是安徽省民间文化艺术之乡、省森林集镇、亳州市生态乡镇。

2021年，胡集镇加强政府服

务能力建设，网上办事大厅代办申办事项36856件，办结36856件，群众满意率100%；受理市（县）长热线群众诉求1180件，办结1178件。坚持依法行政，持续推进政务公开，主动接受人大监督和社会监督。坚持和完善审计监督、重大事项报告、廉政谈话等制度，严肃查处党员干部违纪违法案件。扎实稳妥推进疫苗接种工作，实现辖区在家人员应接尽接。开展生态环境保护。镇环保站加强对矿区企业和养殖场（户）的日常监管，完成规模养殖场畜禽粪污资源化利用设施整改19家、养殖场锅炉整改8家，无害化处理病死畜禽3000余头。常态化开展巡查，整改完成中央环保交办案件13件、省交办案件11件，整改自查问题3个。采取“控茬打捆、全量离田”的方法，实现秸秆禁烧“零火点”和秸秆全量离田的目标。严格落实“河长制”，整改督查发现问题63个。全力推进城乡环卫一体化，对街道“四大秩序”进行严格管理，建立常态化管理机制。大力开展农村人居环境综合整治，清理陈年垃圾。厕改工作开工357户，完工322户，完工率103.5%。社会治安持续好转。按照“四定三包”的要求，排查矛盾纠纷120起，化解120起，梳理信访案件28件，镇领导带案下访24批次，化解信访积案8件。民生工程积极推进。城乡居民医疗保险和养老保险基本实现参保全覆盖，2021年城乡居民养老保险参保29698人，参保率达92%；全镇领取养老保险金15805人；开发公益性岗位402个、临时性公益性岗位100个，有效解决建档立卡贫困户就业难问题；持续做好就业保障工作，组织农民工技能培训401人次，建档立卡贫困户技能脱贫培训50人次；农村低保和特困供养工作做到应保尽保，教育卫生医疗水平不断提高。农村基础设施不断完善。实施农村道路建设7千米，新建桥涵2座，维修镇区及主干道路灯200余盏，完成高标准农田建设1.2万亩。

2021年，胡集镇扎实开展“感恩共产党，奋进新时代”脱贫攻坚主题活动，采取形式多样的形式，向群众广泛宣传脱贫攻坚取得的成果　（胡集镇/供）

【巩固脱贫攻坚成果】　2021年，胡集镇扎实推进“感恩共产党，奋进新时代”脱贫攻坚主题活动。组织各村评选出25户脱贫示范户、2名最美村干部、1个最佳帮扶单位、2个最强带贫主体、5名最佳驻村扶贫干部，用身边的鲜活事例引导群众、激励群众、打动群众。各村于5月底前分别完成“算好五笔账”主题活动，驻村工作队、村“两委”、帮扶责任人参与205人、走访脱贫户4409户。开展“说说我家新变化”等主题活动27场，选树新典型35例；开展贫困村贫困户变化专题宣传活动线上2场次，线下20场次；开展驻村采风活动1场次，完成1个作品创作；开展“讲述我的战贫故事”活动20场次，参加人员482人次；开展文艺惠民系列活动4场次，参加人员115人次；开展驻村帮扶经验交流活动3场次，参加人员29人次；开展“能力再提升”活动19场次，参加人员465人次；开展“积分再积累”活动2场次，参加人员36人次；开展“精神再提振”活动，评选文明村2个、文明户12户。健全防止返贫动态监测和帮扶机制。开展脱贫户“20看20问”和边缘户“6看6问”巩固拓展脱贫攻坚成果大排查，发现到户问题492条，整改452条。大力发展特色种养业，发放奖补资金89万元。大力开展农村巷道建设工作。完成巷道修建73条8.11千米，面积2.61万平方米。

【经济健康发展】 2021年，胡集镇完成财政收入5060万元，城镇常住居民人均可支配收入4.3万元，农村常住居民人均可支配收入1.84万元。全年新增规模养殖场9家；引进南京大吉新型建材项目，项目投资2.4亿元。现代农业取得新发展。种植优质小麦10.43万亩、玉米10.24万亩、药材0.22万亩、蔬菜0.37万亩，发展设施大棚625亩；全镇89个新型农业经营主体流转土地3.6万余亩；养殖生猪年出栏7万头，山羊年出栏1.6万只。煤电产业园建设工作有序推进，塌陷区二期征迁工作基本完成。

大李集镇

【概况】 利辛县大李集镇位于利辛县西南部，距离县城20千米。大李集镇南部及西部与阜阳市颍东区接壤，北与本县永兴镇、马店镇为邻，东与胡集镇相连，国土面积71平方千米，耕地面积6.18万亩，辖14个村民委员会、265个村民小组、167个自然村，总人口6.7万人。

2021年，大李集镇全面加强党的建设，深入学习宣传贯彻习近平新时代中国特色社会主义思想和党的十九大精神。强化组织建设，注重从大学生、返乡创业人员、青年农民、退伍军人等群体吸收发展优秀的党员，全年共发展党员46名，培养入党积极分子144名。5月，全面完成镇党委班子换届。加大纪检监察力度。2021年，镇纪委办理违法违纪案件16件，其中，受理县纪委转办信访件和问题线索5件，立案1件，给予党内严重警告处分1人，运用第一种形态处理16人次。强化对权力运行的监督制约，持续推进“一岗双责”“三重一大”“三务公开”“小微权力监督台账”等制度落实。开展镇村干部在岗在位监督检查43次，工作日午间饮酒监督检查30次，“三务公开”监督检查40次，“小微权力监督”监督检查36次，扶贫领域监督检查12次，疫情防控期间监督检查36次。通过开展监督检查工作，批评教育15人，写出深刻检查11人次。开展社会治安综合治理。全年受理各类矛盾纠纷153起，调处成功151起，成功率为99%。受理市长热线849条、群众来信72件，办理县转信访86件；接待群众来访500余人次。

省级美丽乡村示范村——大李集镇永红村 （大李集镇/供）

【巩固脱贫攻坚成果】 2021年，大李集镇全面落实脱贫户、边缘易致贫户、突发严重困难户到户到人政策，建立“一户一方案、一人一措施”2.41万条。村级光伏扶贫受益脱贫户达1051户，发放光伏收益378万元。开发扶贫公益性岗位共717个。落实“雨露计划”春季资助学生125人次、资助金额18.75万元，秋季资助学生130人次、资助金额19.5万元。落实特色种养业奖补411户、109.95万元。2021年，大李集镇获得安徽省脱贫攻坚先进集体称号。

【民生保障】 2021年，大李集镇在册农村低保家庭1440户、2737人，低保覆盖率4.15%。低保户数同比增长4.12%，人数同比下降4.33%，低保覆盖率下降0.15%。全年，发放各类民政保障资金1740余万元，全镇困难群众日常生活得到保障。针对火灾、交通事故、意外伤害等突发性事故，启动镇级临时救助备用金，共计发放1.5万余元。全镇农业政策性保险和小额意外险全年收缴95万元，年度内得到赔付168万元。

【环境整治】 2021年，大李集镇实施人居环境爱国卫生运动综合治理工程。积极开展清洁工程及整治陈年垃圾活动，全年投入230余万元，建设有害垃圾回收站14座，设置有害垃圾回收点14个，配备垃圾桶和垃圾池4000个，使用机械186辆次、人力3500人次，镇容村貌焕然一新，人居环境不断改善。开展“两违”整治常态化巡查，全镇范围内无新增违建。坚持“绿水青山就是金山银山”的生态理念，认真贯彻落实市委“约法三章”和县委有关环保的工作要求，构建镇村分级负责、领导干部分工负责、职能部门各负其责的责任体制，做到守土有责、守土尽责、守土负责。狠抓环保督察反馈问题的整改，组织327人次，进行78轮次巡查，整改完成信访案件52条，发现整改各类污染问题6条，完成茨淮新河大坝大李集镇辖区内非法种植农作物的清理工作。加大秸秆禁烧和综合利用工作力度，连续五年实现国家卫星监控“零火点”目标。

■ 永兴镇

【概况】 利辛县永兴镇位于利辛县西部，距离县城20千米，国土面积70平方千米，耕地面积6.31万亩，辖12个行政村、170个自然庄，总人口5.1万人。水陆交通便捷，阜蚌公路自西向东穿境而过，马王公路从镇中心穿过，濉阜铁路连接南北；镇域南连中国第二大人工河——茨淮新河，阜蒙河贯穿全境。

2021年，永兴镇坚持党的全面领导，扎实开展党史学习教育，按照“产业兴镇、工业强镇、环境美镇”的思路，以新发展理念推进乡村振兴，成效明显，连续三年位居全县综合考评先进乡镇行列。全镇网上政务办件1.2万件，完成临时救助、低保、医疗救助、准生证等方面审批263件，完成“安康码”申领3.6万人、亮码118万人次、核验107.6万人次。重视代表提案办理，办结人大代表议案和建议4件。加强法治政府建设，审查重大开支事项144个；落实行政机关负责人出庭应诉制度，办理行政应诉案件2件。受理热线诉求536件，办结率100%。严格落实中央八项规定精神，加强预算管理，“三公”经费同比下降11.2%。加大环境保护力度，各级环境巡查问题全部整改到位；取缔违规企业7家，停业整顿28家，规范经营35家；查处室外燃煤食品摊点8家、浴池燃煤锅炉8家，全部整改；32家餐饮饭店全部安装油烟净化器；取缔砂石料场3家，2家砖瓦窑厂按行业标准完成整改。开展河道清理，清除茨淮河、阜蒙河迎水坡农作物700余亩；拆除旱厕12个、过

2021年，永兴镇紧紧围绕责任落实、政策落实、工作落实和成果巩固，从“两不愁三保障”等10个方面开展巩固脱贫攻坚成果同乡村振兴有效衔接工作，实现脱贫人口稳定脱贫，监测对象及时救助不致贫　（永兴镇/供）

河铁架16处。双龙集沿阜蒙河居民生活污水直排改造工程完工运营。秸秆离田总收储量1.4万吨，离田面积达85%。强化应急管理。开展烟花爆竹专项打非行动，检查超市74家，查处非法烟花爆竹200余件，移交派出所3起；深入开展“1＋2＋22”安全生产三年专项整治活动，共摸排安全隐患216处，打非治违20处。建成永兴镇消防站，配备专职消防员10名。完成消防检查322处，并全部录入镇火哨APP。进行防汛抗旱应急演练2次。发放救灾款30万元。建成全国防灾减灾示范社区1个。联合市场所开展全镇校园食堂检查工作，检查整改问题34处。摸排上报农村自办宴席24席次，全部临场监管。年内对镇域内药房及村卫生室开展联合执法安全遍查2轮。2021年，永兴镇被县应急局列为示范乡镇。

【巩固脱贫成果】 2021年，永兴镇紧紧围绕责任落实、政策落实、工作落实和成果巩固，从“两不愁三保障”和饮水安全、防止返贫监测落实帮扶、易地扶贫搬迁后续扶持、落实“四个不摘”、扶贫项目资产管理、稳岗就业、农村低收入人口常态化帮扶、产业发展、收入支出变化和巩固成果认可度等10个方面，开展巩固脱贫攻坚成果同乡村振兴有效衔接工作。实现2728户5454名脱贫人口稳定脱贫，211户503名监测对象及时救助不致贫。建立健全县、乡、村、组四级网格，对全镇17534户农户实行网格化管理，组建网格443个，配备网格员443人。坚持每月对所有农户遍访一遍，清单化推进问题整改，全年共发现问题158个，整改158个。保持政策稳定性，1810户脱贫户和监测户享受光伏收益660.15万元；1027户脱贫户和监测户发展特色种养业，享受政策性补贴225.83万元；2253户4326人享受政府代缴城乡居民医疗保险费108.15万元；55名贫困大学生享受助学贷款44万元；发放教育资助金69.89万元；发放扶贫小额信贷资金1012.7万元；开发公益岗位72个；帮助2065名贫困劳动力实现稳岗就业。2021年，永兴镇永兴村获评“全国脱贫攻坚先进集体”，副镇长纪伟获评“安徽省乡村振兴先进个人”；永兴村获评“安徽省农业特色产业扶贫十大示范村”，李富国荣获“全省扶持壮大村集体经济工作先进个人”称号。

【经济综合实力迈上新台阶】 2021年，永兴镇镇域生产总值13亿元，较上年增长10%；固定资产投资增长22%；规模工业增加值增长14.5%；社会消费品零售总额10亿元，增长9.8%；财政收入516万元，增长22.4%，增幅居全县第一；城镇常住居民人均可支配收入3.63万元，农村常住居民人均可支配收入1.73万元，分别增长8.5%和8.94%。现代农业提质增效。新增土地流转面积6000亩，发展优质专用小麦生产基地2600亩，建立小麦单品种万亩示范片1个、千亩示范片2个；全面开展高标准农田“回头看”整改，改善排涝面积1000亩，新增灌溉面积4000亩；粮食单产1020千克，较上年增长2.3%。粮食总产突破7万吨，蔬果总产突破1万吨。培育农民专业合作社4家，创建省级示范合作社3家、省级农业产业园1个、家庭农场11家。农业机械化率达96%。农产品质量抽检372类672个样本，100%合格。新兴产业加速集聚。徐寨、解甲集两家新型墙体材料厂产品供不应求；永顺利泰纸盒印刷厂订单饱满；原石电子昼夜轮班生产；永兴蒲公英茶品、面条市场占有率稳步提高；富洋公司50亩温控大棚建成使用、千亩青梅产业园效益喜人；诸王蘑菇基地发展到60亩，带动全镇食用菌种植多品种发展，规模化种植达240亩；稻渔共作循环经济长足发展，解甲集“大道天下稻蟹共作示范区”扩展至1498亩，发展为皖北最大的稻渔共作基地，并辐射带动谭铺村发展稻蟹共作260亩。全年工业总产值达到2亿元，其中规模工业1.4亿元，增加值7.5%。招商引资落地工业项目3个、农业项目2个、其他项目1个。原点科技有机肥厂建成试产、邦华板材有限责任公司建成投产、宸宇再生资源有限公司主体建筑工程完工、中森环境科技公司项目全面开工。累计完成工业投资1.2亿元，其他投资0.8亿元。村村搭建电商平台，网络销售快速发展。永兴镇被评选为全省电商提质增效工作示范镇，永兴、双龙、谭铺三村被评选为全省电商提质增效工作示范村。

永兴镇农业产业园电商进行农产品直播带货。2021年，永兴镇永兴村被评为“安徽省农业特色产业扶贫十大示范村”，李富国荣获“全省扶持壮大村集体经济工作先进个人”称号　　（永兴镇/供）

【社会事业繁荣发展】 2021年，永兴镇32项民生工程全部完成年度任务。全镇城乡居民医疗保险参保率100%，城乡居民养老保险参保率98.64%，居民小额意外伤害保险参保率达到20%。按时足额发放困难群体补贴资金500.5万元。救助违法人员子女3人。新增企业就业岗位326个。农家书屋免费正常开放，永安村农家书屋被评为全省示范农家书屋。全年共举办少儿美术、五禽戏等公益文体艺术培训16场次，举办送戏下乡文艺演出活动30余场次、体育活动60余场次。举办庆祝建党百年文艺会演、书画展、演讲比赛系列活动。应急广播按时转载播放，通响率100%。常态化开展新时代文明实践活动，全镇成立14支志愿者服务队伍，全年围绕疫情防控、环境保护、乡村振兴等重点工作共开展168次志愿服务活动。开展孝老爱亲、厉行节约、殡葬改革等移风易俗宣传活动，组织抗美援朝老兵到学校开展爱国主义教育活动。全年各级报刊、媒体采用永兴镇新闻信息264篇，其中“学习强国”、共产党员网刊发45篇，《安徽日报》及客户端刊发46篇，《亳州晚报》刊发10篇。撤并村级小学2个，新建中心幼儿园办公楼1座，改造幼儿园1所。家庭医生有偿签约服务续约率达89.13%，超额完成年度孕前优生健康检查175对，完成“两癌”筛查300人。统筹经济社会发展和疫情防控，对返乡人员全面排查，对中高风险地区返乡人员及时采取管控措施，移送县集中隔离26人次；3次在双龙设立交通卡点，多部门联防联控，24小时对来利人员落实查验；全镇新冠肺炎疫苗接种63486人次，12周岁以上全程免疫率达86%，筑牢抗疫屏障。完成第七次全国人口普查工作并通过验收。永兴镇综合运输服务站和永兴镇诸王社区综合运输服务站进站道路拓宽工程顺利实施；双龙社区新庄阜蒙河大桥建成启用；“一事一议”立项5个项目，均建成使用；谭铺美丽乡村完成建设。拆除违建墓地152座，镇公益墓地建设基本完工。

■ 马店孜镇

【概况】 利辛县马店孜镇位于利辛县西南部，距离县城9千米，东临西淝河，西接永兴镇，南临茨淮新河，北靠王市镇，面积89.5平方千米。2021年，马店孜镇下辖16个村（居）委会、251个自然村、404个村民组，总人口70394人，其中农业人口68177人。

2021年，马店孜镇紧扣党史学习教育主题主线，加大“我为群众办实事”工作力度，制定“我为群众办实事”项目清单7条，涉及群众急难愁盼类4条，完成4条；涉及重点民生项目2个，完成2个。集中学习党史12次、研讨11次，开展调研485次，走访企业36个，访问群众1250户，调研发现问题113个，发现的问题全部整改。组织召开“光荣在党50年”老党员老干部座谈会，为162名符合条件的老党员颁发“光荣在党50年”纪念章。王园社区荣获省“五个好”村党组织标兵、市先进基层党组织称号，康洼村荣获县先进基层党组织称号。落实党风廉政建设“一岗双责”任务。全镇共开展主体责任谈话316人次，开展作风建设监督检查发现并督促整改问题14个，开展阶段性重点工作任务监督检查发现并

2021年，马店孜镇继续加大公共基础设施建设力度，修建文化广场1个，提质建设巷道99条；深入实施农村人居环境“三大革命”和“三大行动”，村容村貌得到明显改变

（马店孜镇/供）

整改问题187个，追责问责67人次。2021年，马店孜全镇全年财税收入514.46万元。通过招商引资引进企业2个，完成固定资产投资4900万元。其中，工业投资1000万元，农业投资3900万元。继续加大公共基础设施建设力度，修建文化广场1个，提质建设巷道99条8.72千米，安装路灯226盏，实现“快递进村”覆盖率100%。深入实施农村人居环境“三大革命”和“三大行动”，完成改厕1774户，清理沟塘淤泥6.9万立方米，村容村貌得到明显改变。推进乡村治理试点示范创建，完成孙刘村乡村振兴示范引领综合项目、高效生态农业和整村巷道硬化完善项目建设。开展植树造林工作，全年栽植成片林1000亩，补植完善农田林网2条，绿化道路10千米。2021年，马店孜镇的文化和教育取得很大

马店孜镇孙刘村建设半坡式钢构蔬菜保温大棚，带动周边农民群众100多人就业（马店孜镇/供）

进步。利用文艺会演、电影放映等方式，为群众演出200余场。全县职工大合唱比赛，马店孜镇代表队名列前茅。全县师生讲故事比赛，马店中学师生双获一等奖，并被推荐参加市级比赛；中心学校朱会会在工委举办的微型党课比赛中获得三等奖。

【乡村振兴】 2021年，马店孜镇围绕乡村振兴，狠抓工作落实。土地确权工作进展顺利。完成室外测绘作业36户，室内业务共办理122卷；农村宅基地审批受理农户申请305卷，审批发证91户，审批计划复垦区建房119户。惠农补贴及时发放。农业耕地保护补贴，补贴户数1.27万户，补贴面积8.12万亩，补贴金额679.15万元；农民种粮一次性补贴，补贴农户7120户，补贴企业、种粮大户16家，补贴面积71323.94亩，补贴金额1543017.46元；特色种养业补贴，补贴脱贫户265户、边缘户14户，发放奖补金额724500元。为提高产量，2021年全年对全镇16个点（每村1个）做测土配方抽样工作，为全县耕地保护粮食安全提供有利依据；对全镇7.2万亩小麦及6.9万亩玉米进行高产创建，共召开现场会3次（小麦一喷三防、玉米病虫害防治、2021年秋种现场会），现场发放宣传明白纸及测土配方建议卡3万份，全年亩增收100元。抓好秸秆禁烧宣传、农机托管工作，实现禁烧零报告，全镇农机托管全覆盖。对全镇26个家庭农场、合作社及企业进行全年监管，全年抽样检测样品1700个，并对农产品安全法律法规进行宣传，保证全镇7.5万人食品的安全。

【民生保障】 2021年，马店孜镇全面推进公共卫生体系建设和村卫生室标准化建设，对低保、适龄妇女开展宫颈癌和乳腺癌免费筛查，有序完成18周岁以上、12～17周岁、3～11周岁年龄段新冠肺炎疫苗接种及加强针接种工作。扎实推进殡葬改革，积极推进移风易俗和乡风文明建设。深化“邻长制”基层组织体系建设，完善“网络化＋网格化”基层社会治理模式。依托镇村两级综治中心建立网格化管理服务平台，将全镇划分为16个二级网格、202个三级网格，配备网格员（长）246名，全年共成功调处和化解各类矛盾纠纷176起、信访问题105件。全年共接访79件，办结70件，成功息诉罢访9件。加大安全生产、消防安全、食品安全等领域执法力度。加强道路交通安全管理，实施村道安全生命防护工程，24条村道安装防护栏，建设规模49.99千米，排查整改道路交通安全隐患38处。加强就业和社会保障，做好脱贫户、农民工、退役军人、残疾人等重点群体就业服务。健全退役军人工作体系和保障制度，积极稳妥做好退役军人和其他优抚对象建档立卡试点工作。截至2021年10月底，全镇1158户信息采集全部录入，试点工作圆满完成。

荣 誉

2021年利辛县受省级以上党委、政府表彰的先进单位名录

表8

单 位	荣誉称号	授予单位	授予时间
中共利辛县永兴镇永兴村党总支	全国脱贫攻坚先进集体	中共中央、国务院	2021年2月
利辛县人民检察院	全国检察宣传先进单位	最高人民检察院	2021年10月
利辛县人民检察院	全国检察宣传先进单位	最高人民检察院	2021年10月
利辛县人民检察院	全国检察机关“文明接待室”称号	最高人民检察院政治部	2021年10月
利辛县王人镇	2017—2020年度全国群众体育先进单位	国家体育总局	2021年9月
利辛县城北镇刘染村	全国乡村治理示范村	农业农村部	2021年10月
利辛县民政局	全国农村留守儿童关爱保护和困境儿童保障工作先进集体	民政部	2021年9月
利辛县扶贫开发局	全省脱贫攻坚先进集体	中国共产党安徽省委员会、安徽省人民政府	2021年5月
巩店镇人民政府	全省脱贫攻坚先进集体	中国共产党安徽省委员会、安徽省人民政府	2021年5月
中共纪王场乡委员会	全省脱贫攻坚先进集体	中国共产党安徽省委员会、安徽省人民政府	2021年5月
中共汝集镇委员会	全省脱贫攻坚先进集体	中国共产党安徽省委员会、安徽省人民政府	2021年5月
利辛县应急管理局	全省防汛救灾先进单位	中国共产党安徽省委员会、安徽省人民政府	2021年7月
利辛县城北镇刘染村党总支	安徽省先进基层党组织	中国共产党安徽省委员会	2021年6月
利辛县人民法院未成年人案件审判庭	全省法院扫黑除恶专项斗争集体嘉奖	安徽省高级人民法院	2021年6月
利辛县人民法院	安徽省扫黑除恶专项斗争先进集体	安徽省扫黑除恶专项斗争领导小组	2021年6月
利辛县乡村振兴服务中心	安徽省乡村振兴（扶贫）系统先进集体	安徽省人力资源和社会保障厅、安徽省乡村振兴局	2021年7月
利辛县乡村振兴服务中心	安徽省乡村振兴（扶贫）系统先进集体	安徽省人力资源和社会保障厅、安徽省乡村振兴局	2021年7月
大李集镇	全省脱贫攻坚先进集体	安徽省全国脱贫攻坚总结表彰推荐评选工作领导小组办公室	2021年5月
大李集镇常青村	安徽省民主法治示范村	安徽省司法厅、安徽省民政厅	2021年3月

2021年利辛县群众团体获得省级以上表彰的先进单位和个人名录

表9

单位及个人	荣誉称号	授予时间
利辛县鸿富老年公寓有限公司	安徽省劳动竞赛先进集体	2021年2月
王立发	安徽省五一劳动奖章获得者	2021年2月

2021年度利辛县受省级及以上共青团系统表彰的先进单位和个人名录

表10

单位及个人	荣誉称号	授予时间
安徽省利辛县人民检察院团支部	全国五四红旗团支部	2021年
利辛县城北学区中心学校团总支	安徽省五四红旗团（总）支部	2021年
季金今 利辛县王人镇一级科员（团县委）	安徽省优秀共青团员	2021年
刘飞 利辛县西潘楼镇团委书记（脱贫攻坚专项）	安徽省优秀共青团干部	2021年

2021年度利辛县受省级及以上妇联系统表彰的先进单位和个人名录

表11

单位及个人	荣誉称号	授予时间
利辛县妇联	全省妇联系统目标管理考核工作先进县区	2021年
利辛县人民医院	安徽省三八红旗集体	2021年
管婧婧（利辛县信访受理中心主任）	安徽省三八红旗手	2021年
高明启（利辛县人民法院王人人民法庭）	安徽省维护妇女儿童权益先进个人	2021年
刘雪艳（利辛县公安局法制大队中队长）	安徽省维护妇女儿童权益先进个人	2021年
杨明礼（城北镇陆桃园村果园庄）	省级百户“美丽庭院”	2021年
田敬中（城北镇镇南社区西田庄）	省级百户“美丽庭院”	2021年
邓 刚（王人镇惠康医院院长）	安徽省最美家庭	2021年
吴 用（张村镇人民政府 副镇长）	安徽省最美家庭	2021年
杨 芳（张村镇高寨村党总支书记）	安徽省最美家庭	2021年
张 静（利辛县教育局妇女委员会主任）	安徽省实施妇女儿童发展纲要先进个人	2021年

中国好人榜利辛人物（2021年）

【董素侠】 董素侠，女，汉族，1966年4月出生，利辛县旧城镇韩庄村人。2021年6月入选中央宣传部、中央文明办主办的中国好人榜。

董素侠的丈夫长年在广州务工，儿子、儿媳在外地工作。家中仅留下她和三个卧病在床完全失去生活能力的老人。大伯葛玄龄今年已94岁高龄，本是村里的“五保户”，年轻时患脑梗留下了后遗症，生活不能自理，60岁时就和侄子一家生活。2006年10月，葛玄龄又患上了小脑萎缩，从此彻底瘫痪在床，生活全靠董素侠照顾。2008年6月，时年80岁的公公葛益龄患上了脑梗死，卧床不能动。董素侠不怕脏、不怕累，端水喂饭，擦屎接尿。2009年4月，董素侠母亲董潘氏突然患上腰椎间盘骨质增生、膝关节髌骨软化症，半身不遂。因娘家兄弟身体也不好，侍候不了母亲。董素侠毅然决定把老母亲接到自己家中，悉心照料，躬亲伺候。董素侠孝老爱亲的事迹和积极乐观面对困难的精神深深地感动着周边的人。2017年底，董素侠被旧城镇评为“孝老爱亲模范”，而后又获评“利辛好人”；2018年，被评为“亳州好人”；2019年8月，获评“安徽好人”。

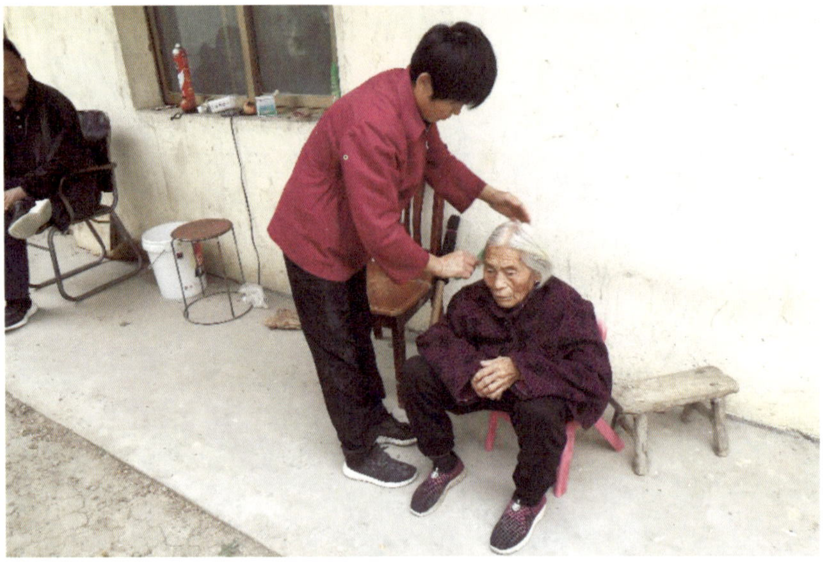

董素侠 （县委宣传部/供）

安徽好人榜利辛人物（2021年）

【李子杰】 李子杰，利辛县永兴镇人。2021年6月，入选安徽省委宣传部、文明办主办的安徽好人榜。

1995年，李子杰来到利辛县马店供电所，成为一名基层农电工，抄表、收费、维修、保养。20多年来，他把供电所的岗位干个遍。2008年被聘为安全员后，4年走遍全县23个乡镇，摸清了近60条长达3000余公里的乡镇10千伏线路运行状况。2009年1月24日，大雪来袭，利辛供电区域多条10千伏线路无法送电。李子杰主动请缨，带领抢修人员奔赴冰天雪地抢险，经过一昼夜奋战，故障线路恢复送电。2011年，两次风灾连袭利辛，李子杰

李子杰 （县委宣传部/供）

连续两个月奔波抢修一线。“电力行业是个高技术含量的行业，要想做好工作就需要不断学习、不断钻研。”初中毕业的李子杰清楚地认识到自己的不足，他白天忙着抄表、收费、维修，晚上学习业务知识。日复一日、年复一年，他的业务能力不断提高，一步步成为业务骨干。在电力设备运行管理中，李子杰通过施工技术改进，设计防止三相四线制供电零线断线故障的措施，总结防止配电变压器烧坏的16条措施，动手制作“便携式电杆夯土”设备，解决使用机械带来的电杆倾斜这一棘手问题。2015年，在农网改造中，李子杰领队对辖区内10千伏线路及配变进行改造，线路损耗由原来的每月4.57%下降到每月2.2%，每年节省50多万元。2018年12月，担任马店供电所所长的李子杰，仅用一年时间带领职工成功创建亳州市首个国家电网公司五星级乡镇供电所。他总结出的安全管理方法，创造了利辛县供电10余年无事故的优秀成绩。2012年以来，李子杰先后获“安徽省劳动模范”、全国五一劳动奖章等荣誉称号。2020年11月，他被授予“全国劳动模范”荣誉称号。

■ 亳州好人榜利辛人物（2021年）

【杜艳艳】 杜艳艳，女，汉族，本科文化，1981年生于利辛。2000年参加公安工作，现任三级警长，二级警督警衔。

杜艳艳　　（县委宣传部/供）

杜艳艳从警多年来，始终牢记全心全意为人民服务的宗旨，带领利辛“江淮义警”开展多种形式活动，用实际行动赢得了好评。获得2019年“4+1”岗位争先优秀民警、2020年全省“110”工作成绩突出个人荣誉称号。2020年，杜艳艳负责的利辛“江淮义警”志愿服务队获评全市“感到药都”志愿服务组织称号。2021年3—4月，杜艳艳获评“利辛好人”称号；5—6月，获评“亳州好人”称号。

【张稳军】 张稳军，男，1975年7月生，中国国际工程咨询有限公司高级工程师，总监理工程师，2018年7月被派驻利辛县胡集镇杨湾村担任党总支第一书记兼扶贫工作队队长。

张稳军到村担任村第一书记后，开展灵活多样的党建活动，“走出去”“请进来”成为杨湾村党总支党建工作特色。2019年，在全县脱贫摘帽验收工作中，张稳军驻点的杨湾村顺利通过验收，为全县脱贫摘帽贡献力量。为夯实杨湾村乡村振兴基础，他利用各类扶贫资金700余万元发展了黄鳝养殖、孔雀养殖、黄牛养殖，蔬果大棚、南瓜种植等多种产业，为杨湾村注册“皖湾”牌商标，扩大了杨湾农副产品知名度和附加值，使杨湾村集体收入由过去的0元变成2020年收入超98万元。2019年6月，张稳军获评亳州市优秀选派帮扶干部；2019年10月，获评中咨公司“最美中咨人”；2019年12月，获评利辛县优秀选派帮扶干部；2020年7月，获评中咨公司脱贫攻坚先进个人；2021年3—4月，获评“利辛好人”；2021年5月，获评“全省脱贫攻坚先进个人”称号；2021年5—6月，获评“亳州好人”称号。

张稳军　　（县委宣传部/供）

【武雪松】 武雪松，男，1972年5月生，利辛县城关镇向阳社区党总支书记、居委会委员。

武雪松自担任村党支部书记以来，17年间，带领向阳社区党总支一班人，强化宗旨意识，坚守为民情怀，夯实基层堡垒，坚定做好为政府分忧的“办事员”、为群众解困的“服务员”，把党和政府的声音传递给群众，从细微处解决群众急难愁盼问题，不断筑牢政府与群众之间的连心桥，用实实在在的行动诠释一名共产党员的初心和使命。2017年，武雪松被表彰为安徽省劳动模范；2020年，被表彰为安徽省优秀共产党员、安徽省抗击新冠肺炎疫情先进个人、安徽省最美社区工作者；2021年，被表彰为全国优秀党务工作者。武雪松是安徽省十二届人大代表，多次被评为全县优秀党组织书记、全市优秀党务工作者。他所在的向阳社区先后被授予“全国妇联基层组织建设示范社区”“全国基层低保工作示范单位”“安徽省文明社区”“安徽省民主法治示范社区”等各类荣誉20余项。2021年7—8月，获评“利辛好人”称号；2021年7—8月，获评“亳州好人”称号。

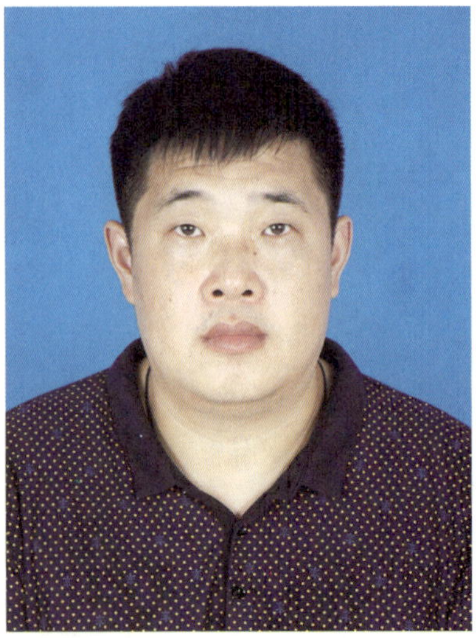

武雪松 （县委宣传部/供）

【韦登辉】 韦登辉，男，1992年10月出生，临泉县田桥街道韦楼村村民（岳父韩纪友为利辛县王人镇邵庙后韩村村民）。

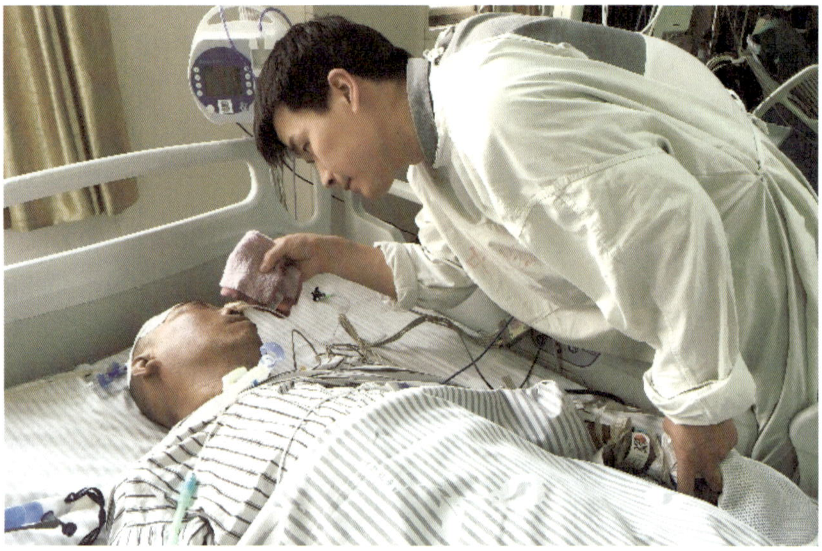

韦登辉 （县委宣传部/供）

韦登辉和妻子韩元梅相识于大学，俩人工作踏实，勤奋上进。2018年初，韦登辉的准岳父突发脑出血，并迅速发展为危重症状态，先后辗转无锡、南京各大医院进行治疗，医生数次下病危通知书，并建议放弃治疗。当时，韦登辉的准岳母常年高血压且患有腔梗，女友韩元梅因父亲病情患上抑郁症，下面还有一个刚成年的弟弟需要供养。韦登辉推迟婚礼，一人挑起全家重担，借遍身边所有亲戚、朋友的钱，举债70余万元，坚持治疗准岳父。由于准岳父体重较重且一度处于植物人状态，韦登辉辞去其在南京某国有企业的工作，每天定时给准岳父刷牙喂饭、擦洗身体、翻身按摩、清理尿袋。在韦登辉的坚持下，岳父逐渐恢复少许意识，达到接回老家休养的标准。两年半的时间里，韦登辉不离不弃，悉心照顾生病岳父，用实际行动诠释着乌鸦反哺、羔羊跪乳的人间大爱，得到周围医生、护士、邻居的一致称赞。特别是2019年4月，与妻子韩元梅完婚后，继续选择照顾岳父一家人，并在岳父转回家后，来到后韩村坚持照顾岳父，每日给岳父调理营养餐，换药护理等。2021年11—12月，韦登辉获评“亳州好人”称号。

【李晓奔】 李晓奔，男，1993年3月出生，利辛县永兴镇诸王社区人。中共党员，现役军人。

2021年10月9日18时20分，天已渐黑，探亲休假的李晓奔在去诸王社区超市买菜的路上，发现一栋居民楼二楼浓烟滚滚，便快速跑上前去查看。听群众说屋里好像还有人，李晓奔第一时间冲进楼内，关闭电源总闸，一边拨打“119”，一边浸湿刚找到的破毛毯，洒湿全身衣服，随手把毛毯往身上一披，立即冲进二楼火场中。在大火中找到奄奄一息的户主解某，用湿毛毯将其裹住，扛在肩上，冲到屋外。解某缓过气来，说屋里没有人了，李晓奔才将悬着的心放了下来。附近群众闻声赶来，纷纷拿着水桶、脸盆参加救火。李晓奔一边现场指挥，一边接过水管又冲向二楼，20分钟后明火全部被扑灭，他又用湿毛巾捂着口鼻跑进房间，把所有的门窗打开，让浓烟快速散去。消防人员赶到后，李晓奔又和消防员们一起对可能会复燃的地方进行清扫，随后李晓奔又积极主动地抢救房间内的贵重物品，为户主挽回财产损失6万余元。

李晓奔　（县委宣传部/供）

李晓奔在服役期间表现优秀，受部队嘉奖6次，2016年荣立“个人三等功”一次，多次荣获“优秀士兵”和“优秀士官”称号。2021年，获评“利辛好人”称号；2021年11—12月获评“亳州好人”称号。

【敬业奉献　朱其红】 朱其红，男，1980年7月出生，利辛第二完全中学教师。

少年时的朱其红在帮家里收麦子时，右臂被无情的脱粒机吞噬。朱其红从小便有一个教师梦，这个梦想支撑着他坚强地生活、学习。朱其红当了老师后，每天总是早早到校很晚回家，辅导学生早读、补习功课。当写教案、改作业时间稍长时，朱其红右臂残肢便会隐隐作痛，但他从未因此放慢工作节奏，耽误过一堂课。朱其红撰写的《别把中职生看扁了》《初中语文与信息技术的整合》等几十篇教育教学论文在省市县获奖。2012年，朱其红获“县优秀教师”称号；2014年，获“市教坛新星”称号；2018年，获“市优秀教师”称号；2019年、2020年连续荣获市级争做“四有好老师”征文一等奖；2021年，获评“药都最美教师”“利辛好人”称号；2021年11—12月，获评“亳州好人”称号。

朱其红　（县委宣传部/供）

附　录

利辛县人民代表大会常务委员会工作报告

——2022年1月1日在利辛县第十三届人民代表大会第一次会议上

县人大常委会副主任　江淮

各位代表：

我受县十二届人大常委会的委托，向大会报告工作，请予审议，并请列席会议的同志提出宝贵意见。

过去五年工作的回顾

过去的五年，县人大常委会坚持以习近平新时代中国特色社会主义思想为指导，在县委的坚强领导下，遵循“服从、融入、监督、支持”之理念，紧扣高质量发展和社会治理现代化的实际需求，紧贴人民群众对法治建设和民生改善的呼声期盼，较好地履行了地方国家权力机关职能。

五年来，举行常委会会议54次、主任会议73次，听取和审议“一府两院”专项工作报告91个；开展视察调研128次，组织执法检查12次，配合省市人大执法检查和法律实施调研43次；开展满意度测评42次，督办落实审议意见84项，备案审查规范性文件42件；任免国家机关工作人员316人次，选举市人大代表112名，组织宪法宣誓23次，顺利完成了本届人大历次会议确定的目标任务。

一、坚定不移坚持党的全面领导，确保人大工作正确政治方向

新时代坚持和完善人民代表大会制度、加强和改进人大工作，最根本的是坚持党的全面领导。常委会始终牢记人大机关政治属性，旗帜鲜明讲政治，把党的领导贯彻人大工作全过程各方面。

以理论清醒坚定思想自觉。坚持把党的政治建设放在首位，牢记习近平总书记关于要自觉讲政治和对“国之大者”要心中有数的谆谆教诲，坚持用习近平新时代中国特色社会主义思想武装头脑，深入开展“不忘初心、牢记使命”主题教育和党史学习教育，切实增强“四个意识”、坚定“四个自信”、做到“两个维护”。五年来，传达习近平总书记最新重要讲话精神、中央和省委市委县委重要会议、重要文件精神320余次，为更好的履职尽责奠定了坚实思想政治基础。

以鲜明立场强化政治自觉。坚决把拥戴核心、紧跟核心、捍卫核心作为最高原则，严守政治纪律和政治规矩，切实提高政治判断力、政治领悟力、政治执行力。充分发挥常委会党组把方向、管大局、促落实的作用，修订党组会、常委会、主任会议事规则和组成人员守则，健全常委

会运行机制。严格执行重大事项请示报告制度，做到整体工作自觉向县委请示、重要工作主动向县委报告、阶段工作及时向县委汇报。五年来，向县委请示报告118次，得到县委的大力支持，确保人大各项工作始终坚持党的领导、体现党的领导、实现党的领导。

以使命担当增强行动自觉。认真落实全面从严治党主体责任和“一岗双责”，坚决执行中央八项规定及其实施细则，扎实做好党风廉政建设和意识形态领域工作，把作风建设抓在平常、严在日常，把廉政建设记在心上、扛在肩上。坚持围绕县委中心工作和全县改革发展稳定大局谋划人大各项工作，确保县委工作重心在哪里，人大工作就跟进到哪里、力量就汇聚到哪里、作用就发挥到哪里。认真贯彻落实中央和省委人大工作会议精神，推动人民代表大会制度和人大工作与时俱进。认真总结历届人大代表选举经验，围绕提高代表素质和优化代表结构两个关键问题，积极向县委建言献策，依法指导各选举单位做好县乡人大代表换届选举，圆满实现党委意图。

各位代表，坚持党的领导是人民代表大会制度的最大优势，是人民当家作主和全面依法治国的根本保证。我们必须毫不动摇地长期坚持、始终不渝地全面贯彻、持续不断地巩固完善。

二、坚定不移贯彻新发展理念，助推全县经济社会高质量发展

新发展理念是新时代人大工作的行动指南。常委会始终围绕县委中心工作，以法治引领改革进程、以监督促进决策落实、以决定汇聚各方力量，为全县各项事业发展提供有力支撑。

助推经济高质量发展。依法做好“十三五”规划实施情况中期评估和“十四五”规划编制审查工作，每年听取县政府关于计划、预决算、审计问题整改等情况报告，保障经济健康平稳运行。开展工业经济、招商引资、科技创新、政府性融资、项目建设、园区建设、规上企业等专题调研，促进企业转型、产业升级。对国有资产管理、财政预决算实施联网监督，对政府性投资项目资金使用情况开展重点监督，对预算法、审计法开展执法检查，审查批准县政府预算调整方案，实现了全口径审查、全过程监管。

助推营商环境优化。坚持把优化营商环境作为人大监督的重点，听取审议县政府优化营商环境工作报告，围绕“放管服”改革、推动复产复工等政策落实，开展《中小企业促进法》执法检查，走访企业110余家，组织企业与涉企部门交流座谈会5次，针对提升服务质量、优化办事流程、落实惠企政策等提出意见和建议，并连续跟踪督办，督促审批部门完善审批流程，推动形成更加公平、透明、便捷的营商环境。

助推生态环境改善。持续关注大气、水、土壤污染问题，连续五年开展相关执法检查、听取审议全县环境状况和环境保护目标完成情况的报告，开展城乡增绿、农村清洁工程、砂石料场清理、城乡污水管网建设、西淝河湿地保护、水环境治理、饮用水源地保护、城市地表水厂建设等专题调研，助力打好污染防治攻坚战。围绕引江济淮、引淮济亳工程，建立守护西淝河、茨淮新河“清水廊道”单月暗访、双月调研机制，对两河流域内黑臭水体治理、饮用水水源保护等进行23次暗访，查看中小河流82条，指出问题112个，集中通报问题5次，推动解决水环境保护中责任单位工作“缺位”“不到位”问题。

助推现代城市建设。开展《城乡规划法》《土地管理法》执法检查，调研数字城管和智慧城市建设、城市道路建设、保障性住房建设、物业管理、停车场

建设，听取审议城市规划修编、城市基础设施建设情况报告，首次围绕城市老旧小区改造、物业管理、雨污分流、园林绿化、环境卫生、城市交通、公共服务等12个议题对城市建设和管理工作开展专题询问，问出了人大职责，答出了政府责任，回应了社会关切。审议批准县政府将城市基础设施PPP项目、棚户区改造项目等政府付费资金分年度列入财政预算议案，支持政府加快现代城市建设步伐。

助推实施乡村振兴。高度关注农村美丽、农业发展和农民富裕，开展现代农业、特色农业、乡村旅游、农田水利、耕地保护、畜牧产业、饮水安全、“四好农村路”建设、人居环境整治、美丽乡村建设、农村面源污染治理、构建现代农业经营体系等专项调研，组织全县各级人大代表走遍乡镇、走进村庄，面对面听取基层干部群众意见，围绕夯实农业基础保障、创新农业服务体系、培育新型经营主体、推动农业产业发展等提建议、拓思路、解难题，促进政府整合涉农资金、加大扶持力度、完善乡村规划，推进资本、技术、人才、管理等要素流向农村、注入农业，提升农村基本公共服务水平，激发乡村振兴内生动力。

各位代表，发展第一要务、人大责无旁贷。我们必须紧扣法定职责，运用法治方式，在围绕中心、服务发展中凝聚发展力量、体现人大担当。

三、坚持以人民为中心思想，提高群众的获得感幸福感安全感

实现好维护好发展好最广大人民群众根本利益，是人大工作的出发点和落脚点。常委会紧紧抓住人民群众急难愁盼问题，推动政策向民生集聚、服务向民生覆盖，使民生保障更有力度、更有温度。

推进脱贫攻坚。把脱贫攻坚作为重大政治任务，听取审议县政府脱贫攻坚进展情况报告、县监委查处扶贫领域案件情况报告，对产业扶贫、金融扶贫、教育扶贫、医疗扶贫、光伏扶贫、易地扶贫搬迁进行专项调研，推动中央精准扶贫、精准脱贫政策措施落到实处。

推进学有所教。开展义务教育、学前教育、职业教育、寄宿制学校建设、教师队伍建设、教育教学质量提升专项调研，多次暗访学生营养餐问题，开展《义务教育法》、《职业教育法》执法检查，向政府交办涉及教育工作的代表建议22件，围绕城乡义务教育均衡发展、加快教师县管校用制度改革、治理校园周边环境等方面提出意见和建议，力促办好人民满意的教育。

推进食有所安。积极回应食品安全热点、贯彻“四个最严”要求，把食品安全监管体制完善、企业主体责任落实、食品安全信息溯源、无证摊贩治理作为监督重点，持续开展相关执法检查，组织人大代表深入城乡农贸市场、家庭农场、商场超市调研食品生产、加工、运输、销售等环节质量监管情况，实现“从田头到餐桌”监督检查全覆盖，保障人民群众舌尖上安全。

推进病有所医。围绕群众反映“看病难、看病贵、看病烦”问题，开展城乡居民医疗保险、乡镇卫生院及村卫生室建设、医疗卫生体制改革、公共卫生服务体系建设、药品市场管理专题调研，检查《传染病防治法》《突发公共卫生事件应急条例》实施情况，听取审议县政府疫情防控、医疗保障、医疗改革、药品管理情况报告，推动城乡公共卫生服务一体化发展，让越来越多群众享受到健康舒适的生活。

推进弱有所扶。开展社会保障、五保供养、医养结合、妇女儿童权益保障、残疾人权益保障、养老服务体系建设专题调研，开展《反家庭暴力法》《社会救助暂行办法》落实情况执法调研，多层次、多渠道了解困难群众需求和难处，建议政府调动方方面面力量，为困难群体、弱

势群体和特殊群体排忧解难，努力做到老有所依、弱有所扶、难有所帮、困有所助、应助尽助，兜牢民生底线，增进人民福祉。

各位代表，人大工作的根基在人民，依法履职的归宿也在人民。我们要认真践行“人民选我当代表、我当代表为人民”的庄严承诺，善于倾听人民群众呼声，积极回应人民群众期盼，使人大工作更加贴近民心、顺应民意、维护民利。

四、贯彻习近平法治思想，推进民主法治建设和社会治理创新

深刻认识和把握高举人民民主的旗帜、发展全过程人民民主这一社会主义民主政治的本质要求，积极推进民主法治领域改革，确保人大作出的决定决议、实施的法律监督都能反映人民的声音、体现人民的参与。

推进民主法治领域改革。按照县委“深改组”要求，对2014年以来人大承担的16项民主法治领域改革事项落实情况“回头看”，进一步完善政府重大决策出台前向本级人大报告、规范性文件备案审查、专题询问、工作评议、宪法宣誓等制度21项，健全适合地方国家权力机关特点、充满活力的制度体系。

推进预算审查制度改革。根据中央关于深化预算改革和全国人大关于加快推进预算联网监督系统建设的要求，出台《全口径预算审查监督办法》，建立人大预算联网监督平台，实现了人大预算监督的信息化和网络化，有力推动人大预算审查监督重点向支出预算和政策拓展。

推进国有资产监管改革。根据中央关于建立人民政府向同级人大常委会报告国有资产管理工作的改革决策，出台《县人民政府向县人大常委会报告国有资产管理情况工作办法》（试行），明确报告国有资产的内容、程序、形式，为加强国有资产管理监督工作提供制度遵循。

推进监察机关深化改革。认真落实党中央关于推进监察体制改革的重大决策部署，依法选举和任命县监委领导班子，督促县监委完成机构转隶组建、人员融合、制度建设等重点改革任务，为监察体制改革顺利进行提供有力保障。调研纪检监察协作区建设情况，支持监委依法履行监督、调查、处置职责，对公职人员实行监察全覆盖，推进监察体制改革向纵深发展。

推进人大自身机构改革。根据《地方组织法》规定和全县机构改革方案，设立利辛县人民代表大会财经委员会、法制委员会、社会建设委员会，增设利辛县人大常委会社会建设工作委员会，将内务司法工作委员会更名为监察和司法工作委员会，重新界定各工作机构的职责和对口联系部门，保障人大及其常委会各机构依法有序运行。

依法依规决定重大事项。严格遵循法定性、全局性、民主性、可行性原则，明确人大讨论决定重大事项重点和范围，听取审议《利辛县空间规划（2016–2030年）》《利辛县城总体规划（2018–2030年）》编制情况的报告和我县“十三五”规划执行中重要指标调整的议案，作出重大事项决议决定45项，实现了党的主张，体现了人民意志，凝聚了社会共识。坚持党管干部原则与人大依法选举任免相统一，对县委人事安排意见和“一府一委两院”提请的人事任免议案严格依法办理，对拟任命干部进行任前法律知识考试，对常委会任命的人员开展宪法宣誓，被任命人员的法治意识、公仆意识和接受人大监督意识进一步增强。

依法维护社会公平正义。听取审议县政府平安社会建设、扫黑除恶专项斗争、社区矫正、道路交通安全等工作报告，建议用法治政府建设的实际成效来增强人民群众的获得感安全感。组织人大代表旁听法院重要案件庭审和“看执行”活动，听取法院民

事审判、刑事审判、案件执行、信息化建设、矛盾纠纷多元化解等工作报告，听取审议检察院刑事执行监督、民事行政检察、刑事检察、公益诉讼等工作报告，首次作出《关于支持检察院开展公益诉讼工作的决定》，开展法官、检察官履职评议，促进法官、检察官规范司法行为，努力让人民群众在每一个司法案件中感受到公平正义。认真受理群众来信来访，接待群众来访1235人次，转办群众来信356件，有效发挥人大信访密切联系群众、促进社会和谐的作用。

坚决维护国家法治统一。认真组织开展“国家宪法日”“江淮普法行”活动，　对“七五”普法规划实施情况进行中期评估，依法作出《关于开展利辛县第八个五年法治宣传教育的决议》，弘扬社会主义法治精神，推动全社会尊法学法守法用法。坚持有件必备、有备必审、有错必纠，认真做好规范性文件备案审查工作。五年来，对政府报送的45件规范性文件全部进行合法性审查。

各位代表，人大是代表人民行使权力的机关。我们必须以推动法治建设为根本，以维护公平正义为己任，在推进法律法规贯彻实施、社会治理法治化进程中保障人民权益，彰显制度优势。

五、坚定不移尊重代表主体地位，支持保障代表依法行使职权

代表工作是人大工作的基础。常委会始终做到强化服务意识，提升保障水平，支持代表依法履行职务，努力让代表工作活起来、严起来、实起来。

拓展代表履职平台。修订完善代表之家、代表工作站建设管理办法，在规范上下功夫，在特色上做文章，把代表之家（站）建成代表连接民意的“直通车”、服务群众的“便利店”、履职监督的“新阵地”。按照便于组织和开展活动的原则划编代表活动小组128个，高标准建设代表工作站23个、代表之家9个，确保代表履职有组织、有阵地、有活动、有实效。

深化代表联系活动。持续开展代表“双联”工作，进一步密切人大常委会与代表、代表与选举单位和选民之间的联系。安排人大代表列席常委会会议224人次，开展执法检查、视察、调研、座谈等活动2612人次，全县2200多名各级人大代表围绕脱贫攻坚、乡村振兴、道路交通、食品安全、生态环境等议题走访联系群众20余万人次。2021年，结合党史学习教育，组织全县各级人大代表为群众办实事、解难事180余件，让群众切实感受到民意有人代表、民怨有人倾听、民生有人关注、民主就在身边。

提高建议办理质量。健全代表建议办理机制，优化细化“集中交办、办理答复、跟踪督办”流程，实现代表建议“督”和“办”有机结合。连续两年对加快城区停车场建设的议案进行重点督办，连续四年对人民南路西淝河邵渡口大桥建设的议案进行跟踪督办，连续五年对生态建设、污染防治、乡村振兴、脱贫攻坚等建议进行联合督办。五年来，交办的325件代表建议已全部办理，办理质量、代表满意度显著提高，承办单位的责任意识明显增强。

提升服务保障水平。坚持集中培训和专题培训相结合，并借助网络平台开展代表线上培训，让代表随时随地“充电”。五年来，采取走出去、请进来相结合的方式，开展代表履职培训8次，培训全县各级人大代表2240多人次。为代表订阅《中国人大》《江淮法治》杂志累计2200份，人大代表的政治意识、法治意识和履职能力得到提高。

凝聚代表抗疫力量。2020年，面对突如其来的新冠疫情，县人大常委会第一时间向全县人大代表发出倡议，各级人大代表闻令而动，不惧危险，冲锋在

前，各负其责，各展所长，积极参与检测救治、值班值守、入户核查、物资保障和志愿服务，以纯朴而厚重的情感与人民群众手足相抵、休戚与共，汇聚起“尘埃之微、补益山海”的抗疫力量。疫情期间全县各级人大代表捐款42万余元，捐赠防疫物资价值200余万元，闪耀出人大代表至善至仁、大爱大美的光芒。

各位代表，人大工作的活力在代表、力量在代表。人大代表必须不辱使命、勇于担当，积极为全县经济社会高质量发展和社会主义民主法治建设建睿智之言、献务实之策、尽发展之力。

六、坚持守正创新，全面提升人大常委会及机关自身建设水平

常委会主动适应新形势、新任务要求，不断加强自身建设，打造对党忠诚、人民满意、素质过硬的人大工作队伍，始终做到围绕中心不偏离、服务发展不懈怠、发挥优势不缺位。

突出党建强党性。贯彻落实新时代党的建设总要求，加强常委会党组、机关党组建设，不断加强党性修养，提高政治站位，坚定政治信仰，提升政治能力，对党绝对忠诚。五年来，开展党组理论学习中心组集体学习62次，常委会集体学习26次，举办各类专题辅导讲座21次，着力将思想政治建设向纵深推进，始终以习近平中国特色社会主义思想和治国理政新理念新思想新战略引航定向。

深学笃行提能力。坚持把学习作为依法履职的基本功，加强业务培训，组织研讨交流，办好履职讲座，增强履职本领。共举办法律讲座56次，开展政治业务学习212次，编发各类学习手册210期，自觉地把对国家根本政治制度的尊崇、对宪法法律的敬畏，转化为谋划工作的思维方式、推进工作的行为方式，努力成为适应新时代人大工作的行家里手。

驰而不息转作风。认真抓好“讲严立”“严强转”专项行动，持续深化“三个以案”警示教育，全面排查整治形式主义、官僚主义问题，始终做到锲而不舍纠“四风”，驰而不息“转作风”，始终保持永不懈怠的精神状态、一往无前的奋斗姿态，始终带着情怀谋事，扑下身子干事，保持韧劲成事。

深化宣传树形象。把握人大宣传工作的政治性、法律性和意识形态属性，依托人大微信公众号、人大代表微信群、人大工作群，深入宣传人民代表大会制度、人民民主法治建设进程和人大代表风采，确保弘扬主旋律，传播正能量。五年来，在市级以上媒体发稿400余篇，在“人大微信公众号”编发信息580条，为人大依法履职和民主政治建设营造良好的舆论氛围。

各位代表，时代画卷在砥砺前行中铺开，精彩华章在不懈奋斗中书写。五年来，县十二届人大常委会在历届常委会打下的坚实基础上，不断深化对社会主义法治建设规律和人民代表大会制度发展规律的认识，始终做到人大工作与时代同步、与党委同心、与人民同声。

五年来的履职实践，使我们深切体会到，做好新时代人大工作：必须始终坚持党的领导，自觉做到“两个维护”。紧紧围绕党中央和省委、市委、县委的决策部署开展工作，把关系改革发展稳定的难点问题、关系人民群众切身利益的热点问题作为人大履职的重点，在服务全县大局的生动实践中把坚持党的领导、人民当家作主和依法治国有机统一起来，确保党的主张通过法定程序转变为人民的共同意志。必须始终坚持人民主体地位，维护人民群众根本利益。人民的信赖、支持和拥护，是人民代表大会制度的深厚力量源泉和牢固政治基础。人大代表人民行使职权，必须坚持一切为了人民，为了人民一切，为人民用权、为人

民履职、为人民服务，始终保持同人民群众的密切联系，使人大各项工作更加体现人民意志，更加贴近人民生活。必须始终坚持与时俱进，不断推进人大工作改革创新。在宪法和法律的框架内，稳妥开展“微创新”，探索体现人大特点、发挥人大优势的新方法新机制，以更高站位、更宽视野谋划和推进人大工作，使人大各项工作更好地把握规律性、体现科学性、富有创造性。必须始终坚持依法治国基本方略，增强全社会对国家根本政治制度的自信。人民代表大会制度是适合我国国情，保障人民当家作主的好制度。我们坚持履职与宣传并行，当好法治社会建设的崇尚者、践行者、推动者。在依法履职过程中，宣传好人民代表大会制度的丰富内涵和独特优势，全过程展现社会主义民主法治建设进程，让社会各界对国家根本政治制度的认识不断加深、自信不断增强，永葆人民代表大会制度和人大工作的生机与活力。

各位代表，县十二届人大常委会工作取得的成绩和进步，是习近平新时代中国特色社会主义思想科学指引的结果，是中共利辛县委坚强领导的结果，是全县人大代表、常委会和各专委会组成人员倾情投入、勤勉履职的结果，是“一府一委两院”和各乡镇人大大力支持、密切配合的结果，是全县人民和社会各界充分信任、积极参与的结果。在此，我代表县十二届人大常委会，向所有关心、支持、帮助常委会工作的同志们和各界朋友，表示崇高的敬意和衷心的感谢!

在总结成绩的同时，我们也清醒地认识到，常委会各项工作与宪法和法律赋予的职责、与中央人大工作会议的精神、与县委对人大的新要求和人民群众的新期盼还有一定的差距。监督的着力点需要更加精准，跟踪问效的机制还需健全；代表议案建议的办理、常委会审议意见的落实和反馈需要不断改进；对乡镇人大工作的联系和指导有待进一步加强。这些都要高度重视，深入研究，在今后工作中切实改进。

各位代表，人大事业是接续奋斗、薪火相传的崇高事业。历届人大工作者以革故鼎新、勇于探索的创新勇气，以为了人民、依靠人民的赤子情怀，不断推进人民代表大会制度与时俱进，值得我们赓续传承。进入新时代、踏上新征程，历史的接力棒交到我们手中，我们必须接稳接力棒、跑好接力赛、跑出加速度，以实际行动和工作成效践行对党绝对忠诚、对人民高度负责、对宪法坚定维护。

今后工作的建议

各位代表，党的十九大和中央人大工作会议对坚持和完善人民代表大会制度、做好新时代人大工作提出了新的更高要求。新一届县人大常委会要高举中国特色社会主义伟大旗帜，以习近平新时代中国特色社会主义思想为指导，深入学习贯彻习近平法治思想、习近平总书记关于坚持和完善人民代表大会制度的重要思想，坚持党的领导、人民当家作主、依法治国有机统一，践行全过程人民民主，在县委坚强领导下，紧紧围绕推进治理体系和治理能力现代化、开启全面建设社会主义现代化国家新征程的宏伟目标，充分发挥国家根本政治制度优势，积极营造法律实施的良好社会环境，加强人民当家作主制度保障，密切同人民群众的联系，汇聚起人民群众的磅礴力量，为新时代现代化美好利辛建设作出新的更大贡献。

一、保持政治定力，坚持党对人大工作全面领导。旗帜引领方向，思想铸就力量。深刻领悟习近平新时代中国特色社会主义思想所蕴含的真理力量、思想力量、实践力量、创新力量，提高政治判断力、政治领悟力、政治执行力。深入学习贯彻中央人大工作会议精神和加强新时代人大工作的重要文件精神，扛牢政治机关的政治责任，把国家根本政治制度的显著优势转化为治理效能、转化为推动人大工作的新思路、新目标、新举措。坚持重大事项请示报告制度，确保党的主张通过法定程序成为人民共同意志，确保人大工作始终与党委同向、与大局同步、与人民同心。

二、强化责任担当，围绕县委决策依法高效履职。按照习近平关于地方人大要“更好助力经济社会发展和改革攻坚任务”的要求，积极推进“十四五”规划纲要的深入实施，加强对污染防治、乡村振兴、生态建设、公共卫生等领域的工作监督，助推解决事关全局、事关长远、事关人民福祉的热点难点问题，让利辛发展更有含金量，让利辛人民更有获得感。综合运用听取报告、执法检查、专题询问等监督方式，加强对“一府一委两院”的工作监督，着力解决不便监督、不好监督、不敢监督、不善监督的问题，确保行政权、监察权、审判权、检察权在法治轨道上运行。健全人大讨论决定重大事项制度，把握讨论决定重大事项的范围和程序，依法行使人大“定大事、议要事、督难事”的职权。发挥“法律巡视”监督作用，加大执法检查力度，推动法律法规在我县有效实施。加强规范性文件备案审查工作，维护法律权威和法制统一。深入推动“八五”普法规划实施，不断增强全民法律素养。坚持党管干部原则与人大依法行使选举权、任免权相统一，善于使党组织推荐的人选通过法定程序成为国家政权机关的领导人员。加强对选举和任命人员的监督，增强其责任意识和公仆意识。

三、深化代表工作，保障代表更好发挥主体作用。加强对人大代表的初任培训、履职培训和专题培训，确保任期内县乡代表培训全覆盖。强化代表履职管理，建立健全代表履职档案，组织代表述职评议，激发代表履职热情。加强代表履职平台建设，拓宽代表知情知政渠道。完善代表议案建议办理工作机制，提高办理质量和问题解决率。认真贯彻落实习近平总书记关于发展全过程人民民主的要求，健全民主制度，丰富民主形式，拓宽民主渠道，支持和保证人民通过人民代表大会行使国家权力。

四、坚持固本强基，不断提高人大工作整体水平。牢记习近平总书记“打铁还需自身硬”的要求，加强县人大常委会及机关建设，打造信念过硬、政治过硬、责任过硬、能力过硬、作风过硬的人大工作队伍，努力使县人大及其常委会成为坚持中国共产党领导的政治机关、保证人民当家作主的国家权力机关、全面担负宪法法律赋予的各项职责的工作机关、始终同人民群众保持密切联系的代表机关。完善常委会、主任会议事规则和程序，建立健全更加充满活力的组织制度和工作机制，不断提高常委会履职制度化规范化专业化水平。大兴学习之风、调查研究之风、务实创新之风，弘扬为民服务“孺子牛”、创新发展“拓荒牛”、艰苦奋斗“老黄牛”精神，勠力同心、担当尽责、奋发作为，创造出经得起历史和人民检验的新业绩。

各位代表，站在新的历史起点，机遇和挑战考验着我们，使命和责任激励着我们！让我们更加紧密地团结在以习近平同志为核心的党中央周围，在中共利辛县委的坚强领导下，凝心聚力再出发，乘势而上谱新篇，为全面开启新时代现代化美好利辛建设新征程而不懈努力！

中国人民政治协商会议第十届利辛县委员会常务委员会工作报告

——2021年12月30日在县政协十一届一次会议上

邵利峰

各位委员：

我代表政协第十届利辛县委员会常务委员会，向大会报告过去五年的工作，并对今后五年工作提出建议，请予审议。请列席会议的同志提出意见。

过去五年工作回顾

过去五年，是利辛发展进程中极不平凡的五年，也是我县政协事业团结奋进、蓬勃发展的五年。五年来，在中共利辛县委的坚强领导下，十届县政协坚持以习近平新时代中国特色社会主义思想为指导，全面贯彻落实中共十九大和十九届二中、三中、四中、五中、六中全会精神，认真学习习近平总书记关于加强和改进人民政协工作的重要思想，牢牢把握团结、民主两大主题，认真履行政治协商、民主监督、参政议政三大职能，充分发挥人民政协作为社会主义协商民主重要渠道和专门协商机构作用，努力在强化协商民主上精准发力，在服务中心工作上献计出力，在促进团结和谐上凝心聚力，为利辛经济社会高质量发展作出了积极贡献。

——五年来，我们坚持高举旗帜、增强定力，党对政协工作的全面领导更有力度。十届县政协始终坚持旗帜鲜明讲政治，认真履行政治责任，以党的建设为统领，着力提升政治站位，不断推动事业发展，确保全县政协工作始终跟随党的领导砥砺前行。

强引领，夯实共同思想政治基础。坚持把加强思想政治引领、广泛凝聚共识作为履职工作的中心环节，坚决扛起“落实下去，凝聚起来”的政治责任，坚持“四个第一”学习对标制度，将学习习近平新时代中国特色社会主义思想作为政协协商活动必修课，不断巩固共同思想政治基础，增进对中国共产党和中国特色社会主义的政治认同、思想认同、理论认同、情感认同，引导广大政协委员和社会各界群众在政治立场、政治方向、政治原则、政治道路上始终同以习近平同志为核心的中共中央保持高度一致。

重学习，突出党的创新理论武装。健全以党组理论学习中心组学习为引领，以主席会议、常委会议、机关学习、集中培训等为主要形式的学习体系。五年来，先后召开全委会5次、常委会议35次、主席会议139次，深入学习习近平新时代中国特色社会主义思想，学深悟透习近平总书记关于加强和改进人民政协工作的重要思想。认真开展“两学一做”学习教育、“不忘初心、牢记使命”主题教育，在学习中改作风、强本领、促提升，推动机关干部和广大政协委员牢固树立“四个意识”，坚定“四个自信”，做到“两个维护”。特别是在党史学习教育中，深入学习中共党史、新中国史、改革开放史、社会主义发展史，跟进学习统一战线史、人民政协史，引导委员在学思践悟中坚定理想信念，在奋发有为中践行初心使命，扎实做到学史明理、学史增信、学史崇德、学史力行。

把方向，强化人民政协党的建设。认真贯彻落实请示报告制度，县政协重要活动、重大事项及时向县委报告，自觉在县委领导下同步开展政协工作。发挥政协党组在县政协工作中把方向、管大局、保落实的作用，草拟《关于加强新时代人民政协党的建设工作的实施意见》，落实“一入四建”工作要求，成立县政协机关党组，在委员全员入委的基础上，成立8个专委会功能型党支部，将123名党员委员编入到11个党小组，制定《党组成员联系党员常委、党员常委联系党外常委的实施意见》及《党员委员联系党外委员工作方案》，实现党的组织对党员委员的全覆盖、党的工作对政协委员的全覆盖。

——五年来，我们坚持扛起主责、抓好主业，服务发展大局的协商建言更有准度。十届县政协始终聚焦“协商”这个主责主业，充分发挥专门协商机构作用，着力“专”出特色、“专”出质量、“专”出水平，将“专”的优势转化为服务利辛经济社会发展的具体实践。

深化协商议发展。坚持谋全局、议大事，主动把政协协商焦点集中到事关全县改革发展大局的重大问题、重要课题、重点工作上，通过政协全委会集中协商、常委会专题协商、专委会对口协商等多种形式，广泛开展协商讨论，深入建言献策。五年来，召开全体会议5次，组织分组讨论、联组讨论71场，安排大会发言48人次，县几套班子领导主动融入委员之中，参与分组讨论，面对面听取委员意见建议，多数建议和意见得到采纳。完善常委会专题协商平台，聚焦脱贫攻坚、经济建设、教育医疗、污染防治、城市管理等课题，组织实施专题协商活动24次，形成协商成果450余篇，提出综合性意见建议1100余条。连续五年聚焦生态环境治理相关课题开展专题协商，先后实施“改善居民生产生活环境、深入推进农村三大革命”“加强环境污染治理，打好蓝天保卫战”“加强水污染防治，改善水生态环境”等多项专题协商，组织委员多角度建言生态环境保护，在服务县委县政府科学决策、助力利辛发展上贡献了政协智慧、展现了政协担当。

调研视察思发展。依托专委会、界别建设，扎实开展对口协商、界别协商活动，通过开展专题调研视察、召开座谈会等形式，紧扣中心、协商履职。五年来，共组织开展各类调研活动80余次，形成了关于“秸秆禁烧及综合利用”“城区黑臭水体治理”“推动民营经济发展”“义务教育均衡发展”“低保审批权下放”等调研报告62篇，提出综合性意见建议180余条。围绕食品药品安全、物业管理、司法援助、交通出行等焦点、热点课题，开展专题视察60余次，有力推动了重大项目实施和民生热点问题解决。2020年组织开展优化营商环境专题调研，聚焦涉企服务慢、梗、阻的问题，收集整理民营企业、专业合作社、家庭农场等反映的具体问题17条、意见建议18条。县委县政府主要负责同志分别对调研报告进行批示，将调研报告细化为28项具体任务，分别交办到18家单位落实，推动我县营商环境持续优化。

提案建言谋发展。始终把提案工作作为深化协商民主的重要形式和有效载体，严把审查立案关，做实提案办理各环节，推进政协提案“提质减量”。五年来，审查立案委员提案1151件，召开提案交办会5次、提案督办会12次，提案办理见面率、办结率、满意率均有较大幅度提升。探索完善县委、县政府、县政协负责同志领衔督办重点提案工作机制，遴选重点提案34件，通过实地调研、提案办理协商等形式，推动政协提案办理“当面办”“马上办”，诸多委员建议被吸纳为党委政府决策依据，提案反映问题均得到有关部门积极回应，提案办理工作活力被有效激发，提案办理工作成效显著提升。

成果转化促发展。研究制定《政协利辛县委员会协商议政质量评价工作办法》《县政协履职成果形成报送办理和反馈工作办法》，做实协商成果形成、反馈、办理等环节，推动政协协商从注重“做了什么”“做了多少”向“做出了什么效果”转变。2021年组织开展“构建智慧交通城市，提升城市现代化管理水平”专题协商，就居民停车难、交通秩序乱等问题提出了意见建议，并将委员意见建议转交相关部门，定期了解委员建议采纳情况。县住建部门、城管部门围绕老城区道路内涝问题，在重点道路沿线增设雨水收集井，完成排水管网清淤检测120余公里，修复管网10.3公里，建设雨水管网5.1公里，有效解决排涝面积3平方公里，居民出行条件明显改善。县交管部门围绕道路标识标线不规范问题，新装、维修标识标牌230处，施划标线8700余平方米，改造、新建交通信号灯112处、电子警察124处，智慧交通管理水平不断提升。

融入全局助发展。坚持服务全县发展大局，主动融入中心工作，根据县委县政府工作部署和任务分工，县政协领导班子积极参与重点项目建设，深入一线，靠前指挥，瞄准难点破题出招，助力板集煤矿、地表水厂、青少年活动中心、宝璋医院等重点项目顺利推进。围绕脱贫攻坚、乡村振兴、扫黑除恶、秸秆禁烧、疫情防控、信访维稳等重点工作，深入包保联系乡镇，协调各方力量推动问题整改。选派机关优秀干部参与县委县政府重点工作和重点项目的督查调度，真实反映基层工作情况，助力重点难点工作的推进，确保县委县政府重要工作部署得到有效落实。

——五年来，我们坚持人民至上、实干担当，紧扣民生实事的履职实践更有温度。十届县政协秉承“人民政协为人民”的理念，把关注民生、反映民意、化解民忧作为政协工作的出发点和落脚点，积极协助县委县政府办好人民群众牵肠挂肚的民生大事，做好人民群众天天有感的关键小事，让发展成果更好地惠及全县人民。

同舟共进助力脱贫攻坚。把服务全面打赢脱贫攻坚战作为“十三五”时期政协履职重点，连续五年组织开展脱贫攻坚相关课题专题协商活动，深入实施视察调研活动，聚焦脱贫攻坚工作中的具体问题，向县委县政府提交专题调研报告8篇，提出意见建议61条，在增收入、稳脱贫、防返贫方面拿出了“政协方案”，发出了“政协声音”。充分发挥政协优势，组织委员开展结对帮扶工作，动员广大委员和社会爱心人士参与扶贫济困，展现了委员齐力攻坚的政治自觉。深化政协机关驻村帮扶工作，选派优秀干部到旧城镇丰桥村驻村帮扶，协调解决村基础设施建设缺失、产业发展瓶颈等具体问题，助推丰桥村如期脱贫出列。

广聚睿智建言乡村振兴。积极服务好脱贫攻坚后半篇文章，在推进巩固拓展脱贫攻坚成果和乡村振兴有效衔接上集众智、献良策。2020年组织开展“巩固脱贫成果、推进乡村振兴”专题协商会，提出“统筹乡村产业发展规划”“培育支柱产业”等意见建议。县委县政府吸收采纳后，大力实施“111582”产业计划，高起点谋划，大力度推进，以猪、牛、羊、肉鸽、食用菌、山核桃、果蔬、稻渔等八大产业为重点，深入实施“一镇一业”，认证“三品一标”企业79家、产品161个，乡村振兴的产业基础得到有效夯实。2021年将县政协十届五次会议第72号提案《关于实施我县乡村振兴工作的几点建议》列为重点提案，提请县委书记领衔督办。县委主要负责同志亲自谋划部署提案督办工作，召集委员深入基层一线调研提案办理情况，召开提案办理专题协商会，委员提案建议得到及时办理和积极回应。

众志成城筑牢疫情防线。面对复杂严峻的疫情形势，县政协第一时间发出倡议书，组织动员全县政协力量共克时艰，积极投身疫情防控人民战争。县政协班子成员深入医院、社区和镇村一线，督导疫情防控各项措施落实。广大政协委员踊跃捐款捐物，80余名政协委员和社会爱心人士累计捐款45.6万元，捐赠防疫物资价值316万余元。企业界委员纷纷复产转产，服务疫情防控工作，充分展现了非常时期政协委员的责任与担当，为夺取疫情防控和经济社会发展“双胜利”作出了突出贡献。聚焦常态化疫情防控协商建言，组织召开“完善公共卫生服务管理体系，推进社会治理能力现代化”专题协商会，向县委县政府报送综合性意见建议30余条。委员关于完善基层公共卫生人才队伍的建议经县委县政府采纳后，我县先后公开招聘疾控中心专业技术人员16名。

发挥优势深化民主监督。以“提质”“扩面”为重点，充实调整了民主监督员队伍，围绕司法审判、人事安置、公开招考、规划决策等内容，反映群众意愿，提出改进建议，努力推进民生问题解决，不断提高民主监督的组织化程度和规范化水平。深入开展专项监督，先后组织委员围绕基层法庭建设、宗教场馆管理、非物质文化遗产保护等工作开展监督性视察26次，形成事前、事中、事后对照的长效反馈机制，有效助推各项工作落实。

搭建平台探索基层协商。开展委员进社区活动，在主城区建设委员联络室15个，成立委员个人工作室3家，鼓励支持政协委员发挥界别优势和专业特长，定期深入到社区接待群众来访，收集社情民意，服务基层群众。该项工作开展以来，委员走进社区服务1100余人次，组织开展各类便民服务活动60余场，收集社情民意信息320余条，通过政协提案、大会发言、调研报告等形式，广泛反映基层群众心声。探索基层“微协商”，依托乡镇政协工作联络委建设，制定出台《推进基层协商民主试点工作的实施方案（试行）》，以政协委员为主体，召集各方代表组建基层协商议事会议，在协商主体、议事规则、工作流程等方面统一安排、一体推进，着力探索政协协商向基层延伸的有效途径，让“有事好商量，众人的事情由众人商量”的工作理念在基层生根发芽。自2020年试点工作开展以来，先后建设镇、村协商议事平台10个，召开协商议事会议18场，在化解信访积案、谋划村集体经济发展、调解群众矛盾等方面取得初步成效。

——五年来，我们坚持凝聚人心、汇聚力量，大团结大联谊的社会共识更有广度。十届县政协坚持把广泛凝聚共识贯穿于政协工作全过程，努力为利辛改革发展画出最大同心圆，凝聚最强正能量。

团结联谊增进共识。加强与工商联、无党派人士和各人民团体的团结合作，积极邀请党外知识分子、非公有制经济人士、新的社会阶层人士参加协商活动，做到事前认真听取意见建议、事中优先安排发表意见、事后及时反馈采纳情况，营造团结联谊的良好氛围。五年来，工商联、无党派人士参加各类协商活动170余人次，大会发言36人次。加强同民族宗教界人士的联系，注重发挥少数民族界、宗教界委员作用，围绕民族村经济发展、规范宗教场所建设开展专题调研，促进民族团结、宗教和睦。

文史宣传扩大共识。加强文史资料征集工作，编辑出版《利辛文史》第七辑、《利辛文史·李奇茂专辑》，配合市政协完成《亳州政协20年》（利辛卷）的编辑工作，切实发挥文史资料“存史、资政、团结、育人”作用。加强政协宣传工作，多角度宣传报道利辛经济社会发展成效和委员履职情况，在《人民政协报》《江淮时报》等国家和省级报刊发表稿件320余篇。

专题活动凝聚共识。在重要节点、重大事件中开展系列宣传活动，激发全社会团结奋进的强大力量。在改革开放40周年之际，组织举办利辛县书画精品展，生动展现改革开放40年来利辛发展取得的辉煌成就。在新中国和人民政协成立70周年之际，召集工商联、无党派和社会各界代表人士座谈交流，举办专题书画展，积极展现人民政协与祖国同行、与时代共进的精神风貌。在中国共产党成立100周年之际，推深做实“四史”教育，组织开展专题书画展，通过笔墨丹青感悟中国共产党百年奋斗历程，不断强化听党话、跟党走的思想自觉、行动自觉。

致力公益传递共识。发挥政协组织联系各界、服务各方的优势，积极引导政协委员和社会爱心人士参与各项公益事业，开展政协委员结对帮扶活动，110余名委员和社会爱心人士结对帮扶了260余名困难群众和贫困学子，累计捐助善款37.7万余元。连续五年组织爱老敬老活动，通过政协委员协调广东利辛商会爱心企业家，向基层敬老院捐赠爱心物资价值41万余元。组织开展义购莲藕活动，帮助旧城镇丰桥村销售滞销莲藕5.3万余斤，有力地支持了贫困村产业发展。同时，广大政协委员还注重发挥在界别群众的示范引领作用，通过多种形式参与爱心公益活动，积极汇聚起互帮互助、协力发展的社会共识。

深化交流增添共识。主动争取省市政协工作指导，积极配合省政协组织实施“四级政协委员在行动”脱贫攻坚专项监督性调研、“困境儿童关爱与救助”专题调研、“水源地生态保护”专题调研等活动，参与市政协组织的“河长制工作落实”“长三角绿色农产品加工供应基地建设”“优化营商环境”“推动中药产业发展”等专题调研35次，在交流中提升协商能力和水平。接待外地莅利调研组18批次，不断拓宽交流面、扩大“朋友圈”。发挥政协委员桥梁纽带作用，积极服务“双招双引”，联系异地商会组织举办招商引资推介会5次，举办迎春茶话会暨“利辛老乡·请您回家”恳谈会3次，邀请各地优秀企业家到利辛考察，搭建在外成功人士返乡创业平台，有效宣传利辛、推介利辛。

——五年来，我们坚持固本培元、守正创新，政协自身建设的工作水平更有高度。十届县政协坚持研究新问题、总结新经验、探索新途径，主动适应新时代新要求，持续加强自身建设，不断提升政协工作水平。

加强人民政协建设。深入贯彻落实中共中央和省委、市委政协工作会议精神，准确把握新时代赋予人民政协的新使命，协助县委召开政协工作会议。县委出台《关于新时代加强和改进人民政协工作的实施意见》及《主要任务分工方案》，就加强和改进我县政协工作提出了具体指导意见，并作出全面部署安排。完善政协专门委员会设置，对部分专委会进行更名和职能调整，新组建农业农村委员会，专委会专门性、专业性的优势不断彰显。建立完善乡镇政协工作联络委，落实乡镇政协工作召集人制度，提名乡镇专职党委副书记为政协委员，兼任联络委主任，创新政协委员“双入委”机制，推进联络委标准化建设，政协履职网络不断向基层延伸。

深化委员队伍建设。对标“懂政协、会协商、善议政”的履职标准，在提升委员协商能力上持续发力，开展委员培训班2期，组织委员讲堂12次，推荐30余名政协委员到上级政协参加学习，委员综合素能有效提升。健全委员知情明政机制，面向委员发布协商课题相关政策文件信息，通报有关工作情况，积极保障委员知情权。落实“守纪律、讲规矩、重品行”的履职要求，修订完善《县政协委员履职服务与管理办法》，对每个委员履职情况记录存档，持续开展优秀政协委员、优秀政协提案评选，推深做实委员履职考评。完善联系委员机制，政协班子成员联系专委会、专委会联系界别委员，定期走访委员，打通服务委员履职的“最后一公里”。

推进一流机关建设。大力完善制度机制，完善主席办公会议制度，修订全委会工作规则、常委会工作规则、委员履职工作规则等规章制度，制订实施《关于加强和促进凝聚共识工作的实施意见》等，提升工作科学化、制度化、规范化水平。加强机关党建，严格落实党建工作责任制，以党的建设统领机关各项工作。贯彻“三心两进一流”工作理念，着力改进机关调查研究作风和联系服务群众作风，抓好巡视巡察反馈问题整改工作，大力营造风清气正的政治生态。驰而不息反对形式主义、官僚主义，深入贯彻执行中央“八项规定”及实施细则各项要求，严格机关预算管理，严控“三公”经费支出，推动廉洁型、服务型机关建设。

各位委员，过去五年县政协工作取得的成绩，是县委坚强领导、县政府大力支持的结果，是县直各部门、各有关方面热情帮助、通力协作的结果，是政协历届老领导、老同志热心关怀、多年传承的结果，也是广大委员精诚团结、共同奋斗的结果。在此，我代表十届县政协常委会向各位领导、各位委员和长期以来关心支持政协工作的社会各界人士表示衷心的感谢和崇高的敬意！

在肯定成绩的同时，我们也清醒看到，与新时代新使命相比，我们工作中还存在一些问题和不足。主要表现在：建言资政质量还需进一步提高，凝聚共识作用发挥还需进一步增强，委员履职能力还需进一步提升，基层协商民主建设还需进一步完善等等。这些都需要我们认真研究，并在今后的工作中切实加以解决。

过去五年工作体会

五年的实践，风雨兼程，五年的收获，丰硕如金。五年来，我们在积极履行政协职能的同时，也积累了一些工作经验和体会，主要是：

一是必须把坚持党的领导作为政协工作的根本保证。中国共产党的领导是中国特色社会主义最本质的特征，是成立政协的初心所在。五年来，我们坚持把党的领导贯穿到政协工作全过程，主动把政协工作融入县委全局工作，自觉接受县委领导，在重大决策前做好协商，在贯彻执行中做好协调，在具体工作中做好协助，始终与县委在政治上同向、思想上同心、工作上同步。充分发挥政协党组在政协组织中的领导核心作用，坚决落实县委各项决策部署，使党委主张有效转化成为社会各界人士的广泛共识。实践证明，坚持党的领导，人民政协才能把准政治航向，政协工作才能行稳致远。

二是必须把助力发展大局作为政协工作的基本原则。围绕党委政府中心工作履行职能，是政协开展工作的重要原则。五年来，我们自觉把各项工作放到全县大局中谋划，自觉在大局下思考、在大局下行动，找准党委政府正在谋划的重大问题、正在实施的重大战略，主动把握大势，深入调查研究，努力做到建言建在需要时、议政议在点子上、监督监在关键处，为党委政府全面推进中心工作落实起到了重要作用。实践证明，坚持围绕中心、服务大局，政协组织才能发挥最大潜能，政协工作才会大有作为。

三是必须把服务人民群众作为政协工作的价值追求。人民政协来自人民，人民政协的一切工作都是为了人民。五年来，我们始终秉持“以人民为中心”的发展思想，把为民服务贯穿于民主协商各方面，始终抓住人民群众最关心、最直接、最现实的利益问题，把建言议政与为民办实事、做好事结合起来，力求参政为民着想、监督为民维权、建言为民谋利，真心实意为百姓排忧解难，政协工作重心持续下移、贴近民心。实践证明，坚持群众路线，让政协履职更深入群众、服务群众，政协事业才能根深叶茂、生机盎然。

四是必须把发扬团结民主作为政协工作的永恒主题。团结民主是人民政协产生和发展的历史依据，是人民政协继往开来的方向和使命。五年来，我们高举团结和民主两大旗帜，不断创新团结方式，拓展联谊渠道，把全县各界的力量，通过政协这个平台广泛凝聚起来，引导社会各界持续聚焦利辛发展献良策、建真言，不断汇聚高质量发展最强音。实践证明，只有坚持大团结大联合，坚持多样性和一致性相统一，才能汇聚起共谋发展、齐力攻坚的强大合力。

五是必须把激发委员主体作用作为政协工作的动力源泉。政协委员是界别群众的代表，是政协工作的主体，是政协的生机和活力所在。五年来，我们坚持强化委员责任担当，充分调动委员的积极性、主动性和创造性，把委员的主体作用充分发挥出来、履职动能充分调动起来，引导广大委员聚焦中心工作协商建言、置身一线履职担当。政协工作的每一份收获、每一个进步，都与各位委员的积极参与息息相关，都是各位委员倾情投入，无私奉献的结果。实践证明，让委员在政协履职中唱主角、担主责、当主力，政协工作才能永葆青春，永远焕发生机和活力。

六是必须把深化自身建设作为政协工作的内在保障。深化自身建设是推动政协事业创新发展的根基所在。五年来，我们把加强自身建设作为重要的基础性工作来抓，充分发挥县政协党组的核心作用、常委会的龙头作用、专委会的基础作用以及委员的主体作用和机关的服务作用，以“干在实处、走在前列”的奋斗姿态，用扎实的履职成效展示了新时代人民政协的新形象。实践证明，坚持把提升自身建设贯穿于政协工作始终，才能给政协工作提供不竭的动力，使政协工作更好体现时代特征并持续向前发展。

未来五年工作建议

今后五年，是开启全面建设社会主义现代化国家新征程，向第二个百年奋斗目标进军的第一个五年，政协的舞台更加宽广，责任更加重大。站在新的历史起点上，县政协将高举中国特色社会主义伟大旗帜，坚持以习近平新时代中国特色社会主义思想为指导，认真学习贯彻中共十九大和十九届二中、三中、四中、五中、六中全会精神，在中共利辛县委的领导下，紧紧围绕省第十一次党代会、市第五次党代会、县第十次党代会确定的目标任务，牢牢把握团结民主两大主题，坚持“三严三实”“马上就办、真抓实干”，认真履行政治协商、民主监督、参政议政重要职能，推动发扬民主和增进团结相互贯通、建言资政和凝聚共识双向发力，为全面开启新阶段现代化美好利辛建设新征程贡献政协智慧和力量。

一、突出思想引领，在把牢政治航向上彰显新担当

坚持加强思想政治理论学习。以习近平新时代中国特色社会主义思想为重点，把宣传学习中共十九届六中全会以及即将召开的中共二十大会议精神作为重大政治任务，在学出觉悟、学出信念、学出担当、学出能力上下功夫，引导委员不断提高政治判断力、政治领悟力和政治执行力，增强“四个意识”，坚定“四个自信”，做到“两个维护”。巩固拓展党史学习教育成果，常态化开展“四史”学习，不断提升运用科学理论判断形势、履职尽责的能力。坚决落实党对政协工作全面领导。坚持党中央权威和集中统一领导，强化核心意识，严格执行重大事项请示报告制度，自觉在县委的领导下主动负责、协调一致地开展工作，不折不扣地把县委各项决策部署和工作要求贯彻落实到位，切实做

到党政工作推进到哪里、政协工作就跟进到哪里、共识力量就凝聚到哪里。强化政协党组在政协工作中的政治责任，发挥好党组把方向、管大局、保落实的作用，确保政协各项工作始终与党政“同轴运转”、与百姓“同声相呼”、与委员“同向发力”。深化新时代人民政协党的建设。推进政协党建工作与履职工作深度融合，团结引领广大委员围绕党政中心任务履职尽责。持续抓好“一入四建”工作，巩固提升专委会功能型党支部建设，抓好乡镇政协工作联络委建设，完善党员委员联系党外委员制度，推深做实“两个全覆盖”，引导党员委员在业务线、政协线“双线”更好地发挥先锋模范作用，推动政协系统党的组织更加坚强、党的工作更有凝聚力。

二、聚焦协商主业，在建言发展大局上作出新贡献

完善协商议政体系。坚持党委会同政府、政协制定年度协商计划，科学谋划年度协商课题，提升政协协商精准度。健全政协全体会议、常委会议、专题协商会议等协商平台，提升对口协商、界别协商、提案办理协商实效，探索开展网络议政，推动形成参与广泛、形式丰富的协商议政新格局。把准协商履职重点。要充分发挥专门协商机构作用，全力服务我县“十四五”时期高质量发展。重点围绕打造承接产业转移集聚区、乡村振兴样板区、绿色循环先行区、和谐善治示范区建设深入调研协商，提出建设性意见。实施“协商议政提质工程”，围绕加速融入长三角、“双招双引”、基层社会治理、现代农业发展等重点工作扎实开展协商，提升议政建言精准度。围绕教育、医疗、住房、养老等群众普遍关注的重要问题，倾听群众呼声、反映群众意愿、解决群众困难，推动补齐共同富裕短板，不断提升人民群众的获得感、幸福感、安全感。拓宽基层协商网络。持续探索基层民主协商制度机制，依托乡镇政协工作联络委，不断完善基层协商议事平台，帮助解决好基层群众“急难愁盼”问题，擦亮政协“有事好商量”协商议事品牌。持续完善委员“双入委”工作，推动政协委员履职下沉，参与基层社会治理，更好服务乡村发展。

三、坚持双向发力，在广泛凝聚共识上展现新作为

做实中心环节。坚持把加强思想政治引领、广泛凝聚共识作为履职工作的中心环节，发挥好人民政协“重要阵地”“重要平台”“重要渠道”作用，自觉承担起把党的决策部署和工作要求落实下去，把全县各族各界的智慧和力量凝聚起来的使命任务，发挥政协委员在界别群众中的影响力、感染力，引导各界群众正确理解、准确把握、密切配合县委县政府的决策部署，汇聚起推动社会和谐稳定的正能量。深化团结联谊。坚持以情感人、以量容人、以诚待人，加强与工商联、无党派人士及社会各界代表人士沟通联系，支持他们通过政协平台发表意见、提出建议，形成既畅所欲言、各抒己见，又理性有度、合法依章的良好协商氛围。坚持宗教中国化发展方向，促进多民族融合发展，推动民族和睦、宗教和顺。突出政协优势。充分发挥人民政协团结面广、包容度大、代表性强的特点，做好党委政府联系各界群众的纽带和桥梁，引导委员多做雪中送炭、扶贫济困的工作，多做春风化雨、解疑释惑的工作，多做理顺情绪、化解矛盾的工作，营造起同心协力、共谋发展的良好氛围。持续做好文史宣传工作，面向基层传播共识，积蓄发展合力。用好利辛异地商会、县政协书画院等交流平台，积极开展对外联谊活动，为我县“双招双引”工作牵线搭桥。

四、激发履职担当，在发挥委员作用上干出新特色

提升履职能力。把提高委员履职水平作为政协工作提质增效的重要抓手，常态化组织委员综合素能培训，持续开展政协委员读书活动，引导委员树立协商理

念，遵守协商规则，准确运用政协履职方式方法，不断增强履职本领。激发履职活力。压紧压实委员政治责任，教育引导委员自觉遵守宪法法律和政协章程，认真履行委员职责，维护委员形象，锤炼道德品行，严格廉洁自律，切实把事业放在心上、把责任扛在肩上，扎实做到为国履职、为民尽责。完善履职评价。继续完善并严格执行《县政协委员履职服务与管理办法》等制度，完善委员履职考评、表彰奖励、遴选退出等机制，引导委员在本职岗位中创业绩、在政协工作中展风采、在界别群众中走在前。做好履职服务。完善情况通报机制，为委员知情参政、发表意见创造条件。提高机关服务保障能力，支持委员更加经常、规范、有序地开展履职活动。加大对委员的人文关怀力度，持续开展好委员走访服务活动，着力提升政协委员向心力、凝聚力。

五、不断改革创新，在推动提质增效上迈出新步伐

加强专门协商机构建设。深入贯彻落实好中共中央和省委、市委、县委政协工作会议精神，探索持续解决“两个薄弱”问题的新机制、新举措。加强机关党风廉政建设。持之以恒纠“四风”、树新风，以更高标准、更严要求，进一步提升机关服务管理水平，着力打造信念过硬、政治过硬、责任过硬、能力过硬、作风过硬的机关干部队伍，切实发挥参谋助手、综合协调、服务保障的作用。加强政协制度建设，修订完善并严格执行各项工作制度，提升制度效能，从各方面为政协履行职能提供保障，建设组织满意、委员满意、群众满意的模范机关。

各位委员，风劲好扬帆，奋进正当时！让我们更加紧密地团结在以习近平同志为核心的中共中央周围，在中共利辛县委的坚强领导下，不忘初心、锐意进取，携手同行、担当作为，共同谱写新时代利辛政协事业发展新篇章，为全面建设新阶段现代化美好利辛作出新的更大贡献，以优异的成绩迎接中共二十大胜利召开！

名词解释

1.“四个第一”学习对标制度：对习近平总书记重要讲话和指示批示精神，确保组织学习第一时间、谋划工作第一步骤、落实任务第一要求、督查考核第一内容。

2.“一入四建”：在委员全员入委的前提下，建立分党组、委员小组、委员党小组以及委员联系机制。

3.“111582”产业计划：到2025年，每个乡镇至少重点培育1个具有明显特色优势的主导产业，形成1个单品种植连片的特色产业万亩片，在全县建立长三角绿色农产品生产类、加工类、供应类基地10个以上，发展设施果蔬25万亩、露天果蔬25万亩，着力培育优势特色产业8个以上，面向沪苏浙地区的农副产品和农产品加工品年销售额达到200亿元。

4.政协委员“双入委”：将政协委员全部编入专委会，将住县城委员编入乡镇政协工作联络委。

5.“三心两进一流”：坚决维护核心、围绕中心、凝聚人心；党委政府的工作推进到哪里，政协履职就跟进到哪里；一流的精神状态和工作标准。

6.“两个薄弱”问题：市县政协基础工作薄弱、人员力量薄弱的问题。

利辛县2021年国民经济和社会发展统计公报

2021年是党和国家历史上具有里程碑意义的一年。全县上下坚持以习近平新时代中国特色社会主义思想为指导，认真学习贯彻党的十九大和十九届历次全会精神，深入贯彻习近平总书记系列重要讲话指示批示，全面落实市委、市政府决策部署，坚持稳中求进工作总基调，完整、准确、全面贯彻新发展理念，做好“六稳”工作，落实“六保”任务，经济社会保持平稳健康发展，疫情防控成果持续巩固，实现了“十四五”良好开局。

一、综合

初步核算，全年地区生产总值366.8亿元，按可比价格计算，比上年增长9.2%，高于全市平均增速0.6个百分点，增速首获建市以来第1位。其中，第一产业增加值56.8亿元，增长9.0%；第二产业增加值110.7亿元，增长11.6%；第三产业增加值199.3亿元，增长7.9%，三次产业比重为15.5∶30.2∶54.3，与上年的16.1∶29.6∶54.3相比，第二产业占比提升了0.6个百分点。人均地区生产总值30927元（按2021年常住人口118.6万人计算），折合4793.8美元（按全年人民币平均汇率为1美元兑6.4515元人民币计算）。

2021年利辛县地区生产总值

附表1　　单位：亿元

指　标	绝对数	比上年增长（%）
全县生产总值	366.8	9.2
第一产业	56.8	9.0
第二产业	110.7	11.6
工　业	71.5	10.2
建筑业	39.2	14.2
第三产业	199.3	7.9
交通运输、仓储和邮政业	22.8	7.6
批发和零售业	33.3	16.4
住宿和餐饮业	7.6	23.1

续附表1

指　标	绝对数	比上年增长（%）
金融业	22.0	9.9
房地产业	41.2	1.6
营利性服务业	26.1	8.0
非营利性服务业	44.6	5.4

二、农业

全年农作物播种总面积24.5万公顷，比上年增长0.8%，其中：粮食播种面积22.2万公顷，比上年增长0.4%。全年粮食总产量138.6万吨，比上年增长2.3%。油料种植面积1433公顷，比上年增长12.8%，油料产量6749吨，增长15.4%，棉花种植面积37公顷，比上年下降78.1%，棉花产量29吨，下降77.1%，蔬菜种植面积13470公顷，比上年增长6.8%。

2021年利辛县主要农产品产量

附表2　　单位：吨

指　标	绝对数	比上年增长（%）
粮食总产量	1385800	2.3
油料产量	6749	15.4
棉花产量	29	–77.1
水果产量	33685	11.8
蔬菜产量	529698	6.9

全年共完成造林面积1077公顷，零星四旁植树103万株，森林抚育面积1060公顷，村及村以下竹木采伐量2.2万立方米。

畜牧业生产稳步推进，规模养殖比重进一步提高，畜产品质量不断提升（具体情况见下表）。

2021年利辛县主要畜产品产量和存出栏量

附表3　　单位：万吨、万头、万只

指　标	绝对数	比上年增长（%）
肉类总产量	10.4	28.3
牛出栏	2.4	73.5
生猪出栏	80.4	38.0

续附表3

指　标	绝对数	比上年增长（%）
羊出栏	76.3	2.2
家禽出栏	1295.8	0.6
大牲畜年末存栏	4.2	51.8
羊年末存栏	24.6	4.7
家禽年末存栏	399.3	64.9
禽蛋产量	2.2	5.2
奶类产量	1.1	32.4

农村社会基础设施和农业生产条件进一步改善。2021年，全县拥有农业机械总动力181.6万千瓦，比上年增长2.3%；全年化肥施用量（折纯）54652吨，下降0.06%；地膜使用量650吨，增长0.15%；农药使用量1634吨，下降0.04%；农村用电量35819万千瓦时，增长0.57%。

三、工业与建筑业

全年规模以上工业增加值增长16.6%。年末全县规模以上工业企业达105家，比上年减少5家。实现利润4.8亿元，主营业务活动利润率4.0%。

全年建筑业完成增加值39.2亿元，比上年增长14.2%，占国内生产总值的10.7%。全年资质以上建筑施工企业营业收入15.5亿元；房屋建筑施工面积107.8万平方米；房屋竣工面积22.1万平方米。

四、固定资产投资

全年固定资产投资比上年增长30.9%。其中，第一产业完成投资增长34.7%，第二产业完成投资增长50.0%，第三产业完成投资增长25.5%。全年施工项目个数215个，比上年增长56.9%。

全年房地产开发投资额53.3亿元，比上年增长26.6%。全年商品房新开工面积135.2万平方米，比上年下降1.1%，竣工面积70.7万平方米，比上年增长486.9%，商品房销售面积103.1万平方米，比上年下降6.3%，商品房销售额68.3亿元，比上年下降0.4%。

五、交通、邮电

全年交通运输仓储、邮政业增加值22.8亿元，比上年增长7.6%。

全年邮电业务总量6.87亿元，其中：邮政业务总量1.56亿元，电信业务总量5.31亿元。年末电话用户87.8万户，其中固定电话2.5万户，移动电话85.3万户。互联网用户16.9万户。

六、国内贸易和对外经济

全年社会消费品零售总额249.0亿元，比上年增长19.9%，分城乡看，城镇消费品零售额163.2亿元，增长20.0%；乡村消费品零售额85.8亿元，增长19.6%。

分行业看，批发业销售额462.1亿元，增长26.9%，零售业销售额138.7亿元，增长28.5%，住宿业营业额1.2亿元，增长20.3%，餐饮业营业额46.2亿元，增长41.7%。

全年实际利用外资达5009万美元，完成年度目标100.2%。

七、财政、金融、保险

全年全县一般公共预算收入18.0亿元，增长13.2%。其中：

税收收入12.7亿元，下降42.5%；非税收入5.4亿元，增长38.5%。重点支出项目中，社会保障与就业、城乡社区事务、医疗卫生、农林水事务等重点民生支出得到较好保障，累计支出33.8亿元，占一般公共预算支出的50.5%。

年末全县金融机构各项存款余额545亿元，比上年增长16.7%，比年初增加78亿元。其中：储蓄存款419亿元，比上年增长16.7%，比年初增加60亿元。全县金融机构各项贷款余额427亿元，比上年增长21.7%，比年初增加77亿元。

全年保险系统保费收入13.1亿元，共有从业人员2856人。

八、科技、教育

2021年专利授权891件，其中发明专利授权256件，实用新型426件，外观设计209件。全县有效发明专利754件，每万人口拥有量6.35件。高价值专利90件，每万人口高价值专利拥有量0.75件。

2021年末全县普通中专2所，在校学生为15252人。普通中学78所，在校学生93825人；其中：高中9所，在校学生27950人；初中69所，在校学生65875人。小学260所，在校学生121458人。初中阶段适龄人口入学率为100%；小学学龄人口入学率为100%；普通初中和小学学生辍学率均为0；小学毕业生升学率为96.38%；初中毕业生升学率为91.83%。

九、文化、卫生和体育

2021年末全县有文化馆1个。公共图书馆1个，馆藏图书13.8万余册。档案馆1个，馆藏图书资料3万余卷册。县级广播电台、电视台和有线电视台各1座，广播、电视人口覆盖率100%。

年末全县拥有卫生机构587个，其中：医院、卫生院40个，卫生防疫机构1个，妇幼保健机构1个，卫生监督所1个，社区卫生服务中心29个，村卫生室410个。年末医院、卫生院共有编制床位3074张，实有床位5599张。年末拥有各级各类卫生技术人员6844人，其中：医院、卫生院5488人，卫生防疫机构27人，妇幼保健机构128人。专业技术人员中，执业医师2030人，注册护士3062人。

全民健身活动开展情况。2021年，全民健身全面开展，全年共组织开展各级各类全民健身活动22项次，村级体育活动完成538场。完成2个乡镇“三个一”体育设施建设，村级体育设施全覆盖，全年完成68个体育设施提升改造建设，竞技体育成绩再上新台阶。

十、人口与人民生活

据公安部门统计，年末全县户籍户数55.2万户，总人口为176.2万人，2021年市级反馈常住人口118.6万人。

全年城镇常住居民人均可支配收入36438元，比上年增长9.1%，农村常住居民人均可支配收入15549元，比上年增长9.5%。

全年新增城镇就业岗位16106个，城镇登记失业率为2.92%。

全年参加农村新型合作医疗人数1457732人，参合率99.4%。参加城镇职工基本养老保险人数为44629人，参加失业保险人数为30813人。年末享受城镇、农村居民最低生活保障人数分别为1850人和67478人，发放最低生活保障金分别为1173万元和30902万元。

享受政府特困供养人员9253人，其中：集体集中供养1944人，集中供养率21.01%。

利辛县统计局

2022年5月20日

注：1.公报中数字为初步统计数；2.国内生产总值和各产业增加值绝对数按当年价格计算，增长速度按可比价计算；3.规模以上工业统计范围为年主营业务收入2000万元及以上的企业，固定资产投资统计范围为计划总投资500万元以上及房地产。

索　引

D

F

G

H

J

K

L

M

N

P

Q

R

S

T

W

X

Y

Z